Arbeitskreis Wirtschaftsinformatik an Hochschulen für Angewandte Wissenschaften im deutschsprachigen Raum (AKWI)

Angewandte Forschung in der Wirtschaftsinformatik 2019

Tagungsband zur 32. AKWI-Jahrestagung
vom 15.09.2019 bis 18.09.2019 an der
Fachhochschule für Angewandte Wissenschaften Aachen

herausgegeben von
Martin R. Wolf, Thomas Barton, Frank Herrmann, Vera G. Meister,
Christian Müller, Christian Seel

unterstützt durch
Fachhochschule für Angewandte Wissenschaften Aachen

FH AACHEN
UNIVERSITY OF APPLIED SCIENCES

mana-Buch, Heide

Bibliografische Information der Deutschen Nationalbibliothek:
Die Deutsche Nationalbibliothek verzeichnet diese Publikation in der Deutschen Nationalbibliografie, detaillierte bibliografische Daten sind im Internet über www.dnb.de abrufbar.

Angewandte Forschung in der Wirtschaftsinformatik 2019
Tagungsband zur wissenschaftlichen Fachtagung am 16.09.2019 anlässlich der 32. Jahrestagung des Arbeitskreises Wirtschaftsinformatik an Hochschulen für Angewandte Wissenschaften im deutschsprachigen Raum (AKWI) vom 15.09.2019 bis 18.09.2019 an der Hochschule für Angewandte Wissenschaften Aachen

Herausgeber:
Martin R. Wolf, Hochschule für Angewandte Wissenschaften Aachen, m.wolf@fh-aachen.de
Thomas Barton, Hochschule Worms, barton@hs-worms.de
Frank Herrmann, Ostbayerische Technische Hochschule Regensburg, frank.herrmann@oth-regensburg.de
Vera G. Meister, Technische Hochschule Brandenburg, vera.meister@th-brandenburg.de
Christian Müller, Technische Hochschule Wildau [FH], christian.mueller@th-wildau.de
Christian Seel, Hochschule für Angewandte Wissenschaften Landshut, christian.seel@haw-landshut.de

Mitglieder des Programmkomitees:
Wolfgang Alm (HS Aschaffenburg)
Gunnar Auth (HfT Leipzig)
Thomas Barton (HS Worms)
Yasmine Bassen-Metz (FH Aachen)
Frank Bensberg (HS Osnabrück)
Stefan Bente (TH Köln)
Christian Czarnecki (Hochschule Hamm-Lippstadt)
Christian Drumm (FH Aachen)
Mathias Eggert (FH Aachen)
Heinz Faßbender (FH Aachen)
Frank Herrmann (OTH Regensburg)
Stephan Jacobs (FH Aachen)
Jürgen Karla (HS Niederrhein)
Norbert Ketterer (HS Fulda)
Ute Klotz (HS Luzern Wirtschaft)
Johannes König (FH Aachen)
Bodo Kraft (FH Aachen)
Vera G. Meister (TH Brandenburg)
Frank Morelli (HS Pforzheim)
Marco Motullo (FH Aachen)
Christian Müller (TH Wildau)
Jörg Puchan (HS München)
Harald Ritz (TH Mittelhessen)
Thomas Ritz (FH Aachen)
Klaus-Peter Schoeneberg (BHT Berlin)
Christian Seel (HAW Landshut)
Thomas Specht (HS Mannheim)
Ulrike Steffens (HAW Hamburg)
Matthias Vieth (FH Aachen)
Martin R. Wolf (FH Aachen)
Alfred Zimmermann (HS Reutlingen)

Redaktionsschluss: 26.06.2019
Erscheinungstermin: 16.09.2019

FH AACHEN
UNIVERSITY OF APPLIED SCIENCES

Die Herstellung dieses Tagungsbandes erfolgte mit freundlicher Unterstützung durch:
Hochschule für Angewandte Wissenschaften Aachen

Verlag: mana-Buch, Feldblick 24, 25746 Heide, Germany, www.mana-Buch.de
Druck: Amazon Fulfillment
ISBN: 978-3-944330-62-4

Inhaltsverzeichnis

Plattformen für Geschäftsprozesse

Prototypen

Geleitwort der Sprecherin des Arbeitskreises Wirtschaftsinformatik an Hochschulen für Angewandte Wissenschaften im deutschsprachigen Raum

Liebe Teilnehmerin, lieber Teilnehmer,

herzlich willkommen zur 32. Jahrestagung des AKWI an der FH Aachen. Als Dachverband der Fachbereiche mit Studiengängen und/oder Studienschwerpunkten der Wirtschaftsinformatik an Hochschulen für angewandte Wissenschaften repräsentiert der AKWI fast 80 % aller Studierenden in den genannten Studiengängen in Deutschland. Aktuell zählt der AKWI 77 Mitglieder, davon 70 in Deutschland, drei in Österreich und vier in der Schweiz. Mit 10 Mitgliedern stellt Nordrhein-Westfalen eine sehr starke Gruppe. Umso mehr freut es mich, dass nach 2008 die Jahrestagung erstmals wieder in diesem Bundesland stattfindet.

Seit 2007 präsentiert sich die AKWI-Fachtagung als wissenschaftlicher Höhepunkt der Jahrestagung. Unter dem Leitmotto „Herausforderungen an die Wirtschaftsinformatik" (bis 2013) sowie „Angewandte Forschung in der Wirtschaftsinformatik" (ab 2014) bietet sie den verschiedenen Themenfeldern der Wirtschaftsinformatik ein kollegiales und anregendes Diskussionsforum und vermag zugleich, die Dynamik unseres Forschungsfeldes adäquat abzubilden. Seit vielen Jahren gelingt es uns, qualitativ hochwertige wissenschaftliche Arbeiten zusammenzutragen und in einem ansprechenden Tagungsband herauszugeben. Die gewachsenen Anforderungen an Qualität und Professionalität spiegeln sich nicht zuletzt im Begutachtungsprozess wider, der seit 2016 auf ein doppelblindes Verfahren umgestellt wurde und der aktuell von 30 Gutachtern getragen wird. Jede eingereichte Arbeit konnte so in einem objektiven Verfahren von drei Gutachtern beurteilt werden.

Im vergangenen Jahr konnte der AKWI seine wissenschaftliche Publikationstätigkeit auch in anderen Formaten erfolgreich fortsetzen. So erscheint im Springer-Verlag in Kürze der vierte Band der Reihe Angewandte Wirtschaftsinformatik unter dem hochaktuellen Titel „Hochschulen in Zeiten der Digitalisierung – Lehre, Forschung und Organisation". Herausgeber dieser Reihe sind Thomas Barton, Christian Müller und Christian Seel. Dem hohen Engagement von Christian Müller, Konrad Marfurt, Frank Herrmann und Norbert Ketterer ist es zu verdanken, dass auch in diesem Jahr zwei Ausgaben des Open-Access-Journals „Anwendungen und Konzepte der Wirtschaftsinformatik" erscheinen konnten.

Neben der Förderung vielfältiger wissenschaftlicher Aktivitäten und Publikationen im Bereich der angewandten Forschung in der Wirtschaftsinformatik, engagiert sich der AKWI in der Gestaltung und Weiterentwicklung von Studiengängen an Hochschulen für angewandte Wissenschaften. Einflussbereiche sind hier Verfahren der Akkreditierung von Studiengängen, die Mitgestaltung von Rahmenempfehlungen zur fachlichen Ausrichtung der Studiengänge, Mitsprache bei der Ausgestaltung des CHE-Hochschulrankings sowie Repräsentanz in einschlägigen Fachgruppen der Gesellschaft für Informatik e. V.

Der Kreis der AKWI-Mitglieder wächst stetig. Wir freuen uns, die Beuth-Hochschule Berlin in diesem Jahr in unseren Kreis aufnehmen zu können. So kann der AKWI immer effektivere Beiträge zur hochschulübergreifenden Kooperation leisten, z. B. in Berufungsverfahren, bei Forschungsanträgen, bei der Öffentlichkeitsarbeit aber auch bei Initiativen zur Digitalisierung der Lehre. Um diesen Austausch weiter zu fördern und leichter zugänglich zu machen, wurde in diesem Jahr ein Wissensgraph für AKWI-Mitglieder entwickelt und bereitgestellt. So soll es auch gelingen, die Daten zu den Mitgliedsorganisationen aktuell zu halten.

Ein besonderer Dank gilt den Organisatoren der diesjährigen Fachtagung und hier insbesondere Prof. Martin Wolf als Tagungsleiter und seinem Mitarbeiter Alexander Fränkel, der vor allem die Redaktion des Tagungsbandes übernommen hat. Mit besonderer Spannung erwarte ich ein neues Format auf unserer Tagung – die Hands-on-Präsentation von Prototypen und die Möglichkeiten der Interaktion mit ihnen. Aachen als ein bedeutender Innovationsstandort bietet dafür einen hervorragenden Rahmen.

Prof. Dr. Vera G. Meister, Sprecherin des AKWI

Vorwort der Herausgeber

Der vorliegende Tagungsband enthält die Beiträge für die 32. Jahrestagung des Arbeitskreises „Wirtschaftsinformatik an Hochschulen für Angewandte Wissenschaften im deutschsprachigen Raum“ (AKWI) der Gesellschaft für Informatik e.V., die von Sonntag, den 15. September 2019 bis Mittwoch, den 18. September 2019 an der FH Aachen stattfindet.
Als Organisationskomitee dieser Jahrestagung und Herausgeber des Tagungsbandes freuen wir uns besonders darüber, dass zum ersten Mal seit Gründung des Arbeitskreises nicht nur wissenschaftliche Beiträge eingereicht wurden, sondern auch Beiträge in denen Prototypen vorgestellt werden. Die Prototypen werden auf der Jahrestagung ausgestellt und können dort von den Besuchern ausprobiert werden, weshalb wir uns viele interessante Einblicke und Diskussionen versprechen. Die Tagung zeigt nicht zuletzt durch die Prototypen ihre seit jeher enge Verbindung zwischen Theorie und Praxis. Genau diese Verbindung ist, unserer Meinung nach, die große Stärke der Hochschulen für angewandte Wissenschaften in Deutschland, die es herauszustellen gilt.
Die FH Aachen, als Ausrichterin der 32. Jahrestagung des AKWI, vermittelt seit 48 Jahren an ihren Standorten in Aachen und Jülich Wissen an derzeit knapp 15.000 Studierende in mehr als 50 Bachelor- sowie mehr als 20 Master-Studiengängen. Sie gehört damit zu den größten Hochschulen für angewandte Wissenschaften in ganz Deutschland. Der Studiengang Wirtschaftsinformatik wurde an der FH Aachen erst vor drei Jahren eingeführt und gehört damit also zu den jüngsten Studiengängen an der FH Aachen. Er spielt dennoch im Studiengangsportfolio eine wichtige Rolle, weil mit ihm die neuen Herausforderungen adressiert werden, die es mit dem Voranschreiten der digitalen Transformation zu erforschen und zu bewältigen gilt.
Die akademische Disziplin der Wirtschaftsinformatik steht vor der Herausforderung, die zunehmende Komplexität von IT-Systemen mit der gleichzeitig zunehmenden Komplexität menschlicher Entscheidungsfindungen in Unternehmen und dem Unternehmensumfeld bewältigbar und beherrschbar machen zu müssen. Dazu müssen Lösungen gefunden werden, die einerseits durch eine zunehmende Vielfalt und Komplexität geprägt sind und die andererseits in Unternehmen und Unternehmensumgebungen praktikabel einsetzbar sein müssen. Als zwei Beispiele seien hier Anwendungen zur Arbeitszeiterfassung in Remote Offices oder Systeme, mit denen Kunden individuelle Produktanpassungen vornehmen können, genannt. Beide Beispiele adressieren vollkommen unterschiedliche, aber seit langem untersuchte Themen und zeigen, dass das gesamte Spektrum der Wirtschaftsinformatik in seiner Tiefe kaum von einzelnen Forschern oder Anwendern überblickt werden kann. Umso wichtiger ist es, Foren zu schaffen, an denen unterschiedliche Teildisziplinen teilnehmen und sich austauschen können.
Die diesjährigen sechs wissenschaftlichen Tracks der 32. Jahrestagung des AKWI zeigen die ganze Breite der Wirtschaftsinformatik. Die wissenschaftlichen Themen reichen von „Anwendungsfällen“ und „Reifegradmodellen“ über „Plattformen für Geschäftsprozesse“, „Projektmanagement“ und „IT-Sicherheit“ bis hin zur „Didaktik in der Wirtschaftsinformatik“ und werden durch einen Praxis-Track ergänzt, in dem ganz interaktiv die Prototypen vorgestellt werden. Wir hoffen, mit dem Konzept und der Gestaltung der 32. Jahrestagung des AKWI, mit der Auswahl der Beiträge und auch mit dem Begleitprogramm allen Teilnehmern etwas Neues und Interessantes zeigen zu können. Im besten Fall einen neuen Blickwinkel, einen neuen Punkt, an dem Sie den Hebel der Forschung wirksam ansetzen können. Viel-

leicht ja sogar auch eine neue Perspektive, um das ganze weite Feld besser überblicken zu können. Nur so finden wir in technischen und sozialen Systemen zielgenau die Punkte, die wir verbessern müssen.

Wir bedanken uns bei den Autorinnen und Autoren für die vielen Einreichungen, das fleißige Überarbeiten der Beiträge und die pünktlichen Lieferungen, bei den Gutachterinnen und Gutachtern für die vielen Reviews und die konstruktiven Anmerkungen, bei allen Kolleginnen und Kollegen, die an der Organisation beteiligt waren und natürlich beim Lektorat. Sie alle haben dazu beigetragen, dass dieser Tagungsband nun in dieser ausgezeichneten Qualität vorliegt!

Aachen, im Juni 2019

Prof. Dr. Martin R. Wolf (FH Aachen)
Prof. Dr. Thomas Barton (HS Worms)
Prof. Dr. Frank Herrmann (OTH Regensburg)
Prof. Dr. Vera G. Meister (TH Brandenburg)
Prof. Dr. Christian Müller (TH Wildau)
Prof. Dr. Christian Seel (HS Landshut)

Projektmanagement

Veränderungen durch Digitalisierung an den Kompetenzanforderungen im Projektmanagement

Dorothee Feldmüller, Tobias Rieke

Zusammenfassung

Die Digitalisierung betrifft sämtliche Bereiche und damit auch das Projektmanagement. Die erforderlichen Kompetenzen eines Projektmanagers oder einer Projektmanagerin sind folglich ebenso Änderungen unterworfen. In der Systematik der Individual Competence Baseline der International Project Management Association wurden die dokumentierten erforderlichen Kompetenzelemente im Rahmen einer Studie in Bezug auf ihre Veränderung durch Digitalisierung untersucht. Während der Bereich der persönlichen und sozialen Kompetenzelemente klaren Veränderungen unterworfen ist, werden die Auswirkungen zum Teil ambivalent bewertet. Bei den technischen Kompetenzelementen stellt sich heraus, dass digitale Tools eine steigende Bedeutung gewinnen, auf die Projektmanager vorbereitet sein müssen. Auswirkungen auf die Elemente des Bereichs Kontext-Kompetenzen beziehen sich vorrangig auf konkrete gestaltbare Strukturen im Gegensatz zu abstrakteren Größen wie Macht und Interessen. Durch die Ergebnisse der Studie sind Anforderungen an die Qualifizierung von aktuellen und zukünftigen Projektmanagern abzuleiten.

1 Einleitung

Digitalisierung ist in aller Munde. Dabei wird unter diesem Begriff deutlich mehr verstanden, als ein rein technischer Transformationsprozess. Die Transformation versteht sich dabei als fundamentaler, fortlaufender Wandel der gesamten Gesellschaft und insbesondere der Unternehmen, der durch die Digitalisierung und Vernetzung vorangetrieben wird (vgl. [StFo04] S. 689, [Bend19]). Dessen Gestaltung ist eine der zentralen Herausforderungen unserer Zeit (vgl. [LeBK17] S. 3). Der digitale Wandel entsteht im Wesentlichen durch eine Reihe technologischer Innovationen (vgl. [UrAh16], S. 2ff.):

1. Verfügbarkeit und Analyse-Möglichkeit großer Mengen digitaler Daten,
2. Organisationale Nutzung sozialer Medien,
3. Cloud Computing,
4. Mobile Computing,
5. Internet der Dinge und Industrie 4.0,
6. Intelligente Systeme und künstliche Intelligenz und
7. Ermöglichen neuer digitale Geschäftsmodelle und Wertschöpfungsprozesse.

Mit diesen sieben aufgeführten Aspekten wird ersichtlich, dass die Gesellschaft einer fundamentalen Veränderung gegenübersteht. Solche Veränderungen werden häufig durch Projekte aktiv in Unternehmen gestaltet. Projektmanager nehmen hierbei eine zentrale Rolle ein. Die International Project Management Association (IPMA), definiert hierzu die sogenannte Individual Competence Baseline (ICB), die die Kompetenzanforderungen an Projektmanagerinnen und Projektmanager zum Management von Projekten, Programmen und Portfolios beschreibt und in drei Kompetenzbereiche gliedert [IPMA15]:

1. Der Kompetenzbereich People beschreibt die persönlichen und sozialen/interpersonellen Kompetenzen.
2. Der Kompetenzbereich Practice beschreibt die technischen und methodischen Kompetenzen.
3. Der Kompetenzbereich Perspective beschreibt die Kompetenzen im Kontext, in dem Projektmanager agieren müssen.

Die IPMA ist der Dachverband von vielen nationalen Interessenvertretungen für Projektwirtschaft, wie der deutschen Gesellschaft für Projektmanagement e.V. (GPM). Die ICB liegt in der vierten Überarbeitung vor (ICB 4).

Aufgrund der Veränderungen, die sich durch die Digitalisierung ergeben, stellen sich aus der Sicht der Autoren in Bezug auf die persönliche Kompetenzentwicklung und Anforderungen an die Gestaltung der Lehre und Ausbildung im Projektmanagement folgende Forschungsfragen:

- Welche Veränderungen an Kompetenzanforderungen von Projektmanagerinnen und Projektmanagern ergeben sich durch Digitalisierung?
- An welchen Stellen führt die Digitalisierung zu mehr digitalen Werkzeugen, an welchen Stellen vermindert oder vermeidet sie sogar den Einsatz digitaler Werkzeuge?
- Welche Konsequenzen lassen sich aus den obigen Erkenntnissen für die Lehre im Projektmanagement ableiten?

Hierzu wurde eine Umfrage in der Projektmanagement-Community durchgeführt, um die Auswirkungen der Digitalisierung im Projektmanagement zu untersuchen.

2 Studienergebnisse

2.1 Methodisches Vorgehen und Design der Studie

Die Basis für die Klärung der oben genannten Forschungsfragen ist die ICB der GPM, die Kompetenzanforderungen an Projektmanagerinnen und Projektmanager stellt. Zur Klärung der oben genannten Forschungsfragen, wurde zunächst für jedes Kompetenzelement in den drei genannten Bereichen erhoben,

- ob für das Kompetenzelement künftig eine Veränderung durch die Digitalisierung erwartet bzw. nicht erwartet wird,
- des Weiteren wurde je Kompetenzelement zu aufgestellten Thesen die Zustimmung bzw. Nicht-Zustimmung erfragt
- und zur Erfassung weiterer qualitativer Rückmeldungen eine freie Kommentierung ermöglicht.

Dabei wurde bei den Abfragen zur Veränderung und zu den Thesen jeweils eine vierstufige Likert-Skala verwendet mit den Abstufungen „Ich stimme…“

- „voll zu“
- „eher zu“
- „eher nicht zu“
- „nicht zu“.

Die Umfrage wurde durch den Newsletter an die Mitglieder der GPM, an einzelne GPM-Fachgruppen sowie hochschulinterne Verteilerlisten, insbesondere an die Alumni der Studiengänge des Wirtschaftsingenieurwesens der FH Münster gestartet.

Die Umfrage wurde zudem in den Netzwerken der Autoren bekannt gemacht. Zudem wurde in der Zeitschrift „markt und wirtschaft Westfalen“ zur Teilnahme aufgerufen.
Im Erhebungszeitraum von Mai bis August 2018 wurden insgesamt 222 Rückmeldungen gegeben. Davon wurden 48 Rückmeldungen verworfen, die nicht substanziell waren, da die Beantwortung der Fragen kurz nach Beginn abgebrochen wurde. Damit konnten 174 Rückmeldungen in die Auswertung eingehen, diese entsprechen 100% in den folgenden Ergebnisdarstellungen. In der Darstellung sind die Rückmeldungen „stimme voll zu“ und „stimme eher zu“ teilweise zusammengefasst zu einer Zustimmung bzw. „stimme eher nicht zu“ und „stimme nicht zu“ zu einer Ablehnung.
Die Mehrheit der Teilnehmerinnen und Teilnehmer besitzt einen akademischen Abschluss und schätzt sich selbst als sehr IT-affin ein.
Es ist zu erwarten, dass sich durch die hier adressierten Teilnehmerkreise und der Anzahl der Rückmeldungen kein repräsentatives Ergebnis ergibt. Jedoch gehen die Autoren davon aus, dass durch die direkte Ansprache von vielen im Projektmanagement tätigen Personen und die breite Abdeckung unterschiedlicher Altersstrukturen eine fundierte Rückmeldung erreicht werden konnte.

2.2 Stand der Technik und Related Work

In den letzten Jahren haben sich eine Vielzahl unterschiedlicher digitaler Tools auf dem Markt entwickelt, die Projektmanagement zielgerichtet unterstützen können (z. B. Trello, Todoist, Skype Business, MS Teams, JIRA, ...). Bezüglich. der Vorgehensweisen im Projektmanagement nehmen agile Projektmanagementansätze einen steigenden Anteil ein und verlassen die Domäne der Softwareentwicklung. Neben elektronischen Tools findet ebenfalls der Einsatz von haptischen Planungsinstrumenten (z. B. Moderationskarten, Moderationswände, Post-Ist) stärkeren Einzug in die Projektarbeit (vgl. [TiSe19] S. 165). Anforderungen an Kompetenzen in Bezug auf die Digitalisierung wird auch in anderen Studien gestellt. Sogenannte Future Skills untersucht beispielsweise der Stifterverband der Deutschen Wissenschaft e.V. im Rahmen eines Diskussionspapiers [KKLW19]. Ein Future Skill wird dabei als Kompetenz aufgefasst, „die in den kommenden fünf Jahren für Berufsleben oder gesellschaftliche Teilhabe deutlich wichtiger werden“.

Technologische Fähigkeiten	Komplexe Datenanalyse Smart-Hardware-/Robotik-Entwicklung Web-Entwicklung Nutzerzentriertes Designen (UX) Konzeption und Administration vernetzter IT-Systeme Blockchain-Technologie-Entwicklung Tech-Translation
Digitale Grundfähigkeiten	Digital Literacy Digitale Interaktion Kollaboration Agiles Arbeiten Digital Learning Digital Ethics
Klassische Fähigkeiten	Problemlösungsfähigkeit Kreativität Unternehmerisches Handeln & Eigeninitiative Adaptionsfähigkeit Durchhaltevermöge

Tabelle 1: Future Skills [KKLW19]

Dabei wird differenziert in drei Kategorien: Technologische Fähigkeiten, digitale Grundfähigkeiten und klassische Fähigkeiten. Die Kompetenzkategorien und Kompetenzen sind in Tabelle 1 dargestellt. Betrachtet man die Technologischen Fähigkeiten, stellen diese keine direkt erforderlichen Fähigkeiten im Projektmanagement dar, eher in der Projektarbeit entsprechender technologischer Projekte. Diese wurden in der Studie daher auch nicht direkt adressiert. Ebenso die Bereiche Digital Literacy, Digital Ethics und Digital Learning, die keine PM-Kompetenzen darstellen, sondern eher der inhaltlichen Projektarbeit zuzuordnen sind.

Die in diesem Betrag vorgestellte Studie basiert auf den oben beschriebenen Kompetenzbereichen der ICB und nutzt damit eine andere – projektmanagementbezogene – Eingruppierung.

2.3 *Ergebnisse: Persönliche und soziale Kompetenzen (People)*

Bei den Kompetenzelementen der persönlichen und sozialen Kompetenzen werden weitgehend Änderungen durch die Digitalisierung wahrgenommen. In Bezug auf die persönliche Integrität und Verlässlichkeit (47,4% Zustimmung vs. 49,5% Ablehnung), Konflikte und Krisen (50,8% vs. 46,1%) und persönliche Kommunikation (47,4% vs. 49,5%) werden neben wahrgenommenen Veränderungen ebenfalls eine deutliche Menge an Gegenstimmen registriert, die keine Veränderungen wahrnehmen. Zustimmung und Ablehnung sind annähernd gleich stark und werden daher als weitgehend ausgeglichen in Bezug auf die Veränderung durch die Digitalisierung interpretiert. Lediglich die Kompetenz zur Verhandlungsführung wird durch die Digitalisierung eher als unverändert angesehen (38,2% stimmen eher nicht, 21,6% gar nicht zu). Die höchsten Veränderungserwartungen werden im Bereich der Kompetenzen gesehen, die insbesondere für die konstruktive und positive Zusammenarbeit in Projekten erforderlich sind (jeweils Zustimmung): Teamarbeit (83,8%), persönliche Kommunikation (76,4%), Vielseitigkeit (72,9%), Führung (67,1%), Ergebnisorientierung (61,7%), Beziehungen und Engagement (61,7%) sowie Selbstreflektion und Selbstmanagement (61,4%).

Im Folgenden wird sich auf die Bereiche Kommunikation, Beziehungen und Engagement und Führung fokussiert.

In Bezug auf die Kommunikation in Projekten (Kompetenzelement persönliche Kommunikation) sind wesentliche Änderungen zu verzeichnen, die durch die Digitalisierung in Projekten wahrgenommen werden (vgl. Abbildung 1).

Überwiegend optimistisch sind die Aussagen zur Verbreitung digitaler Tools in der Kommunikation und ihrer sinnvollen Verwendung in Bezug auf die Sachebene. Überwiegend pessimistisch sind die Aussagen zu der Anzahl der Kommunikationsprobleme, die durch digital unterstützte persönliche Kommunikation vermindert werden. Rund 38% sehen eine Verminderung der Kommunikationsprobleme, hingegen sehen rund 60% eine Verschlechterung. In den Rückmeldungen fanden sich teils auch Einschränkungen der Zustimmung, sodass z. B. zuvor über *„eine persönliche Kommunikation die Grundlagen des Verständnisses geschaffen wurden"* oder dies in Abhängigkeiten der Nachrichten gesetzt hat: *„bei positiven eher ja, bei negativen Nachrichten eher nein"*. Die Mehrheit ist jedoch in den Kommentaren kritisch diesbezüglich eingestellt.

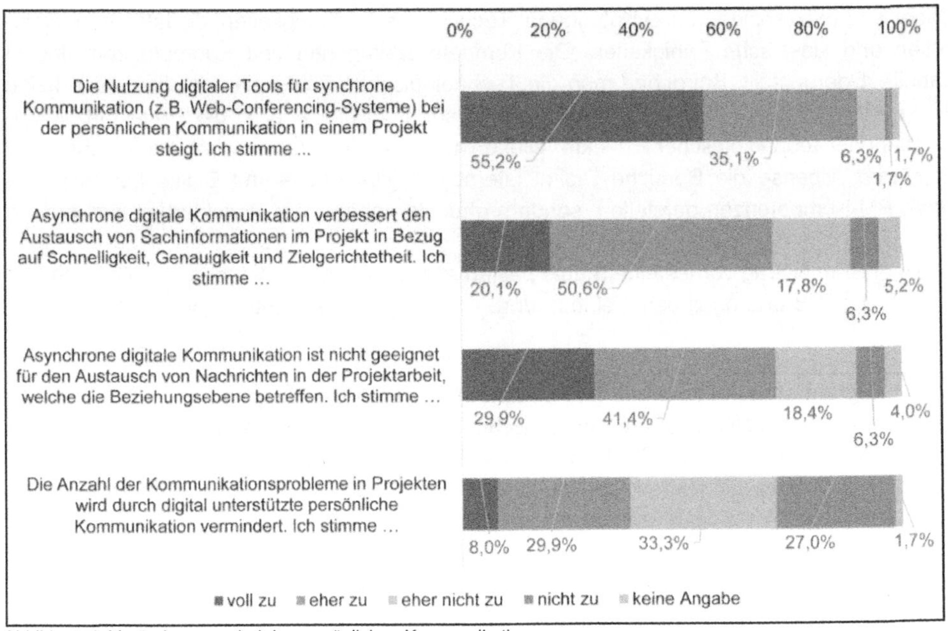

Abbildung 1: Veränderungen bei der persönlichen Kommunikation

Der persönliche Kontakt in der Teamarbeit wird durch den Einsatz digitaler Tools stärkeren Veränderungen unterworfen. In der Studie wird festgestellt, dass Arbeiten verstärkt in voneinander entfernten Gruppen erfolgen wird. Vor diesem Hintergrund stellte sich die Frage nach dem Stellenwert des persönlichen Kontakts im Projekt und inwieweit dieser erforderlich ist. Lediglich rd. 18,9% sehen den persönlichen Kontakt als nicht mehr so stark erforderlich. Dagegen sehen rd. 79% den persönlichen Kontakt weiterhin erforderlich, 56,3% positionieren sich hier sogar klar („stimme nicht zu") gegen einen geringeren Stellenwert (vgl. Abbildung 2).

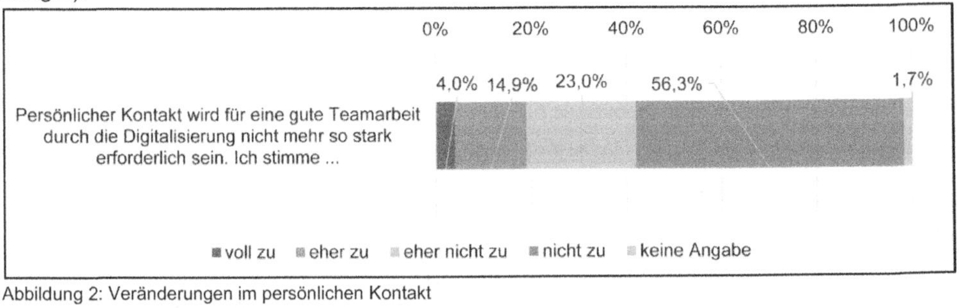

Abbildung 2: Veränderungen im persönlichen Kontakt

Die Einflüsse der Nutzung neuer Möglichkeiten digitaler Kommunikation (Innovation sozialer Medien und Mobile Computing) auf die Projektarbeit werden deutlich und wirken sich auch auf die Zusammenarbeit aus (Kompetenzelemente „Persönliche Kommunikation“ und „Teamarbeit“). Das Risiko von Kommunikationsproblemen im Projekt bleibt allerdings bestehen, und auf die Grenzen des Einsatzes digitaler Kommunikation wird mehrfach hingewiesen.

Im Kompetenzelement Beziehung und Engagement erwartet die überwiegende Menge der Teilnehmerinnen und Teilnehmer eine Verbesserung in der Projektarbeit mit der Digitalisierung

- durch Pflege von Beziehungen auch über große Distanzen und
- durch häufigeren Kontakt und mehr „touch“ durch Austausch von Bild und Ton,

wobei die bereits genannte Bedeutung zusätzlicher persönlicher Kontakte in den freien Kommentaren wieder unterstrichen wird (vgl. Abbildung 3).

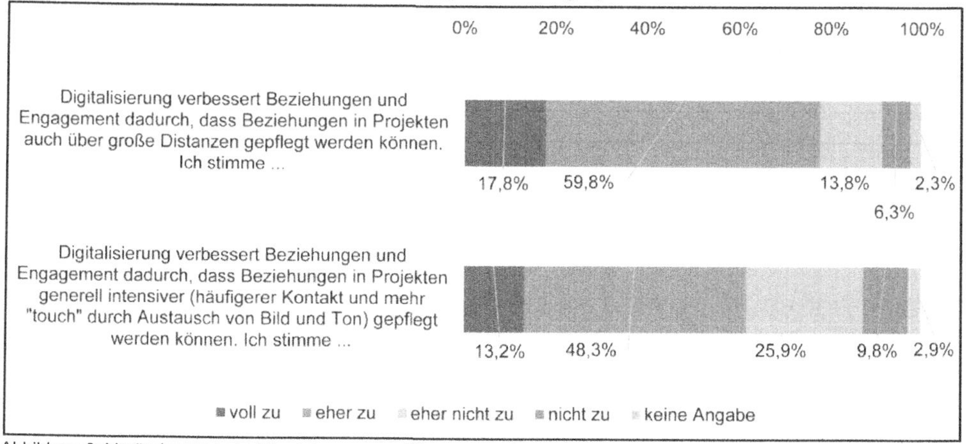

Abbildung 3: Veränderungen bei Beziehungen und Engagement

Die Veränderung im Kompetenzelement Führung wird u.a. erwartet durch

- verstärkte Integration von Externen und verteilte Teams von der größten Anzahl der Teilnehmerinnen und Teilnehmer,
- Verlagerung von Verantwortung auf Teams (agiler Ansatz),

wie in Abbildung 4 dargestellt. Dabei wird in den freien Kommentaren mehrfach darauf hingewiesen, dass diese Veränderungen unabhängig von Digitalisierung sind bzw. erfolgen können, und dass Führung weiterhin erforderlich ist: *„Führung geschieht zwischen Personen, Digitalisieren kann ich eigentlich nur Management.“*

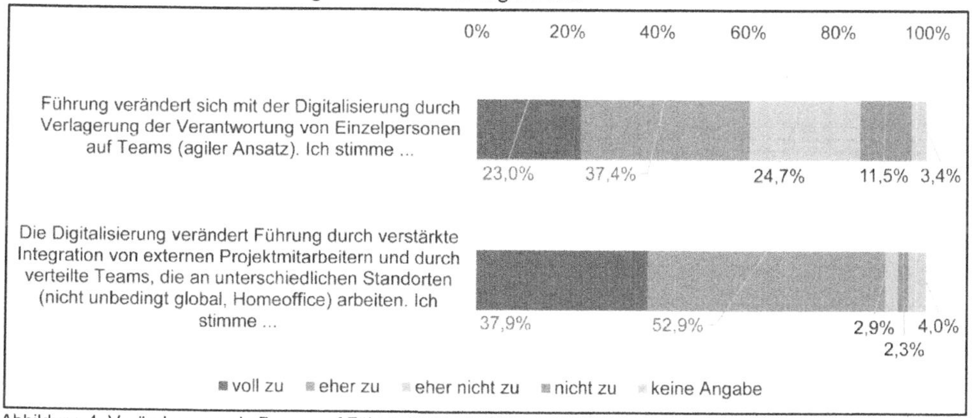

Abbildung 4: Veränderungen in Bezug auf Führung

2.4 *Ergebnisse: Technische Kompetenzen (Practice)*

Bei allen Kompetenzelementen der ICB 4 im Bereich Technische Kompetenzen sieht die überwiegende Mehrheit der Teilnehmerinnen und Teilnehmer Veränderungen durch die Digitalisierung.

Besonders viele Teilnehmerinnen und Teilnehmer (mehr als 75% stimmen voll oder eher zu) sehen Änderungen bei Organisation, Information und Dokumentation, Planung und Steuerung sowie Ablauf und Termine. Dies weist insbesondere auf die Tatsache hin, dass diese Projektmanagement-Prozesse durch IT-Unterstützung stärker automatisiert werden können. Es wird erwartet, dass

- die Planung von Ablauf und Terminen stärker digital unterstützt wird (43% volle Zustimmung, 39% eher Zustimmung),
- sowie die Überwachung der Termine automatisiert erfolgt (29% volle Zustimmung, 40% eher Zustimmung).

Projektdokumentationen werden künftig ausschließlich in digitaler Form vorliegen und können vollautomatisiert digital erfasst werden, so die mehrheitliche Einschätzung der Teilnehmerinnen und Teilnehmer (vgl. Abbildung 5). Mit Hinweisen auf informellen Informationsaustausch wird gleichzeitig verdeutlicht, dass das Informationsmanagement nicht nur über Tools bestritten werden kann.

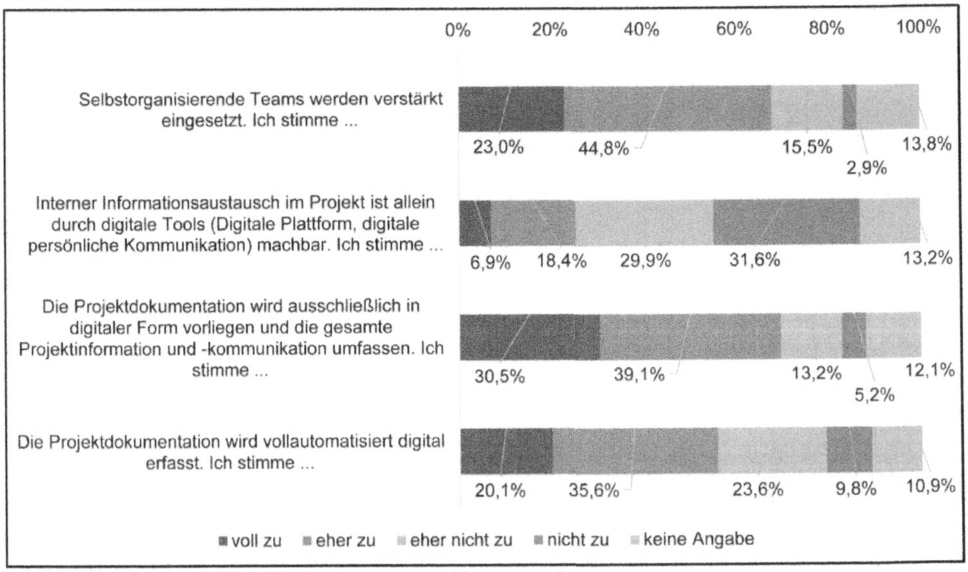

Abbildung 5: Aussagen zu Organisation, Information und Dokumentation

Stakeholder können besser erreicht werden, allerdings vergrößert sich durch die Digitalisierung auch der Kreis der Interessensgruppen.

Des Weiteren spielen agile Praktiken wie Selbstorganisation und Planung und Steuerung in kurzen Zeitabschnitten eine größere Rolle – es wird aber auch darauf verwiesen, dass dies nicht direkt mit der Digitalisierung zusammenhängt. Dabei wird u.a. erwartet, dass

- ein verstärkter Einsatz von hybriden oder agilen PM-Ansätzen als High-Level-Entscheidungen für das Projektdesign erfolgt (20% volle Zustimmung, 47% eher Zustimmung),
- der verstärkte Einsatz von selbstorganisierenden Teams erfolgt (23% volle Zustimmung, 45% eher Zustimmung; vgl. Abbildung 6),

- Planung agiler erfolgt, so dass Veränderungen besser berücksichtigt werden können (26% volle Zustimmung, 51% eher Zustimmung),
- Kontrolle begleitend in festgelegten Abschnitten und nicht erst zur Bereitstellung eines Ergebnisses erfolgt (33% volle Zustimmung, 47% eher Zustimmung),
- Aspekte wie lessons learned verstärkt in den Vordergrund rücken und zwar komplett projektbegleitend (32% volle Zustimmung, 39% eher Zustimmung),
- agile Verfahren auch außerhalb von Software-Projekten relevanter werden (41% volle Zustimmung, 33% eher Zustimmung).

Gleichzeitig wird betont, dass neben den technischen Unterstützungsmöglichkeiten Aufgaben nicht vollständig automatisiert werden können (z. B. im Informationsmanagement). Digitalisierung stellt hierzu „nur" ein Werkzeug dar, welches immer noch mit Sachverstand und Erfahrung anzuwenden bzw. nicht anzuwenden ist.

Zusammenfassend lässt sich dies so interpretieren, dass digitale Tools und Techniken für die Erfassung und Automatisierung von PM-Techniken weiterhin eine steigende Bedeutung einnehmen. Für Projektmanagerinnen und Projektmanager bedeutet dies, dass sie in der Lage sein müssen, diese Tools und Techniken zielgerichtet anzuwenden, aber auch deren Grenzen zu erkennen.

2.5 Ergebnisse: Kontext-Kompetenzen (Perspective)

Auch bei den meisten Kompetenzelementen der ICB 4 im Bereich Kontext-Kompetenzen sieht die überwiegende Mehrheit der Teilnehmerinnen und Teilnehmer Veränderungen durch die Digitalisierung. Eine besondere Ausnahme bildet das Kompetenzelement Macht und Interessen, wo überwiegend keine Änderungen erwartet werden.

Bei den Kontext-Kompetenzen ist das Element Governance, Strukturen und Prozesse das am häufigsten als von Veränderung betroffen genannte, mehr als 75% der Teilnehmerinnen und Teilnehmer stimmen voll oder eher zu. Eine digitale Unterstützung der Visualisierung dieses Elements wie auch von Strategie und von Compliance wird erwartet.

Soweit die Inhalte dieser Kompetenzelemente leichter strukturiert – eben diskret und digital – zu erfassen und zu visualisieren sind, umso eher wird auch hier eine digitale Unterstützung zunehmen.

3 Fazit und Ausblick

Die Teilnehmerinnen und Teilnehmer wurden über die GPM Deutsche Gesellschaft für Projektmanagement e.V. und deren Vertreter auf die Studie angesprochen, so dass ein relativ hohes Wissen über Projektmanagement und die Kompetenzelemente vorausgesetzt werden kann, insbesondere auch eine Affinität zu den bei GPM bzw. dem internationalen Dachverband IPMA betonten persönlichen und sozialen Kompetenzen.

Die oben beschriebenen Ergebnisse müssen also vor dem Hintergrund bewertet werden, dass die Gruppe dieser Teilnehmerinnen und Teilnehmer nicht repräsentativ für die deutsche oder internationale Projektwirtschaft ist. Es kann vermutet werden, dass durch die IT-Affinität IT bzw. digitalen Tools tendenziell mehr Bedeutung beigemessen wird, so dass dies zu einer besseren Einschätzung der Effekte der Digitalisierung geführt hat. Kritische Einschätzungen zur Digitalisierung und ihren Effekten im Projektmanagement, insbesondere von Personen, die sich nicht aktiv mit der Digitalisierung auseinandersetzen und ggf. „nur" von den Veränderungen betroffen sind, können aufgrund der hohen IT-Affinität der Teilnehmerinnen und Teilnehmer wahrscheinlich als eher unterrepräsentiert angesehen werden. Andererseits können die eher IT-affinen PM-Expertinnen und –Experten wohl eher als Trendsetter in der Projektmanagement-Community betrachtet werden.

Betrachtet man die Kompetenzkategorien des Stifterverbands, so konnten die Kompetenzen digitale Interaktion, Kollaboration und agiles Arbeiten aus dem Bereich digitale Grundfähigkeiten auch in der Studie weitgehend bestätigt werden, da diese Kompetenzen durch den Einsatz digitaler Tools bzw. Methoden maßgeblich beeinflusst werden. Die dort genannten klassischen Fähigkeiten lassen sich in den Bereich der persönlichen und sozialen Kompetenzen der ICB zuordnen. Diese Future Skills erscheinen als besonders relevant für Projektmanager, jedoch nicht nur durch die Digitalisierung, sondern aufgrund der Aufgaben eines Projektmanagers. Man könnte daher vermuten, dass die Kompetenzen eines Projektmanagers gerade in Bezug auf die Digitalisierung besonders relevant sind.

Antworten auf die Forschungsfragen in Bezug auf Veränderungen an Kompetenzanforderungen und Einsatz digitaler Werkzeuge sind oben bereits zusammengetragen. Für die Zukunft des Projektmanagement und der Projektmanagement-Lehre bedeuten die Studienergebnisse aus Sicht der Autoren in erster Linie:

- Die Nutzung digitaler Medien für die Kommunikation im Projekt wird eine wichtige Kompetenz und ist einzuüben, gleichzeitig ist es aber auch wichtig zu vermitteln, deren Grenzen zu erkennen.
- Die Nutzung von digitalen Tools zur Automatisierung bei Ablauf und Termine, Organisation, Information und Dokumentation sowie bei Planung und Steuerung wird diese Kompetenzen verändern. Projektdokumentationen werden künftig ausschließlich in digitaler Form vorliegen und können digital erfasst werden. Dies ist einzuüben. Aber auch hier hat das digitale Informationsmanagement Grenzen, informeller analoger Informationsaustausch bleibt wichtig, und dies muss auch vermittelt werden.

Durch Digitalisierung stehen neue Tools zur Verfügung, aber der Mensch im Projekt wird weiter benötigt. Auch die Arbeit von Timinger und Seel weist in diese Richtung, dass sich durch Digitalisierung Freiräume für komplexere und kreativere Aufgaben im Projektmanagement ergeben werden ([TiSe], S. 174).

Die Frage der Didaktik und Methodik, wie die sich verändernden Kompetenzen zielgerichtet erlangt werden können, bedarf der weiteren Untersuchung und wurde in der Studie nicht betrachtet.

Eine weitere Frage, die sich nach dieser Betrachtung stellt, ist, inwieweit die hier dargestellten Ergebnisse sich nach Projektarten differenzieren. Treffen die Ergebnisse hier auf alle Projekttypen gleichermaßen zu (z. B. Organisationsprojekte, IT-Projekte, Bauprojekte)? Inwieweit unterscheidet sich der Digitalisierungseinfluss nach Projekttyp?

Der Dank der Autoren geht an die GPM Deutsche Gesellschaft für Projektmanagement e.V., für die finanzielle und sachliche Unterstützung und an die zahlreichen Teilnehmerinnen und Teilnehmern an dieser Studie, die die große Anzahl von Fragen beantwortet haben, und damit die Grundlage für die vorliegenden Ergebnisse geschaffen haben.

Literaturverzeichnis

[Bend19] Bendel, O.: Digitalisierung. In (SpringerGabler Hrsg.): Gabler Wirtschaftslexikon online, Wiesbaden, 2019.

[BrKr14] Brennen, S.; Kreiss, D.: Digitalization and Digitization – Culture Digitally. http://culturedigi q qtally.org/2014/09/digitalization-and-digitization/, 21.02.2019.

[IPMA15] International Project Management Association: Individual Competence Baseline for Project. Programme & Portfolio Management, Zürich, Schweiz, 2015.

[KKLW19] Kirchherr, J.; Klier, J.; Lehmann-Brauns, C.; Winde, M.: Future Skills: Welche Kompetenzen in Deutschland fehlen. Future Skills Diskussionspapier 1. Stifterverband (Hrsg.). Essen, 2019.

[LeBK17] Lemke, C.; Brenner, W.; Kirchner, K.: Einführung in die Wirtschaftsinformatik. Band 2: Gestalten des Digitalen Zeitalters. Springer Berlin Heidelberg, Berlin, Heidelberg, 2017.

[StFo04] Stolterman, E.; Fors, A. C.: Information Technology and the Good Life. In (Kaplan, B. et al. Hrsg.): Information Systems Research: Relevant Theory and Informed Practice. Springer US, Boston, MA, 2004; S. 687–692.

[TiSe18] Timinger; Seel: Vision und Reifegradmodell für digitalisiertes Projektmanagement. In Barton, Müller, Seel (Hrsg.): Digitalisierung in Unternehmen, Springer, 2018, S. 159-175.

[UrAh16] Urbach, N.; Ahlemann, F.: IT-Management im Zeitalter der Digitalisierung. SpringerGabler, Berlin, Heidelberg, 2016.

Kontakt

Prof. Dr. Dorothee Feldmüller
Hochschule Bochum, Campus Velbert/Heiligenhaus
Kettwiger Str. 20, 42579 Heiligenhaus
dorothee.feldmueller@hs-bochum.de

Prof. Dr. Tobias Rieke
FH Münster, Institut für Prozessmanagement und Digitale Transformation
Bismarckstr. 11, 48565 Steinfurt
tobias.rieke@fh-muenster.de

Einflussgrößen für die Konstruktion eines adaptiven Referenzmodells für hybrides Projektmanagement

Martina Blust, Holger Timinger, Christian Seel

Zusammenfassung

Adaptive Referenzmodelle für hybrides Projektmanagement erlauben die Erstellung situativ angepasster Projektmanagementvorgehensmodelle und deren Tailoring. Sie ermöglichen damit angepasstes, für die jeweilige Projektaufgabe optimiertes Projektmanagement. Das adaptive Referenzmodell ist daher so zu konstruieren, dass es traditionelle, agile und hybride Abläufe und Methoden berücksichtigen kann.

Für die Konstruktion von Referenzmodellen existieren Regeln, die bisher nicht für die Erstellung adaptiver Referenzmodelle für hybrides Projektmanagement angewandt wurden. Dieser Beitrag beantwortet deshalb die Fragen, welche Einflussgrößen (EG) auf die Konstruktion eines solchen Referenzmodells wirken und wie aufgrund dieser Einflussgrößen bei der Konstruktion des Referenzmodells vorzugehen ist. Der Beitrag folgt hierfür der Design Science Research als Forschungsmethode.

Zunächst werden auf Basis einer Literaturrecherche Einflussfaktoren identifiziert und bewertet. Die Einflussgrößen werden auf Abhängigkeiten hin untersucht und modelliert. Daraus lässt sich ein sachlogisches Vorgehen für die Konstruktion des Referenzmodells ableiten.

Dieses Vorgehen ermöglicht künftig die Konstruktion eines adaptiven Referenzmodells für hybrides Projektmanagement.

(Der Beitrag ist im Rahmen des BMBF geförderten Projektes PRAGUE (Self Service Konfiguration von Projektmanagementmethode und -werkzeug) mit dem Förderkennzeichen 01IS17093C entstanden.)

1 Konstruktionsprozess für ein adaptives Referenzmodell im Projektmanagement

Das Angebot an Projektmanagementvorgehensmodellen ist sehr groß. Daraus ein zum Projektkontext passendes Modell auszuwählen ist eine Herausforderung, denn keines der bestehenden Auswahlverfahren, z. B. von BOEHM und TURNER (Vgl. [BoTu03], 51ff.) oder WYSOCKI (VGL. [WYSO14], S. 8.) selektiert spezifische Vorgehensmodelle. Sie lassen nur eine Aussage darüber zu, welche „Projektphilosophie" (agil, klassisch, hybrid) am besten zum jeweils vorliegenden Projekt(-typ) passt. Die letztendliche Auswahl erfolgt auf Basis subjektiver Entscheidungen (Vgl. [SeTi17], S. 20.). Eine weitere Herausforderung besteht in der Anpassung bestehender oder ausgewählter Vorgehensmodelle an den Projektkontext (Vgl. [VoLi], S. 152.). Beide Problemstellungen treten auf, wenn Vorgehensmodelle oder einzelne Methoden daraus zu hybriden Vorgehensmodellen kombiniert werden sollen. *Ziel ist* deshalb die Entwicklung eines adaptiven Referenzmodells für hybrides Projektmanagement, das alle möglichen Vorgehensmodelle und Methoden beinhaltet und zur Ableitung einer bedarfsgerechten Kombination von Prozessbausteinen genutzt werden kann. Da es keine Quellen gibt, die erklären, wie bei der Konstruktion des beschriebenen Referenzmodells vorgegangen werden muss und wie es aufgebaut sein sollte, werden in diesem Beitrag die folgenden Forschungsfragen beantwortet.

- RQ1: Welche Einflussgrößen sind bei der Konstruktion eines adaptiven Referenzmodells für hybrides Projektmanagement zu berücksichtigen und welche Interdependenzen existieren zwischen diesen?
- RQ2: Wie muss bei der Konstruktion des adaptiven Referenzmodells für hybrides Projektmanagement vorgegangen werden?

Zunächst wird in Abschnitt 2 erklärt, nach welcher Forschungsmethode bei der Konstruktion eines adaptiven Referenzmodells für hybrides Projektmanagement vorgegangen wird und in Abschnitt 3 welche Arbeiten es zu diesem Thema bereits gibt. Anschließend werden in Abschnitt 4 auf dieser Basis Einflussgrößen sowie deren Interdependenzen analysiert und in Abschnitt 5 daraus abgeleitet in welcher Reihenfolge diese bei der Konstruktion eines adaptiven Referenzmodells für hybrides Projektmanagement definiert werden sollten.

2 Forschungsmethode

Nach FETTKE und LOOS werden bei der Konstruktion eines Referenzmodells typischerweise die vier Schritte „Problemdefinition", „Konstruktion", „Bewertung" und „Pflege" bearbeitet (Vgl. [FeLo04], S. 18–19.). Bei den in Abschnitt 1 definierten Forschungsfragen handelt es sich um eine Teilproblemdefinition der Referenzmodellkonstruktion. Zu deren Beantwortung wird in diesem Beitrag der Schritt „Konstruktion" betrachtet. Die „Bewertung" und „Pflege" des konzeptionellen Artefaktes zu „Einflussgrößen" erfolgt zu einem späteren Zeitpunkt anhand von Referenzmodell-Prototypen. Zur Ermittlung der Einflussgrößen wurde zunächst eine Stichwortbasierte Literaturrecherche in Anlehnung an VOM BROCKE durchgeführt ([VS09].). Die Konstruktion von anwendbaren Artefakten entspricht dem Forschungsansatz „Design Science Research", für den HEVNER sieben Richtlinien formulierte (Vgl. [HMPR04], S. 83.). Dieser Beitrag folgt mit dem konzeptionellen Artefakt der ersten Richtlinie. Da die Einflussgrößen für den Bereich Projektmanagement in diesem Beitrag zum ersten Mal beschrieben werden, ist auch der geforderte Forschungsbeitrag geleistet. Die Relevanz des Problems ist gegeben, weil mit dem Beitrag eine Grundlage für das Themengebiet konstruiert wird. Ebenso wird der Richtlinie, Teilergebnisse zu veröffentlichen, gefolgt. Dass auch den Richtlinien der stringenten Forschung und der Forschung als Suchprozess gefolgt wird, kann erst zu einem späteren, diesem Beitrag nachgelagerten, Zeitpunkt gezeigt werden, wenn die „Evaluation des Artefaktes" (die letzte Richtlinie) durchlaufen worden ist. Hintergrund ist, dass erst dann klar ist, ob sich eventuelle weitere Bearbeitungs- und Testzyklen für das Artefakt ergeben.

3 Related Work

Bisher wurde von SEEL und TIMINGER ein Konzept zur Adaption eines Referenzmodells für hybrides Projektmanagement vorgestellt. Es beschreibt wie basierend auf unternehmensindividuellen Ausprägungen definierter Parameter und mit Hilfe sogenannter Adaptionsmechanismen BPMN 2.0 Prozesselemente eines Referenzmodells selektiert und zu einem

vollständigen Vorgehensmodell zusammengefügt werden können (Vgl. [SeTi17], S. 25.). Das Referenzmodell orientiert sich am Aufbau von HyProMM, einem Ordnungsrahmen nach TIMINGER und SEEL ([TiSe16].) (Vgl. [TiMO19], 151ff.), der bei der Konstruktion planbasierter, agiler und hybrider Vorgehensmodelle unterstützt.
PAUKNER et.al. stellt darauf basierend vor welche Parameter bei der Ableitung eines Vorgehensmodells aus einem Referenzmodell relevant sind und wie ein zugehöriger Adaptionsmechanismus aussehen kann. (Vgl. [PaST18], S. 170.)
Da im Themenbereich „Adaptive Referenzmodell für hybrides Projektmanagement" bisher nur auf die Anwendung eines Referenzmodells, nicht aber auf die Konstruktion desgleichen eingegangen wurde, wird noch auf das sechsphasige domänenunabhängige „Vorgehensmodell zur Konstruktion adaptiver Referenzmodelle" von DELFMANN (Vgl. [Delf06], 208 ff.) verwiesen. Besonders die in Phase 4 „Referenzmodell erstellen" erwähnten Einflussgrößen und deren Zusammenhänge werden auf Ihre Anwendbarkeit in der Domäne „Projektmanagement" hin untersucht.

4 Einflussgrößen bei der Konstruktion eines adaptiven Referenzmodells für hybrides Projektmanagement und deren Zusammenhänge

4.1 Einflussgrößen

Das Ziel der Literaturrecherche war es Forschungsergebnisse und praktische Anwendungen zur Konstruktion von adaptiven Referenzmodellen im hybriden Projektmanagement zu ermitteln. Die Recherche wurde in den GI Lecture Notes unter Einbeziehung aller Veröffentlichungen, genannt „Stränge", gestartet. Der Grund dafür war der erwartete hohe Themenbezug zu „Projektmanagement" und „Referenzmodellierung", weil in den GI Lecture Notes einerseits die Proceedings der „Projektmanagement und Vorgehensmodelle"-Tagung und andererseits die Proceedings zu weiteren Tagungen im Themenbereich (Wirtschafts-) Informatik indiziert sind. Recherchiert wurde anhand der Stichwortpaare „Referenzmodell/ Projektmanagement", „Referenzmodellierung/ Projektmanagement", „Referenzmodell/ konstruieren", „Referenzmodell/ Konstruktion" und „Adaptiv/ Referenzmodell".
Über eine Rückwärtssuche in den Quellen der relevantesten, aber noch nicht hilfreichen Suchergebnisse, konnten DELFMANN mit einem Konstruktionsprozess zu adaptiven Referenzmodellen ([Delf06].) und SEEL et al. mit Überlegungen zum Aufbau eines adaptiven Referenzmodells ([SeTi17].) ermittelt werden. Da letztere Quelle in einem AKWI-Tagungsband enthalten ist, wurden auch diese Bände in die Recherche einbezogen. Aufgrund des Formates der AKWI Paper, war es nicht möglich nach jeweils 2 Stichworten zu suchen, weshalb diese manuell auf alle genannten Stichworte untersucht wurden. Ausgewählt wurden die Quellen, die mindestens 2 der oben genannten Stichworte enthielten. Über eine weitere Rückwärtssuche in den dort identifizierten Quellen wurde anschließend noch TIMINGER et al. ([TiSe16].) ermittelt. Tabelle 1 zeigt die Einflussgrößen, die aus den Artikeln mit dem größten Bezug zu adaptiver Referenzmodellierung im Projektmanagement ([PaST18].); ([SeTi17].); ([TiSe16].) oder aus dem domänenübergreifenden Konstruktionsprozess von Delfmann ([Delf06].) abgeleitet werden konnten.
Die Bezeichnung der Einflussgrößen in Tabelle 1 erfolgt aus folgenden Gründen:

- *Parameterauswahl:* „Parameter" wurde gewählt, weil dieser Begriff in allen in Tabelle 1 aufgeführten Quellen genannt wurde. Da es sein kann, dass nicht alle zur Verfügung stehenden Parameter zur Umsetzung des adaptiven Referenzmodells benötigt werden, wird der Begriff „Auswahl“ ergänzt.

- *Variante des Selektionsprozesses:* Die Angaben zu den Schritten bei der Adaption von Referenzmodellen weichen voneinander ab. Es wird deshalb von unterschiedlichen Varianten ausgegangen. Da das Referenzmodell dazu dient passende Prozessbauseine zu selektieren, wird der Begriff „Selektionsprozess“ gewählt.
- *Gestaltung des Prozessmodells:* Die Begriffe „Prozess“ und „Modell“ werden in den meisten Quellen verwendet. In der aktuellsten Quelle ([PaST18].) werden diese zu einem Wort und als solches übernommen.
- *Auswahl der Konstruktionstechnik:* Dieser Begriff wird genutzt, da die in den Quellen verwendeten Begriffe auf die von VOM BROCKE (Vgl. [Vom 03], 269ff.) zusammengefassten Konstruktionstechniken hindeuten
- *Beschaffenheit der Prozessbausteine:* Der Begriff „Baustein“ wird am häufigsten verwendet und es wird überwiegend von „Prozessen“ geschrieben“.

Einflussgröße (EG)	Nennung von EG in Quelle ([Delf06].)	Nennung von EG in Quelle ([TiSe16].)	Nennung von EG in Quelle ([SeTi17].)	Nennung von EG in Quelle ([PaST18].)
Modellierungs-technik	Modellierungs-sprache; Hand-lungsanleitungen; Software (S. 214ff.)	BPMN 2.0 als Modellierungs-sprache (S. 57)	BPMN 2.0 als Modellierungssprache (S. 25)	BPMN 2.0 als Modellierungs-sprache (S. 166)
Parameter-Auswahl	Adaptionsparameter (S. 53ff.), Unter-nehmensmerkmale mit Ausprägungen (S. 210)	Parameter (S. 55);	Projektspezifische Parameter und Bei-spiele dafür (S. 20); Konsistenzparameter (S. 24); Adaptions-parameter (S .24);	Titel; Projekt- und Umfeldparameter (S.1ff.)
Variante des Selektions-prozesses	Mehrstufige Adaption (S. 217)	Keine Angabe	"Konfigurations-möglichkeiten" (S. 24) als Konfigurations-varianten und -schritte interpretiert. Darstellung der schrittweisen Ableitung und Anpas-sung von Prozessen aus dem Referenz-modell (S. 25)	Mehrstufiger Entscheidungs-baum (S.169-170)
Gestaltung des Prozess-modells	Adaptives Referenzmodell mit Bestandteilen: Ordnungsrahmen und Verfeinerungs-modell (S. 218)	Top-Down-Ansatz mit HyProMM Ord-nungsrahmen und darunter Detailprozessen (S. 56-57)	Angedeutet in einer Grafik, auf oberster Ebene HyProMM, darunter schematische Prozessdarstellung (S. 25)	Stichpunktartige Erläuterung mög-licher Ebenen im Prozessmodell, z.B. Ebene 1=Pro-jektphasen; Ebene 2= Prozesssicht Ordnungsrahmen (S.173)

Auswahl der Konstruktions-technik	Adaptionsregeln (S. 218)	"Ableitung" eines hybriden Vorgehens-modells aus dem HyProMM Ordnungs-rahmen (S. 59ff.)	Angedeutet in einer Grafik, auf oberster Ebene HyProMM, darunter schematische Prozessdarstellung (S. 25)	Konfiguration (S. 173)
Beschaffen-heit der Prozess-bausteine	Monolithisches Modell oder Modellbausteine als Bestandteile des Referenzmodells(S. 218ff.)	Prozess- und Organisations-modelle (S. 57) Prozess-, Methoden- und Werkzeug-, Rollensicht (S. 58)	Prozessbausteine im Ordnungsrahmen (S. 22), Adaptions-mechanism. (S. 24ff.), -parameter (S. 24), -möglichkeiten (S. 25), -term (S. 25), Konfigu-rationsterme (S. 25)	Nicht näher spezifizierte Prozesselemente und konfigurations-terme an Prozesselementen (S. 173)

Tabelle 1: Einflussgrößen auf die Konstruktion eines adaptiven Referenzmodells für hybrides Projektmanagement

DELFMANN nennt in seinem domänenunabhängig formulierten Prozess noch weitere Einflussgrößen. Diese werden jedoch in Tabelle 1 aus folgenden Gründen nicht aufgeführt und als Prämissen betrachtet:

- Die EG *Projektziel* (Vgl. [Delf06], 210ff.) wird durch die gegebenen Quellen als definiert vorausgesetzt und auch im Abschnitt 1 nochmal als „Ziel" adressiert.
- Die EG *Modellierungstechnik* (Vgl. [Delf06], 213-218) wird als definiert vorausgesetzt, denn es wird auf die in den Quellen genannte Modellierungssprache BPMN 2.0 inklusive Handlungsanleitungen und auf das Tool „Camunda Modeler" mit individuellen Erweiterungen (Vgl. [PaST18], S. 172.) aufgesetzt.
- Die EG *Ordnungsrahmen* und *Verfeinerungsmodell* (Vgl. [Delf06], S. 218.) werden als Bestandteile des Prozessmodells betrachtet und deshalb nicht extra genannt.
- Die EG *Adaptionsmechanismen* (Vgl. [Delf06], S. 96) wird nicht separat genannt, da Adaptionsmechanismen an Prozessbausteinen annotiert sind und deshalb als Bestandteile eben dieser betrachtet werden.

4.2 Zusammenhänge der Einflussgrößen

Die Gesamtheit der Einflussgrößen kann als ein System betrachtet werden. Ein System ist definiert als ein Ganzes, das aus miteinander in Beziehung stehenden Teilen (hier Einflussgrößen) besteht (Vgl. [HaDa02], S. 5.). Aus Tabelle 1 geht nicht hervor, welche Einflussgrößen miteinander in Beziehung stehen. Deshalb werden alle möglichen Einflussgrößenkombinationen auf Beziehungen hin überprüft. Diese Überprüfung erfolgt anhand der in Tabelle 2 dargestellten Beeinflussungsmatrix (Vgl. [HaDa02], S.559).

Die Stärke der Einflüsse wird in Tabelle 2 nicht abgebildet, weshalb sie als vereinfachte Beeinflussungsmatrix bezeichnet werden kann. In den Zellen sind jeweils Quellen zitiert, die angeben inwiefern die ganz links stehende Größe, die in der ersten Zeile angegebene Größe beeinflusst.

Abgeleitete Größen sind in Tabelle 2 in kursiver Schrift ergänzt. Kombinationen, zu denen weder die Literaturrecherche noch die darauf basierende Analyse einen Zusammenhang ergeben hat, sind mit „Kein Ergebnis" gekennzeichnet.

Die Interdependenzen geben entweder an in welcher Reihenfolge die Ausprägungen der Einflussgrößen definiert werden sollten und/oder inwiefern diese aufeinander aufbauen.

Sind die Ausprägungen bereits definiert und wird eine davon verändert, zeigen die Interdependenzen an, welche abhängigen Ausprägungen anderer Einflussgrößen möglicherweise angepasst werden müssen, um ein in sich schlüssiges Referenzmodell zu erhalten.

Einfluss der Größe unten auf die Größe rechts	Parameter-Auswahl	Variante des Selektionsprozesses	Gestaltung des Prozessmodells	Auswahl der Konstruktionstechnik	Beschaffenheit der Prozessbausteine
Parameter-Auswahl		"Konfigurationsmöglichkeiten" sind unterschiedlich detailliert je nach Detailgrad der Parameter. Wird als Hinweis darauf gewertet, dass mehrere Auswahlschritte notwendig sind (Vgl. [SeTi17], S.25)	Modellteile abhängig von Parametern (Vgl. [Delf06], S.213)	Adaptionsregeln werden auf Basis der Adaptionsparameter und deren Ausprägungen angelegt. (Vgl. [Delf06], S.220) Konfigurationsterme basieren auf Adaptionsparametern (Vgl. [SeTi17], S.25)	Konfigurationsterm setzt sich aus einem oder mehreren verknüpften Parametern zusammen (Vgl. [SeTi17], S.25)
Variante des Selektionsprozesses	Kein Ergebnis		Adaptionsprozess muss mehrstufig ablaufen können und das Prozessmodell entsprechend gestaltet sein (Vgl. [Delf06], S.217)	Adaptionsprozess beeinflusst Adaptionsmechanismen (Vgl. [Delf06], S.217)	Kein Ergebnis
Gestaltung des Prozessmodells	Kein Ergebnis	Kein Ergebnis		Referenzmodell muss um Adaptionsmöglichkeiten erweitert werden (Vgl. [SeTi17], S.25) Modelle müssen vor Adaptionsregeln angelegt werden (Vgl. [Delf06], S.213)	Referenzmodell wird konstruiert und schrittweise um Adaptionsregeln angereichert (Delf06 S.209) und erweitert (Vgl. [SeTi17], S.25)

Auswahl der Konstruktionstechnik	Kein Ergebnis	Kein Ergebnis	In Ablaufbeschreibung sind Adaptionsmechanismen vor Referenzmodell genannt. (Vgl. [Delf06], S.209) und (Vgl. [SeTi17], S.24)		Auswahl der Konstruktionstechnik "Konfiguration" Voraussetzung für Konfigurationsterme (Vgl. [SeTi17], S.25)
Beschaffenheit der Prozessbausteine	Anlegen der (relevanten) Adaptionsparameter-Auswahl (Vgl. [Delf06], S.218)	Kein Ergebnis	Kein Ergebnis	Beschaffenheit der Prozessbausteine, z.B. fehlende Lücken zur Spezialisierung, beeinflussen Anwendbarkeit von Konstruktionstechniken (Allg. Überlegung)	

Tabelle 2: Vereinfachte Beeinflussungsmatrix von Einflussgrößen

Aus Tabelle 2 ist nicht direkt ablesbar in welcher Reihenfolge die Einflussgrößen definiert werden sollten und wie stark sie voneinander abhängen.

5 Vorgehensweise bei der Konstruktion eines adaptiven Referenzmodells für hybrides Projektmanagement

5.1 Reihenfolge der Definition der Einflussgrößen

Um sich des Grades der Vernetzung der Einflussgrößen bewusst zu werden, werden die in Tabelle 2 hergestellten Zusammenhänge in Abbildung 1 als Wirkungsnetz (Vgl. [HaDa02], S.560) dargestellt. Die Zahlen zeigen an, wie viele Einflussgrößen von einer ausgewählten Einflussgröße beeinflusst werden und durch wie viele diese im Gegenzug beeinflusst wird.

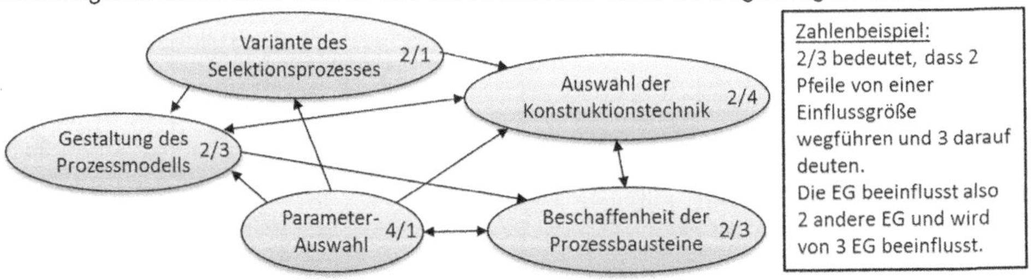

Abbildung 1: Wirkungsnetz zu Einflussgrößen

Durch die Abbildung wird deutlich, dass die Vernetzung der Einflussgrößen zu hoch ist, um direkt entscheiden zu können, wie bei der Konstruktion eines adaptiven Referenzmodells vorgegangen werden soll. Bezugnehmend auf RQ2 wird deshalb analysiert in welcher Rei-

henfolge die Ausprägungen der Einflussgrößen im Rahmen des Konstruktionsprozesses festgelegt werden müssen.
Es wird davon ausgegangen, dass jede Interdependenz gleich gewichtet ist. Damit entspricht die Einflussgröße „Parameterauswahl" nach DAENZER einer sogenannten aktiven Größe. Aktive Größen haben im Vergleich zu anderen Größen einen starken Einfluss auf das Gesamtsystem, werden aber nicht stark von anderen Einflussgrößen beeinflusst, wodurch die Gefahr von Rückkopplungen gering gehalten wird. „Parameterauswahl" eignet sich nach dieser Definition als erster Ansatzpunkt bei der Definition eines Referenzmodells.

5.2 *Konstruktionsschritte*

Da sich die in Kapitel 5.1 beschriebene Einschätzung bei gegebenen Prämissen (siehe Abschnitt 4.1) mit dem von DELFMANN ausgearbeiteten Konstruktionsprozess (Vgl. [Delf06], 208 ff.) deckt, wird die Parameterauswahl als *erster Konstruktionsschritt* betrachtet.
Da die Variante des Selektionsprozesses trotz aktiver Beeinflussung von nur 2 Einflussgrößen, nur durch die Parameterauswahl beeinflusst wird, wird „Variante des Selektionsprozesses" als *zweiter Konstruktionsschritt* gewählt.
Um von der hohen Vernetzung der drei verbleibenden Einflussgrößen nicht irritiert zu werden, ist es hilfreich diese zur Ableitung des dritten Konstruktionsschrittes zunächst isoliert zu betrachten. Zudem ist es hilfreich sich zu verdeutlichen, dass es um die initiale Erstellung eines adaptiven Referenzmodells geht, bevor gemäß Design Science Research weitere Bearbeitungsschleifen im Sinne eines Suchprozesses folgen. Davon ausgehend wird als *dritter Konstruktionsschritt* die Gestaltung des Prozessmodells gewählt, da diese direkt vom Selektionsprozess beeinflusst wird und insgesamt weniger Rückkopplungen zu erwarten sind als bei der Konstruktionstechnik, die ebenfalls direkt vom Selektionsprozess beeinflusst wird.
Da die Auswahl der Konstruktionstechnik direkt vom Selektionsprozess beeinflusst wird und zudem die Adaptionsmechanismen definiert, die anschließend an Prozessbausteine annotiert werden, wird als *vierter Konstruktionsschritt* die Auswahl der Konstruktionstechnik gewählt. Als *fünfter Konstruktionsschritt* wird die Beschaffenheit der Prozessbausteine gewählt.

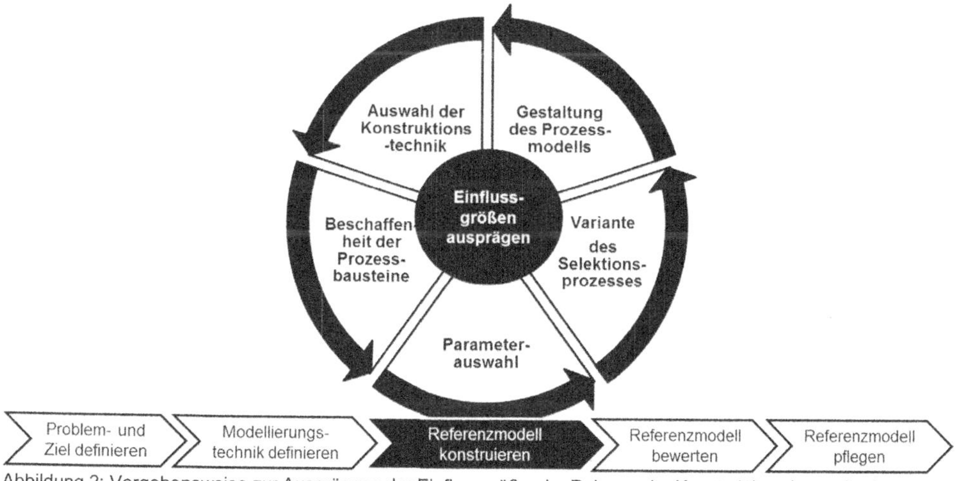

Abbildung 2: Vorgehensweise zur Ausprägung der Einflussgrößen im Rahmen der Konstruktion eines adaptiven Referenzmodells (In Anlehnung an Fettke und Loos ([FeLo04])

Aufgrund der gemäß Abbildung 1 zu erwartenden Rückkopplungen während der Konstruktion des adaptiven Referenzmodells, ist zu erwarten, dass die 5 Konstruktionsschritte mehrmals durchlaufen werden müssen, bis ein anwendbares Referenzmodell besteht.

6 Fazit und Ausblick

Bei der Konstruktion eines adaptiven Referenzmodells für hybrides Projektmanagement sind die Einflussgrößen „Parameterauswahl“, „Variante des Selektionsprozesses“, „Gestaltung des Prozessmodells“, „Auswahl der Konstruktionstechnik“ und „Beschaffenheit der Prozessbausteine“ in eben dieser Reihenfolge zu durchlaufen. Dabei sind, aufgrund der Abhängigkeiten zwischen diesen Einflussgrößen, sogenannte Rückkopplungen, d. h. Anpassungsbedarfe) bei manchen Größen zu erwarten. Dies führt dazu, dass die 5 genannten Konstruktionsschritte mehrmals durchlaufen werden müssen, bis ein Referenzmodell zur Verfügung steht, das auf einen individuellen Anwendungsfall hin adaptiert werden kann.
Nachdem in diesem Beitrag das Vorgehen zur Referenzmodellkonstruktion untersucht wurde, ist dessen praktische Umsetzung als weiterer Forschungsbedarf evident. Bisher wurden zwar bereits erste Ansätze zur Konstruktion eines adaptiven Referenzmodells für hybrides Projektmanagement unternommen, denen aber bislang sowohl die hier vorgestellte Systematik als auch - grundlegend - die Vollständigkeit gefehlt hat.

Literaturverzeichnis

[BoTu03] Boehm, Barry W.; Turner, Richard: Balancing agility and discipline: A guide for the perplexed. Addison-Wesley, Boston, 2003.

[Delf06] Delfmann, Patrick: Adaptive Referenzmodellierung: Methodische Konzepte zur Konstruktion und Anwendung wiederverwendungsorientierter Informationsmodelle. Zugl.: Münster (Westfalen), Univ., Diss, 2006. (Advances in information systems and management science, 25). Logos-Verl., Berlin, 2006.

[FeLo04] Fettke, Peter; Loos, Peter: Referenzmodellierungsforschung Langfassung eines Aufsatzes, 2004. https://www.uni-saarland.de/fileadmin/user_upload/Professoren/fr13_ProfLoos/isym_paper_016.pdf. Abruf am 2018-04-25.

[HaDa02] Haberfellner, Reinhard; Daenzer, Walter F. (Hrsg.): Systems Engineering: Methodik und Praxis. 11., durchges. Aufl., Zürich. Verl. Industrielle Organisation, 2002.

[HMPR04] Hevner, Alan R.; March, Salvatore T.; Park, Jinsoo; Ram, Sudha: DESIGN SCIENCE IN INFORMATION SYSTEMS RESEARCH. In: MIS Quarterly(28), 2004.

[PaST18] Paukner, Manuel; Seel, Christian; Timinger, Holger: Projektparameter für das Tailoring hybrider Projektmanagementvorgehensmodelle. In: Barton, Thomas; Herrmann, Frank, u.a. (Hrsg.): Angewandte Forschung in der Wirtschaftsinformatik 2018: Tagungsband zur 31. AKWI-Jahrestagung vom 09.09.2018 bis 12.09.2018 an der Hochschule für Angewandte Wissenschaften Hamburg. mana-Buch, Heide, 10.09.2018, S. 166–176.

[SeTi17] Seel, Christian; Timinger, Holger: Ein adaptives Vorgehensmodell für hybrides Projektmanagement. In: Barton, Thomas; Herrmann, Frank, u.a. (Hrsg.): Prozesse, Technologie, Anwendungen, Systeme und Management 2017: Angewandte Forschung in der Wirtschaftsinformatik : Tagungsband zur 30. AKWI-Jahrestagung vom 17.09.2017 bis 20.09.2017 an der Hochschule Aschaffenburg. Hochschule Aschaffenburg; mana-Buch, Aschaffenburg, Heide, 17.09.2017, S. 20–29.

[TiMO19] Timinger, H.; Möller, T.; Oswals, A.: Vorgehensmodelle und Ordnungrahmen. In: Deutsche Gesellschaft für Projektmanagement e.V. (Hrsg.): Kompetenzbasiertes Projektmanagement (PM4): Handbuch für Praxis und Weiterbildung im Projektmanagement. Buch & media, München, 2019, S. 133–179.

[TiSe16] Timinger, Holger; Seel, Christian: Ein Ordnungsrahmen für adaptives hybrides Projektmanagement. In: projektMANAGEMENT aktuell 2016(4), 2016.

[Vom 03] Vom Brocke, Jan: Referenzmodellierung: Gestaltung und Verteilung von Konstruktionsprozessen. Zugl.: Münster, Univ., Diss., 2002. 2. Aufl. (Advances in information systems and management science, 4). Logos, Berlin, 2003.

[VoLi] Vom Brocke, Jan; Lippe, Sonia: Anpassung von Projektmanagement Standards – Nutzungsmöglichkeiten von Konstruktionstechniken aus der Referenzmodellierung. URL:https://fg-wi-vm.gi.de/fileadmin/gliederungen/fg-wi-vm/WS2010/Handouts/Lippe.pdf. Abruf am 2019-02-13.

[VS09] Vom Brocke, Jan; Simons, Alexander; Niehaves, Bjoern; Niehaves, Bjorn, u.a.: Reconstructing the Giant: on the importance of rigour in documenting the literature search process. In: ECIS 2009 Proceedings. Paper 161, 2009.

[Wyso14] Wysocki, Robert K.: Effective Project Management: Traditional, Agile, Extreme. Seventh Edition. Wiley, Indianapolis, Indiana, 2014.

Kontakt

Martina Blust, Prof. Dr. Holger Timinger, Prof. Dr. Christian Seel
Institut für Projektmanagement und Informationsmodellierung (IPIM)
Hochschule Landshut
Am Lurzenhof 1, 84036 Landshut
Martina.Blust@haw-landshut.de
Holger.Timinger@haw-landshut.de
Christian.Seel@haw-landshut.de

Didaktik in der Wirtschaftsinformatik

Kritische Reflexion eines experimentellen didaktischen Konzepts im Modul „Wirtschaftsinformatik 1 für BWL-Bachelor“

Vera G. Meister, Marcel Cikus

Zusammenfassung

Module der Wirtschaftsinformatik gehören traditionell zum Curriculum von Bachelorstudiengängen der Betriebswirtschaftslehre (BWL). Der Beitrag untersucht die Frage, welche didaktischen Konzepte dafür zum Einsatz kommen und inwiefern sie den sich wandelnden Anforderungen an Absolvent*innen im Zuge der Digitalen Transformation genügen. Es zeigt sich, dass es für die technisch-methodische Anforderungsebene durchaus geeignete Konzepte in der Lehrpraxis gibt. Ein signifikanter Mangel wurde jedoch bei den eher globalen Anforderungen an die Orientierung in einem sich wandelnden Gestaltungs- und Möglichkeitsraum festgestellt. Als experimenteller Lösungsansatz wird ein didaktisches Konzept vorgestellt, das sich den Prinzipien des Problem-based Learning und des Constructive Alignment verschreibt. Die Umsetzung dieses didaktischen Konzepts in einer Lehrveranstaltung des dritten Semesters mit insgesamt 80 Studierenden wird beschrieben und kritisch reflektiert.

1 Einführung

Historisch betrachtet ist die akademische Wirtschaftsinformatik (WI) in Deutschland ein Kind der Betriebswirtschaftslehre. Initiiert durch den Eingang datenverarbeitender Systeme in die betriebliche Aufgabenbearbeitung entstanden in den 60er Jahren des 20 Jh. an den Universitäten die ersten Lehrstühle für betriebliche Organisation und Automation unter dem Dach wirtschaftswissenschaftlicher Fakultäten ([Hein11], S. 35). Dieses Muster findet sich bis heute an den meisten Universitäten. Ein etwas anderes Bild bieten die insgesamt jüngeren Hochschulen für angewandte Wissenschaften (HAW). So sind nach Untersuchung der Autor*innen nur 44 % der im Arbeitskreis Wirtschaftsinformatik an HAW organisierten Fachbereiche oder Fakultäten mit WI-Studiengängen den Wirtschaftswissenschaften zuzuordnen.
Neben diesen organisational geprägten Unterschieden gibt es weitere Gründe für die große Bandbreite der didaktischen Ausgestaltung von WI-Modulen im Rahmen eines BWL-Bachelorstudiengangs. In ihrer beruflichen Praxis kam der/die Autor*in mit einer Vielzahl verschiedener Ansätze in Berührung und hatte Gelegenheit, eigene Konzepte zu kreieren, einzusetzen und zu reflektieren. Als Benchmark dienten dabei immer die wirtschaftsinformatischen Anforderungen an Absolvent*innen der BWL. Dieser Betrachtung widmen sich die beiden folgenden Abschnitte 2 und 3. Im Fokus der Abschnitte 4 und 5 steht ein experimentelles didaktisches Design, das im Wintersemester 2018/19 entwickelt und eingesetzt wurde. Ausgehend von den Herausforderungen der Digitalen Transformation versucht es ein neues Constructive Alignment für das Einstiegsmodul „WI für BWL-Bachelor“. Die methodische Umsetzung folgte dabei dem Prinzip des Problem-based Learning. Die Reflexion dieses Konzepts in Abschnitt 6 stützt sich auf drei verschiedene Sichten: die der Studieren-

den, die der Lehrenden sowie die einer Methodenexpertin, welche als Coach für die Lehrenden agierte. Der Beitrag schließt mit einer zusammenfassenden Einschätzung.

2 Wirtschaftsinformatische Anforderungen an BWL-Absolvent*innen

Ein Studium der BWL qualifiziert Absolvent*innen für eine Vielzahl von Berufen in den verschiedensten Branchen. Der unabhängige Studienführer [Targ19] listet 48 Berufe in neun Branchen mit entsprechenden Stellenprofilen und Jobangeboten auf. Der Digitalen Transformation unterliegen sie alle, was die Rolle von betriebswirtschaftlichen Fachkräften von eher passiven Nutzer*innen zunehmend in Richtung aktiver Gestalter*innen von Informationssystemen und -Diensten verschiebt. Ein starkes Indiz dafür sind die im letzten Jahrzehnt erschienenen Modellierungsstandards für Geschäftsprozesse und fachliche Regeln: BPMN [OMG13] und DMN [OMG19]. Sie schaffen den technischen Rahmen dafür, dass Fachexpert*innen auf Augenhöhe mit IT-Experten*innen die Entwicklung agiler und flexibler IT-Lösungen vorantreiben können [KPMG18]. Ähnliche Implikationen drängen sich aus aktuellen Gesetzesnovellen und politischen Strategievorhaben auf. Exemplarisch genannt seien das E-Government-Gesetz [BMJV17] und die Umsetzungsstrategie der Bundesregierung „Digitalisierung gestalten" [Bund19]. Symptomatisch ist auch die Aufforderung des Beraters und Autors Ingo Radermacher an fachliche Entscheider*innen: „Werde zum Teilzeit-Informatiker ... (sei) Vorbild auch im digitalen Begreifen." ([Rade17], S. 101)

Projiziert man diese Tendenzen auf wirtschaftsinformatische Grundkonzepte, so ist festzustellen, dass betrieblichen Fachkräften eine immer gewichtigere Verantwortung im Requirements Engineering zukommt. Nur so können sie ihren essenziellen Beitrag zum Business-IT-Alignment leisten und zugleich selbst zu Lokomotiven des IT-Business-Enabling werden. Dass sie in der Breite das Potenzial dazu haben, belegt die ubiquitär beobachtbare Perfektion, mit der auch programmatische Funktionen der Tabellenkalkulation und anderer Office-Lösungen in der betrieblichen Praxis anzutreffen sind (vgl. z. B. [FrRü17], S. 210).

Die bereits erwähnten Modellierungsstandards sind mit dem Ziel konzipiert, eine Brücke zwischen der fachlichen und der technischen Expertise in geschäftlichen Prozessen und Entscheidungen zu schlagen (s. [OMG13] S. 1). Damit erschließen sich den betrieblichen Fachkräften ganz neue Wirkungsradien und -geschwindigkeiten. Von abhängigen Nutzer*innen schwerfälliger betrieblicher Informationssysteme (Kategorie 1) gepaart mit der Flucht in selbst-gestaltbare, lokale Anwendungen (Kategorie 2) können sie sich zu Gestalter*innen flexibler, modularer Komponenten in vernetzten Systemen entwickeln und damit die Beschränkungen beider Kategorien aktueller IT-Werkzeuge überwinden.

Eine zeitgemäße und unterstützende akademische Ausbildung muss angehende BWL-Absolvent*innen gerade in diesem Entwicklungsschritt unterstützen. Es geht darum, zeitgemäße Gestaltungskompetenz an der Schnittstelle zwischen Fachlichkeit und IT zu entwickeln – also zum/r Teilzeit-Informatiker*in zu werden – und zugleich ein Bewusstsein für den potenziellen Gestaltungsraum zu entwickeln. Im nächsten Abschnitt wird untersucht, in welchem Maße bestehende didaktische Konzepte diese Herausforderung meistern können.

3 Analyse bestehender didaktischer Konzepte

Die im Folgenden analysierten sechs didaktischen Konzepte sind ein Exzerpt persönlicher, langjähriger Lehrerfahrung in Verbindung mit kollegialem, didaktischem Austausch an mehreren Hochschulen und Einrichtungen der beruflichen Weiterbildung. Die Analyse reflektiert die intendierten Lehrziele und beobachteten Lernergebnisse (s. Tab. 1). Eine systematische Untersuchung der Lehrpraxis in BWL-Studiengängen an HAW ist nicht Ziel dieser Arbeit.

Konzept	Lehrziele	Lernergebnisse
(1) Lehrbuch-basierte Einführungsvorlesung in die Wirtschaftsinformatik	Überblickswissen zu verschiedenen Grundlagen der WI vermitteln	fragmentiertes, kaum anwendbares Wissen, deshalb nicht nachhaltig
(2) Exemplarische Vermittlung einer Programmiersprache, z. B. Basic	formal-logisches Denken zur Lösung kleiner Programmieraufgaben vermitteln	flüchtige Programmierkompetenzen mit eingeschränktem Anwendungsfokus
(3) Vertiefte Office-Anwendungen, insbesondere Excel, Access	kompetente Werkzeugnutzung für spezifische betriebliche Aufgaben entwickeln	exzellente Handhabung arbeitsplatzorientierter Werkzeuge, sehr nachhaltig
(4) Fallstudien-basierte Einführung in ERP-Systeme, z. B. SAP	zur prozess- und aufgabenorientierten Nutzung von ERP-Systemen befähigen	passive Werkzeugnutzung bei eingeschränktem Transfer betrieblichen Wissens
(5) Klassische Vorlesung zu IT-Trends und Business-IT-Alignment	Verflechtung von Business und IT verdeutlichen sowie Orientierung vermitteln	oberflächliches, nicht verinnerlichtes Wissen, das die Unsicherheit eher verstärkt
(6) Projekt-basierte Systemanalyse mit Fokus auf fachliche Modellierung	zur formal-logischen Analyse und Visualisierung geschäftlicher Prozesse befähigen	effektive Modellierungskompetenzen und Transfer betrieblichen Wissens

Tab. 1: Didaktische Konzepte in WI-Lehrveranstaltungen für BWL-Bachelor

Im vorigen Abschnitt wurden zwei zueinander komplementäre, aggregierte wirtschaftsinformatische Anforderungen (WIAnf) an BWL-Absolvent*innen herausgearbeitet:

WIAnf1 Gestaltungskompetenz an der Schnittstelle zwischen Fachlichkeit und IT,

WIAnf2 Orientierung im potenziellen Gestaltungsraum.

WIAnf1 adressiert werkzeugübergreifende, formal-logische Modellierungskompetenzen für Geschäftsprozesse – und damit die operative Ebene, während WIAnf2 die Erschließung des strategischen Handlungs- und Möglichkeitsraumes anstrebt.

Im Folgenden soll geprüft werden, inwiefern die in Tab. 1 vorgestellten didaktischen Konzepte mit den WIAnf korrelieren. Die Konzepte (1) und (5) verfolgen einen globalen Ansatz wie WIAnf2, verfehlen jedoch dieses Ziel wegen der starken Fokussierung auf Wissensvermittlung. Die Studierenden bleiben passiv, erhalten keinen echten Zugang zu den Themen und geben in Prüfungssituationen die vermittelten Inhalte „unverdaut“ wieder. Auch die Einbindung beeindruckender Praxisbeispiele löst dieses Problem nicht. Typische studentische Rückmeldungen in solchen Settings lauten: „Wir verstehen nicht, wovon Sie sprechen...“ oder „Was genau sollen wir denn jetzt auswendig lernen?“

Die Lehrziele der Konzepte (2) und (6) korrelieren mit WIAnf1. Bei diesen Ansätzen geht es jeweils darum, werkzeugunabhängige formal-logische Gestaltungskompetenzen zu erwer-

ben. Wegen des deutlich höheren Abstraktionsgrades sind der Transfer betrieblichen Wissens und damit die Nachhaltigkeit bei Konzept (2) eingeschränkt. Konzept (6) adressiert WIAnf1 dann in hervorragender Weise, wenn die Modellierung nicht nur auf der visuellen Ebene verbleibt, sondern auch die technischen Gestaltungsoptionen erlebbar macht.
Die Konzepte (3) und (4) haben kaum Bezug zu den dargestellten wirtschaftsinformatischen Anforderungen. Auch wenn Konzept (3) eine effektive Handlungskompetenz vermittelt, so verfehlt sie doch das „örtliche" Ziel. Die Kapselung fachlicher Logik in lokalen Office-Anwendungen zielt gerade nicht auf die Schnittstelle zwischen Fachlichkeit und IT. Vielmehr sorgt sie für Parallelexistenzen und Silos in der betrieblichen IT-Landschaft. Konzept (4) reduziert den Gestaltungsansatz auf die internen Anpassungsoptionen eines ERP-Systems. Besonders kritisch ist festzustellen, dass trotz der hier implementierten betrieblichen Referenzprozesse, der Transfer des betrieblichen Wissens nur eingeschränkt funktioniert. Studierende scheinen tatsächlich fundamentale betriebswirtschaftliche Konzepte und Zusammenhänge nicht wiederzuerkennen. Hier wäre ggf. zu fragen, ob ERP-Systeme breiter in den betriebswirtschaftlichen Modulen eingesetzt werden sollten.
Zusammenfassend lässt sich sagen, dass mit (6) ein geeignetes didaktisches Konzept für WIAnf1 existiert. Allerdings versagen alle vorgestellten Konzepte bei WIAnf2. In den folgenden beiden Abschnitten soll nun ein experimentelles Konzept vorgestellt werden, das auf die Behebung dieses Mangels zielt.

4 Versuch eines Constructive Alignments auf Basis von Problem-based Learning

Die Analyse im letzten Abschnitt machte die Kluft zwischen intendierten Lehrzielen und erzielten/beobachteten Lernergebnissen insbesondere bei den didaktischen Konzepten deutlich, die sich dem globalen, wirtschaftsinformatischen Gestaltungsraum in WI-Modulen für BWL-Bachelor-Studierende widmen. Die Herausforderung besteht also darin, für diesen Anforderungskomplex ein Konzept zu entwickeln, das die lernhinderliche Passivität der Studierenden überwindet und den Lernprozess sowie die Prüfungsformen im Modul an den Zielkompetenzen ausrichtet. Die Entwicklung des Konzeptes stützt sich auf die Methode des Problem-based Learning (PBL) und folgt dem Ansatz des Constructive Alignments.

4.1 Lernende-zentrierte und aktivitätsfördernde didaktische Konzepte

Die in Abschnitt 3 diskutierten didaktischen Konzepte (1) und (5) gehen mit einer schwer überwindbaren studentischen Passivität einher, welche den Lernerfolg massiv beeinträchtigt. Das von den Lehrenden intendierte selbständige Vertiefen der vermittelten Theorien und Zusammenhänge findet gerade nicht statt und so unterbleibt auch der für Kompetenzentwicklung essenzielle Transfer in die eigene Wissenslandkarte. Seminaristische Methoden der Vorlesungsgestaltung sowie Anwendungsübungen zu den vermittelten Theorien vermögen diese Diskrepanz nur unzureichend zu überwinden. Sind Studierende einmal zu der Überzeugung gelangt, für das Absolvieren des Moduls reiche es aus, den „Lehrstoff" anhand eines Skriptes auswendig zu lernen, bleiben sie auch im Zweifel den angebotenen Präsenzveranstaltungen fern. Die aktivierenden Elemente des Konzepts müssen also einen direkten Bezug zu den Prüfungsformen haben. Dieser Aspekt wird in Abschnitt 4.2 vertieft.
Zu den wirksamsten Lerner-zentrierten und aktivitätsfördernden didaktischen Konzepten gehört das PBL, das von [Barr86] zunächst für die medizinische Ausbildung entwickelt

wurde. Der PBL-Ansatz wurde sehr zügig auf andere Fachgebiete übertragen und diente sogar als Vorlage für die Gestaltung ganzer Hochschulen, insbesondere in den skandinavischen Ländern. Konkrete Beispiele für den Einsatz von PBL in WI-Modulen für BWL-Studierende im deutschsprachigen Raum finden sich nicht in der Literatur.

Weitere Orientierung gibt die Science Education Initiative des Physik-Nobelpreisträgers Carl Wiemann, ein mehrjähriges, intensiv erforschtes Großprojekt zur Umstellung von MINT-Studiengängen an zwei großen US-Amerikanischen Universitäten auf aktivierende Lehr-Lernmethoden [Wiem17]. Neben den klassischen Naturwissenschaften und der Mathematik gehörte die Informatik mit 15 % der Fördersumme zu den involvierten Studiengängen.

Zu den essenziellen Elementen der PBL gehören nach [MoBS07], S. 10:

- eine *Problembeschreibung*, welche zu weiteren Überlegungen einlädt,
- *studentisches Vorwissen*, das durch diesen Denkprozess aktiviert wird,
- *weitere Fragen*, die durch das Problem aufgeworfen werden,
- die *Auslösung eines Informationsbedürfnisses* zu diesen Fragen,
- die *Einbindung anderer Studierender* in den Prozess des aktiven Überlegens,
- die *Lenkung und Beratung durch einen Tutor* im Rahmen dieses Prozesses.

Für die intendierte Lehrveranstaltung ergaben sich somit folgende Anforderungen:

LVAnf1 Nach Aufteilung der Lehrinhalte in Themen und Festlegung der gewünschten Lernergebnisse, ist für jeden Themenkomplex ein Problem (Fall) zu beschreiben. Idealerweise sollten die Fälle in einen narrativen Rahmen eingebunden sein.

LVAnf2 Es werden Überlegungen zu betriebswirtschaftlichen Themen ausgelöst, zu denen studentisches Vorwissen besteht: Organisationslehre, Personalwesen, Kosten- und Leistungsrechnung, Marketing, Beschaffung und Auftragsbearbeitung. Ferner wird auf gesellschaftlich diskutierte Digitalisierungsthemen Bezug genommen, was als nicht-akademisches Vorwissen angesehen werden kann.

LVAnf3 Je nach Fall werden weitere Fragen in den unter LVAnf2 genannten Themen angestoßen. Es zeigen sich vielfältige Gestaltungsoptionen.

LVAnf4 Für das umfassende Verständnis des dem Fall zugrundeliegenden informatischen Problems werden weitere Informationen aus geeigneten Lernmaterialien benötigt.

LVAnf5 Die Studierenden müssen in Teams zu sechs bis zehn Personen arbeiten. Dafür werden genügend Räume, Moderationsmaterialien und Cloud-basierte Austauschverzeichnisse benötigt.

LVAnf6 Die Lehrveranstaltung muss von mindestens zwei Lehrpersonen betreut werden.

Die konkrete Umsetzung dieser Anforderungen wird in Abschnitt 5 thematisiert.

4.2 Constructive Alignment für das Modul „WI 1 für BWL-Bachelor"

Constructive Alignment als ein erziehungswissenschaftlich-psychologisch begründetes Modell zur Gestaltung von Lehr-Lernprozessen und Prüfungen, motiviert die Ausrichtung von Lern- und Prüfungssituationen, -anforderungen und -aufgaben an Situationen, Anforderungen und Aufgaben der beruflichen und gesellschaftlichen Realität. In einem gelungenen Constructive Alignment erwerben die Studierenden im Lernprozess die gesellschaftlich und beruflich erforderlichen Kompetenzen (Learning Outcomes = Lernergebnisse) und weisen diese in der jeweiligen Prüfung nach. Dieser Zusammenhang wird in Abb. 1 visualisiert.

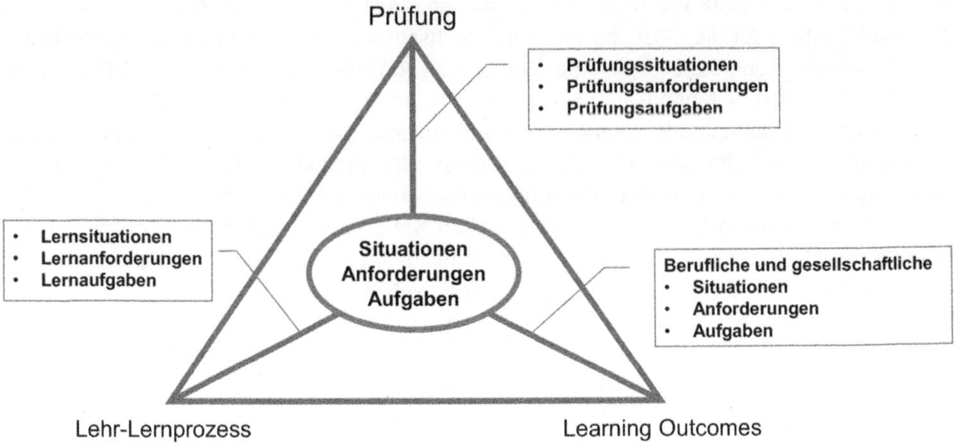

Abb. 1: Grundidee eines Constructive Alignments nach [WiWi11], S. 9

Die beruflich-gesellschaftlichen Situationen, Anforderungen und Aufgaben wurden bereits in Abschnitt 2 dieser Arbeit hergeleitet und in Abschnitt 3 zu zwei wirtschaftsinformatischen Anforderungen an Absolvent*innen der BWL aggregiert. Ein konzeptioneller Engpass wurde vor allem bei der Anforderung WIAnf2 festgestellt. Auf diese sind somit die Lehr-Lernprozesse sowie die Prüfung im didaktischen Konzept auszurichten.

5 Umsetzung des PBL-basierten didaktischen Konzepts

Der vorliegende BWL-Bachelor-Studiengang umfasst zwei WI-Pflichtmodule, die im dritten und vierten Semester platziert sind. Die zweite Veranstaltung hat den Titel „Systemanalyse". Sie folgt dem didaktischen Konzept (6) (vgl. Abschnitt 2) und kann als gelungenes Constructive Alignment im Hinblick auf WIAnf1 gesehen werden. Das erste Modul soll eher einen Überblick vermitteln und läuft jetzt unter dem Titel „Digitalisierung in Unternehmen und Organisationen". Die bislang eingesetzten didaktischen Konzepte konnten den Erwartungen an ein Constructive Alignment für WIAnf2 nicht genügen. In diesem Abschnitt wird nun die Umsetzung eines experimentellen PBL-basierten didaktischen Konzepts dargelegt.

5.1 Narrativer Rahmen und Problembeschreibungen

Als narrativer Rahmen wurde die BFV AG gewählt – ein fiktives mittelständisches Unternehmen der Baufahrzeugvermietung. Organisationsform und Geschäftsfelder sorgen dafür, dass die Komplexität der Prozesse im Rahmen und zudem ein Transfer auf vergleichbare Prozesse in anderen Organisationen möglich bleibt. Es wurden sieben Themenfelder definiert, die einen besonderen Bezug zur Digitalen Transformation aufweisen:

AIP Agiles IT-Projektmanagement
DFW Digitale Formulare und Workflows
DFR Digitale fachliche Regeln
ERX eRechnung und XML-Formate
BDI Big Data und Internet of Things
MMI Mensch und Maschine und Intelligenz

BCF Blockchain und FinTech.

Die Problembeschreibungen sind mit ca. 200 Wörtern relativ knapp gehalten. Spätere Fälle beziehen sich in Details auf frühere, sodass tatsächlich ein Narrativ entsteht. Beispielhaft sei die Problembeschreibung DFR angeführt. Sie greift das Software-Entwicklungsprojekt New Order Processing (NOP) auf, das im ersten Fall (AIP) eingeführt wurde.

„Beim Zusammenstellen des Selected Backlogs für den nächsten Sprint stieß die Product Ownerin des NOP-Projektes auf den hochpriorisierten Eintrag: „Als Key-Accounter will ich Angebotspreise und Nachlässe sehr flexibel gestalten können, um in Abhängigkeit von der Marktsituation das Yield zu optimieren.“

Die bisher fest in den Programmcode implementierten Regeln zur Angebotsgestaltung müssen deshalb durch eine flexiblere Technologie ersetzt werden. Zusammen mit dem Prozessmanager der Auftragsbearbeitung und einer Regelexpertin des Entwicklungsteams will die Product Ownerin die technischen Umsetzungsaspekte klären und den zu erwartenden Aufwand abschätzen.

Die Argumente der Regelexpertin für die DMN-Technologie sind überzeugend. Allerdings erfordert diese Lösung zwei weitere Maßnahmen: spezifische Schulungen und ein Handbuch für die Vertriebler. So sollen sie fit werden, selbständig DMN-Entscheidungstabellen für Preise und Nachlässe einzurichten oder anzupassen, d. h. Ein- und Ausgabegrößen und deren Datentypen zu bestimmen sowie Regelmuster zu entwerfen. Das Nutzerhandbuch soll anhand eines typischen Vorgangs eine Schritt-für-Schritt-Anleitung bereitstellen.

Beide Maßnahmen erfordern ein zusätzliches Budget, das schnellstmöglich gegenüber der Geschäftsführung begründet werden muss. Sobald das Budget genehmigt ist, soll der Backlog-Eintrag in den nächsten Sprint aufgenommen werden.“

Damit sind die in Abschnitt 4.1 abgeleiteten Anforderungen LVAnf1-3 an die Lehrveranstaltung erfüllt.

5.2 Lernmaterial und Supportstruktur

Zentrales informatisches Thema der in 5.1 aufgeführten Problembeschreibung DFR ist DMN (Decision Model and Notation) - eine Technologie zur Digitalisierung fachlicher Regeln in geschäftlichen Prozessen. Im Fall erscheint sie im Kontext des Vertriebsprozesses, für den aktuell eine neue Software entwickelt wird. Die Studierenden benötigen also zwingend Lernmaterial zu diesem für sie neuen Thema. Das Material wurde auf der Lernplattform der Hochschule thematisch sortiert bereitgestellt. Im Fall DFR bestand es aus den folgenden Positionen:

- Link auf den Katalogeintrag eines einschlägigen E-Books in der Bibliothek,
- sechsteilige Videovorlesung zum Thema, ca. 75 min. Spieldauer,
- PDF-Skript zur Videovorlesung (ca. 30 Folien),
- Komplexe praktische Übung unter Einsatz zweier verschiedener IT-Werkzeuge,
- Multiple-Choice Selbsttest mit acht Fragen.

Darüber hinaus wurden die Studierenden motiviert, eigene Recherchen anzustellen, z. B. zu Anbietern von Schulungen zu DMN, den jeweiligen Preisen und Konditionen etc. Für die praktische Übung wurde ein 4-stündiges Tutorium im PC-Labor durchgeführt. Zum Einstieg in einen Fall war ein Tutor jederzeit als Ansprechpartner anwesend. Im Zuge der Fallbearbeitung hatten die Studierenden die Möglichkeit Vor-Ort-Konsultationen in Anspruch zu nehmen sowie E-Mail-Anfragen an die Lehrenden zu stellen. Neben dem thematischen Material wurden auch methodische Supportmaterialien angeboten, wie z. B. Erklärvideos und Lesematerial.

An der Lehrveranstaltung nahmen 80 Studierende teil. Sie wurden in zwei gleichgroße Gruppen mit jeweils fünf Teams eingeteilt. Die ersten fünf Fälle mussten von allen Teams bearbeitet werden. In der letzten Phase konnten die Teams zwischen MMI und BCF wählen. Es standen insgesamt drei Räume mit fünf Moderationstafeln, zwei Moderationskoffern, 20 PCs und zwei Smartboards zur Verfügung. Die Lehrveranstaltung wurde von zwei Lehrenden betreut, einer Professorin und einem Tutor. In jeder Phase sollten die Studierenden drei Rollen neu definieren: Diskussionsleiter*in, Protokollführer*in und Medien-Dokumentar*in. Für die Aufgabensteuerung im Team richteten die Studierenden elektronische Kanban-Boards ein, für die Materialablage Cloud-basierte Austauschverzeichnisse. Diese Ressourcen waren den Lehrenden zugänglich. Jede Phase endete mit einer Verteidigung der erarbeiteten Problemlösungen sowie einer Team-Reflexion entlang standardisierter Leitfragen. Dabei wurde nach der Qualität der Fallbeschreibungen, der Nutzbarkeit des bereitgestellten Materials, dem wahrgenommenen Lerneffekt, der Zufriedenheit mit den organisatorischen Rahmenbedingungen, nach methodischen Herausforderungen und nach der Qualität der Teamarbeit gefragt. Damit sind auch die restlichen Anforderungen LVAnf4-6 erfüllt.

5.3 Prüfungsformen

Die adäquate PBL-Implementierung in der vorgestellten Lehrveranstaltung wurde in den vorherigen zwei Teilabschnitten nachgewiesen. Damit sind die Lernprozesse auf die intendierten Learning Outcomes ausgerichtet. Abschließend bleibt das Constructive Alignment im Hinblick auf die Prüfungsformen darzustellen. Im Modul wurden zwei Arten von Prüfungsleistungen gefordert: das Portfolio der Problemlösungen mit 70 % und ein computergestützter Abschlusstest mit einem Anteil von 30 %.

Bei den Problemlösungen wurden sowohl die eigentliche Verteidigung als auch die im Laufe der Fallbearbeitung gesammelten Dokumente und Protokolle bewertet. In der Verteidigung nahmen die Studierenden die Rolle eines (internen oder externen) Consulting-Teams ein, die Lehrenden traten in die Rolle der Entscheider*innen des zu beratenden Modellunternehmens. Damit wurden tatsächlich Prüfungssituationen, -anforderungen und -aufgaben geschaffen, die sich an beruflichen Situationen, Anforderungen und Aufgaben ausrichten.

Der Abschlusstest umfasste 50 Multiple-Choice-Fragen aus allen sieben Themengebieten. Auf diese Form der Prüfung konnten sich die Studierenden – wie bereits erwähnt – parallel zur Fallbearbeitung mithilfe der Selbsttests vorbereiten. Indirekt kann auch diese Prüfungsform als Alignment angesehen werden, da Mitarbeiter in Unternehmen und Organisationen regelmäßig Schulungs- und Zertifizierungsmaßnahmen durchlaufen, die am Ende – zumindest auf dem Gebiet der informatischen Qualifikationen – mit ähnlich konzipierten Tests abschließen. In Summe kann das Constructive Alignment als implementiert beurteilt werden.

6 Kritische Reflexion der Umsetzungserfahrung

Die Reflexion der Umsetzung des experimentellen didaktischen Designs erfolgte aus drei verschiedenen Sichten und zu unterschiedlichen Etappen der Umsetzung. Wie bereits erwähnt, führten alle Teams zum Ende einer jeden Fallbearbeitungsphase interne Reflexionen entlang standardisierter Leitfragen durch. Am Ende des Semesters gaben die Studierenden ein Karten-basiertes Feedback zu Highlights und Schwierigkeiten im Kurs. Schließlich beteiligte sich eine größere Studierendengruppe an der papiergebundenen Lehrevaluation durch das Zentrum für Hochschulqualität. Die Lehrenden überwachten den Lernerfolg der Studierenden nach jeder Fallbearbeitungsphase. Gemeinsam mit der Phasenreflexion der Teams führte das zu einigen Nachjustierungen im Ablauf sowie bei der Formulierung der Problembeschreibungen. Schließlich nahmen die Lehrenden ein Coaching durch das Zentrum für Studienqualität des Bundeslandes in Anspruch. Die folgenden Darstellungen sind eine Zusammenfassung dieser Evidenzen.

Als besonders positiv bewerteten die Studierenden den hohen Lerneffekt durch das selbständige Arbeiten, die Eigenverantwortung durch die phaseninterne freie Zeiteinteilung sowie den Spaß in den teaminternen Verteidigungen. Die digitale Arbeitsweise und die Online-Vorlesungen wurden ebenfalls als überwiegend hilfreich eingeschätzt, allerdings wurde die Tonqualität bei einigen Videos kritisiert. Ein widersprüchliches Bild ergibt sich im Hinblick auf die PBL-Methodik, die ähnlich häufig als hilfreich wie störend eingeschätzt wurde. Ein bedeutender Kritikpunkt war die Größe der Teams und die damit verbundenen Koordinationsschwierigkeiten. Die deutlichste Kritik betraf jedoch die Unklarheit der Aufgabenstellungen im Rahmen der Fallbearbeitung. Das ist tatsächlich ein genuines Charakteristikum der PBL-Methode, was sich jedoch gravierend von den gewohnten Lern- und Prüfungsanforderungen unterscheidet. Es ist nicht ausreichend gelungen, die Relevanz dieser bewussten Gestaltungsentscheidung zu kommunizieren und zu vermitteln, dass nicht eine eng umschriebene, fixierte Leistung erwartet wird, sondern – im Gegenteil – kreative Lösungsansätze äußerst erwünscht sind. Im Ergebnis dieser Kritik wurde in einigen Fällen mit deutlicheren Aufgabenstellungen gearbeitet. Es bleibt jedoch zu konstatieren, dass darunter das Constructive Alignment leidet. Schließlich kann im beruflichen und gesellschaftlichen Umfeld keineswegs immer von Situationen unter Sicherheit auch in Bezug auf Erwartungen und Aufgabenstellungen ausgegangen werden.

Im Rahmen des Schlussfeedbacks wurde auch ein Ranking der Themen vorgenommen. Dabei sollte jedes Team ein Thema benennen, welches es besonders interessant fand und eines, welches weniger interessant erschien. Den größten und einhelligsten Zuspruch fand hierbei das Thema *Big Data und Internet of Things*. Das geringste Interesse erregte das Thema *Digitale Formulare und Workflows*. Eine gemischte Situation zeigte sich bei allen anderen Themen, die mehrfach positiv wie negativ eingeordnet wurden.

In der ersten Phase beobachteten die Lehrenden verschiedene Startschwierigkeiten. Die Fülle an ungewohnten Situationen und Anforderungen schien die Studierenden zu überfordern. Aus diesem Grund wurde eine zusätzliche Plenarrunde zu methodischen Aspekten eingeschoben. Das weitere Monitoring der Lernerfolge ergab ein sehr gemischtes Bild. Ein Team bestach nach einem schwachen Start durch konstant sehr gute Leistungen, ein anderes konnte sich zur Mitte des Semesters deutlich steigern. Deshalb baten die Lehrenden diese Teams, ihre Erfolgsrezepte mit den anderen öffentlich zu teilen. Als unangenehm erwiesen sich die Ressourcenengpässe an den Verteidigungsterminen, die zugleich den Start in eine neue Phase darstellten. Hier gelang es mit den vorhandenen Kapazitäten nicht immer optimal, die Studierenden zu betreuen.

Nach ca. 2/3 des Semesters nahm eine Methodenexpertin an zwei Verteidigungen teil, beobachtete die Studierenden während der Teamarbeit und diskutierte mit den Lehrenden methodische und konzeptionelle Fragen. Ihr Feedback fiel deutlich positiv aus. Sie schätzte das gesamte Konzept und seine Umsetzung als gelungene Bestätigung für PBL und als wertvolle Anregung für ihre eigene hochschuldidaktische Beratungsarbeit.

7 Fazit

Im Zuge der neuen Anforderungen an Absolvent*innen der BWL durch die Digitale Transformation müssen die WI-Module in BWL-Bachelor-Studiengängen inhaltlich und konzeptionell hinterfragt werden. Eine Schlüsselrolle spielt dabei die Aktivität der Studierenden, welche so zu gestalten ist, dass sich Lern- und Prüfungssituationen, -anforderungen und -aufgaben an beruflichen und gesellschaftlichen Situationen, Anforderungen und Aufgaben ausrichten. Ein solches Constructive Alignment erfordert nicht nur einen neuen didaktischen Ansatz, sondern auch größere Ressourcen an Lehrkapazität, Räumen und Ausstattung.

Die untersuchte – und mit 80 Studierenden recht große – Lehrveranstaltung ging mit einem enormen Planungs-, Abstimmungs- und Betreuungsaufwand einher, der nicht in allen Phasen optimal geleistet werden konnte. Der Schritt vom gewohnten „Wiedergeben des Gelernten" zum „Selbständigen Entwickeln von kreativen Lösungsvorschlägen unter Unsicherheit" fiel einigen Studierenden sehr schwer. Dass das vorgestellte Konzept ein Schritt in die richtige Richtung ist, zeigt die Aussage eines Studierenden im Rahmen des Abschluss-Feedbacks: „Die behandelten Digitalisierungsthemen sind für unsere zukünftige berufliche Praxis von unschätzbarem Wert. Ich hatte ja keine Ahnung und außerdem Berührungsängste. Durch das selbständige Arbeiten traue ich mir jetzt zu, mich damit auseinanderzusetzen". Bei einer Rückfrage an das Plenum, wer dieser Aussage folgt, gab es nur eine Gegenstimme. Insgesamt kann das Experiment als gelungen angesehen werden. Bei Neuauflagen sollten die Erfahrungen daraus in Planung und Durchführung einfließen.

Literaturverzeichnis

[Barr86] Barrows, H. S.: A taxonomoy of problem-based learning methods. In: Medical Education, 20, S. 481-486, 1986.

[BMJV17] Bundesministerium für Justiz und Verbraucherschutz: Gesetz zur Förderung der elektronischen Verwaltung (EGovernment-Gesetz - EGovG). BGBl. I S. 2206, 2017.

[Bund19] Die Bundesregierung: Digitalisierung gestalten: Umsetzungsstrategie der Bundesregierung. 4. Überarbeitete Auflage. Presse- u. Informationsamt der Bundesregierung, 2019.

[FrRü17] Freund, Jakob; Rücker, Bernd: Praxishandbuch BPMN: Mit Einführung in CMMN und DMN. Hanser, München, 2017.

[Hein11] Heinrich, Lutz J.: Geschichte der Wirtschaftsinformatik: Entstehung und Entwicklung einer Wissenschaftsdisziplin. Springer, Heidelberg etc., 2011.

[KPMG18] KPMG AG Wirtschaftsprüfungsgesellschaft: Neue Wege in der Entscheidungsautomatisierung. Nachhaltige Ansätze zur digitalen Transformation in der Verwaltung. KPMG Produktblatt, 2018.

[MoBS07] Introduction to Problem-based Learning: A guide for Students. Noordhoff Uitgevers, Groningen, 2007.

[OMG13] Object Management Group: Business Process Model and Notation 2.0.2. 2013, http://www.omg.org/spec/BPMN/2.0.2/, Abruf am 2019-03-28.

[OMG19] Object Management Group: Decision Model and Notation 1.2. 2019, http://www.omg.org/spec/DMN/1.2/, Abruf am 2019-03-28.

[Rade17] Ingo Radermacher: Digitalisierung selbst denken - Eine Anleitung, mit der die Transformation gelingt. Business Village, Göttingen, 2017.

[Targ19] TarGroup Media GmbH & Co. KG: Berufswelt Betriebswirtschaft. 2019, https://www.bwl-studieren.com/berufe/, Abruf am 2019-03-28.

[Wiem17] Wiemann, C.: Improving How Universities Teach Science – Lessons from the Science Education Initiative. Harward University Press, Cambridge & London, 2017.

[WiWi11] Wildt, J.; Wildt, B.: Lernprozessorientiertes Prüfen im "Constructive Alignment". In: Berendt, B.; Voss, H.-P.; Wildt, J. (Hrsg.): Neues Handbuch Hochschullehre. Teil H: Prüfungen und Leistungskontrollen. H 6.1. Raabe, Berlin, 2011.

Kontakt

Prof. Dr. Vera G. Meister, Marcel Cikus, B. Sc.
Technische Hochschule Brandenburg
Magdeburger Straße 50, 14770 Brandenburg a.d.H.
T +49 3381 355-297, vera.meister@th-brandenburg.de, marcel.cikus@th-brandenburg.de

Through the Eyes of a Programmer: A Research Project on how to Foster Programming Education with Eye-Tracking Technology

Selina Emhardt, Christian Drumm, Tamara van Gog, Saskia Brand-Gruwel, Halszka Jarodzka

Abstract

Nowadays, there is a high demand for programming expertise on the labor market. New technologies such as eye tracking could help to improve programming education and thereby help to fulfill this demand. For instance, Eye Movement Modeling Examples (EMMEs) are learning videos that visualize a person's (the model's) eye movements while s/he demonstrates how to perform a (programming) task. The eye movements can, for instance, get visualized as moving dots onto a screen recording. By observing where an expert programmer looks, programming beginners might better understand what s/he is doing and referring to. Recent studies showed promising first results about the beneficial effects of using EMMEs in programming education. In this manuscript, we present a research project that aims to provide evidence-based guidelines for educational practitioners on how to use eye-tracking technology for programming training. We first introduce the basic concept of EMMEs and exemplary gaps in literature. We then present our first empirical study on how different instructions affect expert programmer's eye movements when modeling a debugging task (and hence EMME displays). With this manuscript, we hope to inspire more programmers to use eye-tracking technology for programming education.

1 Introduction

A recent bitkom study (see [PaBa18]) showed an increase of open IT positions in Germany in 2018 by 49%. Especially software developers are nowadays in high demand on the labor market and an effective programming education is needed to fulfill this demand. New learning technologies are gradually becoming an integral part of programming education. For instance, screencasts (desktop video recordings usually accompanied by the presenter's video and narration) are a promising tool for programming education (see [KeSt18]). But what information should learning videos ideally display and how can we optimize their design?

From educational research we know that observing a 'model' (e.g., an expert, teacher, or more competent peer student) who demonstrates how to perform a task successfully can be a powerful way of acquiring new knowledge and skills and has often found to be more effective and efficient than learning by problem-solving alone (e.g., see [GoRu10]). Implementing this principle into educational settings is referred to as 'modeling' (see e.g., [Renk14], [GoRu10]).

For many tasks such as programming, not all aspects of performance can simply be observed from outside. Instead, the model needs to 'externalize' his or her thoughts by telling (verbalizing) what he or she is doing to perform this task. Often, however, a verbal explanation is not sufficient. For instance, when the learner does not know what exactly the model is referring to in his or her explanation, the learner is not able to follow the explanation. In such cases, Eye-Movement Modeling Examples (EMME) have the potential to foster learning. EMME are screencast videos that show a model performing the task, often including an audio of his or her verbal explanation, plus a visualization of the focus of visual attention of the model (e.g., see [Go++09]). Like that, the learner sees on the video which element on the screen the model was looking at while explaining the task (see Figure 2 below). To create EMMEs for programming education, an expert model solves a programming task on the computer while his/her activities on the screen as well as the corresponding verbal explanations are recorded (screen and audio recording). An eye tracking device, which is attached to the computer screen (Figure 1), captures the eye movement of the model (i.e., where the model looks on the screen) over the course of time (for a general introduction to eye-tracking see [Ho++11]). Afterwards, the EMME are generated as an integrated video of the screen recording with the voiceover and a visualization of the eye movements. The eye movements can be visualized in the EMME in different ways, for instance, fixations can be shown as a moving dot, a circle or a spotlight (e.g., [Ja++], [Ja++13]). A fixation refers to the time the eye is relatively still for about 200-400 milliseconds. During a fixation, the eye takes in information. In an EMME, the visualization of the model's eye movements rests still on the location of interest during a fixation. Saccades are the fast eye movements between fixations, which relocate the focus of attention, which can be inferred from the EMME.

By observing the model's eye movements, learners can better understand what the model is referring to and what the model is doing. In this way, EMME videos were effective to guide novices' attention and foster learning in various domains, such as medicine or biology (see e.g., [Ja++], [Ja++13]). A recent study showed promising first results that displaying a programmer's eye-movements can foster learners' understanding and performance in source code comprehension (see [Be++18]). Despite these promising findings, we know from prior research in other domains that EMME are not always effective (e.g., see [Go++09], [MWJG16]). Therefore, the conditions under which EMME foster learning need to be further investigated.

Hence, in our research project, we aim at systematically investigating various influencing factors of learning with EMME (e.g., characteristics of the model, visualization of eye movements). This can provide evidence-based guidelines for educational practitioners on how to design EMMEs for their programming training. In this manuscript, we first explain the basic concept of EMMEs and why they are a promising tool to foster learning in the domain of programming education. Then, we will highlight exemplary gaps in EMME literature, such as the right choice of model instruction. Next, we introduce our first empirical study about how different model instructions affect EMME displays and finally present future studies that could tackle subsequent open questions. We hope to inspire more programmers to consider and use eye-tracking technology for programming education.

2 Why EMMEs could foster programming learning

It is already well-established that the level of experience influences eye movements in various ways (e.g., see [ReSh11]). For instance, beginners in a task often attend to less relevant information than highly experienced performers. Eye-tracking studies from programming research also show that the attention focus (i.e., where programmers look) on different code fragment can set apart less and more experienced programmers (see [AsCr06]). For instance, more experienced programmers attend more to complex statements (see [CrSW02]) but less to code comments (also [CrSt90]).

Such differences in what beginning and expert programmers look at might hamper their communication, because they are not attending to the same objects at the same time. This is especially problematic in situations in which a lot of visual information is presented at once (e.g., a large function with complex statements during debugging). In such situations, even an expert's verbal explanations might not be sufficient to guide novices' attention to relevant areas. For instance, programming experts might use abstract names of functions and symbols that the beginners have not learned yet (e.g., referring to "commenting lines" when talking about the symbol of '#'). Furthermore, (programming) experts might even lose conscious control over some automatized processes (see [SaFl97]), which should make it difficult to verbalize and teach them to beginners.

This is especially problematic in video-based education, since learners cannot ask for clarification when they need it.

One main idea behind EMMEs is that displaying an expert's eye-movements reveal the model's thought processes and guides the learners' attention to the relevant objects. This can clarify what the model is referring to. For instance, when an expert programmer mentions the "commented line" in an EMME, the learner could additionally see that the programmer looks at the information behind the #-symbol. Sharing eye-movement information could furthermore foster a communication state in which the communication partners (e.g., model and learners) look at the same object at the same time (also called joint attention, e.g., [Butt95]).

For the domain of programming research, [StBr04] found that observing another programmer's eye movements during debugging indeed increases the later debugging speed of the observers. More recently, [Be++18] investigated if EMME-based interventions can improve reading and comprehending skills for source code reading. In this experiment, participants' comprehension strategies were taught in an educational EMME video. Participants followed the eye-movements of an advanced programmer performing the task naturally (i.e., as usual and without any specific instructions). A voice-over commented the programmer's strategy in a didactical manner, hence explaining how ideal viewing behavior for source code comprehension should be performed (based on the block model by [Schu08]). The authors concluded that this EMME intervention later resulted in improved task performances of the learners. While this study indicates that EMMEs are a promising tool for programming education, there are still various unanswered questions about the ideal way to design EMMEs.

3 First step in our project: Investigating influences of model instruction on EMME displays

When comparing EMME videos from various studies, it is striking that the instructions that were given to the models to create the videos differ widely. Sometimes, models were instructed to explain their performance in a way that is specifically targeted to beginners. In these cases, the models were instructed to behave in a 'didactic' manner by keeping the knowledge state of the inexperienced audience in mind (e.g., in [Ja++] and [Ja++13]). In various other studies, however, the models did not receive explicit didactic instructions and hence behaved more naturally (e.g., see [Li++10], [StBr04]).

The aim of our first project study was to explore how the instruction to behave didactically alters expert programmers' displayed behavior (i.e., eye-movements and mouse clicks during code debugging). We recruited 23 professional programmers (experts) and collected data directly at their work offices with a mobile eye-tracking device (see Figure 1, 250Hz SMI RED250 infrared remote mobile eye tracker from SensoMotoric Instruments GmbH, Teltow, Germany). As can be seen in Figure 1, this device is small and easy to transport. It can simply be attached to a laptop, which allowed us to test the participants individually at various locations.

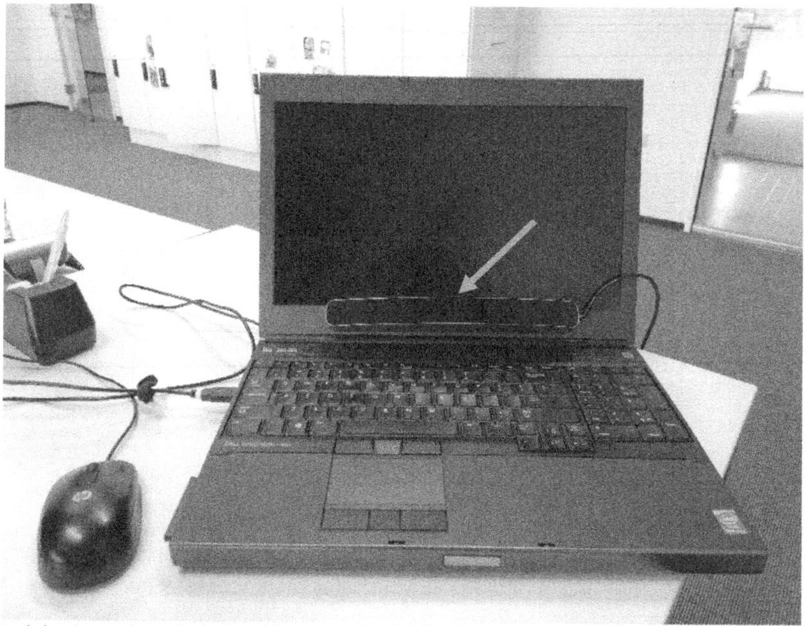

Figure 1. Laptop and an attached mobile eye-tracker (visible below the screen, red arrow) for data collection.

The expert programmers debugged three short Python code snippets. First, they debugged all code snippets 'naturally' (i.e., without a specific instruction) in an interactive IDE (Spyder, https://www.spyder-ide.org/) while we recorded their eye movements, what they said and their mouse clicks. After solving each debugging task, these programming experts were instructed to explain the task solution in a didactical manner to create didactical EMMEs (similar to instructions in previous EMME studies, e.g., [Ja++]). They were instructed to keep the knowledge of a beginning programmer in mind (cf. [JuSB07]). In this way, we recorded experts' didactic verbal explanations, eye movements, and mouse clicks (code running behavior). Figure 2 displays a static visualization of an expert's eye movements. The circles indicate the fixations and the connection lines show where the eye performed fast movements between fixations (saccades). These connecting lines are not present in a EMME video, but the changes in location of the expert's gaze over the course of time are visualized by the movement of the spotlight, circle or dot (i.e., the change in fixation location).

When comparing experts' natural and didactic debugging behavior, our results showed that experts' (viewing) behavior substantially changed, which in turn influences the characteristics of EMME displays. For instance, in comparison to experts' regular debugging behavior, didactically behaving experts performed longer fixations, executed the code less often, and looked at the code in a more linear manner (i.e., line-wise code reading). Hence, we showed that a didactic instruction affects programming experts' (viewing) behavior and with it the EMME displays with – until now – unknown effects on learning.

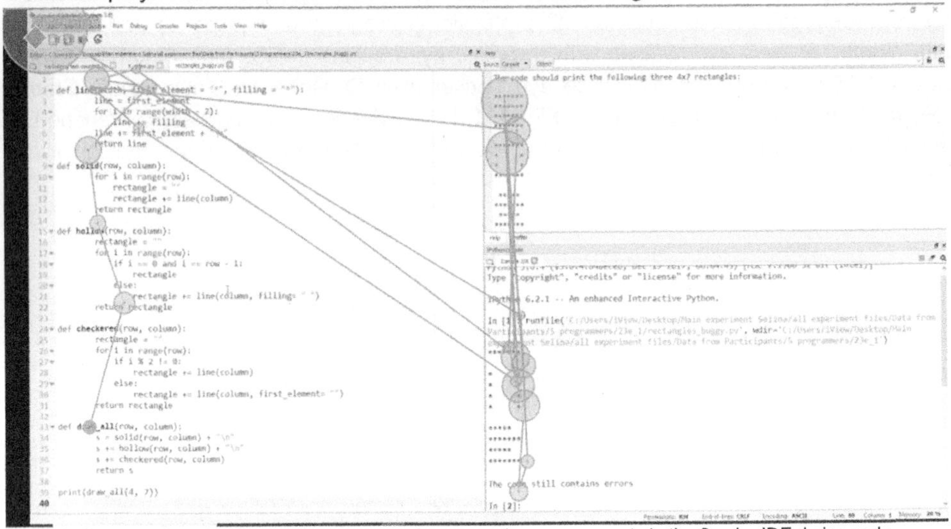

Figure 2. An exemplary visualization of a programming experts' eye movements in the Spyder IDE during code debugging. Fixations are visualized as blue dots and larger dots indicate longer fixations. The lines between the dots indicate fast eye movements between consecutive fixations ('saccades').

4 Open questions, subsequent studies, and related projects

Future research could address how EMMEs could be used as addition to students' regular classes. In practice, students could watch EMMEs for instance as a homework or for self-study, serving a similar purpose as videos on online platforms such as YouTube or Khahn-academy. To use EMMEs effectively for future programming education, we need evidence-based design guidelines, for instance about the most effective model instructions (didactical or natural) to foster learning. In our first study we showed that experts' displayable behavior changes substantially when behaving didactically. While it is clear that these changes affect the characteristics of the EMME displays, we do not yet know how these expert instructions effects learning with EMMEs. As a next step we therefore need to investigate which expert instruction is most suitable to create effective EMMEs. This will be the first study to compare the effect of model instructions on learning with EMMEs, which will provide recommendations on how to instruct models for EMME videos to foster programming education.

Aside from this, there are many more open questions that are worth investigating in future research. For instance, how do the expert models' differences in programming performance affect observers' learning and could displaying several models with large performance differences be even advantageous for learning and knowledge generalization? What are programming teachers' opinion on using EMMEs in their practice? What are concrete difficulties and challenges when implementing EMME in education? Could EMMEs be used as an (online) lecture addition? And can displaying a programming teacher's eye movements support learning in an actual classroom setting?

We finally aim at translating our empirical findings into educational practice in a related project funded by the FH Aachen ("Systematische und nachhaltige Qualitätsentwicklung in Studium und Lehre an der FH Aachen") to enable evidence-based teaching methods in programming. In this project, we improve the existing curriculum based on the 4C-ID model (e.g., see [MeCC02]), a well-established framework on how to design teaching material and training tasks for complex skills, such as programming (see [MeKK03]). One important part of this framework is the use of instructional videos for pre-training beginners at specific tasks. In that, we will compare whether and when our EMME approach results in more efficient learning than regular videos. Also, we will study the potentials of EMME for pre-training can be even enhanced by implementing other 4C-ID principles in subsequent training phases, such as automated feedback based on the actual performance of the students. We hope that answering such questions will show us how to use eye-tracking for programming education in the most effective way.

5 Conclusions

With this manuscript, we showed that eye-tracking technology is an innovative and fruitful tool for programming education. Since EMME research is still in its infancy, evidence-based design guidelines such as the ideal model instruction are until often still missing. The results of our first project study showed how model instructions substantially alter a programmer's displayable behavior (eye movements and mouse clicks). However, while we showed that model instructions affect the characteristics of EMME displays, the effects of model instruction on learning with EMMEs needs future investigation. With this manuscript, we aimed to raise programmers' awareness of the potential of eye tracking for programming education. In the long run, we hope that our research project can shed light on the optimal ways to use eye-tracking technology to foster programming education.

References

[AsCr06] Aschwanden, C. und Crosby, M.: Code scanning patterns in program comprehension. In: Proc. of HICSS (2006).

[Be++18] Bednarik, R., Schulte, C., Budde, L., Heinemann, B., Vrzakova, H.: Eye-movement Modeling Examples in Source Code Comprehension: A Classroom Study. In: Proceedings of the 18th Koli Calling International Conference on Computing Education Research (2018), S. 2.

[Butt95] Butterworth, G.: Origins of mind in perception and action. In: Moore, C. und Dunham, P.J. (Hrsg): Joint attention: Its origins and role in development. NY Psychology Press, 1996, S. 29-40

[CrSW02] Crosby, M.E., Scholtz, J. Wiedenbeck, S.: The roles beacons play in comprehension for novice and expert programmers. In: PPIG (2002), S.5.

[CrSt90] Crosby, M. E. und Stelovsky, J.: How do we read algorithms? A case study. In: Computer 23 (1990), S. 25 - 35.

[Ho++11] Holmqvist, K., Nyström, M., Andersson, R., Dewhurst, R., Jarodzka, H., Van de Weijer, J.: Eye tracking: A comprehensive guide to methods and measures. Oxford University Press, Oxford, 2011.

[Ja++12] Jarodzka, H., Balslev, T., Holmqvist, K., Nyström, M., Scheiter, K., Gerjets, P., Eika, B.: Conveying clinical reasoning based on visual observation via eye-movement modelling examples. In: Instructional Science 40 (2012), S. 813 – 827.

[Ja++13] Jarodzka, H., van Gog, T., Dorr, M., Scheiter, K., Gerjets, P.: Learning to see: Guiding students' attention via a model's eye movements fosters learning. In: Learning and Instruction 25 (2013), S. 62 - 70.

[JuSB07] Jucks, R., Schulte-Löbbert, P., Bromme, R.: Supporting experts' written knowledge communication through reflective prompts on the use of specialist concepts. In: Zeitschrift für Psychologie/Journal of Psychology (2007), S. 237 - 247.

[KeSt18] Kefalas, P. und Stamatopoulou, I.: Using Screencasts to Enhance Coding Skills: the case of Logic Programming? In: Computer Science & Information Systems 15 (2018), S. 34 - 42.

[Li++10] Litchfield, D., Ball, L. J., Donovan, T., Manning, D. J., Crawford, T.: Viewing another person's eye movements improves identification of pulmonary nodules in chest x-ray inspection. In: Journal of Experimental Psychology: Applied 16 (2010), S. 251 - 62.

[PaBa18] Pauly, B. und Barkei, N.: 82.000 freie Jobs: IT-Fachkräftemangel spitzt sich zu. 2018, https://bitkom.de/Presse/Presseinformation/82000-freie-Jobs-IT-Fachkraeftemangel-spitzt-sich-zu. Abruf am 29.03.2019

[ReSh11] Reingold, E. M. und Sheridan, H.: Eye movements and visual expertise in chess and medicine. In: Liversedge, S.P., Gilchrist, I.D., Everling, S. (Hrsg.): Oxford Handbook on Eye Movements. Oxford University Press, Oxford, 2011, S. 528- 550

[Renk14] Renkl, A.: The Worked Examples Principle in Multimedia Learning. In: Mayer, R. E. (Hrsg.): The Cambridge handbook of multimedia learning. Cambridge University Press, Cambridge, 2014, S. 391 – 412.

[SaFl97] Samuels, S. J. und Flor, R. F.: The importance of automaticity for developing expertise in reading. In: Reading & Writing Quarterly: Overcoming Learning Difficulties 13 (1997), S. 107 - 121.

[Schu08] Schulte, C.: Block Model: an educational model of program comprehension as a tool for a scholarly approach to teaching. In: Proceedings of the Fourth international Workshop on Computing Education Research (2008), S. 149 - 160.

[StBr04] Stein, R. und Brennan, S. E.: Another person's eye gaze as a cue in solving programming problems. In: Proceedings of the 6th international conference on Multimodal interfaces (2004), S. 9 - 15.

[Go++09] van Gog, T., Jarodzka, H., Scheiter, K., Gerjets, P., Paas, F.: Attention guidance during example study via the model's eye movements. In: Computers in Human Behavior 25 (2009), S. 785 - 791.

[GoRu10] van Gog, T. und Rummel, N.: Example-based learning: Integrating cognitive and social-cognitive research perspectives. In Educational Psychology Review 22 (2010), S. 155 - 174.

[MWJG16] van Marlen, T., van Wermeskerken, M., Jarodzka, H., van Gog, T.: Showing a model's eye movements in examples does not improve learning of problem-solving tasks. In: Computers in Human Behavior 65 (2016), S. 448 - 459.

[MeCC02] van Merriënboer, J. J., Clark, R. E., De Croock, M. B.: Blueprints for complex learning: The 4C/ID-model. In: Educational technology research and development 50 (2002), S. 39 - 61.

[MeKK03] Van Merriënboer, J. J., Kirschner, P. A., & Kester, L: Taking the load off a learner's mind: Instructional design for complex learning. In: Educational psychologist 38 (2003), S. 5 – 13.

Acknowledgments

This project is funded by the Netherlands Initiative for Education Research (NRO PROO project 405-17-301)

Kontakt

Selina Emhardt
Open University of the Netherlands
Valkenburgerweg 177, 6419 AT Heerlen
T +49 481 222-222, Selina.emhardt@ou.nl

Dr. Halszka Jarodzka
Open University of the Netherlands
Valkenburgerweg 177, 6419 AT Heerlen
halszka.jarodzka@ou.nl

Prof. Dr. Christian Drumm
FH Aachen
Eupener Str. 70, 52066 Aachen
drumm@fh-aachen.de

Prof. Dr. Saskia Brand-Gruwel
Open University of the Netherland
Valkenburgerweg 177, 6419 AT Heerlen
Saskia.Brand-Gruwel@ou.nl

Prof. Dr. Tamara van Gog
Utrecht University
Heidelberglaan 1, 3584 CS Utrecht
t.vangog@uu.nl

IT-Sicherheit

Informationssicherheit und Datenschutz an Hochschulen organisieren

Kristin Weber, Gabriele Saueressig, Andreas E. Schütz

Zusammenfassung

Für Aufgaben zur Sicherheit von Informationen und zum Schutz von Daten müssen an Hochschulen passende Organisationsstrukturen geschaffen werden. Hochschulen haben durch die Freiheit von Forschung und Lehre einerseits und durch einen gesetzlich streng geregelten Verwaltungsbetrieb andererseits spezielle Herausforderungen in der Organisationsgestaltung. Auf Basis des BSI-Standards 200-2 zeigt der Beitrag eine Organisationsstruktur für Informationssicherheits- und Datenschutzmanagement, die an einer bayerischen Hochschule entwickelt wurde. Die Organisationsstruktur definiert Rollen und Gremien auf drei Ebenen (strategisch, taktisch, operativ) und unterscheidet zentrale und dezentrale Verantwortlichkeiten. Die Struktur deckt den hohen Koordinationsbedarf, berücksichtigt die Diskussionskultur und gewährleistet die Partizipation aller Hochschulangehörigen.

1 Einführung

Informationssicherheit und Datenschutz gewinnen in der öffentlichen Verwaltung und speziell an Hochschulen an Bedeutung (vgl. [Carl18, MöWi18]). Gesetzliche Vorgaben, wie das Bayerische E-Government-Gesetz (BayEGov) und die Europäische Datenschutz-Grundverordnung (DSGVO), fordern die Einführung und Umsetzung von Informationssicherheitskonzepten und die Bereitstellung technischer und organisatorischer Maßnahmen zum Schutz von Informationen, speziell personenbezogenen Daten. Für die Hochschulen entstehen neue Aufgaben im Informationssicherheits- und Datenschutzmanagement (ISDM). Diese Aufgaben gilt es planvoll zu organisieren: Entscheidungsprozesse und -strukturen müssen aufgebaut und in die Organisationsstrukturen der Hochschulen eingepasst werden.
Hochschulen haben spezielle Anforderungen und Rahmenbedingungen, die bei der Gestaltung von Organisationsstrukturen beachtet werden müssen. Neben starren Verwaltungsstrukturen ist die Hochschulorganisation durch weitgehend autonome dezentrale Forschungs- und Lehreinheiten gekennzeichnet [GMOW18, Nick12]. An interne und externe Rahmenbedingungen angepasste Organisationsstrukturen beeinflussen den Erfolg einer Institution positiv [Dona01, Groc82]. Der IT-Grundschutz des Bundesamts für Sicherheit in der Informationstechnik (BSI) [Bund17] schlägt mehrere Organisationsvarianten für das ISDM vor und gibt Hinweise, wie darin die Rahmenbedingungen einer Institution berücksichtigt werden können.
Diese Arbeit beleuchtet die Organisation des ISDM an Hochschulen aus Sicht der Organisationsgestaltung. Sie ermittelt, welche Rahmenbedingungen für die Organisation des ISDM an Hochschulen gelten. Darauf aufbauend passt sie den als Referenzmodell geltenden Organisationsvorschlag des BSI-IT-Grundschutzes an diese Rahmenbedingungen an, um eine ISDM-Organisation speziell für Hochschulen abzuleiten. Die Arbeit stellt Erkenntnisse eines Aktionsforschungsprojektes einer Hochschule für angewandte Wissenschaften (im Folgenden „HAW“) vor, wo eine derartige Organisationsstruktur erarbeitet wurde.

Der Beitrag ist wie folgt strukturiert: Kapitel 2 beschreibt die Grundlagen der Organisationsgestaltung im Hinblick auf das ISDM. Es fasst die Vorgaben von Informationssicherheitsmanagementsystem-Standards und -Frameworks zur Organisation von Informationssicherheit und Datenschutz zusammen. Kapitel 3 beschreibt die Gestaltungsbedingungen von Hochschulen generell, und stellt das Aktionsforschungsprojekt sowie die speziellen Gestaltungsbedingungen der HAW vor. Kapitel 4 zeigt die entwickelte ISDM-Organisationsstruktur für die HAW. Anschließend wird das Ergebnis im Hinblick auf die erhobenen Anforderungen diskutiert. Kapitel 6 zieht ein Fazit und zeigt weiteren Forschungsbedarf.
Der Beitrag verzichtet zur besseren Lesbarkeit auf die Verwendung von weiblichen Funktions- und Rollenbezeichnungen, die jeweils unter der männlichen Form subsumiert wurden.

2 Grundlagen

2.1 Informationssicherheits- und Datenschutzmanagement aus Sicht der Organisationsgestaltung

Der Fokus liegt im Folgenden auf der Aufbauorganisation. Die Aufbauorganisation gliedert eine Institution in Organisationseinheiten (z. B. Stellen, Abteilungen), definiert Aufgaben, verteilt diese auf die Organisationseinheiten und sorgt für die Koordination zwischen den Einheiten [Schu10]. Bei der Organisationsgestaltung sind die von der Institution vorgegebenen Gestaltungsziele sowie interne und externe Gestaltungsbedingungen zu beachten [Groc82]. Gestaltungsziel ist eine formale Organisationsstruktur für das hochschulweite Informationssicherheits- und Datenschutzmanagement, welche den gesetzlichen Anforderungen gerecht wird und die Zielerreichung des ISDM bestmöglich unterstützt.
Externe Gestaltungsbedingungen sind bspw. Gesetze, wie das Hochschulrahmengesetz (HRG) und das Bayerische Hochschulgesetz (BayHSchG). Interne Gestaltungsbedingungen sind z. B. die bestehende Organisationsstruktur, die Grundordnung (GO) und die Leitlinie für Informationssicherheit der Hochschule.
Daneben gilt es bei der Organisationsgestaltung die Eigenschaften des ISDM zu beachten. ISDM zeichnet sich durch vielfältige Aufgaben aus, die neben Planung, Umsetzung und Kontrolle technischer und organisatorischer Sicherheits- und Datenschutzmaßnahmen u. a. auch Sensibilisierungsmaßnahmen, Risikomanagement, Erstellung von Leitlinien, Datenschutzfolgeabschätzungen, IT-administrative Tätigkeiten, IT-Dokumentation, Schwachstellentests und Notfallbewältigung umfassen [WhMa19]. Diese Aufgaben können nicht allein von der IT-Abteilung oder einer speziellen ISDM-Abteilung bewältigt werden [KoHM12]. Zum Beispiel sollten bei der Verarbeitung personenbezogener Daten die Rechtsabteilung und der Datenschutzbeauftragte einbezogen werden. Bei der Festlegung der Informationssicherheitsanforderungen können die Nutzer der Information unterstützen. Zudem werden einige Aufgaben des ISDM von Externen ausgeführt, bspw. Auftragsverarbeiter im Rahmen von Cloud-Computing, Rechenzentren anderer Hochschulen oder das Deutsche Forschungsnetz (DFN).
ISDM zeichnet sich somit durch einen hohen Grad an Arbeitsteilung und viele organisatorische Schnittstellen aus. Um den daraus folgenden Koordinationsbedarf zu decken und typische Schnittstellenprobleme (z. B. lange Durchlaufzeiten, gegenseitige Schuldzuweisungen, Ad-hoc-Entscheidungen) zu mindern, sollte die Organisation des ISDM über Koordinations-

mechanismen verfügen [Schu10]. Typische Koordinationsmechanismen der Aufbauorganisation sind Stabsstellen, Koordinationsstellen und Gremien.

2.2 Organisation von Informationssicherheit und Datenschutz als Teil eines ISMS

Organisationsstrukturen sind Bestandteil eines Informationssicherheitsmanagementsystems [WhMa19]. Gängige ISMS-Frameworks und -Standards machen daher Angaben zur Organisation des ISDM. Betrachtet man die internationalen Standards ISO/IEC 27001 [Din15] und ISO/IEC 27002 [Din17] sowie den BSI-Standard 200-2 [Bund17] lassen sich folgende Gemeinsamkeiten feststellen:

- Die oberste Institutsleitung führt das ISMS und übernimmt die Gesamtverantwortung für die Informationssicherheit (vgl. auch [Itgo06, KoHM12, RaSo05, SoSo08]).
- Ein Informationssicherheitsbeauftragter (ISB) sollte benannt werden. Der ISB koordiniert die Entwicklung und Umsetzung des ISMS.
- Aus Datenschutzanforderungen folgen ISMS-Aufgaben. Es gelten die gesetzlichen Vorgaben zum Datenschutz. Der Datenschutzbeauftragte (DSB) ist die für Datenschutz zuständige Person.
- Die Nutzer sind für Informationssicherheit im Rahmen ihrer Tätigkeit verantwortlich (vgl. auch [SoSo08]).

Obwohl durchaus Konflikte zwischen den Zielen von Informationssicherheit und Datenschutz bestehen, z. B. beim Thema Logging, kommen [ScSt19] zu dem Schluss, dass eine integrierte Betrachtung unter Effizienzgesichtspunkten sinnvoll ist.

Im BSI-IT-Grundschutz ist die Sicherheitsorganisation Teil des Sicherheitsprozesses [Bund17]. Der Standard erkennt an, dass die Organisationsstruktur von den verfügbaren Ressourcen, dem angestrebten Sicherheitsniveau und weiteren Rahmenbedingungen, wie Größe und Struktur der Institution, abhängig ist. Er zeigt drei Alternativen für die Ausgestaltung der Informationssicherheitsorganisation abhängig von der Unternehmensgröße. In der Variante für große Institutionen werden neben der Institutionsleitung und ISB / DSB, ein Informationssicherheitsmanagement-Team, Bereichs-ISB, Projekt-ISB, Fachverantwortliche sowie ein Koordinierungsausschuss für die Informationssicherheit aufgeführt (vgl. Abbildung 1).

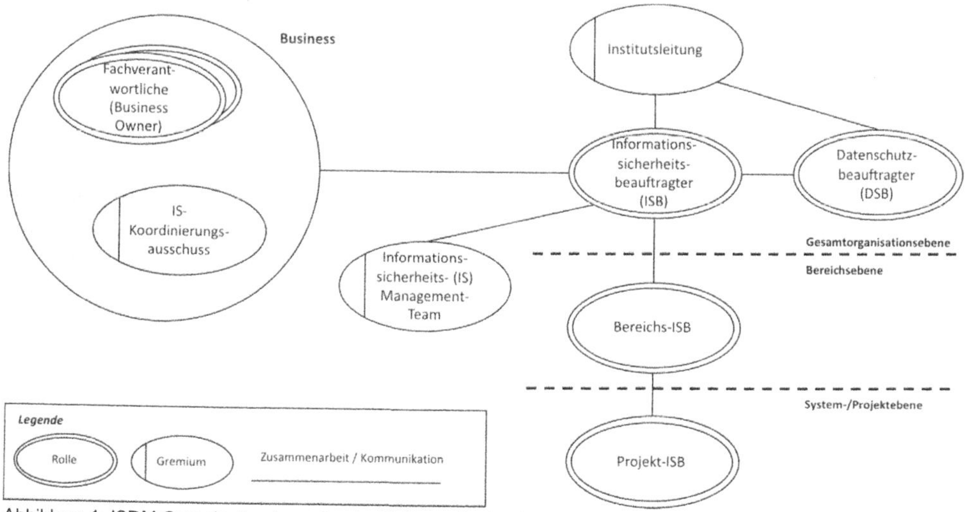

Abbildung 1: ISDM-Organisation in großen Institutionen (in Anlehnung an [Bund17])

3 Anforderungen an die Organisation des ISDM an Hochschulen

3.1 Allgemeine Gestaltungsbedingungen

Hochschulen weisen bezüglich ihrer Organisation Besonderheiten auf, die Einfluss auf die Planung und Umsetzung organisatorischer Änderungen haben. Autonomie und Selbstverwaltung sind organisatorischer Ausdruck des im Grundgesetz der Bundesrepublik Deutschland in Art. 5 (3) verbrieften Rechts der Freiheit von Forschung und Lehre [Knem82].
Die Organisationsstruktur einer Hochschule ist in Bayern durch das BayHSchG und die Grundordnung der jeweiligen Hochschule geregelt. Die strategische Hochschulentwicklung obliegt der Hochschulleitung (HL) und der Erweiterten Hochschulleitung (EHL). Die Umsetzung von Lehre, Forschung und Weiterbildung erfolgt in Fakultäten, welche von den Dekanen vertreten werden. Der EHL gehören, neben der HL, die Dekane sowie die Frauenbeauftragte an. Die EHL berät und unterstützt die HL bei der Erfüllung ihrer Aufgaben.
Bildungsinstitutionen weisen Eigenschaften von „loosely coupled systems" auf. Derartige Organisationen bestehen aus dezentralen Einheiten, die weitgehend unabhängig voneinander agieren [Jahr07]. An Hochschulen sind diese Einheiten z. B. Fakultäten und Forschungsinstitute. Die HL trägt zwar die Verantwortung für alle Entscheidungen in der Hochschule, kann jedoch die autonomen Lehr- und Forschungseinheiten nur schwer steuern und lenken [GMOW18]. Es gibt eine ausgeprägte Diskussions- und Konsenskultur.
Fakultäten und Institute verfügen häufig über eine eigene, unabhängige IT-Infrastruktur, die lokal verwaltet wird [Bick13]. Zentrale Entscheidungen, einheitliche Regelungen und globale Standards können nur schwer durchgesetzt werden. Neben den stark von Autonomie geprägten Bereichen Forschung und Lehre steht die Hochschulverwaltung. Die Verwaltung agiert weisungsgebunden innerhalb klarer arbeitsteiliger Strukturen auf Basis hoch formalisierter Verhaltensregeln [Nick12].
Veränderungen sind dann erfolgreich, wenn die Hochschulverwaltung motiviert und die wissenschaftlichen Bereiche von deren Notwendigkeit überzeugt sind. Motivation kann durch Partizipation, ausreichende Informationen und direkte Ansprechpartner erzielt werden [Schö07]. Typische Koordinations- und Kommunikationswege in der Hochschule sind Projektgruppen, Lenkungsausschüsse, Kommissionen, Fakultätsrat und Senat.

3.2 Aktionsforschungsprojekt und spezielle Gestaltungsbedingungen

Die vorliegende Arbeit beschreibt erste Erkenntnisse eines laufenden Aktionsforschungsprojektes. Die Aktionsforschung verbindet Forschung und Praxis: Forschende und die zu untersuchende Institution entwickeln gemeinsam eine Problemlösung [BaWo98, ChHo07].
Das Forschungsprojekt wurde an einer der größten bayerischen Hochschulen für angewandte Wissenschaften durchgeführt. Die Hochschule wurde in den 1970er Jahren gegründet. An zwei Standorten studieren in über 40 Bachelor- und Masterstudiengängen knapp 10.000 Studenten. Die Hochschule hat ca. 200 Professoren, 100 wissenschaftliche und 300 nicht-wissenschaftliche Mitarbeiter. Die Verwaltung der Hochschule ist in Hochschulservices organisiert. Der Hochschulservice IT stellt mit ca. 20 Mitarbeitern die IT-Infrastruktur bereit, wartet und pflegt sie. Der Chief Information Officer (CIO) der Hochschule ist gleichzeitig Vizepräsident und damit Mitglied der HL.
Das Aktionsforschungsprojekt startete im Mai 2017 mit dem Ziel, für die Hochschule ein ISMS einzuführen. Das Projekt läuft unter der Projektleitung des ISB bis Ende 2019. Das Projektteam besteht aus einem wissenschaftlichen Mitarbeiter, dem Leiter sowie einem Mitarbeiter des Hochschulservice IT, dem DSB und dem CIO. Der wissenschaftliche Mitar-

beiter ist in Vollzeit bei dem Projekt angestellt, alle anderen Teammitglieder beteiligen sich nur zu einem geringen Teil am Projekt (ca. 10% der Arbeitszeit). ISB und der wissenschaftliche Mitarbeiter forschen im Bereich ISMS und nehmen damit die Rolle der Forschenden im Aktionsforschungsprojekt ein.
Erstes Projektergebnis war die Leitlinie für Informationssicherheit der Hochschule. Die Leitlinie legt die Ziele des ISMS fest, die als spezielle Gestaltungsbedingungen zu beachten sind. Zu den Zielen gehören u. a. die Sicherstellung einer zuverlässigen IT-Unterstützung des Lehr-, Forschungs- und Verwaltungsbetriebes sowie die Einhaltung gesetzlicher Vorgaben. CIO, HL und EHL nannten weitere Rahmenbedingungen für die Organisation:

- Bestehende Organisationsstrukturen weitestgehend nutzen, um die Akzeptanz zu erhöhen und Ressourcen zu schonen.
- Auf Strukturen aufbauen, die in anderen Institutionen erprobt sind („Best Practices").
- Alle Hochschulangehörigen berücksichtigen und an Entscheidungen beteiligen.

Als Vorlage („Best Practice") für die Gestaltung der ISDM-Organisation an der HAW wurde der BSI-Standard 200-2 [Bund17] herangezogen. Aufgrund der Größe der Hochschule und der komplexen Organisationsstruktur wurde die Organisationsvariante für große Institutionen gewählt (vgl. Abbildung 1). Die Organisationsstruktur (vgl. Kap. 4) wurde in mehreren Iterationen modelliert. In Treffen mit CIO, DSB, HL und EHL wurde die Struktur vorgestellt und erklärt.

4 Eine Organisationsstruktur für ISDM an Hochschulen

Die Organisationsstruktur der HAW orientiert sich an den drei Entscheidungsebenen strategisch, taktisch und operativ (vgl. [SoSo08]). Um den Entscheidungsraum und -horizont der Verantwortlichen klar abzugrenzen, ist für alle Rollen eine Zuordnung zu Ebenen sinnvoll.

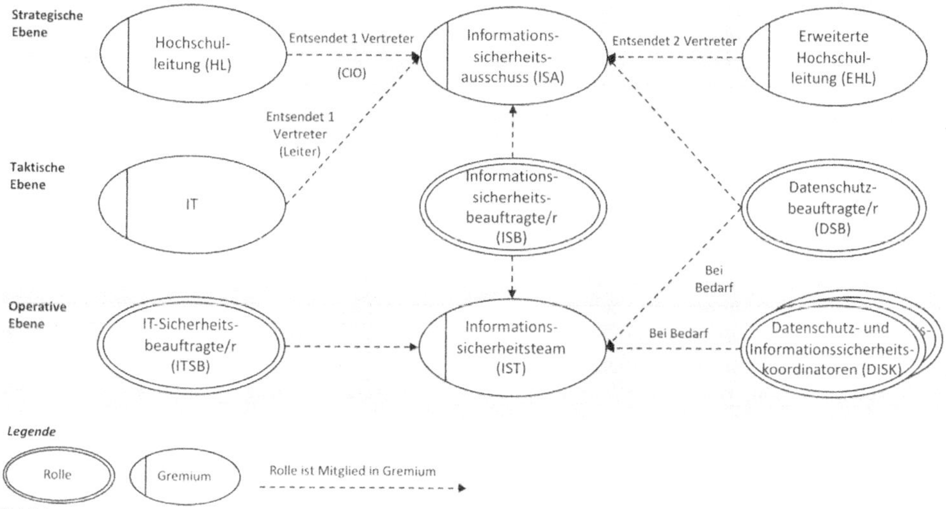

Abbildung 2: Organisationsstruktur ISDM an der HAW (Quelle: eigene Darstellung)

Der BSI-Standard 200-2 sieht drei Arten von ISB mit unterschiedlichen Verantwortungsbereichen vor (vgl. Abbildung 1). Der für die Gesamtinstitution zuständige ISB erhält Unterstüt-

zung von Bereichs-ISB und Projekt-ISB. Daneben kann ein für die Sicherheit der IT-Infrastruktur zuständiger IT-Sicherheitsbeauftragter benannt werden.
Abbildung 2 zeigt die Organisationsstruktur der HAW im Überblick. Die Rollen und Gremien des BSI-Standards wurden an die Rahmenbedingungen der Hochschule angepasst und hochschulspezifisch ausgeprägt. Tab. 1 beschreibt die Rollen und Gremien kurz und ordnet sie den Rollen im BSI-Standard zu.

	ISDM Rolle	Beschreibung	Rolle im BSI-Standard
Strategische Ebene	Hochschulleitung	Gesamtverantwortung für Informationssicherheit und Datenschutz; strategisches Entscheidungsgremium	Institutsleitung
	Informationssicherheitsausschuss	Strategisches Beratungs- und Informationsgremium für alle Hochschulangehörigen; bereitet Entscheidungen für die HL vor; überwacht Projekte	IS-Koordinierungsausschuss
	EHL (Dekane)	Stellt die Anbindung der Fakultäten an das ISDM sicher; trifft Entscheidungen mit Bezug zu Finanzen und sonstigen Ressourcen	Fachverantwortliche (Business Owner)
Taktische Ebene	IT	Umsetzungsverantwortlich für Regeln und Maßnahmen des ISDM in der zentralen IT-Infrastruktur	IT-Betrieb
	ISB	Steuert das ISM hochschulweit; koordiniert alle Beteiligten; sorgt für dauerhafte Sichtbarkeit von Informationssicherheit an der Hochschule; initiiert Projekte	ISB
	DSB	Stellt die Einhaltung der gesetzlichen Vorgaben und internen Vorschriften des Datenschutzes sicher	DSB
Operative Ebene	IT-Sicherheitsbeauftragter	Ansprechpartner für technische Sicherheitsmaßnahmen; Administration und Monitoring der IT-Sicherheits-Infrastruktur; Koordination der externen IT-Dienstleister	IT-Sicherheitsbeauftragter
	Informationssicherheitsteam	Unterstützt ISB bei der Wahrnehmung seiner Aufgaben; Informations- und Diskussionsgremium	IS-Management-Team
	DISK	Ansprechpartner für ISDM in ihrem Bereich; umsetzungsverantwortlich für Maßnahmen in der dezentralen IT-Infrastruktur	Bereichs-/Projekt-ISB

Tab. 1: Beschreibung der Rollen und Gremien der HAW (Quelle: eigene Darstellung)

Die Gremien der *strategischen Ebene* treffen Entscheidungen mit hochschulweiter Relevanz. Die Entscheidungen auf dieser Ebene haben langfristigen oder grundlegend gestaltenden Charakter, z. B. die Verabschiedung der Leitlinie für Informationssicherheit, Änderungen an der Organisationsstruktur und die Ernennung eines ISB.
Die Rollen der *taktischen Ebene* unterstützen die ausführende, operative Ebene und bereiten die Entscheidungen für die strategische Ebene vor. Sie erarbeiten Konzepte, Verfahren und Templates für das ISDM, unterbreiten Vorschläge für Richtlinien und beaufsichtigen die Durchführung von Maßnahmen und Projekten.
Die Rollen und Gremien der *operativen Ebene* beschäftigen sich im Tagesgeschäft mit ISDM. Sie setzen die auf den oberen Ebenen getroffenen Entscheidungen um, führen Maßnahmen und Projekte durch. Sie sind für einen Teilbereich des ISDM umsetzungsverantwortlich.

5 Diskussion

Die ISDM-Organisationsstruktur der HAW orientiert sich stark am BSI-Modell für große Institutionen. Wie das Mapping in den Tabellen zeigt, haben alle Rollen und Gremien eine Entsprechung im BSI-Standard 200-2. Die drei Ebenen der Verantwortung sind im BSI-Modell angedacht, aber nicht für alle Rollen definiert. In der HAW-Struktur werden die Entscheidungsarten (strategisch, taktisch, operativ) und die dafür Verantwortlichen konsequent auf die drei Ebenen abgebildet (vgl. [KoHM12, RaSo05, SoSo08]).
Alle Rollen und Gremien aus dem BSI-Modell wurden gemäß den Gestaltungsbedingungen hochschulspezifisch ausgeprägt. Die Ausprägung betrifft die Aufgaben und Verantwortlichkeiten (welche hier nur sehr verkürzt dargestellt wurden) sowie die Besetzung der Rollen bzw. die Zusammensetzung der Gremien.
Exemplarisch zeigt sich die hochschulspezifische Ausprägung an der Zusammensetzung und Verantwortung des ISA. Im BSI-Standard 200-2 ist der IS-Koordinierungsausschuss als temporäres Gremium bei größeren Projekten vorgesehen. An der HAW hingegen ist der ISA zentrales Kommunikations- und Koordinationsinstrument und ist als dauerhaftes Gremium eingerichtet (ähnlich in [Itgo06, KoHM12]). Gemäß den Anforderungen der HAW sind im Ausschuss alle Gruppen von Hochschulangehörigen vertreten. Der ISB hat den Vorsitz des ISA. Daneben sind DSB, der IT-Leiter und ein Vertreter der HL (hier der CIO) Mitglieder im ISA. Die Studierenden entsenden einen Vertreter. Das nicht-wissenschaftliche Personal ist durch ein Mitglied des Personalrats vertreten. Die dezentralen Einheiten bzw. das wissenschaftliche Personal, hier speziell die Fakultäten, werden durch zwei Dekane vertreten – je ein Dekan von einem der zwei Hochschulstandorte. Der ISA trifft sich zwei- bis dreimal pro Jahr und ist Informations-, Diskussions- und Beratungsgremium. Hochschulweit wirksame Entscheidungen trifft auf Vorschlag des ISA die Hochschulleitung, da diese lt. BayHschG die Verantwortung für die Hochschule trägt.
Die ISDM-Organisationsstruktur greift, gemäß der Anforderung, so weit wie möglich auf bestehende Gremien und Rollen zurück. Da an der Hochschule kein vergleichbares Gremium (etwa ein IT-Koordinierungsausschuss) bestand, wurde der ISA neu eingerichtet. Auch die Rollen ISB sowie Datenschutz- und Informationssicherheitskoordinatoren (DISK) wurden im Zuge des Projektes neu geschaffen, ebenso das Informationssicherheitsteam (IST). Alle anderen Akteure existierten bereits an der Hochschule und haben im Zuge des Projektes Aufgaben und Verantwortlichkeiten für das ISDM zugewiesen bekommen.
Mit dem ISB wurde ein zentraler Ansprechpartner und Koordinator für das ISDM auf der taktischen Ebene geschaffen. Der ISB wurde aus dem Kreis der Professoren besetzt, damit die große Gruppe des wissenschaftlichen Personals den ISB als gleichberechtigt anerkennt. Es soll nicht der Eindruck entstehen, dass HL und Verwaltung den Fakultäten ISDM-Themen aufdrängen. Der ISB kann sich darüber hinaus besser in die Aufgabenbereiche der Professoren hineinversetzen und deren Bedürfnisse nachvollziehen.
Die DISK stellen die Anbindung der dezentralen Organisationseinheiten (z. B. Fakultäten, Institute) an die ISDM-Organisation sicher. Über die DISK bekommt die zentrale Organisation einen Einblick in die lokalen Anforderungen und die lokale IT-Infrastruktur. Die Zusammenarbeit von ISB und DSB mit den DISK fördert das Verständnis für zentrale Regelungen und Standards und erleichtert deren Um- und Durchsetzung in den dezentralen Einheiten. Die DISK übernehmen auch Aufgaben, die sich durch die DSGVO ergeben, z. B. im Rahmen der Umsetzung der Betroffenenrechte, der Durchführung von Datenschutz-Folgeabschätzungen und der Pflege der Verzeichnisse der Verarbeitungstätigkeiten.

Die ISDM-Organisationsstruktur an der HAW berücksichtigt die allgemeinen und spezifischen Gestaltungsbedingungen. Allgemeine Bedingungen wie der hohe Koordinationsbedarf, die Berücksichtigung der Diskussionskultur und ein hohes Maß an Partizipation aller Beteiligten werden durch die verschiedenen Gremien, Ansprechpartner und Rollen auf den drei Ebenen adressiert. Die Anbindung der autonomen Einheiten wird über den ISA und die DISK sichergestellt. Die speziellen Bedingungen der HAW werden ebenfalls adressiert: Die Organisationsstruktur baut auf Best Practices auf, sie nutzt die vorhandenen Organisationsstrukturen, beteiligt alle Hochschulangehörigen und erfüllt die gesetzlichen Anforderungen. Mit der Beteiligung aller Fakultäten und zentraler IT ist die Voraussetzung für einen zuverlässigen Lehr-, Forschungs- und Verwaltungsbetrieb geschaffen.
Mit der Umsetzung der Strukturen wurde im Herbst 2017 begonnen. Die Rolle des ISB wurde einem Professor zugewiesen. IT-Sicherheitsbeauftragter ist ein Mitarbeiter der IT. Die Mitglieder des ISA wurden ernannt und der Ausschuss tagte bereits mehrere Male. Die EHL hat Mitte 2018 die Umsetzung der kompletten Organisationsstruktur beschlossen. Seit Anfang 2019 haben alle Dekane ihre DISK ernannt. Es handelt sich überwiegend um technische Mitarbeiter, die sich bisher als IT-Administratoren um die lokale IT-Infrastruktur kümmern. Im Frühjahr 2019 wurden an beiden Standorten Kick-Off Workshops mit den DISK und deren Stellvertretern durchgeführt.
Zum aktuellen Zeitpunkt kann noch keine abschließende Beurteilung der Organisationsstruktur vorgenommen werden, das konsequente Voranschreiten der Umsetzung kann aber bereits als großer Erfolg gewertet werden. Durch die ISDM-Organisation konnten die im ISMS-Projekt erarbeiteten Artefakte, wie z. B. Richtlinien, in den Regelbetrieb der Hochschule überführt werden. Die Organisationsstruktur hat außerdem dazu beigetragen, die Sichtbarkeit der ISDM-Themen bei den Hochschulangehörigen zu erhöhen. Zum Erfolg beigetragen haben, neben der Erfüllung der Anforderungen der HAW, ein iteratives Vorgehen, die Unterstützung und Beteiligung der HL (vgl. [RaSo05, SoSo08]) sowie das persönliche Engagement von ISB und DSB, verbunden mit anhaltender, persönlicher Kommunikation gegenüber den Betroffenen.
Der Erfolg der Organisationsgestaltung zeigt sich letztendlich im Erfolg der Funktion, welche die Organisationsstruktur nutzt [Dona01, Schu10]. Werden also die Ziele des ISDM an der HAW erreicht, bspw. die Erfüllung gesetzlicher Anforderungen, kann davon ausgegangen werden, dass die Organisationsstruktur passend war und ihren Beitrag dazu geleistet hat.

6 Fazit und Ausblick

Der BSI-Standard 200-2 ist ein pragmatischer und passender Einstieg zur Definition einer Organisationsstruktur für Informationssicherheits- und Datenschutzmanagement einer Hochschule. Die dort definierten Strukturen konnten mit geringem Aufwand an die besonderen Anforderungen einer Hochschule angepasst werden: dezentrale Lehr- und Forschungseinheiten, die sich nicht direkt durch die Hochschulleitung beeinflussen lassen und weitgehend autonom agieren; ausgeprägte Diskussions- und Konsenskultur; stark formalisierte Hochschulverwaltung mit hierarchischen Strukturen. Eine abschließende Evaluierung der beschriebenen Organisationsstruktur steht noch aus.
Da Organisationsgestaltung neben externen immer auch von internen Bedingungen abhängig ist, kann hier keine für alle Hochschulen gültige ISDM-Organisationsstruktur beschrieben

werden. Die dargestellte Organisationsstruktur adressiert jedoch die allgemeinen Gestaltungsbedingungen von Hochschulen und des ISDM. Somit könnten andere Hochschulen diese als Ausgangsbasis für eine eigene, den internen Gestaltungsbedingungen angepasste, Organisationsstruktur verwenden. Zu untersuchen ist, wie sich Unterschiede in den Gestaltungsbedingungen von Hochschulen für angewandte Wissenschaften und Universitäten auf das Modell auswirken. Bspw. verfügen Universitäten mit ihren Lehrstühlen über viel mehr und kleinere dezentrale Einheiten. Ebenso sollten Unterschiede in den gesetzlichen Vorgaben der Bundesländer mit Auswirkung auf die Hochschulorganisation adressiert werden. Durch die gewonnenen Erkenntnisse kann die Struktur in ein aus dem BSI-IT-Grundschutz abgeleitetes Referenzmodell für eine ISDM-Organisation an Hochschulen überführt werden.

Literaturverzeichnis

[BaWo98] BASKERVILLE, RICHARD ; WOOD-HARPER, A TREVOR: Diversity in information systems action research methods. In: *European Journal of information systems* Bd. 7 (1998), Nr. 2, S. 90–107

[Bick13] BICK, MARKUS: Zwischen Fachwissen und strategischer Entscheidung. In: STRATMANN, F. (Hrsg.): *IT und Organisation in Hochschulen* : HIS Hochschul-Informations-System GmbH, 2013, S. 1–21

[Bund17] BUNDESAMT FÜR SICHERHEIT IN DER INFORMATIONSTECHNIK: BSI-Standard 200-2 - IT-Grundschutz-Methodik (2017)

[Carl18] CARL, SABINE: *Risiken für den deutschen Forschungsstandort - Leitfaden zum Umgang mit Wissenschaftsspionage und Konkurrenzausspähung im Wissenschaftskontext.* Freiburg : Max-Planck-Institut für auslämdisches und internationales Strafrecht, 2018

[ChHo07] CHECKLAND, PETER ; HOLWELL, SUE: Action research. In: *Information systems action research* : Springer, 2007, S. 3–17

[Din15] DIN: Informationstechnik – IT-Sicherheitsverfahren – Informationssicherheits-Managementsysteme – Anforderungen (ISO/IEC 27001:2013 + Cor. 1:2014), Beuth (2015)

[Din17] DIN: Informationstechnik – Sicherheitsverfahren – Leitfaden für Informationssicherheitsmaßnahmen (ISO/IEC 27002:2013 einschließlich Cor 1:2014 und Cor 2:2015); Deutsche Fassung EN ISO/IEC 27002:2017, Beuth Verlag (2017)

[Dona01] DONALDSON, LEX: *The contingency theory of organizations* : Sage, 2001

[GMOW18] GRAF-SCHLATTMANN, MARCEL ; MEISTER, DOROTHEE ; OEVEL, GUDRUN ; WILDE, MELANIE: *Hochschulstrategie als Prozess - Zum Allgemeinen und Hochschulspezifischen Begriff der Strategie* (Nr. QuaSiD-Arbeitspapier Nr. 1) : Universität Paderborn, 2018

[Groc82] GROCHLA, ERWIN: *Grundlagen der organisatorischen Gestaltung* : Poeschel, 1982

[Itgo06] IT GOVERNANCE INSTITUTE: *Information Security Governance: Guidance for Boards of Directors and Executive Management* : ISACA, 2006

[Jahr07] JAHR, VOLKER: *Innovation und Macht in der Organisation Hochschule: die Etablierung des ökologischen Paradigmas am Fachbereich Agrarwissenschaften der Universität Kassel aus organisationstheoretischer Sicht* : kassel university press GmbH, 2007

[Knem82] KNEMEYER, FRANZ-LUDWIG: Hochschulautonomie. In: *Handbuch des Wissenschaftsrechts* : Springer, 1982, S. 150–169

[KoHM12] KORHONEN, JANNE J ; HIEKKANEN, KARI ; MYKKÄNEN, JUHA: Information Security Governance. In: *Strategic and Practical Approaches for Information Security Governance: Technologies and Applied Solutions* : IGI Global, 2012, S. 53–66

[MöWi18] MÖLTGEN-SICKING, KATRIN ; WINTER, THORBEN: Entwicklung, Reformen und Herausforderungen der öffentlichen Verwaltung in der Bundesrepublik Deutschland. In: *Verwaltung und Verwaltungswissenschaft: Eine praxisorientierte Einführung*. Wiesbaden : Springer Fachmedien Wiesbaden, 2018 — ISBN 978-3-658-19085-9, S. 139–197

[Nick12] NICKEL, SIGRUN: Engere Kopplung von Wissenschaft und Verwaltung und ihre Folgen für die Ausübung professioneller Rollen in Hochschulen. In: WILKESMANN, U. ; SCHMIDT, C. (Hrsg.): *Hochschule als Organisation* : Springer, 2012, S. 279–291

[RaSo05] RASTOGI, RAHUL ; VON SOLMS, ROSSOUW: Information security governance-a re-definition. In: *Security Management, Integrity, and Internal Control in Information Systems* : Springer, 2005, S. 223–236

[Schö07] SCHÖNWALD, INGRID: *Change Management in Hochschulen*. Bd. 12. Lohmar, Köln : Josef Eul Verlag, 2007

[Schu10] SCHULTE-ZURHAUSEN, MANFRED: *Organisation, Vahlens Handbücher der Wirtschafts- und Sozialwissenschaften*. 5., überarb. und aktualisierte Aufl. München : Vahlen, 2010 — ISBN 978-3-8006-3736-2

[ScSt19] SCHRAHE, DOMINIK ; STÄDTER, THOMAS: Integration von Informationssicherheits- und Datenschutzmanagement. In: *Datenschutz und Datensicherheit - DuD* Bd. 43 (2019), Nr. 5, S. 265–269

[SoSo08] VON SOLMS, S.H. (BASIE) ; VON SOLMS, ROUSSOW: *Information Security Governance* : Springer Publishing Company, Incorporated, 2008

[WhMa19] WHITMAN, MICHAEL ; MATTORD, HERBERT J.: *Management of information security*. 6th edition. NewYork, NY : Cengage, 2019 — ISBN 978-1-337-40571-3

Kontakt

Prof. Dr. Kristin Weber, Prof. Dr. Gabriele Saueressig, Andreas E. Schütz
FHWS – Hochschule für angewandte Wissenschaften Würzburg-Schweinfurt
Fakultät Informatik und Wirtschaftsinformatik
Sanderheinrichsleitenweg 20, 97074 Würzburg
T +49 931 3511-8947, kristin.weber@fhws.de
T +49 931 3511-8307, gabriele.saueressig@fhws.de
T +49 931 3511-8183, andreas.schuetz@fhws.de

Konzeption von IT-Sicherheitslösungen unter ethischen Gesichtspunkten am Beispiel einer Monitoring-App für mobile Endgeräte

Florian Moll, Klemens Köhler, Martin R. Wolf

Zusammenfassung

Die steigende Popularität von mobilen Endgeräten im privaten und geschäftlichen Umfeld geht mit einem Anstieg an Sicherheitslücken und somit potentiellen Angriffsflächen einher. Als ein Element der technischen und organisatorischen Maßnahmen zum Schutz eines Netzwerkes können Monitoring-Apps dienen, die unerwünschtes Verhalten und Angriffe erkennen. Die automatisierte Überwachung von Endgeräten ist jedoch rechtlich und ethisch komplex. Dies in Kombination mit einer hohen Sensibilität der Nutzer und Nutzerinnen dieser Geräte in Bezug auf Privatsphäre, kann zu einer geringen Akzeptanz und Compliance führen. Eine datenschutzrechtlich und ethisch einwandfreie Konzeption solcher Apps bereits im Designprozess führt zu höherer Akzeptanz und verbessert so die Effizienz. Diese Analyse beschreibt Möglichkeiten zur Umsetzung.

1 Einleitung

Die voranschreitende Digitalisierung verschiedenster Bereiche des Alltags eröffnet Kriminellen diverse Angriffsvektoren. Dementsprechend wurden im Jahre 2017 in Deutschland 85.960 Fälle von Cybercrime im engeren Sinne erfasst, was einem Anstieg von 4.0% gegenüber dem Vorjahr entspricht [Bund17]. Auch mobile Applikationen stellen dabei attraktive Ziele dar, da durch die Verbreitung von Smartphones und anderen mobilen Endgeräten eine große Angriffsfläche geboten wird. Für Unternehmen erweist sich diese Angriffsfläche oft als offene Flanke: Dienstliche und private Smartphones, die auch im betrieblichen Umfeld genutzt werden, enthalten häufig sensible Informationen und unter Umständen auch Zugangsrechte zu weiteren Netzwerkressourcen. *(Zur Illustration wird der Aushang eines Unternehmens zitiert, das während eines laufenden IT Angriffs informierte: "Warning: Cyber Attack against the Hydro Network. Please do not connect any devices to the Hydro network. Do not turn on any devices connected to the Hydro Network. Please disconnect any device (Phone/Tablet etc.) from the Hydro Network. Await new update. - Security" [Pede19].)* Unternehmen müssen daher erfolgreiche Angriffe auf diese Geräte minimieren. Um die Einhaltung bestehender Richtlinien und den sicheren Umgang mit dem System zu erfassen, kann eine Monitoring-App in das Sicherheitskonzept eines Unternehmens integriert werden. In dieser Betrachtung werden als Akteure die Endanwender, der Betreiber und der Entwickler der App unterschieden, wobei es sich bei Betreiber und Entwickler um Unternehmen handelt. Der Entwickler stellt die App zur Verfügung, der Betreiber nutzt sie als Teil seiner Sicherheitsstrategie und die Endanwender sind die Personen, auf deren Endgeräten sie aktiv ist. Im Kontext dieser Ausarbeitung beschreibt Monitoring das Überwachen von Systemkomponenten mit dem Ziel, Angriffe und Fehlverhalten zu detektieren. Es kann zwischen netzwerk- und hostbasierendem Monitoring unterschieden werden. Bei hostbasierenden Monitoring-Ansätzen liegt der Fokus der Überwachung auf internen Prozessen und dem

Netzverkehr des zugrundeliegenden Host-Systems. Dagegen wird beim netzwerkbasierten Monitoring die Kommunikation zwischen Netzwerkteilnehmern auf Protokollebene betrachtet [ViKe98]. Zur Analyse der so erhobenen Daten werden signatur- oder anomaliebasierte Erkennungsmethoden eingesetzt. Signaturbasierte Technologien gleichen aufgezeichnete Daten mit bekannten Angriffsmustern ab, wogegen eine anomaliebasierte Detektion aus vergangenen Datensätzen einen Normalzustand ableitet und Abweichungen zu diesem identifiziert [PeCh16]. Nach Erkennen von Sicherheitsvorfällen werden entsprechende Ereignisse in einer Log-Datei festgehalten und gegebenenfalls der Endanwender, beziehungsweise der Verantwortliche für das betroffene System informiert. Monitoring – sowohl des Netzwerks als auch der Endsysteme – stellt einen wichtigen Aspekt einer erfolgreichen *Defense-in-Depth*-Strategie dar. Ziel von Defense-in-Depth ist die Erschwerung von Angriffen durch unterschiedliche Schutzschichten. Aufgrund der Vielfalt moderner Angriffe und Bedrohungen kann die Sicherheit einer komplexen Infrastruktur nicht ausschließlich durch den Schutz der äußeren Perimeter garantiert werden. Es wird angestrebt, eine vielschichtige IT-Sicherheitsstrategie zu konzipieren. Moderne Sicherheitsansätze implementieren daher nicht nur nach außen, sondern auch innerhalb des Netzwerkes und auf den Host-Systemen Verteidigungsmechanismen. Man unterscheidet bei Defense-in-Depth zwischen technischen und organisatorischen Schutzmaßnahmen, wobei jeweils nicht nur die IT-Infrastruktur, sondern auch die physische Umgebung einbezogen wird. Monitoring ist ein ergänzendes Element, das dann wirksam wird, wenn vorgeschaltete Schichten überwunden wurden. Das heißt auch, dass Monitoring oft erst dann erfolgreich ist, wenn bereits ein Angriff im Gange ist, der dann durch weitere Maßnahmen abgewehrt werden kann. Dementsprechend stellt die ausschließliche Nutzung von Monitoring eine unzureichende Abwehrmaßnahme dar. Es sollte stets im Kontext von Defense-in-Depth betrachtet werden. Diese Ausarbeitung beschäftigt sich mit der Konzeption einer Monitoring-App für mobile Endgeräte. Das Hauptaugenmerk liegt auf den Herausforderungen, die bei der ethischen Umsetzung der Datenerhebung, der Auswertung und der Übertragung entstehen können. Diese Herausforderung anzunehmen lohnt sich, da - wie andere Sicherheitsmaßnahmen auch - Monitoring nur dann erfolgreich ist, wenn es von den Endanwendern akzeptiert wird. Nur durch eine den Endanwendern gegenüber verantwortliche Konzeption von Monitoring-Apps kann die notwendige Compliance, also die sachgemäße Nutzung einer entsprechenden App durch möglichst alle Endanwender, erreicht werden [ShCo15]. Diese Ausarbeitung konzentriert sich auf Mobile-Device-Management-Ansätze, bei denen der Arbeitnehmer der Eigentümer des Endgeräts ist. Die Zielkonflikte zwischen maximaler Sicherheit und positiver ethischer Beurteilung der Einzelmaßnahmen können nicht allgemein gelöst werden, sondern bedürfen einer Bewertung der Trade-offs im Einzelfall [SaSa98], [BrJø15]. In den folgenden Kapiteln werden die Rahmenbedingungen bei der Konzeption der Anwendung erläutert und auf dieser Grundlage ein Konzept einer Monitoring-App erstellt, welches anschließend in Bezug auf seine Umsetzbarkeit diskutiert wird.

2 Rahmenbedingungen

Bei der Konzeption einer Monitoring-Applikation müssen rechtliche, technische und ethische Voraussetzungen geprüft werden. Dabei sind die rechtlichen Bedingungen einzuhalten, technische Bedingungen begrenzen das, was möglich ist. Ethische Bewertungen und Entscheidungen müssen darauf aufbauen.

2.1 *Datenschutzrechtliche Voraussetzungen*

Grundlage für die Definition von datenschutzrechtlichen Voraussetzungen für die Monitoring-App stellt die Europäische Datenschutz-Grundverordnung (EU-DSGVO) dar. Die Verordnung legt verpflichtende Richtlinien für die Verarbeitung von personenbezogenen Daten fest. Die EU-DSGVO ist seit dem 25. Mai 2018 für private Unternehmen und öffentliche Institutionen anzuwenden [Euro16]. Als „personenbezogen" werden Daten bezeichnet, die Rückschlüsse auf die Identität einer natürlichen Person zulassen [Esay15]. Ein typisches Beispiel für solche Daten sind Name, Geburtsdatum und Adresse. Anwender können jedoch auch durch die Korrelation verschiedener Datensätze eindeutig bestimmt werden. Beispielsweise ist es unter bestimmten Voraussetzungen möglich, Nutzer durch deren verwendete IP-Adresse in Kombination mit weiteren Daten zu identifizieren [Moin11]. Solche möglichen Wechselbeziehungen müssen bei der Verarbeitung der personenbezogenen Daten der Applikation beachtet werden. Der Grundsatz der Datensparsamkeit dient hier dazu, die Komplexität dieser Wechselbeziehungen zu reduzieren.

Die erste für die Konzeption relevante Rahmenbedingung wird in Artikel 6 „Rechtmäßigkeit der Verarbeitung" aufgestellt. Bezogen auf die Monitoring-App wird an dieser Stelle festgelegt, dass der Betroffene der Verarbeitung der personenbezogenen Daten einwilligen muss. Die genaueren Umstände der Einwilligung werden im folgenden Artikel 7 weiter konkretisiert. Essentiell ist dabei, dass die Einwilligung dokumentiert ist und jederzeit widerrufen werden kann. Ein weiterer Punkt, welcher bei der Einwilligung beachtet werden muss ist, dass diese konkret und verständlich formuliert werden muss (Artikel 12). Weiterhin müssen dem Betroffenen diverse Rechte eingeräumt werden. Die Monitoring-App muss dem Anwender die Möglichkeit bieten, die aggregierten Daten sowie eine Beschreibung des Verwendungszweckes in elektronischer Form zu erhalten (Artikel 15). Ebenso muss das „Recht auf Löschung" gewährleistet werden (Artikel 17). Das bedeutet, dass der entsprechende Anwender auf eine Löschung seiner in der Vergangenheit erhobenen und verarbeiteten Daten bestehen kann. Im Hinblick auf technische und organisatorische Maßnahmen, die bei der Konzeption der Applikation berücksichtigt werden müssen, beschreibt Artikel 32 der EU-DSGVO Maßnahmen und in welchem Umfang diese umzusetzen sind. Besonderes Augenmerk wird während der Entwicklung und des anschließenden Betriebs auf die Einhaltung des „Standes der Technik" gelegt. Dementsprechend sollten stets aktuelle Sicherheitsmaßnahmen ergriffen werden, um ein angemessenes Schutzniveau zu erreichen. Hervorzuheben ist dabei die Pseudonymisierung der personenbezogenen Daten, also die Änderung von identifizierenden Daten in Zeichenketten [Esay15]. Diese Maßnahme stellt beispielsweise bei einer Kompromittierung der Datenbank einen wirkungsvollen Schutzmechanismus für die Identität der Endanwender dar.

2.2 *Ethische Voraussetzungen*

Als philosophische Disziplin bildet Ethik eine vielschichtige und facettenreiche Thematik, die im Zuge dieser Ausarbeitung nur angerissen werden kann. Ethik beschreibt die moralische Bewertung menschlichen Handelns [NiJo11]. Ethische Bewertungen sagen uns, was man „einfach nicht tut", um nicht auf Unverständnis anderer Menschen zu stoßen. Sie unterliegen stetigem Wandel [Hübn18]. Eine komplette Überwachung individuellen Handelns zum Zwecke der Sicherheit ist aktuell nicht als ethische Handlungsweise akzeptiert [BeMü01]. Während die datenschutzrechtlichen Voraussetzungen beschreiben, was nicht gemacht werden darf, dienen ethische Überlegungen dazu, auch die Handlungsweisen auszuschließen, die zwar erlaubt sind, aber trotzdem nicht akzeptiert werden. Eine erhöhte Akzeptanz führt zu einer höheren Compliance gegenüber neuen Schutzmaßnahmen [ShCo15].

Die zwei relevanten handlungsethischen Ansätze für die Beurteilung neuer Technologien sind der *Primum non nocere*-Grundsatz und der *Utilitarismus* [Höff13]. *Primum non nocere* (lat.) bedeutet wörtlich „erstens, nicht schaden" und ist als Handlungsmaxime in der Wissenschaft weit verbreitet [Smit05]. Sie schließt kategorisch jede Handlung aus, die Schaden verursachen kann [Shar97] und findet grundsätzlich Anwendung im Vorsorgeprinzip in der Umwelt- und Gesundheitspolitik [GeMa06]. Der Utilitarismus dagegen wägt den zu erwartenden Nutzen und Schaden gegeneinander ab, so dass schädliche Handlungen akzeptabel sind für das größere Wohl einer größeren Anzahl [Höff13]. Es erlaubt eine Handlung auch dort, wo *Primum non nocere* jede Wahlfreiheit einschränken würde. Betrachtet man die massiven Wechselwirkungen zwischen Überwachung eines privaten Endgerätes und dem Wohlbefinden des Nutzers, lässt nur eine utilitaristische Herangehensweise überhaupt eine Monitoring-App zu. Die Ausgestaltung der App muss im zeitgenössischen, gesellschaftlichen ethischen Rahmen liegen, wenn sie akzeptiert und damit betrieben und genutzt werden soll.

Für eine utilitaristische Bewertung müssen der potentielle Nutzen und Schaden und die jeweils betroffenen Personen identifiziert werden. Diese beschränken sich auf die abstrahierten Gruppen der App-Betreiber und der Endnutzer. Der Betreiber ist in erster Linie bestrebt, höhere Sicherheit seiner IT-Infrastruktur als Nutzen zu erzielen. Einen Schaden hat er nur durch höheren Aufwand bei der Einführung eines zusätzlichen Tools. Der potentielle Schaden auf Seiten des Endnutzers ist jedoch massiv, da private mobile Endgeräte eine Vielzahl von intimen Daten und Metadaten speichern. Auch minimale Funktionalitätseinschränkungen haben wegen der hohen Nutzungsintensität umfangreiche Auswirkungen.

In diesem Anwendungsfall können „Schäden" vielfältige Ausprägungen vorweisen. Denkbare Beispiele sind die Bestrafung eines Endnutzers durch den Betreiber der App, falls ersterer sich nicht an firmeninterne Vorgaben hält oder der Verlust von Garantieansprüchen, wenn die App Root-Rechte auf dem mobilen Endgerät benötigt. Jenseits dieser wirtschaftlichen Schäden müssen abstraktere Schäden betrachtet werden, die nur schwer quantifizierbare – jedoch nicht weniger schwere – Nachteile für den Betroffenen verursachen. Ein Beispiel ist dabei die Verhaltensänderung durch die bloße Präsenz von Überwachung. Endanwender, die sich beobachtet fühlen, ändern – gegebenenfalls unterbewusst – ihr Verhalten. Diese Verhaltenseinschränkung und der Verlust von potentiellem Vergnügen ist ein signifikanter Schaden für den Betroffenen [Char02]. Das dogmatische Festhalten an *Primum non nocere* wird trotz dessen im Allgemeinen nicht empfohlen [Smit05]. Unter gewissen Umständen ist es nötig, einen geringen Schaden des Betroffenen hinzunehmen, um einen größeren zu verhindern. Wenn durch die Monitoring-App beispielsweise ein zuvor nicht identifizierter Hacker-Angriff identifiziert und durch entsprechende Gegenmaßnahmen beseitigt werden kann, können die Schäden mit den Vorzügen des Einsatzes der Anwendung verglichen werden. Demzufolge müssen das Bedrohungsszenario und das Modell des Bedrohungsakteurs in die Konzeption einfließen. Ist eine Bedrohung durch einen Hacker-Angriff wahrscheinlich, dann ist die potentielle Verletzung von Datenintegrität, -vertraulichkeit und -verfügbarkeit durch diesen mit dem Eingriff in dasselbe Dateisystem durch eine Monitoring-App abzuwägen. Je nach Ergebnis dieser Bewertung, kann es gute Argumente für die Einführung einer Überwachung bis zu einem tolerierbaren Grad geben. Außer der Eintrittswahrscheinlichkeit und der Abwägung des Schadens und Nutzens für jeweils einen Endnutzer und den Betreiber muss berücksichtigt werden, dass der Verzicht auf eine Sicherheitstechnologie auch eine aktive Handlung ist, die sicherheitsrelevante Konsequenzen nach sich zieht, die über den Einzelnen hinausgehen. Ein nicht geschütztes, unsicheres Endgerät kann alle anderen Teilnehmer im Netzwerk gefährden. Bei der Bestimmung des Nutzens müssen daher alle Betroffenen und der jeweilige Schaden und Nutzen berücksichtigt werden. Eine geringe Nutzungseinschränkung für jeden individuellen Endnutzer kann eine überproportionale Schutzwirkung entfalten. Aber selbst dann, wenn die App nur auf dem privaten Endgerät eines einzelnen Endnutzers installiert wird, können dessen individuelle, signifikante Nachteile dadurch ausgeglichen werden, dass eine große Masse an Individuen verhältnismäßig geringeren zusätzlichen Schutz erfährt [Char02].

2.3 Technische Voraussetzungen

Wie bei jeder Einführung von neuer Software, müssen auch in diesem Fall die technischen Voraussetzungen beim Betreiber berücksichtigt werden. Zu beachten sind dabei die Kapazitäten der zugrundeliegenden Hardware und des verwendeten Betriebssystems. Im Zuge dieser Ausarbeitung werden handelsübliche Smartphones, ausgestattet mit den Betriebssystemen *Android* beziehungsweise *iOS*, betrachtet. Sonstige Wearables wie Smartwatches, Fitness-Tracker oder Smartglasses sind nicht Teil dieser Ausarbeitung und müssen gesondert betrachtet werden.

3 Konzeption der Applikation

Um die Monitoring-App sinnvoll konzipieren zu können, müssen im Vorfeld Ziele definiert werden. Unabhängig davon, welcher Software-Engineering-Ansatz verfolgt wird, muss zuerst eine Ausgangssituation in Form von Requirements beschrieben werden [MuGo10]. Für diese Ausarbeitung wird davon ausgegangen, dass die Anwendung betrieben wird, um die Sicherheit der privaten Endgeräte der Mitarbeitenden im Kontext der Defense-in-Depth-Strategie zu überwachen. Dieses Szenario ist beispielsweise für Unternehmen relevant, die eine BYOD-Policy verfolgen. Das bedeutet, dass Mitarbeiter private Systeme wie Laptops oder Smartphones für dienstliche Zwecke nutzen können [Morr12].
IT-Abteilungen haben in der Regel keinen Zugriff auf die Konfiguration und Nutzung der Endgeräte, wodurch Sicherheitsrisiken entstehen. Diese können von gezielten Angriffen von außen (Hacking) bis zu versehentlichen schädlichen Handlungen der Endnutzer reichen. Eine Monitoring-App, die laufend das zugrundeliegende System und die Kommunikation mit dem Ziel überwacht, Angriffe oder unerwünschtes, sicherheitsrelevantes Verhalten zu detektieren, ist eine praktikable Technologie zur Minimierung dieser Risiken.
Als Ausgangskonzept der Architektur bietet sich eine klassische Client-Server-Architektur an, bei der die Monitoring-App auf den Endsystemen die Clients darstellt, die die eigentliche Analyse durchführen und einen Remote-Server zur Auswertung mit Informationen versorgen. Die potentiellen Möglichkeiten der Applikation sind dabei vielfältig. Um zu erkennen, welche Funktionalitäten in der Applikation umgesetzt werden sollen, muss eine Bedrohungsanalyse durchgeführt werden, die darauf abzielt, mögliche Angriffsvektoren und Schwachstellen zu identifizieren. Anschließend wird deren Eintrittswahrscheinlichkeit in Verhältnis mit der Schadenshöhe gesetzt, um das Risiko abzuleiten [NePe03]. Für die

exemplarische Untersuchung wurden zwei Sicherheitsrisiken ausgewählt, die auf Smartphones zu Kompromittierung des Systems führen können.

3.1 *Funktionalitäten der Applikation*

Die erste betrachtete Schwachstelle sind fehlende Systemupdates des Smartphones. Hersteller können durch Systemupdates bekannte Sicherheitslücken aus Systemen entfernen und das Sicherheitsrisiko minimieren. Die Installation der neusten Updates stellt eine typische Härtungsmaßnahme für IT-Systeme dar und wird explizit im IT-Grundschutz des Bundesamts für Sicherheit in der Informationstechnik (BSI) erwähnt [Bund18a]. Besonders Systeme, die mit dem Internet in Verbindung stehen und dadurch regelmäßig mit Angriffen konfrontiert werden, profitieren von aktuellen Patches. Sowohl auf Android- als auch auf iOS-Systemen kann die aktuelle Betriebssystem-Version relativ simpel ausgelesen werden (vgl. [Appl18] und [Goog18]). Endanwendenden wird in der Regel freigestellt, ob sie neue Systemupdates für das verwendete Betriebssystem installieren möchten.

Das zweite betrachtete Sicherheitsrisiko steht in Verbindung mit aus- und eingehenden Verbindungen auf das überwachte System, im Speziellen auf Netzverkehr, der beim Besuchen von Websites entsteht. Die Protokolle, die dafür betrachtet werden müssen, sind *Hypertext Transfer Protocol* (HTTP) und die verschlüsselte Version *Hyper Text Transfer Protocol Secure* (HTTPS). Beide Protokolle sind zustandslos und werden genutzt, um Informationen mit einem Server, beispielsweise einem Webserver, auszutauschen. Die Gefahren, die beim Browsen im Internet existieren, sind zahlreich und stellen ein hohes Sicherheitsrisiko für die Endsysteme dar. Beispiele für Risiken, die beim Besuchen von Websites auftreten können, sind das Herunterladen von Schadsoftware, *Cross-Site-Scripting* (XSS) oder *Phishing*.

Für das vorliegende Szenario wird das Verhindern von *Phishing* priorisiert. Dabei werden Anwendende auf eine scheinbar legitime Website gelockt, um dort sensible Daten, wie beispielsweise Zugangsdaten, preiszugeben. Mit Hilfe eines Interceptors kann ein- und ausgehender Netzverkehr überprüft und manipuliert werden. Dabei werden ausgehende HTTP(S)-Pakete mittels eines Proxies an ein Interceptor-Programm geschickt, welches diese daraufhin analysiert, weiterleitet und resultierende Server-Antworten an den entsprechenden Prozess übergibt. Die Überprüfung der Pakete durch die Monitoring-App kann beliebig granular durchgeführt werden. Beispielsweise kann lediglich der Host-Header zur Identifizierung der aufgerufenen Website geprüft werden. Um unbekannte Phishing-Websites zu detektieren, kann jedoch auch der Inhalt der Pakete analysiert und mit typischen Angriffsmustern abgeglichen werden.

Neben den genannten Hauptfunktionalitäten der Applikation müssen noch weitere Anforderungen umgesetzt werden, um die Rahmenbedingungen aus Kapitel 2 zu erfüllen. Dementsprechend muss die Applikation über eine übersichtliche Oberfläche verfügen, die den Anwendenden angemessen informiert. Wichtig dabei ist, dass darüber informiert wird, welche Daten wie erhoben und verarbeitet werden. Es muss dem Anwendenden die Möglichkeit gegeben werden, im Voraus und in der Zukunft der Datenverarbeitung nicht zuzustimmen, sodass daraufhin keine Informationen auf dem System gesammelt werden. Ebenso muss das „Recht auf Löschung" umgesetzt werden können. Sollte dieses Recht wahrgenommen werden, müssen alle Daten auf dem Endsystem sowie auf dem Server vollständig entfernt werden. Als Vorbild kann die *informierte Einwilligung* zur Teilnahme an Forschungsprogrammen dienen [LaFe17]. Um dem Problem der Nutzung durch Minderjährige vorzubeugen, muss der Endanwender authentifiziert werden. Um weitere potentielle Fragen der Anwendenden zu beantworten, muss ein Bereich für Frequently asked questions (FAQ) eingerichtet werden. Zudem muss laut Artikel 13 der EU-DSGVO eine Kontaktmöglichkeit mit den Applikationsverantwortlichen zur Verfügung gestellt werden.

3.2 *Ethische Herausforderungen*

In diesem Abschnitt werden die aus der Umsetzung der beschriebenen Hauptfunktionalitäten, der Prüfung der Versionsnummer des Systems sowie der Überprüfung des Netzverkehrs, resultierenden ethischen Probleme erfasst. Dazu wird zunächst die erste Funktionalität betrachtet. Das Aktualisieren des Betriebssystems kann in der Regel mit vorhandenen Bordmitteln des Betriebssystems durchgeführt werden, sodass der dem Anwendenden entstehende Aufwand als minimal angesehen wird. Dennoch müssen Updates heruntergeladen werden. Dadurch entstehen eventuell Kosten, die vom Endanwendenden zu tragen sind.

Ein wesentlich größerer Nachteil entsteht dem Anwendenden jedoch, wenn das neueste Update Neuerungen mit sich bringt, die Funktionalität, Effizienz oder Design des Systems beeinflussen. Dementsprechend entsteht eine Anpassungsphase, in der Ressourcen zum Erlernen des Umgangs mit dem neuen System investiert werden müssen. Die Verfügbarkeit neuer Updates wird dem Anwendenden in der Regel mitgeteilt, sodass keine Zeit aufgewendet werden muss. Existiert diese Funktionalität jedoch nicht, so muss der Anwendende sich regelmäßig über neue Updates informieren, was ebenfalls den Verbrauch von Ressourcen erfordert. Dabei werden weniger technikaffine Anwendende gegebenenfalls von dieser Aufgabe überfordert, was zu ungewollten Stresssituationen führen kann.

Die Überwachung des Netzverkehrs kann ebenfalls Nachteile auf Anwendende haben. Es muss dabei in Betracht gezogen werden, dass die untersuchten Pakete sensitive Daten enthalten. Neben der Tatsache, dass extrahiert werden kann, welche Webseiten der Anwendende aufruft, können gegebenenfalls sensitive Informationen wie Zugangsdaten überwacht werden. Es entsteht die Angst, „verbotene" Webseiten zu besuchen oder dass eine dritte Partei den Browserverlauf sehen kann. Das Wissen, dass das gesamte individuelle Verhalten im Internet analysiert werden kann, führt dazu, dass Anwendende ihre persönliche Entfaltung einschränken.

Zusätzlich kann die Überprüfung der Inhalte die Geschwindigkeit der Kommunikation beeinflussen, was ebenfalls das Qualitätsempfinden während der Nutzung reduziert. Da unabhängig davon, welche Monitoring-Maßnahme umgesetzt wird, konstant ein zusätzlicher Prozess im Hintergrund läuft, ist von einer verkürzten Akkulaufzeit auszugehen. Bei einer serverseitigen Auswertung der Analyseergebnisse, kann es für den Betreiber sinnvoll erscheinen, diese Daten für die Ableitung von Sanktionen gegenüber Mitarbeitern zu nutzen. Dies wäre als massiver Nachteil für den Anwender zu werten. Aber auch wenn keine bestrafenden Maßnahmen für Sicherheitsverstöße durchgeführt werden, kann das bloße Wissen, dass eine dritte Partei vom eigenen Fehlverhalten weiß, als negativ empfunden werden. Die Möglichkeit, durch Analyse des Datenbestandes einzelne Items individuellen Endnutzern auch dann zuzuordnen, wenn keine identifizierbaren Daten verarbeitet werden, muss bei der Konzeption der Datenhaltung berücksichtigt werden.

So existieren Deanonymisierungs-Algorithmen, die selbst bei geringem Vorwissen über eine Zielperson, den entsprechenden Datensatz innerhalb einer anonymisierten Datenbank identifizieren können [NaSh08]. Die Einschätzung des Schadens, der durch eine Monitoring-App individuell entsteht, ist subjektiv. Je nach technischer Auslegung kann die Überprüfung und etwaige serverseitige Verarbeitung sensibler Daten unterschiedliche persönliche, für den

Betreiber aber auch rechtliche Folgen haben. Es kann daher sinnvoll sein, die Nutzung der App freiwillig zu gestalten und sie nur dann zu aktivieren, wenn durch eine hohe Teilnahme auch ein entsprechender „Herdenschutz“ erreicht wird. Der Problematik unterschiedlicher subjektiver Schadensbewertungen wird zum Beispiel bei wissenschaftlichen Studien mit Probanden mit dem Einholen einer freiwilligeninformierten Einwilligung begegnet [LaFe17]. Um eine versehentliche – und für den Betreiber illegale – Nutzung durch nicht einwilligungsfähige Personen (wie zum Beispiel Minderjährige) zu verhindern, muss zudem die Identität verifiziert werden, beispielweise durch ein individuelles Passwort oder Anmeldung im Firmennetzwerk [NoBa02].

3.3 Mögliche Umsetzung

Die primäre Aufgabe der Monitoring-Applikation ist die Umsetzung der Funktionalitäten unter Berücksichtigung der datenschutzrechtlichen und technischen Voraussetzungen bei einer Minimierung des potentiell dem Endanwendenden entstehenden Leids. Die Verarbeitung der Informationen erfolgt schon von der Anwendung aus nach dem Prinzip der Datenminimierung, also der Reduzierung der erhobenen Daten auf das nötige Minimum [Euro16]. Dies lässt sich bei der Überprüfung der Betriebssystemversion leicht umsetzen, da hier lediglich ein einziger Datensatz benötigt wird.

Im Kontrast dazu kann die Analyse des Netzverkehrs eine Vielzahl an Parametern erfordern. Die Menge an zu verarbeitenden Datensätzen ergibt sich aus der Granularität, mit der die Kommunikation untersucht werden soll. Ein Beispiel für eine Analysemethode, die die erhobenen Daten minimalisiert, ist das Blacklisting von bestimmten IPs bzw. Domains. Um diese zu prüfen, wird lediglich der HTTP-Host-Header benötigt, der gegen eine Liste abgeglichen wird. Diese Maßnahme stützt sich dabei auf reputationsbasierte Listen von IPs, die in der Vergangenheit durch Spam oder Hackerangriffe aufgefallen sind. Diese Technik birgt jedoch eine hohe Gefahr für False-Positives bzw. False-Negatives [SiBa08]. Dementsprechend ist davon auszugehen, dass potentielle Angriffe nicht identifiziert oder legitime Anfragen durch eine Blacklist geblockt werden könnten. Um eine größere Abdeckung potentieller Sicherheitsrisiken zu erreichen, müssten sämtliche HTTP-Header und der Inhalt der Pakete überprüft werden. Dadurch entsteht eine hohe Anzahl an Datensätzen. Um dem Prinzip der Datenminimierung zu entsprechen, müssen im Vorfeld Sicherheitslücken und Angriffsvektoren definiert werden, sodass explizit nur Daten verarbeitet werden, die für die Erkennung notwendig sind.

Eine weitere Schwierigkeit ist die Analyse von verschlüsseltem HTTPS-Verkehr. Um Inhalte der Pakete lesen zu können, muss die Verschlüsselung aufgehoben werden. Dies ist möglich, indem man mit dem Interceptor ein eigenes Zertifikat zur Verfügung stellt. Befinden sich jedoch Schutzmechanismen wie *HTTP Public Key Pinning* (HPKP) im Einsatz, benötigt die Monitoring-Applikation gegebenenfalls Root-Rechte um diese Sicherheitsfeatures zu deaktivieren. Die Analyse von HTTPS kann daher nur beschränkt durchgeführt werden, ohne starke Auswirkungen auf den Endanwendenden zu haben und sollte sich daher auf die Ziel-IP beschränken.

Zudem muss der Anwendende die Möglichkeit haben, in einen "privaten Modus" zu wechseln, bei dem ein- und ausgehender Netzverkehr nicht überwacht wird. Die Auswertung der erhobenen Daten sollte auf dem Endgerät selber stattfinden. Dies verhindert, dass sensible Daten an den Analyseserver verschickt werden. Hierfür müssen periodisch Updates für die Monitoring-App zur Verfügung gestellt werden, um die Liste der neusten Versionsnummern, verbotenen Websites und Angriffspattern zu aktualisieren. Die Updates sollten nur nach manuellem Bestätigen heruntergeladen werden, um keine unnötigen Kosten zu verursachen. Die Kommunikation mit dem Server sollte immer über einen Proxyserver oder einen Loadbalancer erfolgen, um die IP-Adresse des Endanwendenden zu verschleiern [LaFe17]. Die Kommunikation muss verschlüsselt erfolgen. Hierfür eignet sich beispielsweise HTTPS als Transportprotokoll. Wichtig dabei ist, dass bei der Verschlüsselung und Authentifizierung kryptografische Verfahren verwendet werden, die dem aktuellen Stand der Technik entsprechen und vom BSI als sicher eingestuft werden [Bund18b].

Sobald eine Schwachstelle identifiziert wurde, muss diese dem Nutzer oder der Nutzerin mitgeteilt werden, damit dieser sofort Gegenmaßnahmen einleiten kann. Diese müssen leicht verständlich, klar formuliert und auf die entsprechende Schwachstelle zugeschnitten sein. Gleichzeitig darf die Formulierung keine Stresszustände beim Anwendenden auslösen, sondern lediglich Lösungsansätze bieten. Anschließend muss der Analyseserver kontaktiert werden und über das Sicherheitsrisiko in Kenntnis gesetzt werden. Die Informationen, die der Server erhält, sollten ebenfalls minimal gehalten werden. So würde die Übertragung eines Codes zur Identifizierung der gefundenen Schwachstelle reichen, um den Betreiber in Kenntnis zu setzen. Dadurch wird die Netzlast klein gehalten und keinerlei identifizierende Informationen versendet.

Die serverseitige Auswertung der Vorfälle sollte, um Rückschlüsse auf Endanwendende zu verhindern, keine oder nur wenig Angaben über die Anzahl der betroffenen Geräte anzeigen. Dementsprechend sollte bei einem Vorfall der Betreiber des Systems in Kenntnis gesetzt werden, jedoch keine quantitativen Angaben über die betroffenen Systeme erhalten.

4 Diskussion

Die Konzeption der Monitoring-App unter Berücksichtigung von ethischen Gesichtspunkten gestaltet sich als komplexes Problem. Besonders die Definition von ethischen Voraussetzungen an die Applikation stellte sich als Herausforderung dar. Dies liegt unter anderem daran, dass ethische Probleme schwer quantifizierbar sind und dementsprechend keine endgültigen Aussagen getroffen werden können.

Die Anforderungen an eine Monitoring-App werden primär durch das vorliegende Einsatzszenario geprägt. Das gewählte Szenario dieser Ausarbeitung stellt eine typische Aufgabe für Monitoring-Apps mit Fokus auf IT-Sicherheit dar und kann deswegen auf ähnliche Umstände angepasst werden. Dennoch lassen sich leicht Szenarien entwickeln, für die die ermittelten Lösungsansätze gänzlich unpassend sind. Ein Beispiel dafür sind Hochsicherheitssysteme, in denen der Schutz der Infrastruktur oder der Daten eine so hohe Priorität besitzt, dass eine ethische Bewertung immer zugunsten von mehr Sicherheit ausfallen wird.

Bisherige Untersuchungen von Monitoring-Apps unter ethischen Gesichtspunkten befassen sich primär mit der Überwachung der Leistung der einzelnen Mitarbeitenden zur Steigerung der Produktivität. Zudem stellen sich viele Literaturquellen, die ethische Aspekte technischer Überwachung untersuchen, als veraltet oder technisch fehlerhaft heraus. Die datenschutzrechtlichen Voraussetzungen dagegen sind durch nationale und internationale Verordnungen und Richtlinien beschrieben. Jedoch werden in diesem Zusammenhang, aufgrund des ständigen technischen Fortschrittes, häufig unpräzise Aussagen genutzt anstatt konkrete Maßnahmen zu definieren. Dadurch müssen bei der Konzeption einer Applikation immer

Nachforschungen zum derzeitigen Stand der Technik angestellt werden, um wirkungsvolle Maßnahmen zum Datenschutz umsetzen zu können.
Das Vorhaben, eine Monitoring-App zu entwerfen, ist dementsprechend mit hohem konzeptionellen Aufwand verbunden und erfordert Kenntnisse über aktuelle technische sowie rechtliche Voraussetzungen. Der Einsatz von Monitoring darf in diesem Zusammenhang nicht als universelle Lösung für alle Sicherheitsrisiken betrachtet werden. Angriffe werden meist zu spät identifiziert oder können nicht von der Monitoring-Instanz unterbunden werden. In der Praxis ist das Ziel von Monitoring häufig die Protokollierung von Unregelmäßigkeiten für eine anschließende Untersuchung und das Ableiten von weiteren Verteidigungsmechanismen. Dementsprechend stellt die Überwachung neben organisatorischen und weiteren technischen Maßnahmen nur einen Teil einer Defense-in-Depth-Strategie dar und ist auch nur in diesem Kontext wirklich wirkungsvoll [KuFa06].

5 Fazit

Der Einsatz einer Monitoring-App für unternehmenseigene IT-Sicherheit kann einen wirkungsvollen Beitrag zur IT-Sicherheitsstrategie darstellen. Um die für eine hohe Wirksamkeit notwendige hohe Compliance bei den Endanwendern zu erreichen, müssen ethische Aspekte berücksichtigt werden. Da dies spezifische technische Lösungen erfordert, ist es effizient, sie bereits während der App-Entwicklung zu berücksichtigen. Dieser „Ethical-by-Design"-Ansatz schützt auch wirkungsvoll vor Vertrauensbrüchen durch individuelles Fehlverhalten - was für Entwickler und Betreiber solcher Apps ein wesentlicher Qualitätsaspekt sein sollte. Die Grenzen der Anwendung von Monitoring-Apps liegen in der Wirtschaftlichkeit und Legalität. Wirtschaftlich ist Monitoring dann, wenn der verhinderte Schaden mit dem Aufwand in einem günstigen Verhältnis steht. Je höher die Compliance der Endanwender ist, desto wirksamer schützt Monitoring von Endgeräten. Wenn jedoch das angestrebte Schutzniveau zu sehr in individuelles Wohlbefinden der Mitarbeiter eingreifen muss, können sich potentielle Betreiber frühzeitig für andere Sicherheitsmaßnahmen entscheiden.
Dieser Beitrag füllt aus unserer Sicht eine Lücke zwischen technischen und ethischen Disziplinen. Bisherige Veröffentlichungen nahmen oft die technische oder die ethische Perspektive ein. Beides ist mit Nachteilen verbunden: So orientieren sich erstere nur am technisch machbaren und ignorieren die Frage, ob man das technisch Machbare auch umsetzen sollte. Ethisch fokussierte Veröffentlichungen zu IT-Themen spiegeln dagegen oft fehlende oder inzwischen technisch überholte Sachkenntnis wider. Beides führt zu Ergebnissen, die in der Praxis ignoriert werden (oder ignoriert werden sollten). Mit diesem Beitrag wurde eine Lösungsidee vorgestellt, die beide Sichtweisen integriert.

Literaturverzeichnis

[Appl18] Apple Inc.: systemVersion - UIDevice, 2018, https://developer.apple.com/ documentation/uikit/uidevice/1620043-systemversion. Abruf am 30.12.2018

[BeMü01] Bergmann, K. C., Mühlig, S. und Petermann, F.: Ethische Probleme der elektronischen Compliance-Messung bei Asthmapatienten. In: Pneumologie, Stuttgart, 2001.

[BrJø15] Bromander, S., Jøsang, A. und Eian, M.: Semantic Cyberthread Modelling. In: STIDS, 2015.

[Bund17] Bundeskriminalamt: BLB Cybercrime 2017. 2018, https://www.bka.de/SharedDocs/Downloads/DE/Publikationen/JahresberichteUndLagebilder/Cybercrime/cybercrimeBundeslagebild2017.pdf. Abruf am 19.12.2018

[Bund18a] Bundesamt für Sicherheit in der Informationstechnik: IT-Grundschutz, M 2.273 Zeitnahes Einspielen sicherheitsrelevanter Patches und Updates, 2014, https://www.bsi.bund.de/DE/Themen/ITGrundschutz/ITGrundschutzKataloge/Inhalt/_content/m/m02/m02273.html. Abruf am 30.12.2018

[Bund18b] Bundesamt für Sicherheit in der Informationstechnik: Kryptographische Verfahren: Empfehlungen und Schlüssellängen, 2018, https://www.bsi.bund.de/SharedDocs/Downloads/DE/BSI/Publikationen/Technische-Richtlinien/TR02102/BSI-TR-02102.pdf?__blob=publicationFile&v=8. Abruf am 05.01.2018

[Char02] Charters, D.: Electronic Monitoring and Privacy Issues in Business-Marketing: The Ethics of the DoubleClick Experience. In: Journal of business ethics, 2002.

[Esay15] Esayas S.: The role of anonymisation and pseudonymisation under the EU data privacy rules: beyond the 'all or nothing' approach. In: European Journal of Law and Technology, 2015.

[Euro16] Europäisches Parlament: VERORDNUNG (EU) 2016/ 679 DES EUROPÄISCHEN PARLAMENTS UND DES RATES – vom 27. April 2016 - zum Schutz natürlicher Personen bei der Verarbeitung personenbezogener Daten, zum freien Datenverkehr und zur Aufhebung der Richtlinie 95/ 46/ EG (Datenschutz-Grundverordnung), 2016, https://eur-lex.europa.eu/legal-content/DE/TXT/PDF/?uri=CELEX:32016R0679. Abruf am 22.12.2018

[GeMa06] Gee, D., MacGarvin, M., Stirling, A., Keys, J., Wynne, B. und Vaz, S. G.: Late lessons from early warnings: the precautionary principle. European Environment Agency, Kopenhagen, 2006.

[Goog18] Google Inc.: Build.VERSION, 2018, https://developer.android.com/reference/android/os/Build.VERSION. Abruf am 30.12.2018

[Höff13] Höffe, O.: in Einführung in die utilitaristische Ethik. UTB, Tübingen, 2013

[Hübn18] Hübner, D.: Einführung in die philosophische Ethik. UTB, Göttingen, 2018

[KuFa06] Kuipers, D., & Fabro, M.: Control systems cyber security: Defense in depth strategies, Idaho National Laboratory, 2006.

[LaFe17] Lazar, J., Feng, J. H. und Hochheiser, H.: Research Methods in Human-Computer Interaction. Elsevier, Cambridge, 2017.

[Moin11] Moiny, J.-P.: Are Internet protocol addresses personal data? The fight against online copyright infringement. In: Computer Law & Security Review, 2011.

[Morr12] Morrow, B.: BYOD security challenges: control and protect your most sensitive data. In: Network Security, 2012.

[MuGo10] Munassar, N. M. A. und Govardhan, A.: A comparison between five models of software engineering. In: International Journal of Computer Science Issues, 2010.

[NaSh08] Narayanan, A. und Shmatikov, V.: Robust de-anonymization of large sparse datasets. In: ieee symposium on security and privacy, 2008.

[NePe03] Neundorf, D. und Petersen, H.: Information Security Management - Vom Prozess zur Umsetzung. In: Datenschutz und Datensicherheit, 2003.

[NiJo11] Nimtz, C. und Jordan, S.: Lexikon Philosophie -Hundert Grundbegriffe. Reclam, Göttingen, 2011.

[NoBa02] Nosek, B. A., Banaji, M. R. und Greenwald, A. G.: E-research: Ethics, security, design, and control in psychological research on the Internet. In: Journal of Social Issues, 2002.

[PeCh16] Peng, J., Cho, K. K. R. und Ashman, H.: User profiling in intrusion detection: A review. In: Journal of Network and Computer Applications, 2016.

[Pede19] Pedersen, T.: Hinweis auf die Attacke im Norsk-Hydro-Hauptquartier. 2019, http://www.spiegel.de/netzwelt/netzpolitik/bild-1258627-1408085.html. Abruf am 20.03.2019

[SaSa98] Salter, C., Saydjari, O. S., Schneier, B. und Wallner, J.: Toward a secure systems engineering methodology. In: Proceedings of the 1998 workshop on New security paradigms, 1998.

[Shar97] Sharpe, V. A.: Why "do no harm"?. In: Theoretical medicine, 1997

[ShCo15] Shillair, R., Cotten, S. R., Tsai, H. Y. S., Alhabash, S., LaRose, R. und Rifon, N. J.: Online Safety begins with you and me: Convincing internet users to protect themselves. In: Computers in Human Behavior Vol. 48, 2015.

[SiBa08] Sinha, S., Bailey, M. und Jahanian, F.: Shades of Grey: On the effectiveness of reputation-based "blacklists". In: 3rd International Conference on Malicious and Unwanted Software, 2008.

[Smit05] Smith, C. M.: Origin and Uses of Primum Non Nocere—Above All, Do No Harm!. In: The Journal of Clinical Pharmacology, 2005.

[ViKe98] Vigna, G. und Kemmerer, R. A.: NetSTAT: A Networkbased Intrusion Detection Approach. In: Proceedings 14th Annual Computer Security Applications Conference (Cat. No. 98EX217), 1998.

Kontakt

Florian Moll, Klemens Köhler, Prof. Dr.-Ing. Martin R. Wolf
FH Aachen
Eupener Straße 70, 52066 Aachen
florian.moll@alumni.fh-aachen.de
k.koehler@fh-aachen.de.
m.wolf@fh-aachen.de

Anwendungsfälle

Akzeptanzanalyse eines Voice User Interfaces im industriellen Umfeld

Stephan Jacobs, Julian Kleeff

Zusammenfassung

Siri und Alexa haben Voice User Interfaces (VUI) in den letzten Jahren einer breiten Öffentlichkeit bekannt gemacht. Dabei sind die meisten Anwendungen bislang eher privater, oft spielerischer Natur. Diese Arbeit geht der Frage nach, ob ein VUI auch im industriellen Einsatz akzeptiert wird. Dazu wird für ein konkretes Szenario nach Vorgaben der Anwender ein VUI basierend auf Alexa entwickelt. Anschließend wird eine Akzeptanzanalyse entsprechend des Technology Acceptance Models 2 (TAM2) durchgeführt. Die Analyse zeigt, dass die wesentlichen Einflussgrößen für VUIs im untersuchten Umfeld die Output-Qualität und das Sprachverständnis (TAM2 Faktor Nachweisbarkeit) sind. Darüber hinaus wird Datenschutz/Datensicherheit als zusätzlicher, nicht in TAM2 verwendeter Faktor, identifiziert.

1 Einleitung

Ob Apple Siri, Google Home, oder Amazon Alexa, immer mehr digitale Sprachassistenten halten weltweit Einzug in private Haushalte. So prognostiziert Gartner, dass bis 2020 75% der Haushalte einen digitalen Sprachassistenten nutzen werden [Gart16]. Derzeit werden Sprachassistenten laut einer Umfrage von Statista [StNo17] vorwiegend zur Informationsgewinnung aus Suchmaschinen, Erstellung von Kalendereinträgen oder für das Abrufen von Wetterinformationen genutzt.

Diese Arbeit geht der Frage nach, inwieweit ein solches Voice User Interface (VUI) in der beruflichen Welt akzeptiert wird und wodurch diese Akzeptanz beeinflusst wird. Da das berufliche Umfeld einen weiten Bereich mit unterschiedlichsten Anforderungen darstellt, beschränkt sich diese Arbeit auf das industrielle, produzierende Umfeld. Im konkreten Szenario werden mit Hilfe von Sensoren Kennzahlen in der maschinellen Produktion erfasst. Diese Daten werden fortlaufend auf einen Server in der Cloud geschrieben. Bislang greift der Nutzer auf diese Daten mit Hilfe eines Computers oder eines Smartphones über ein Graphical User Interface (GUI) zu. In dem untersuchten Szenario wird davon ausgegangen, dass z. B. der Schichtleiter auf dem Weg zur Arbeit im Auto das GUI nicht bedienen kann. Er erhält die Möglichkeit mit Hilfe eines VUIs, die Kennzahlen abzurufen und sich „vorlesen“ zu lassen.

Es stellt sich die Frage, ob ein solches Szenario von den Anwendern akzeptiert wird und welche Faktoren für die Akzeptanz verantwortlich sind. Die Untersuchung identifiziert mit Hilfe des Technology Acceptance Models 2 (TAM2) [VeDa00] die wesentlichen Akzeptanzfaktoren. Anschließend wird ein Prototyp anhand der zuvor identifizierten Faktoren evaluiert.

2 Voice User Interfaces

VUIs gibt es schon seit den 50er Jahren [Pino11]. Aber abgesehen von Spracherkennung über Telefon (z. B. in Call-Centern) wurde die Technologie erst in den letzten Jahren mit dem Aufkommen von Siri, Alexa und weiteren Sprachassistenten einer breiten Öffentlichkeit bekannt [Clif17]. Unter anderem eine freihändige Bedienung [Pear17], eine höhere Eingabegeschwindigkeit [Rua++18] und eine größere Empathie [Pear17] sind Argumente für die Benutzung eines VUIs. Herausforderungen bei der Entwicklung von VUIs sind dagegen eine mögliche Einschränkung der Privatsphäre [Pear17] und eine subjektive Unbehaglichkeit bei der Benutzung. Die meisten Menschen sind es (noch) nicht gewohnt, mit einer Maschine zu sprechen [Pear17].

2.1 Entwicklung von Voice User Interfaces

Beim Design von VUIs sind bestimmte Eigenschaften von Sprache zu beachten: Sprache ist eindimensional, d. h. das Ohr muss „warten" bis die richtige Information gesprochen wird [ScLy06]. Sprache ist sowohl für Menschen als auch für Computer nicht 100% perfekt zu verstehen. Hinzukommen Dialekte und persönliche Abwandlungen in der Formulierung [ScLy06]. Sprache ist asymmetrisch, d. h. Menschen sind in der Lage, schneller zu sprechen als auf einer Tastatur zu tippen. Umgekehrt können sie schneller lesen als zuhören [Sun98].

Diese Aspekte von Sprache führen zu unterschiedlichen Entwicklungsprinzipien von VUIs. Hierzu gehört eine Minimierung der kognitiven Belastung, d. h. es sollen möglichst konstante, universell einsetzbare Spracheingaben verwendet werden. Die Kommunikation mit einem VUI ist daher häufig monoton [CGBa04].

Eine hohe Erkennungsgenauigkeit der gesprochenen Befehle ist ein Kernelement eines gut funktionierenden Voice User Interfaces. Die Spracherkennungsgenauigkeit gibt dabei die Anzahl an richtig ausgeführten Aktionen nach einem Sprachbefehl des Benutzers an [WLKA97].

Im Gegensatz zu grafischen Oberflächen haben Benutzer einer Sprachschnittstelle nicht die Möglichkeit, Informationen per Mausklick zu entfernen. Daher sollte es möglich sein, durch einen Befehl Sprachausgaben stoppen zu können [Pear17].

2.2 Akzeptanz von Voice User Interfaces

Im Vergleich zu GUIs gibt es bislang verhältnismäßig wenig Studien zur Akzeptanz von VUIs. Ältere Studien konzentrieren sich naturgemäß auf Telefonapplikationen (z. B. der Bahn oder der Postbank). [PBHe04]. Die Studie nach [Bopp18] stellt die private Nutzung von Alexa in den Fokus. Die Probanden führen ein Tagebuch, das zur anschließenden Auswertung verwendet wird. Für 42% der Teilnehmer erfüllen sich die Erwartungen nicht oder nur zum Teil. Das Benutzererlebnis steigt mit der Qualität und Quantität von Hilfestellungen (Guidance).

Die Möglichkeiten neuer Sprachassistenten (Amazon Echo, Google Home) für die Unterstützung von Senioren wird in [HSMD18] untersucht. Eine in dieser Untersuchung festgestellte Herausforderung ist die fehlende Erfahrung von Senioren mit entsprechenden Geräten.

Die Studie von [SOWy18] untersucht die Benutzung von Geo-Informationssystemen mit Hilfe von VUIs. Obwohl das VUI als attraktiver bzw. origineller wahrgenommen wird, erhöht sich die pragmatische Qualität bzw. Usability nicht deutlich.

[Obin19] untersucht, in wie weit das Geschlecht des Sprachassistenten – weibliche oder männliche Stimme – bei der Akzeptanz eine Rolle spielt. Ein identifizierter Faktor ist, dass ein Sprachassistent eine freundliche, angenehme Stimme haben sollte, um die Benutzerakzeptanz zu erhöhen.

[PVG*13] konzentrieren sich in ihrer Untersuchung auf ältere Personen. Es wird der Frage nachgegangen, inwieweit Sprachassistenten eine Unterstützung im Alltag älterer Menschen darstellen können und unter welchen Umständen ein Sprachassistent akzeptiert wird. Ein wesentlicher Punkt für die Akzeptanz ist, Kontrolle (zurück) zu gewinnen. Umgekehrt darf der Sprachassistent nicht zu einer (weiteren) Isolierung führen.

Insgesamt kann festgestellt werden, dass es bislang erst wenige Studien zur Akzeptanz moderner Sprachassistenten wie Alexa und Siri gibt.

3 Aufbau und Ablauf der Untersuchung

Diese Arbeit untersucht, ob ein auf Alexa basierender Sprachassistent in dem oben skizzierten Szenario akzeptiert wird und was die Kriterien für diese Akzeptanz sind. Die Untersuchung wird anhand des Technology Acceptance Models 2 (TAM2) durchgeführt [VeDa00]. Als Forschungsmethode dienen dabei Experteninterviews. Auf die Ergebnisse der Interviews wird anschließend die evaluative qualitative Inhaltsanalyse nach [Mayr00] durchgeführt. Die Durchführung und die Ergebnisse sind detailliert in [Klee19] dargestellt.

3.1 Auswahl der Probanden

Zur Durchführung der Untersuchung stehen sechs Probanden zur Verfügung. Alle Probanden sind Experten in der Produktion. Alle Experten nutzen regelmäßig eine GUI-basierte Version der Systems, das System ist den Experten also bekannt. In der Analyse können sie sich alleine auf das neue VUI konzentrieren. Die Probanden kommen aus unterschiedlichen Branchen. Die kleine Anzahl an Probanden ermöglicht es, mit jedem zwei ausführliche Experteninterviews durchzuführen.

3.2 Entwicklung eines Prototyps

Das derzeitige System besteht aus Sensoren, die Produktionsmaschinen überwachen. Die Daten der Sensoren werden in kurzen Abständen in die Cloud geladen. Mit Hilfe der Daten werden einzelne Kennzahlen wie Stückzahl, Verfügbarkeit der Maschinen, Leistungsgrad oder Qualitätsgrad berechnet. Diese Daten können visualisiert und mit Hilfe eines Laptops oder eines Smartphones vom Experten abgerufen werden. Der Experte ist so in der Lage, auch wenn er nicht vor Ort ist, diese Kennzahlen zu überwachen. Häufig werden die Kennzahlen morgens vor der Arbeit abgerufen, um schon vor Arbeitsbeginn zu wissen, ob z. B. Probleme vorliegen.

Der Prototyp ergänzt jetzt das GUI um ein Alexa-basiertes VUI. Um die Anforderungen an den Prototypen festzustellen, wird mit jedem Experten ein erstes Interview durchgeführt. Ziel dieses Interviews ist es, herauszufinden, welche Abfragen an das System für die Experten am relevantesten sind. Insgesamt werden 22 Abfragen wie *„Ausgabe der OEE Variablen gestern"* oder *„Monatsbericht"* oder *„OEE-Faktoren in Schicht implementiert"*.

Das heißt, es wird ein *Alexa-Skill* entwickelt [Amaz18]. Dieser Skill enthält ein *Interaktionsmodell* mit 22 sogenannten *Intents*. Jedes dieser Intents kann durch verschiedene Spracheingaben aufgerufen werden, d. h. es gibt für jeden Intent mehrere Formulierungen (*Ut-*

terances), mit denen der Intent angestoßen werden kann. Der Intent startet ein Skript, welches dann auf obige Daten in der Cloud zugreift. Das Ergebnis der Datenanfrage wird anschließend in Sprache umgewandelt. Dieser Vorgang ist bei einfachen Antworten (z. B. *„sieben"* oder *„sieben Stück"*) einfach, wird aber bei komplexen Anfragen (z. B. *„Monatsbericht"*) eine Herausforderung.

3.3 Technology Acceptance Model 2 (TAM2)

Zur Untersuchung wird das Technology Acceptance Model 2 (TAM2) nach [VeDa00] verwendet. Das Modell basiert auf der Überlegung, dass die Akzeptanz von Technologie durch den *Wahrgenommenen Nutzen* und durch die *Wahrgenommene Benutzerfreundlichkeit* beeinflusst wird. Diese hängen wiederum von mehreren externen Faktoren ab (siehe Abbildung 1)

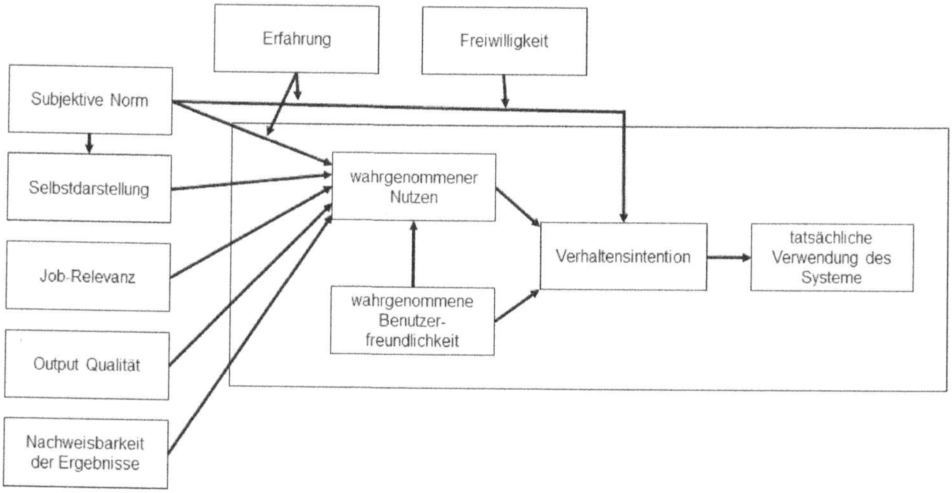

Abbildung 1: Technology Acceptance Model 2 [VeDa00]

Aufbauend auf TAM2 wird ein Interviewleitfaden entwickelt. Dabei werden die externen Kategorien (z. B. *Subjektive Norm*) für die Auswertung der Interviews operationalisiert. Diese Operationalisierungsregeln sind notwendig, um bei thematisch verwandten Kategorien die richtige Zuordnung zu einer Kategorie gewährleisten zu können. In Tabelle 1 sind die einzelnen Regeln aufgelistet.

Die ersten fünf Kategorien ergeben sich dabei direkt aus TAM2. Die Erstellung der Regel erfolgt auf der Basis der Ergebnisse des Interviews. Umgekehrt sind die Fragen des Interviews so gestaltet, dass die jeweiligen Kategorien berücksichtigt werden.

Eine weitere Kategorie, *Datenschutz/Datensicherheit,* wird neben den TAM2-Kategorien hinzugefügt. Dies ist deshalb notwendig, da in den Interviews häufig von Datenschutz bzw. Datensicherheit die Rede ist, diese Aussagen aber keiner der bestehenden Kategorien zugeordnet werden können.

Ein typisches Kennzeichen der qualitativen evaluativen Inhaltsanalyse ist die skalierende Strukturierung der Daten auf einer meist ordinalen Skala [Mayr2000]. Aufgrund dessen wird eine Skala „Wertung" definiert und jede Aussage der Experten auf dieser Skala eingeordnet. Um die Einordnung vornehmen zu können, werden die folgenden vier Skalenwerte gebildet:

- Explizite Ablehnung durch Interviewpartner (-1)
- Nichtnennung durch Interviewpartner (0)

- Nennung durch Interviewpartner (+1)
- Nennung durch Interviewpartner mit Vermerk hinsichtlich der Bedeutsamkeit (+2)

Kategorie	Operationalisierungsregel
Subjektive Norm	Aussagen über die Verwendung von Voice User Interfaces im sozialen Umfeld der Experten
Image	Aussagen über den bisherigen Gesamteindruck von Voice User Interfaces
Job-Relevanz	Aussagen über Anwendungsbeispiele im industriellen Umfeld
Output Qualität	Aussagen über Faktoren, die die Qualität der Antworten der Voice User Interfaces beeinflussen
Nachweisbarkeit der Ergebnisse	Aussagen über Faktoren, die das Arbeitsergebnis beeinflussen
Datenschutz/Datensicherheit	Aussagen über den Datenschutz oder die Datensicherheit

Tabelle 1: Operationalisierungsregeln der qualitativen Inhaltsanalyse

3.4 Durchführung und Auswertung der Interviews

Für das zweite Interview wird ein Interviewleitfaden vorbereitet, der einerseits so aufgebaut ist, dass er die Kategorien von TAM2 berücksichtig, andererseits aber auch Fragen enthält, die sehr offen beantwortet werden können. (Beispiel: *„Was für allgemeine Kompetenzen sollte ein Voice User Interface / Sprachsteuerung für Sie mitbringen?“*). Die Antworten auf diese offenen Fragen führen nachher zu der neuen Kategorie Datenschutz/ Datensicherheit. Experteninterviews werden jeweils mit einem Sprachrekorder aufgenommen und anschließend transkribiert. Dabei werden die konkreten Aussagen der Experten generalisiert, einer Kategorie zugeordnet und mit einer Wertung (s. o.) versehen. In der folgenden Tabelle ist eine solche Einordnung einer Aussage dargestellt. Die Generalisierung vereinfacht dabei einerseits die Zuordnung zu einer Kategorie und hilft andererseits, die einzelnen Aussagen gegeneinander abzugrenzen.

Kategorie	Aussage	Generalisierung	Wertung
Output-Qualität	„die Antwortqualität hat natürlich noch eine hohe Bedeutung“	Die Antwortqualität ist ein grundlegender Aspekt, um die Output-Qualität zu erhöhen.	+2

Tabelle 2: Traskription und Generalisierung einer Aussage aus einem Interview

4 Auswertung der Untersuchung

Mithilfe der evaluativen qualitativen Inhaltsanalyse werden die Aussagen der Experten ausgewertet und analysiert. Nach dieser Analyse können 91 relevante Aussagen aus den Interviews extrahiert und den Kategorien zugeordnet werden (siehe Abbildung 2).
Wie in Abbildung 2 zu sehen ist, können die Aussagen der Experten nicht gleichmäßig den Kategorien zugeordnet werden. Dies lässt darauf schließen, dass die unterschiedlichen Kategorien einen unterschiedlichen Einfluss in Bezug auf die Akzeptanz haben. Auch lässt sich anhand der Skala-Wertung erkennen, dass nicht jede Aussage der Experten einen positiven Bezug zur Akzeptanz hat und einige Aussagen ablehnend sind. Es fällt auf, dass die ersten beiden Kategorien (Subjektive Norm, Image) deutlich weniger häufig genannt werden als die anderen vier. Während bei den Kategorien Job-Relevanz, Output Qualität und Nachweisbarkeit der Ergebnisse die Anzahl der Nennungen einigermaßen mit der ku-

mulierten Bewertung korreliert, fällt bei der Kategorie Datenschutz auf, dass bei 17 Nennungen die kumulierte Bewertung bei -1 liegt.

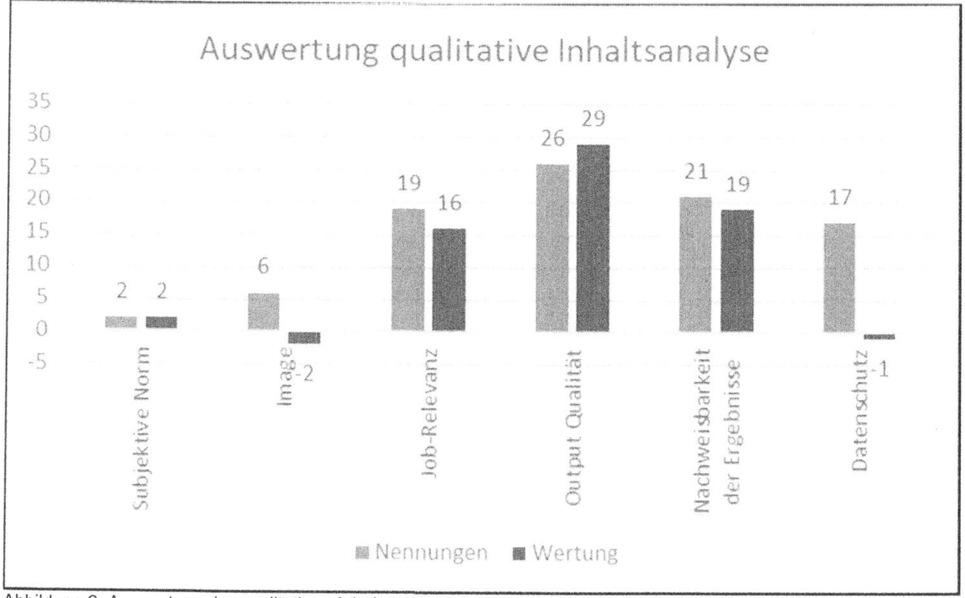

Abbildung 2: Auswertung der qualitativen Inhaltsanalyse

Im Folgenden wird das Ergebnis der vier am häufigsten erwähnten Kategorien detaillierter zusammengefasst.

4.1 Job-Relevanz

Die Kategorie Job-Relevanz besteht nach der Analyse aus 19 Aussagen und erhält eine kumulierte Wertung von 16. Die positive Wertung hängt mit den Einsatzmöglichkeiten von Voice User Interfaces in industrieller Umgebung zusammen.
So wird von den Experten erwähnt, dass ein VUI Besprechungen, beispielsweise über die Produktion, nützlich ergänzen könnte. So ließen sich auch in Bezug auf die Kennzahlen fehlende Informationen, die im Gespräch aufkommen, durch ein VUI schnell und einfach einholen.
Ein anderes mögliches Szenario, das sich positiv auf die Job-Relevanz auswirkt, ist, dass ein VUI auch während der Autofahrt benutzt werden kann. So lässt sich die Zeit im Auto sinnvoll nutzen, um sich über den aktuellen Stand der Produktion zu informieren.
Allgemein stellte sich auch heraus, dass die einfache Benutzung einen positiven Einfluss auf die Akzeptanz hat. Durch ein VUI entfällt der Weg zum Computer, wodurch Zeit für andere Aktivitäten frei wird. Dies setze aber, voraus, dass das VUI mobil ist und durch ein Smartphone aktiviert werden kann.
Dennoch wird auch von den Experten erwähnt, dass es Szenarien gibt, bei denen ein Graphical User Interface gegenüber dem VUI zu bevorzugen ist. So können durch ein VUI keine aufwendigen Grafiken, die oftmals in der Produktion zur Auswertung verwendet werden, über eine Sprachausgabe detailtreu ausgegeben werden.

4.2 Output-Qualität

Der Kategorie Output-Qualität können 26 Aussagen der Experten zugeordnet werden. Die kumulierte Bewertung dieser Aussagen liegt bei 29. In Abbildung 2 wird deutlich, dass diese Kategorie in der Quantität und in der Wertung der Aussagen die höchsten Werte erzielt. In einer Vielzahl der Expertenaussagen ist eine große Übereinstimmung hinsichtlich der beeinflussenden Faktoren der Output-Qualität festzustellen.

So erwähnen alle Experten unabhängig voneinander, dass das VUI in erster Linie die gestellte Frage durch eine richtige Aussage beantworten soll. Des Weiteren wird die Output-Qualität durch eine Erwähnung, welche Funktion aufgerufen wird, beeinflusst. Ein Experte betont, dass dies wichtig für die Benutzerfreundlichkeit sei, da bei einem VUI im Normalfall kein optischer Output vorliegt, bei dem sich nachvollziehen lässt, ob die Frage richtig verstanden und mit der richtigen Funktion beantwortet wird.

Es wird betont, dass die Antworten des VUIs nicht in Stichpunkten erfolgen sollen, sondern in grammatikalisch korrekten Sätzen. Weiter wird die Output-Qualität durch ein gut funktionierendes Sprachverständnis beeinflusst. In der Produktionsumgebung wird des Öfteren mit Fach- und Fremdwörtern gesprochen. Hier ist es grundlegend, dass diese Wörter richtig ausgesprochen und betont werden. Alle Experten sind sich einig, dass die Antworten im Normalfall möglichst kurz sein sollen, aber dennoch alle relevanten Informationen beinhalten müssen.

Eine Verbesserung der Output-Qualität kann laut den Experten auch durch eine „Abbruchfunktion" der Antworten entstehen. Ein Experte beschreibt in diesem Zusammenhang das Beispiel eines VUIs an einer Telefonhotline: *„genau. wie im Callcenter, wenn ich weiß, dass ich die 1 drücken muss, wieso soll ich mir 2,3,4,5 noch anhören"*. Es ist daher essentiell, dass sich bei ausreichender Information die Sprachausgabe unterbrechen und stoppen lässt.

4.3 Nachweisbarkeit der Ergebnisse

In Bezug auf Faktoren, die das Arbeitsergebnis beeinflussen, werden durch die Experteninterviews 21 Aussagen herausgestellt und dieser Kategorie zugeordnet. Diese 21 Aussagen erreichen eine Gesamtwertung von 16.

Den Experten zufolge werden die Arbeitsergebnisse durch das Sprachverständnis des VUIs signifikant beeinflusst. Dies wird exemplarisch durch folgende Aussage verdeutlicht: *„also ein Gespräch zu führen mit einem der dich gar nicht versteht ist recht sinnlos"*. So ist es den Experten zufolge maßgebend, dass das VUI den Benutzer auf Anhieb versteht. Ist dieser Faktor nicht gegeben, wird das Arbeitsergebnis negativ beeinflusst, da dadurch unter anderem der Vorteil der Zeitersparnis verlorengeht.

In Bezug auf das Sprachverständnis wird das Beispiel eines VUIs einer Navigationssoftware genannt: *„Beim Navigationssystem im Auto ist's auch echt nervig, wenn ich versuche, die Stadt und Straße einzugeben – wenn ich da die falsche Reihenfolge wähle, werde ich schon nicht verstanden"*. Hier ist es elementar, dass das VUI sich an die Sprache des Anwenders anpasst und verschiedene Satzbauten zulässt.

Es wird betont, dass ein VUI intuitiv bedienbar sein soll. Konkret wird erwähnt, dass es bedeutsam ist, wenn die Sprachsteuerung auch auf kurze Befehle reagiert. Auf diese Weise ist es nicht notwendig, ausführliche Fragen zu formulieren, um verstanden zu werden.

4.4 *Datenschutz*

Wie in oben beschrieben, wird die Kategorie Datenschutz/Datensicherheit induktiv gebildet, da die Experten 17 Aussagen zu diesem Themenfeld treffen, die keiner der Kategorien des TAM 2 zugeordnet werden kann. Die Gesamtwertung von -1 verdeutlicht, dass diese Kategorie ein in Bezug auf die Akzeptanz kritisches Thema darstellt.

Die Experten verweisen auf den Unterschied zwischen dem privaten und beruflichen Gebrauch eines VUIs. Im privaten Umfeld sehen sie das Thema des Datenschutzes als nicht allzu kritisch an. Es macht wahrscheinlich keinen großen Unterschied, wenn neben anderen Applikationen oder Plattformen noch ein VUI benutzt wird, da beispielsweise durch Plattformen wie Facebook ohnehin viele Daten offengelegt werden.

Ein Experte konkretisiert die Besorgnis: *„aber ich habe immer die Bedenken mit dem hier hört gerade jemand zu“.* Denn durch das benötigte Mikrofon besteht immer die Möglichkeit, dass Aussagen aufgenommen werden, die nicht für das VUI vorgesehen sind.

In Bezug auf die berufliche Verwendung eines Voice User Interfaces stimmen die Meinungen der Experten überein. Jeder der sechs Experten hat hier große Bedenken, was die Benutzung angeht. Vor allem, da in diesem Fall das VUI mit einem Produkt von Amazon gekoppelt ist. Es wird deutlich gemacht, dass Produkte, die über eine „Cloud“ funktionieren, wodurch die Daten nach außen getragen werden, in Unternehmen oftmals kritisch angesehen werden.

5 Zusammenfassung und Ausblick

Nach der Auswertung der Experteninterviews lässt sich festhalten, dass die akzeptanzbeeinflussenden Faktoren aus dem TAM 2 auch im Falle dieser Akzeptanzuntersuchung gelten. Jedoch stellt sich heraus, dass die jeweiligen Faktoren in Bezug auf diese Untersuchung unterschiedlich gewichtet werden. So wird nur eine marginale akzeptanzbeeinflussende Wirkung der subjektiven Norm auf den wahrgenommenen Nutzen festgestellt. Des Weiteren wird der Einfluss des Datenschutzes/Datensicherheit unabhängig von TAM2 festgestellt.

Die Frage nach der derzeitigen Akzeptanz von Voice User Interfaces in industrieller Umgebung lässt sich nicht abschließend beantworten, da im Fall der akzeptanzbeeinflussenden Faktoren keine einheitlichen Aussagen in Bezug auf Positivität oder Negativität getroffen wurden. Es lässt sich aber im Kontext der vorliegenden Arbeit festhalten, dass für Sprachassistenten eine Vielzahl von Anwendungsmöglichkeiten in industrieller Umgebung existiert. Diese werden vor allem durch die Output-Qualität und das Sprachverständnis des Voice User Interfaces beeinflusst. Dabei sollte aber gewährleistet sein, dass alle geltenden Regeln des Unternehmens in Bezug auf Datenschutz und Datensicherheit eingehalten werden.

Parallel zu dieser Arbeit finden weitere Untersuchungen zur Akzeptanzanalyse von Sprachassistenten unter Verwendung des TAM statt. Diese Arbeiten konzentrieren sich auf andere Domänen wie z. B. die Altenpflege oder Smart Home. Vergleicht man die Arbeiten, dann wird offensichtlich, dass es noch Forschungsbedarf bzgl. der Akzeptanz von Sprachassistenten gibt. Daneben ist es offensichtlich, dass eine größere Anzahl an Probanden benötigt wird, um die Signifikanz der Ergebnisse zu erhöhen.

Literaturverzeichnis

[Amaz18] Amazon, 2018, Understand Custom Skills, https://developer.amazon.com/docs /custom-skills/understanding-custom-skills.html, 2018, abgerufen am 13.03.2019

[Bopp18] Bopp C., User Experience bei Voice User Interfaces – Eine Tagebuchstudie am Beispiel Amazon Echo, 2018, https://serviceplan.blog/de/2018/01/user-experience-bei-voice-user-interfaces-eine-tagebuchstudie-am-beispiel-amazon-echo/, Abgerufen am 13.03.2019

[CGBa04] Cohen, M. H.; Giangola, J. P.; Balogh, J., Voice user interface design, Addison-Wesley, Boston, Mass., 2004

[Clif17] Clifford,C., Here's how Siri made it onto your iPhone, 2017, https://www.cnbc.com/2017/06/29/how-siri-got-on-the-iphone.html, Abgerufen am 13.03.2019

[Gart16] Gartner Inc : Gartner Says Worldwide Spending on VPA-Enabled Wireless Speakers Will Top $2 Billion by 2020, 2016, https://www.gartner.com/en/ newsroom/press-releases/2016-10-03-gartner-says-worldwide-spending-on-vpa-enabled-wireless-speakers-will-top-2-billion-by-2020. Abruf am 12.03.2019

[HSMD18] Hellwig, A., Schneider, C., Meister, S. & Deiters, W., Sprachassistenten in der Pflege - Potentiale und Voraussetzungen zur Unterstützung von Senioren. In: Dachselt, R. & Weber, G. (Hrsg.), Mensch und Computer 2018 - Tagungsband, 2018

[Klee19] Kleeff, J., Erstellung eines Voice User Interfaces mit empirischer Untersuchung der Akzeptanz im industriellen Umfeld, Bachelorarbeit FH Aachen, 2019

[Mayr00] Mayring P., Qualitative Inhaltsanalyse, in: Forum Qualitative Sozialforschung / Forum: Qualitative Social Research, 1(2), 2000

[Obin19] Obinali, Chidera, The Perception of Gender in Voice Assistants, Proceedings of the Southern Association for Information Systems Conference, St. Simon's, Island, GA, USA. 2019

[PBHe04] Peissner M., Biesterfeldt J., Heidmann F., Akzeptanz und Usability von Sprachapplikationen in Deutschland, Fraunhofer-Institut für Arbeitswirtschaft und Organisation IAO, Stuttgart 2004

[Pear17] Pearl, C., Designing voice user interfaces, Principles of conversational experiences, O'Reilly, Beijing, Boston, Farnham, Sebastopol, Tokyo, 2017

[Pino11] Pinola, M., 2016, Speech Recognition Through the Decades: How We Ended Up With Siri, https://www.pcworld.com/article/243060/speech_recognition_through_the_decades_how_we_ended_up_with_siri.html, Abruf am 12.03.2019

[PVG*13] Portet, F., Vacher, M., Golanski, C., Roux, C., Meillon, B. Design and evaluation of a smart home voice interface for the elderly — Acceptability and objection aspects. Personal and Ubiquitous Computing. Vol. 17, No.1, S.127–144, 2013

[Rua++18] Ruan, S., Wobbrock, J., Kiou, K., Ng, A., Landay, J., Comparing Speech and Keyboard Text Entry for Short Messages in Two Languages on Touchscreen Phones, Proceedings of the ACM on Interactive, Mobile, Wearable and Ubiquitous Technologies, Volume 1 Issue 4, December 2017

[ScLy06] Schnelle-Walka, D.; Lyardet, F., Voice User Interface Design Patterns, Proceedings Eleventh European Conference on Pattern Languages of Programs, Irsee, Germany, 2006

[SOWy18] Stein, M., Ostkamp, M. & Wytzisk, A., (2018). Geoinformationssysteme mit Sprache steuern – eine erste Evaluation. In: Dachselt, R. & Weber, G. (Hrsg.), Mensch und Computer 2018 – Tagungsband, 2018

[StNo17] Statista; Norstat, Zu welchem Zweck würden Sie digitale Sprachassistenten nutzen?, 2017, https://de.statista.com/statistik/daten/studie/739305/umfrage/ umfrage-zum-verwendungszweck-von-digitalen-sprachassistenten/, Abruf am 12.03.2019

[Sun98] Sun Mircosystems, Java Speech API Programmer's Guide, 1998

[VeDa00] Venkatesh, V.; Davis, F. D., A Theoretical Extension of the Technology Acceptance Model: Four Longitudinal Field Studies, in: Management Science, 46, H. 2, S. 186–204. 2000

[WLKA97] Walker M., Litman D., Kamm C., Abella A., PARADISE: A Framework for Evaluating Spoken Dialogue Agents, Proceedings of the ACL '98/EACL '98 Proceedings of the 35th Annual Meeting of the Association for Computational Linguistics and Eighth Conference of the European Chapter of the Association for Computational Linguistics, pp 271-280, 1997

Kontakt

Prof. Dr. Stephan Jacobs
Institut für Digitalisierung
FH Aachen
Eupener Str. 77, 52066 Aachen
jacobs@fh-aachen.de

Julian Kleeff
FH Aachen
Eupener Str. 77, 52066 Aachen
julian-jan-nicklas.kleeff@alumni.fh-aachen.de

Untersuchung von Akzeptanzkriterien für den Einsatz von Chatbots im Kundenservicebereich des öffentlichen Personenverkehrs am Beispiel Deutsche Bahn

Selina Nocera, Martin Przewloka

Zusammenfassung

Stichworte: Social Media, Facebook, Chatfuel, Surveymonkey, Chatbots, Customer Service, Akzeptanz, Digitalisierung

Unternehmen haben schon lange erkannt, dass der Service im Zusammenhang mit Produkten und Dienstleistungen ein wesentlicher Erfolgs- und Differenzierungsfaktor ist. Serviceanfragen sind nicht selten mit hoher Emotionalität und Wichtigkeit verbunden. Die Kunden erwarten, dass ihre individuellen Anliegen von den Unternehmen reibungslos und schnell gelöst werden. Neben den klassischen Möglichkeiten wie Telefon, Fax und Vor-Ort-Service-Zentren, offerieren Unternehmen seit der Entwicklung des Internets mittlerweile ein weitreichendes Angebot an Zugängen, wie bspw. eMail, vordefinierte Q&A-Inhalte (Q&A = Questions & Answers. Es handelt sich hierbei um eine strukturierte Listung der häufigsten Kundenanfragen und der hierzu passenden Antworten.) zur Problemeingrenzung oder Selbsthilfe, Internetformulare, Sprachcomputer-gesteuerte Telefonzugänge und vieles mehr. Eine besondere Form, der sogenannte Chat, hat seinen Ursprung zunächst im privaten Bereich, indem etwa mit SMS und WhatsApp kurze Nachrichten ausgetauscht werden, ggf. erweitert um Bild-, Video- und Tonmaterialen. Auch die Unternehmen haben nunmehr diese hoch frequentierten Zugänge erkannt und versprechen sich hierbei die Möglichkeit, den Service effizienter zu gestalten gepaart mit einer verbesserten Kundenbeziehung. Dies wird besonders dort interessant, wo hohe Volumina an Serviceanfragen entstehen, wie bspw. im öffentlichen Personenverkehr.

Ein besonderes Augenmerk gilt dabei den hieraus abgeleiteten sogenannten Chatbots, die über das Medium Internet als Dialogsystem dienen, um in Echtzeit per Texteingabe oder Sprache in Echtzeit zu kommunizieren. Die Herausforderungen dieser Systeme liegen in der technischen Umsetzung, aber auch in der „Intelligenz“ dieser Lösungen. Studien im Umfeld der Chatbots fokussieren heute sehr stark das Umfeld des e-Commerce. Diesen Bereich bewusst verlassend, war es das Ziel dieser Arbeit, am konkreten Anwendungsfall eines Serviceszenarios im Personennahverkehr mit Hilfe empirischer Methoden Akzeptanzkriterien für Chatbots zu untersuchen und neue Erkenntnisse zu gewinnen. Dabei konnten zwei wesentliche Korrelationen aufgezeigt werden, die ineinandergreifen: Design und wahrgenommene Benutzerfreundlichkeit korrelieren zum wahrgenommenen Nutzen. Der so generierte wahrgenommene Nutzen beeinflusst die intrinsische Einstellung zur Nutzung eines Chatbots, welche wiederum maßgeblich dafür ist, ob ein Anwender die Verwendung eines solchen Systems für sich als Option sieht. Überraschenderweise zeigen begleitende Faktoren, wie insbesondere die gefühlte Sicherheit im Umgang mit diesem Medium, eine sehr hohe Varianz. Dies lässt eine noch sehr weit gestreute Unsicherheit vermuten und ist beim Design von Chatbots zu berücksichtigen.

1 Einleitung

Der Name Chatbot ergibt sich aus einer Kombination des englischen Worts „Chat“ (deutsch: Plaudern) und der Kurzform des englischen Wortes „Robot“ (deutsch: Roboter) [Braun03]. Mit der Einführung von Smartphones und mobilen Applikationen, kurz Apps, wird der Begriff Chatbot vornehmlich für Messenger-Apps und nicht mehr für reine Computerprogramme verwendet. Chatbots simulieren eine verbale Konversation, bei denen der menschliche Nutzer via Text- oder Spracheingabe ein Anliegen an den Chatbot stellt und dieser mit Unterstützung von Wissensdatenbanken und programmierter Routinen dem Nutzer über ein Ausgabemedium antwortet [Call16]. Das Ausgabemedium kann analog zu dem des Eingabemediums eines Chatbots diverse Ausprägungen besitzen, wie etwa in Form einer alleinstehenden App, Website oder eines Messenger Dienstes (bspw. Facebook Messenger, WhatsApp Messenger) vorkommen. Man unterscheidet zum einen die Konversation über Texteingabe und zum anderen über Spracheingabe mittels Text to Speech (TTS) [Shev17]. Die meisten Chatbots verfolgen heute noch einen rein textbasierten Ansatz, wobei TTS Dialoge zunehmend im Einsatz sind, wie etwa bei dem von Amazon entwickelten virtuellen Assistenten Alexa (siehe bspw. bei [Burd18]).
Wenn gleich keine einheitliche Darstellung in der Literatur existiert, soll für diese Arbeit die folgende Definition für einen Chatbot getroffen werden:
„Ein Chatbot ist eine intelligente Softwareanwendung, mit der mittels einer Weboberfläche in natürlicher Sprache, sowohl über Text als auch TTS-Synthesen kommuniziert werden kann. Ein Chatbot ist in der Lage, die Aufgaben eines Kundendienstmitarbeiters zu übernehmen und dem Nutzer, über automatisierte Antworten Hilfe zukommen zu lassen.“
Dies bedeutet konkret, dass im Rahmen dieser Arbeit und der damit verbundenen empirischen Studie, ausschließlich eine Interaktion zwischen einem Nutzer (Mensch) und Serviceagent (Computer) stattfindet, d.h. der Chatbot wird nicht mehr durch einen weiteren Menschen unterstützt.
Der erfolgreiche Ausbau des Öffentlichen Personennahverkehrs muss zwei wesentliche Richtungen verfolgen: die Angebotserweiterung und die Verbesserung des Kundenservice [Resch15]. Letzterer muss die Bedürfnisse des Kunden erfüllen, aber in einem Wettbewerbsmarkt so effizient wie möglich sein. Trotz steigender Passagierzahlen von durchschnittlich 1,4% pro Jahr werden heute Fahrkarten in Summe nur zu etwa 35% an Automaten und online per Smartphone oder Computer erworben. Der Rest verteilt sich weiter auf Verkaufsstellen sowie den Fahrkartenverkauf beim Fahrer [VDV17]. Bereits an dieser Stelle können einfache Chatbotsysteme Einsatz finden und zu erheblichen Kosteneinsparungen führen. Lästige Wartezeiten für den Kunden, etc., würden zudem vollständig entfallen.
Viele Unternehmen haben sich schon sehr früh im Rahmen der exponentiellen Verbreitung von Internetanwendungen zur Jahrtausendwende mit der ersten Umsetzung und dem Angebot von Chatbots auseinandergesetzt. Allerdings mit mäßigem Erfolg, so dass diese Systeme keine Verbreitung finden konnten. Ein Desaster erlebte Microsoft 2016 mit dem Chatbot „Tay“, der von Twitter-Nutzern zur Rassistin gemacht wurde. Dieser Dienst überlebte nur 16 Stunden (siehe z.B. [Beuth16]. Mit dem aktuellen Megatrend der Künstlichen Intelligenz können völlig neue Anwendungen entstehen und haben zu einer Wiedergeburt dieser Systeme, speziell für die Bereiche Marketing, Vertrieb und Service geführt. Die Kernfrage ist hierbei, welche Faktoren die Nutzerakzeptanz beeinflussen, bzw. wie diese im Vorfeld bei der Konzeption von Chatbot-Anwendungen berücksichtigt werden können. In Verbindung mit einem konkreten Anwendungsfall, einem Serviceszenario der Deutschen

Bahn zur Reklamation von Erstattungsansprüchen bei Zugausfällen, sollte im Rahmen dieser Arbeit eine empirische Studie durchgeführt werden, die wesentliche Akzeptanzkriterien identifiziert und einer hypothesenbasierten Struktur folgt.
Die Studie wurde im Rahmen einer experimentnahen Onlinebefragung durchgeführt und arbeitete quantitativ und qualitativ. Parallel wurde eine Expertenbefragung durgeführt. Beide Ergebnisstränge flossen abschließend zusammen.

2 Akzeptanzkriterien für digitale Kommunikationsanwendungen

Im Rahmen der Akzeptanzforschung sind im Zuge der Entwicklung und Implementierung von Technologien einige anerkannte Modelle entwickelt worden, mit denen die Akzeptanz von Technologien untersucht bzw. bestimmt werden kann. Die Einflussgrößen auf die Akzeptanz von Technologien können je nach Nutzer und aktueller Situation differieren. Als bekannteste Vertreter können das Modell der Theory of Reasoned Action (TRA) und das – in seiner ersten Fassung – daraus abgeleitete Technology Acceptance Model (TAM), angesehen werden. Das TAM hat sich - nicht nur aufgrund seiner hohen Verständlichkeit und Zuverlässigkeit - zu einem anerkannten Mittel zur Akzeptanzforschung von Technologien etabliert [King06]. Aus diesem Grunde baut diese Arbeit auf diesem Modell auf.
Nach Davis definiert sich die Akzeptanz als die tatsächliche Nutzung einer Technologie auf Grundlage des wahrgenommenen Nutzens (percieved usefulnes, PU) und der wahrgenommenen Benutzerfreundlichkeit (percieved ease of use, PEOU). Der wahrgenommene Nutzen reduziert sich dabei, auf das Maß, welches notwendig ist, damit für den Anwender durch Verwendung einer IT-Anwendung die Ausführung der Arbeitsaufgaben verbessert wird. Die wahrgenommene Benutzerfreundlichkeit bestimmt sich nach dem Aufwand, den ein Nutzer zur Verwendung des IT-Systems erlernen muss. Die Intention des Nutzers, eine in Frage kommende Technologie zu verwenden (intention of use, BI), ergibt sich hierbei aus dem Zusammenwirken dieser beiden Konstrukte und führt so zur tatsächlichen Verwendung (Akzeptanz) der in Frage stehenden Technologie (actual use, AU). Abbildung 1 veranschaulicht die Zusammenhänge.

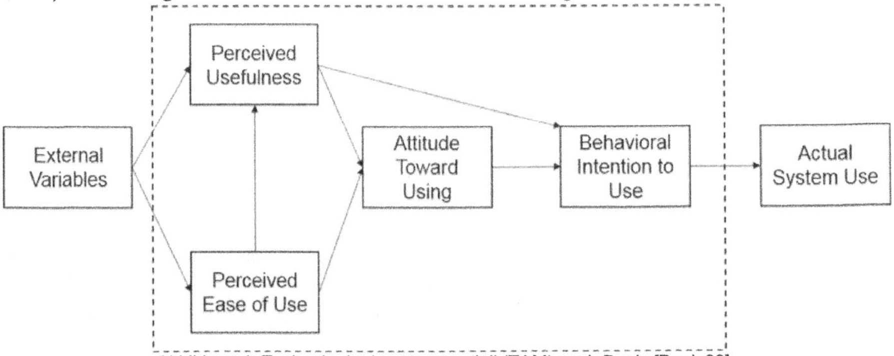

Abbildung 1: Technologieakzeptanzmodell (TAM) nach Davis [Davis89].

Abgeleitet aus [Nedu13] können die Aspekte PU und PEOU noch weiter heruntergebrochen werden, indem die konkreten Faktoren

- Vertrauen zur Anwendung,
- Kritische Masse (wie groß ist die Verbreitung dieser Anwendung bei den Nutzern?),

- Loyalität der Nutzer und
- Wechselkosten sowie Erzwungene Nutzung (gibt es überhaupt Alternativen, bzw. was kostet es mich, zu wechseln?),

mit einzufließen haben.

3 Anwendungsfall: Erstattungsanspruch Verspätung/Zugausfall – Deutsche Bahn

Ausgangsbasis für den Anwendungsfall ist die Situation, dass ein Nutzer von seinem Recht der Erstattung wegen einer Verspätung oder einem Zugausfall Gebrauch machen möchte. Der heutige Prozess zur Geltendmachung von Regressansprüchen gegenüber der Deutschen Bahn ist formularbasiert, aufwändig und nicht selbsterklärend. Es liegt nach, den Prozess vollständig zu digitalisieren, wobei die Annahme getroffen wurde, dass ein Chatbot eine moderne, effiziente Lösung darstellen kann. Die Akzeptanz einer derartigen IT-Lösung soll über einen simulierten Chatbot in Form eines Experiments durchgeführt werden. Im Ergebnis ergeben sich dabei zwei grundsätzliche Szenarien:

A) Der Chatbot liefert ein positives Ergebnis, d.h. die Antwort des Systems ist für den Nutzer zufriedenstellend.

B) Der Chatbot liefert ein negatives Ergebnis, d.h. die Antwort des Systems ist für den Nutzer nicht ausreichend und damit nicht zufriedenstellend.

Zudem wurde angenommen, dass ein betroffener Kunde zunächst nach einer kurzen Begrüßungsphase mit dem Serviceagenten klärt, ob er einen Erstattungsanspruch hat oder nicht. Im Falle eines Anspruchs will er diesen nun direkt geltend machen, ohne in einem separaten Schritt noch ein Formular ausfüllen zu müssen. Der Serviceagent fordert die hierfür notwendigen Daten an und schließt damit den Vorgang ab. Zusätzlich erhält der Nutzer Informationen zu den nächsten Schritten wie auch eine Referenznummer für den Fall, dass später noch Rückfragen bestehen (Szenario A).

Ziel ist es, dem Kunden eine zufriedenstellende und verbindliche Antwort zu geben, unabhängig davon, ob er einen Anspruch geltend machen möchte oder nicht. Szenario B) ist prinzipiell zu vermeiden und die Vermutung besteht zunächst, dass dies zur Nichtakzeptanz der Anwendung führen wird. Allerdings muss in der Realität davon ausgegangen werden, dass ein derartiger Fall ebenfalls eintreten kann.

4 Design und Umsetzung der Studie

Die Studie, gestützt durch ein Experiment und eine Befragung, sollte die folgenden Hypothesen überprüfen:

Hypothese	Kontext	Richtung
H_1	Design steht in einem positiven Zusammenhang mit dem wahrgenommenen Nutzen.	**positiv**
H_2	Design steht in einem positiven Zusammenhang mit wahrgenommener Benutzerfreundlichkeit.	**positiv**
H_3	Die wahrgenommene Benutzerfreundlichkeit steht in einem positiven Zusammenhang mit der wahrgenommenen Nützlichkeit.	**positiv**

H_4	Die wahrgenommene Nützlichkeit steht in einem positiven Zusammenhang mit der Nutzungsabsicht der Konsumenten.	**positiv**
H_5	Die wahrgenommene Benutzerfreundlichkeit steht in einem positiven Zusammenhang mit der Nutzungsabsicht der Konsumenten.	**positiv**
H_6	Je positiver die Einstellung zur Nutzung von Messenger-Chatbots, desto größer ist die Verhaltensabsicht, Messenger-Chatbots zu nutzen.	**positiv**
H_7	Je größer die wahrgenommene Nützlichkeit von Messenger-Chatbots, desto positiver ist die Einstellung zur Nutzung von Messenger-Chatbots.	**positiv**
H_8	Je größer die wahrgenommene Benutzerfreundlichkeit von Messenger-Chatbots, desto positiver ist die Einstellung zur Nutzung von Messenger-Chatbots	**positiv**

Tabelle 1: Hypothesenübersicht

Die aufgestellten Hypothesen, welche sich aus den grundlegenden Gedanken und Modellen zur Technologieakzeptanz ableiten, dienen ausschließlich dem Aufzeigen oder Verwerfen positiver Korrelationen. Eine Aussage bzw. Untersuchung hinsichtlich kausaler Zusammenhänge ist nicht Teil dieser Arbeit.

Studie und Befragung wurden gemäß Abbildung 2. kombiniert. Zum einen wurde eine willkürlich ausgewählte Benutzergruppe von n=287 mit dem Experiment konfrontiert und diesem Panel unmittelbar nach Abschluss ein Onlinefragebogen vorgelegt, um die Erfahrungen im Umgang mit dem Chatbot zu erfragen. Parallel wurden 5 Industrieexperten namhafter Unternehmen befragt, die über Erfahrungen im Kontext des Einsatzes von Chatbots verfügen.

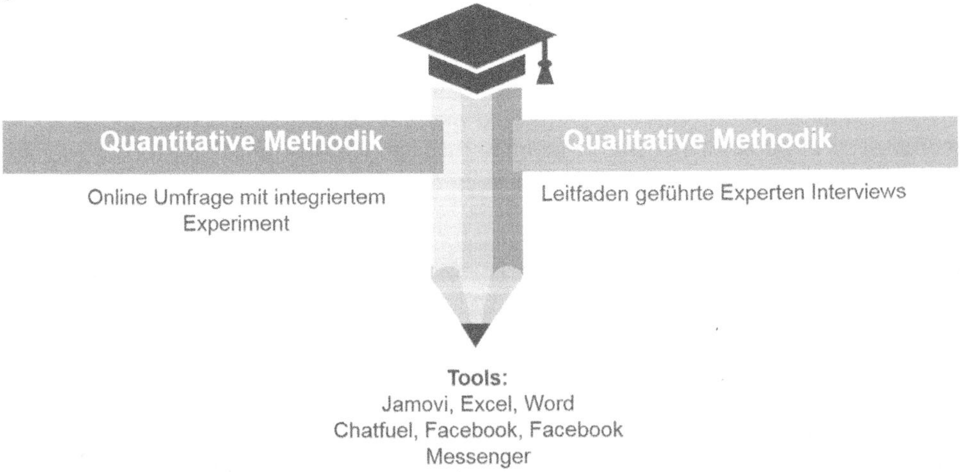

Abbildung 2: Vorgehensweise dieser Arbeit im Rahmen einer empirischen Studie

Für das Experiment wurde gemäß dem festgelegten Service-Use-Case ein sogenanntes Mockup für beide Szenarien A) und B) erstellt. Diese teilfunktionale Simulation präsentierte dem Anwender eine vollständige Serviceanwendung für den Fall der Reklamation einer Erstattungsleistung. Als Tool wurde das Framework Chatfuel [Chat19] eingesetzt, mit dessen Hilfe die Anwendung entwickelt und schlussendlich auf der Social-Media-Plattform

„Facebook“ implementiert (deployed) wurde. Bei Chatfuel handelt es sich um eine Webanwendung, die in einem beliebigen Browser genutzt werden kann. Ein mit Chatfuel erstellter Bot ist mit den Plattformen Slack, Telegram und Facebook kompatibel. Zur Integration des Chatbots war es erforderlich, eine Facebook-Seite zu erstellen. Über die Oberfläche der Chatfuel-Plattformen konnten nun Blöcke und Regeln abgebildet werden, die den Serviceablauf und damit die Kommunikation Nutzer-Bot steuern sollte. Das Panel wurde per Auslosung in zwei Gruppen geteilt und jeder Teilnehmer einem der Szenarien A) oder B) zugelost. Vor dem Einsatz und dem Start des Experiments wurde zudem ein sogenannter Pretest mit drei Personen durchgeführt. Dieser hatte das Ziel, mögliche Schwachstellen zu identifizieren, bevor das ausgewählte Panel befragt wurde.
Der Onlinefragebogen wurde mit dem Tool Surveymonkey [Surv19] realisiert (Wertungsfragen unter Verwendung einer Skala von 1 bis 6). Der Erhebungszeitraum betrug 16 Tage, begann am 03.10.2018 und endete am 18.10.2018. Die Auswahl der Teilnehmer erfolgte auf elektronischem Wege über mehrere Kanäle. Dazu wurde im Vorfeld ein Einladungsschreiben formuliert, das den Kontext und das Ziel der Untersuchung erklärte und den Link zur Befragung enthielt.

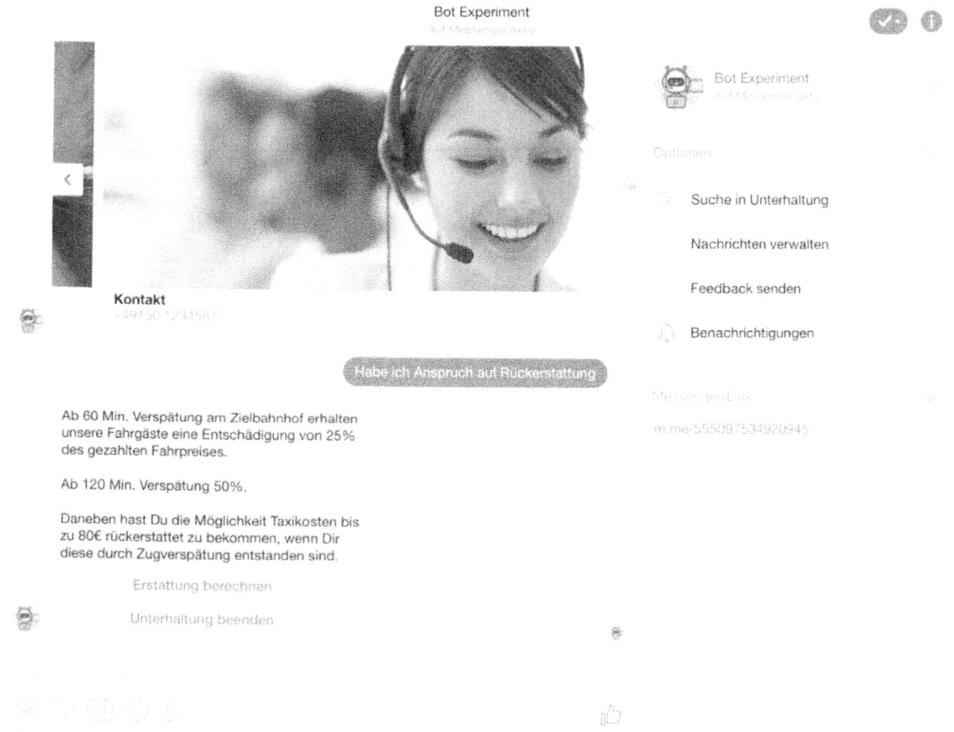

Abbildung 3: Mit dem Werkzeug Chatfuel realisierter Chatbot Mockup

Unter anderem wurde über die sozialen Netzwerke Facebook und XING die Anfrage verbreitet. Als Anreiz wurden unter allen Teilnehmern drei Amazon-Gutscheine im Wert von jeweils 15 EUR verlost. Da die Befragung anonym durchgeführt wurde, konnten die Teilnehmer im letzten Schritt auf freiwilliger Basis ihre E-Mail-Adresse angeben, um an der Verlosung teilzunehmen. Mittels dieser Maßnahmen wurde ein Rücklauf von 287 Teilnehmern bzw. Fragebögen erzielt. Abbildungen 3 und 4 zeigen exemplarisch die Ausprägungen des Chatbots sowie des Fragebogens.

Parallel wurden im Rahmen eines (telefonischen) Gesprächs einem Frageleitfaden folgend die Experteninterviews durchgeführt. Hierbei wurden zwei Kernbereiche adressiert: allgemeine Fragen zum Einsatz von Chatbots sowie Fragen zu Designcharakteristika und zur Akzeptanz. Letzteres beinhaltete auch Fragen zur Sicherheit, zur Adaption von selbstlernenden Mechanismen, zum Design und zur Gestaltung, aber auch zu emotionalen Aspekten wie bspw. der Schaffung einer Persönlichkeit dieses virtuellen Agenten.

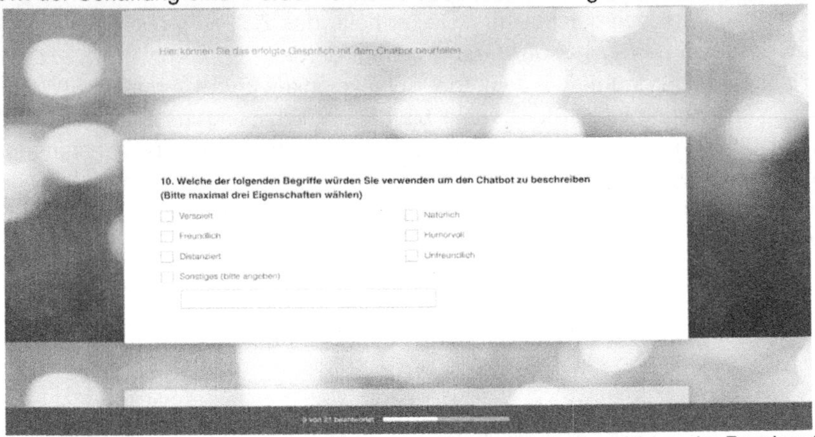

Abbildung 4: Mit Surveymonkey implementierte Umfrage unmittelbar nach der Durchführung des Experiments. Hier speziell die Frage, mit welchen Begriffen man spontan den Chatbot beschreiben würde: verspielt, freundlich, distanziert, natürlich, humorvoll, unfreundlich oder Freitexteingabe.

5 Ergebnisse der Studie

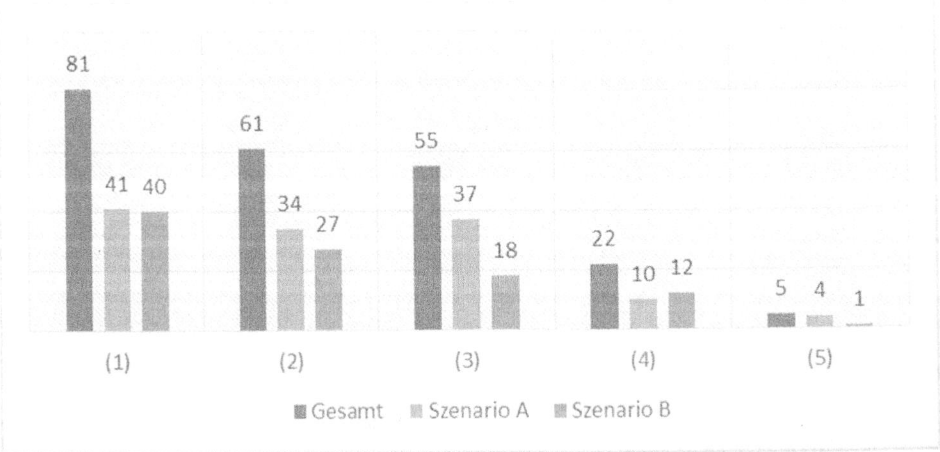

Abbildung 5: Verteilung der Antworten in Abhängigkeit der Szenarien A) und B) auf die Kernfragen: (1) Der Chatbot hat zügig geantwortet, (2) Das Gespräch mit dem Chatbot war hilfreich, (3) Das Gespräch mit dem Chatbot war zielführend, (4) Das Gespräch mit dem Chatbot war nicht zielführend, (5) Der Chatbot hat lange gebraucht, um zu antworten.

Von den 287 freiwilligen Experiment- und Befragungsteilnehmern brachen 178 ab bzw. lieferten unvollständige Ergebnisse. 109 Teilnehmer beendeten die komplette Studie. Dies ist ein für empirische Studien dieses Ausmaßes wenig überraschender Wert. Trotzdem wurde untersucht, an welchen Stellen eine Häufung der Abbrüche auftrat, und es zeigte sich, dass die Verwendung des Kanals Facebook eine wesentliche Ursache hierfür darstellte.

Man erkennt, dass die Unterschiede in den Szenarien A) und B) nicht sehr groß sind. Erwartungsgemäß schneidet im Wesentlichen Szenario B) durchschnittlich schlechter ab (widersprüchlicher Weise bei (4) sogar besser), die Differenzen sind jedoch nicht gravierend.

In Summe ergibt sich das folgende Ergebnis (Skala 1 bis 6 = nicht vorhanden bis ausgezeichnet):

	Mittelwert	**Standardabweichung**
Sprachverständnis des Chatbots	4,4	1,48
Einfache Handhabung	3,89	1,47
Umfassende Kompetenz	3,42	1,59
Ansprechendes Design	3,25	1,67
Nette Ansprache	3,12	1,7
Sicherheit	2,94	1,9

	Mittelwert	**Standardabweichung**
Einstellung	3,85	1,11
Design	4,29	1,12
Benutzerfreundlichkeit	4,54	1,16
Nützlichkeit	4,20	1,37

Tabelle 2a und 2b: Despriptiv ausgewertete Ergebnisse der empirischen Studie. Die Grundeinstellung (Merkmal Einstellung) mit 3,85 zur Nutzung von Chatbots liegt bei vergleichsweise geringer Varianz noch zurück. Technische Faktoren, wie Benutzerfreundlichkeit und Design, werden vergleichsweise positiv bewertet. Auffallend ist die deutlich zurückliegende Bewertung bezüglich der Sicherheitseinschätzung. Hier existieren offensichtlich stark differierende Positionen aufgrund der Standardabweichung von beinahe 2 Einheiten.

Zwecks Hypothesenprüfung wurde zunächst mittels Shapiro-Wilk ein Test auf Normalverteilung durchgeführt. Dieser Test verlief mit $p<0.001$ negativ, so dass eine Produkt-Moment-Korrelation nicht möglich war. Aus diesem Grunde wurde eine Spearman-Rangkorrelation durchgeführt, die keine normalverteilte Grundverteilung voraussetzt.

Die Onlinebefragung war so aufgesetzt, dass die erzielten Ergebnisse den Hypothesen zugeordnet werden konnten. Die aus den Befragungsdaten ermittelte Korrelationsmatrix liefert für die Paare Design-Wahrgenommener Nutzen (H1), Design-Wahrgenommene Benutzerfreundlichkeit (H2), Wahrgenommene Benutzerfreundlichkeit-Wahrgenommene Nützlichkeit (H3) sehr hohe Korrelationen mit $r=0.42$, $r=0.43$ und $r=0.49$. Die Paare Wahrgenommene Nützlichkeit-Nutzungsabsicht (H4), Einstellung-Nutzungsabsicht (H6), Wahrgenommene Nützlichkeit-Einstellung (H7) und Wahrgenommene Benutzerfreundlichkeit-Einstellung (H8) lieferten ebenfalls eindeutig positive, leicht geringere Korrelationen mit $r=0.34$, $r=0.39$, $r=0.36$ und $r=0.25$. Allerdings musste die 5. Hypothese (H5) verworfen werden, die eine Wahrgenommene Benutzerfreundlichkeit mit einer Nutzungsabsicht hinsichtlich einer Korrelation formulierte. Es kann hieraus abgeleitet werden, dass die Wahrgenommene Be-

nutzerfreundlichkeit, welche bspw. Über ein entsprechendes Design unterstützt wird (H2), nicht für sich allein zur Akzeptanz führt. Einfacher ausgedrückt: es wird gegebenenfalls Neugier generiert, welche aber keinen Automatismus hin zur Akzeptanz bildet.
Weitere wichtige Ergebnisse konnten wie folgt erzielt werden:

- 68,6% der Befragten, die sich positiv hinsichtlich der Nutzungsabsicht äußerten, hatten schon einmal zuvor über Messenger-Dienste Kontakt mit Unternehmen. Erfahrung mit dieser Technologie steigert die Akzeptanz.
- 63,5% der Befragten, die sich positiv zum Chatbot äußerten, waren schon einmal zuvor im Kontakt mit Chatbots. Auch hieraus kann man ableiten, dass Erfahrung mit dieser Technologie die Akzeptanz steigert.
- Der Aspekt Sicherheit wird mit großer Variabilität bewertet. Die Experimentteilnehmer zeigen hierbei einen geringen Akzeptanzwert, verbunden mit einer sehr hohen Streuung (siehe Tabelle 2a). Allerdings stellten die Experten das Thema Sicherheit hinter die Funktionalität mit der Begründung, dass zunächst eine höhere Nutzungsrate (Kritische Masse) vorhanden sein muss, bevor das Thema Sicherheit relevant wird.
- Auch in den qualitativen Kommentaren wird das Thema Sicherheit im Zusammenhang mit Facebook explizit adressiert. Aktuelle Diskussionen im Kontext Datenschutz wirken sich offensichtlich sehr deutlich auf neue Anwendungen aus und insbesondere dann, wenn diese noch keine hohe Durchdringung erfahren haben (ebenfalls Kritische Masse).
- Für Experten sind zwei Kriterien für den Chatbot-Einsatz von Wichtigkeit. Die Steigerung der Customer Experience für den Kunden und die Möglichkeit der Generierung von Cross-Selling-Potenzialen.

6 Fazit, Handlungsempfehlungen und nächste Schritte

Das Ziel der Arbeit bestand in der Durchführung einer empirischen, experimentbasierten Studie zur Identifikation von Akzeptanzkriterien für Chatbots im Zusammenhand mit Servicedienstleistungen bei der Deutschen Bahn. Die Studie hat sich am Technologieakzeptanzmodell TAM orientiert. Die bereits in diesem Modell implizit vorhandenen Korrelationen wurden konkret am ausgewählten Anwendungsfall der Deutschen Bahn bestätigt, erheben aber nicht den Anspruch auf eine vollständige statistische Absicherung im Sinne eines Signifikanztests der Hypothesen. Die statistische Datenbasis ist hierzu nicht ausreichend. Vielmehr lag das Augenmerk dieser Arbeit in der Darstellung und Umsetzung eines speziellen Studiendesigns, bestehend aus Simulation und Befragung, welches in einem Folgeschritt mit einem größeren Panel wiederholt werden kann, um die erzielten Ergebnisse stichhaltiger abzusichern.
Im Ergebnis können für das Design und die Umsetzung von servicebasierten Chatbots die folgenden Handlungsempfehlungen abgeleitet werden:

- Die Implementierung komplexer und aufwändiger Chatbots erscheint wenig sinnvoll. Nutzer nähern sich dieser Technologie behutsam, haben teilweise hohe Bedenken hinsichtlich der Sicherheit und fühlen sich umso wohler, je mehr positive Erfahrungen sie hiermit im Vorfeld machen. Einfache, direkt mehrwertgenerierende Anwendungen sollten im Vordergrund stehen.

- Die Funktionen der Anwendung und der erkennbare (wahrgenommene) Nutzen stehen im Vordergrund. Werden diese Aspekte für den Nutzer nicht sofort erkennbar, sinkt dessen Akzeptanz bis hin zum Abbruch während der Ausführung.
- Emotionale Kriterien wie Begrüßung, Ausdruck und Sprache sind wichtig für die wahrgenommene Benutzerfreundlichkeit und steigern die Akzeptanz.
- In Summe bilden die Einstellung, welche u.a. durch positive Vorerfahrungen maßgeblich beeinflusst wird, und der wahrgenommene Nutzen die Haupttreiber für die Akzeptanz. Auch hieraus lässt sich ableiten, dass disruptive Ansätze wenig Erfolgsaussichten haben, zielgerichtete, einfache und transparente Lösungen umso mehr.

In einer Folgestudie bietet es sich an, die Stichprobe deutlich zu erhöhen. Wenn gleich mit n~100 erste Ergebnisse geliefert wurden, so decken diese Zahlen nicht die Heterogenität der Bevölkerung repräsentativ ab. Ein weiteres Augenmerk sollte in einer Folgestudie auf den Aspekt der Sicherheit gelegt werden. Die Studie zeigt deutlich auf, dass dieser Faktor eine signifikante Einstellungshürde darstellt und daher genauer untersucht werden muss.

Literaturverzeichnis

[Beuth16] P. Beuth: „Twitter-Nutzer machen Chatbot zur Rassistin", Zeit Online, https://www.zeit.de/digital/internet/2016-03/microsoft-tay-chatbot-twitter-rassistisch, abgerufen 20.3.2019.

[Braun03] A. Braun: „Chatbots in der Kundenkommunikation", Berlin/Heidelberg: Springer-Verlag. S. 21-39, 2003.

[Burd18] L. Burdin, S. Pulfer: "Chatbots & Voice Commerce - Wie digitale Assistenten das Einkaufserlebnis verändern.", GS1 Germany Whitepaper. S. 11, 2018.

[Call16] Z. Callejas, M. McTear, D. Griol:: "The Conversational Interface - Talking to Smart Devices" Springer International Publishing Switzerland. S. 18 ff, 2016.

[Chat19] Chatfuel: www.chatfuel.com, abgerufen am 26.3.2019.

[Davs89] F.D. Davis, R.P. Bagozzi, P.R. Warshaw::"User acceptance of computer technology: a comparison of two theoretical models." Management Science. Vol. 35, No. 8. S. 982-992, 1989.

[King06] W.R.King, J. He: "A meta-analysis of the technology acceptance model." In: Information & Management. Vol. 43, Nr. 6. S. 74, 2006.

[Nedu13] T. Nedumgad: „Eine empirische Untersuchung der Einflussfaktoren auf die Nutzung konsumentenorientierter Online-Speicherdienste.", Masterarbeit, Universität Köln, verfügbar unter: http://www.isq.uni-koeln.de/fileadmin/wiso_fak/wi_isq/Lehre/abschlussarbeiten/MA/2013/MA_2013_LA_Cloud-Continuance.pdf, 2013, abgerufen 22.3.2019.

[Resch15] H. Resch: „Branchenanalyse Zukunft des ÖPNV – Entwicklungs-tendenzen und Chancen", Hans-Böckler-Stiftung, Study 302, 2015. Verfügbar unter: https://www.boeckler.de/pdf/p_study_hbs_302.pdf abgerufen am 20.3.2019.

[Shev17] A. Shevat: „Designing Bots - Creating Conversational Experiences". Sebastopol: O'Reilly Media, Inc. S. 9-44, 2017.

[Surv19] Surveymonkey: www.surveymonkey.com, abgerufen am 26.3.2019.

[VDV17 Verband Deutscher Verkehrsunternehmen: „Statistik 2017“, abrufbar unter: https://www.vdv.de/statistik-jahresbericht.aspx, abgerufen am 22.3.2019.

Kontakt

Selina Nocera
CGI Deutschland Ltd.
selina.nocerai@cgi.com

Prof. Dr. Martin Przewloka
Institut für Digitale Assistenzsysteme und Provadis School of Management and Technology
martin.przewloka@mnd.thm.de und martin.przewloka@institut-das.de

Geobasierte Analyse von Reiseberichten aus den USA

Fahri Özünlü, Thomas Barton

Zusammenfassung

Dieser Beitrag beschäftigt sich mit der Analyse von unstrukturierten Daten, die auf einer Online-Plattform für Reiseblogs generiert wurden. Hierzu werden die Daten in eine dokumentenbasierte NoSQL-Datenbank gespeichert, unter Verwendung von geographischen Informationen mit dem Aggregation Framework der MongoDB analysiert und mit der statistischen Programmiersprache R visualisiert. Alle Analysen, die sowohl die Datenoperationen mittels des Aggregation Frameworks als auch die Visualisierungen umfassen, erfolgen ausschließlich mit der Programmiersprache R. Dies hat den Vorteil, dass der gesamte Quellcode dynamisch ist und flexibel gewartet, erweitert sowie wiederverwendet werden kann, da man nicht zwischen verschiedenen Programmiersprachen, Entwicklungsumgebungen oder Anwendungen wechseln muss.

1 Einleitung

Millionen von Menschen bloggen tagtäglich auf sogenannten Weblogs. Menschen nutzen Blogs, um anderen Menschen Einblicke in ihr Leben und ihre persönlichen Standpunkte zu bieten, während Unternehmen darin die Chance sehen, ihre Bekanntheit zu steigern, mit potenziellen Kunden in interaktiven Kontakt zu treten und ihre Ideen auf dem Markt bekannt zu machen. Besondere Popularität genießt heute auch das Bloggen über Reisen. Das deutsche Weblog-Verzeichnis bloggerei.de geht von fast 900 Reiseblogs in Deutschland aus, die internationale Blogosphären-Suchmaschine technorati.com listet sogar mehr als 20.000 Blogs weltweit, die sich mit dem Thema Reisen beschäftigen [Haar18].
Die Menge an reisebezogenem Content im Internet hat in den letzten Jahren sehr stark zugenommen. Es ist problemlos möglich, Reisen online zu planen und vorzubereiten. Währenddessen ermutigen aktuelle Web-Technologien immer mehr Menschen, nicht nur Informationen zu konsumieren, sondern sich selbst aktiv zu beteiligen. So sind Menschen immer häufiger dazu bereit, ihre Erfahrungen und Erlebnisse in Weblogs oder Foren in Form von textuellen Berichten, Fotos und Videos festzuhalten und zu publizieren. So kommt es vor, dass Menschen trotz des Zugangs zu vielen Reiseinformationen – z. B. Urlaubspakete, Flüge und Hotels, die von Reiseportalen und Reisebüros angeboten werden – Erfahrungen und Anleitungen von anderen Reisenden präferieren [Hao10].
Aus Reiseberichten lassen sich viele wichtige und interessante Informationen gewinnen, z. B. ortsbezogene Informationen zu Attraktionen und Sehenswürdigkeiten wie der Golden Gate Bridge, Aktivitäten und Erlebnissen wie Tauchen und Surfen, aber auch Wissen über Geschichte und Kultur [Hao10]. Die Unmengen an generierten Daten zu den verschiedenen Reisezielen, Sehenswürdigkeiten und Reiseverhalten der Blogger bringen aber auch eine komplett neue und technologisch anspruchsvolle Herausforderung mit sich. Sie liegen meist in unstrukturierter Form vor und sind deshalb schwer zu extrahieren und zusammenzufassen. Damit diese wertvollen Informationen auch effektiv genutzt werden können, müssen sie

aggregiert und in einer geeigneten Form analysiert werden [GrBa18]. Nur dann bieten sie auch einen Mehrwert.

2 Moderne Technologien zur Speicherung und zur Analyse von Daten

In Zeiten der Digitalisierung existieren ganz neue Anforderungen an eine zeitgemäße und informationstechnische Verarbeitung, Strukturierung und Systematisierung von Daten. Die Verarbeitung von Massendaten gewinnt große Bedeutung bspw. bei der Auswertung von Datenströmen, die in Industrie, Handel, im Web-Umfeld oder durch wissenschaftliches Rechnen in der Klimaforschung oder in der Kernphysik generiert werden. Betrachtet man z. B. ein weltweit genutztes soziales Netzwerk, das als eine Web-Anwendung die Kommunikation zwischen Mitgliedern durch Beiträge, Nachrichten und „Likes" ermöglicht. Solch eine Plattform generiert ein extrem hohes Datenaufkommen in parallelen Abläufen, was eine verteilte Datenhaltung mit replizierten Daten sinnvoll erscheinen lässt. Von den Mitgliedern wird höchste Verfügbarkeit der Daten erwartet, während die Erwartungen an die Konsistenz zweitrangig sind, denn es spielt keine entscheidende Rolle, ob geographisch weit entfernte Mitglieder vorübergehend eine unterschiedliche Anzahl an Likes oder eine unterschiedliche Sicht auf Kommentare haben. Hinzu kommt, dass die Kommunikation zwischen dem Client und dem Web-Server oft auf JSON basiert, ein Standard zur Darstellung semistrukturierter Informationen in Attribut-Wert-Paaren. Durch diese Eigenschaften ist die Nutzung eines relationalen DBMS mit einem starren Schema und mit ACID-Transaktionen nicht das optimale Werkzeug für eine verteilte und skalierbare Datenhaltung im Web-Umfeld. Diese Entwicklung hat dazu geführt, dass unter dem Schlagwort NoSQL zahlreiche alternative Datenbankformen entwickelt wurden [GlCh16]. Heute existieren bereits 225 NoSQL-Datenprodukte und immer mehr Open-Source-Produkte kommen hinzu [OvNo18]. Die heute verfügbaren NoSQL-Datenbanken lassen sich in unterschiedliche Kategorien, wie beispielsweise Key Value Stores, Document Stores, Columnar Stores und Graph Databases, untergliedern, je nachdem für welche Problemstellung sie konzipiert und optimiert wurden.

2.1 NoSQL-Datenbanken am Beispiel von MongoDB

MongoDB ist ein Open-Source-Projekt des Unternehmens 10gen aus New York und gehört zu den Projekten der NoSQL-Vertreter mit einer hohen Sichtbarkeit, das mit dem Ziel einer möglichst hohen Leistung entwickelt wurde, d. h. sehr kurzen Reaktionszeiten auch bei großen Datenmengen. Es gehört zur Familie der dokumentorientierten Datenbanken [EdFr11]. Dies bedeutet, dass die Daten als eine Sammlung (Collection) von Dokumenten gespeichert und durch eindeutige Namen (Keys) referenziert. Die Dokumente, bei denen es sich um JSON-Objekte handelt, haben untereinander keine Beziehung und sind vollkommen frei bezüglich ihrer Struktur oder ihres Schemas. Dadurch kann das Schema verwendet werden, das für die Applikation benötigt wird. Wenn neue Anforderungen auftreten, ist eine Anpassung leicht möglich. Andersartige Schemata oder auch schemalose Daten können in derselben Datenbank gespeichert werden. Dokumentorientierte Datenbanken verfügen über keine Mittel zur Verarbeitung von Dateiinhalten, weshalb der Datenzugriff vollständig durch die Applikation zu leisten ist. Somit ist auch die Programmierung etwas aufwendiger [Mei18]. Diese Datenbanken haben den Vorteil, dass, je nach Art und Strukturierung der Dokumente, Abfragen möglich sind, die auch in SQL denkbar wären. Hinzu kommt, dass man durch den

Verzicht eines Schemas große Flexibilität beim Umgang mit großen Datenmengen von unterschiedlicher Struktur hat, da jedes Dokument einen eigenen Strukturaufbau aufweisen kann. Die Datenverwaltung durch Dokumente bietet einen nennenswerten Geschwindigkeitsvorteil gegenüber relationalen Datenbankmanagementsystemen, da hier Informationen aggregiert werden, die sonst erst über mehrere Tabellen durch Joins zusammengefasst werden müssten. Durch die aggregierte Speicherform ist das System zudem horizontal skalierbar [OvDo15]. Diese Eigenschaften machen MongoDB zu einer Datenbank für umfangreichere zusammenhängende Datenstrukturen wie einen Blogpost mit Kommentaren ohne relationale Beziehung zu anderen Datenstrukturen. Es muss aber auch erwähnt werden, dass Transaktionen nur auf der Ebene des einzelnen Dokuments atomar sind. Das stapelweise Einfügen oder Bearbeiten von Dokumenten kann demnach nicht als atomare Transaktion durchgeführt werden. Typische Anwendungsfälle für MongoDB sind Content-getriebene Anwendungen, bspw. ein Content-Management-System oder ein Weblog. Weniger geeignet ist MongoDB für Geschäftsanwendungen, bei denen die Konsistenz der Daten und die Dauerhaftigkeit der Speicherung wichtige Faktoren sind [EdFr11]. MongoDB stellt das native Datenverarbeitungswerkzeug Aggregation Framework zur Verfügung. Mit diesem ist es möglich, Ad-hoc-Analysen und statistische Analysen in Echtzeit durchzuführen. Die Ausführung der Aggregationen erfolgt in verschiedenen Etappen, die die Teile einer Aggregation Pipeline bilden. Bei der Pipeline dient die Ausgabe eines Befehls der Eingabe des nächsten Befehls. Mit dem Aggregation Framework können Daten gruppiert, sortiert oder durch weitere Operationen anderweitig transformiert werden, bevor sie an die Anwendung zurückgegeben werden. Auf gruppierte Daten können dann Befehle wie $sum für die Summierung von Werten, $avg für die Berechnung des Durchschnitts und $min bzw. $max für die alleinige Berücksichtigung des kleinsten bzw. größten Wertes angewendet werden [Houl14].

2.2 *Programmiersprache R*

R ist eine Open-Source-Programmiersprache, die insbesondere für die Analyse und Visualisierung von statistischen Fragestellungen bestens geeignet ist. Sie unterscheidet sich von anderen statistischen Programmiersprachen vor allem in der Verfügbarkeit von Zusatzfunktionen in Form sogenannter Pakete. Derzeit existieren mehr als 12.000 solcher Pakete, die geschätzt mehr als 220.000 Funktionen beinhalten und von unabhängigen Entwicklern überall auf der Welt entwickelt werden [Zuck18]. Neben dem Basispaket, das eine hohe Funktionalität für die Anwendung von statistischen Verfahren und grafischen Visualisierungsmöglichkeiten für Daten besitzt, können mit der großen Anzahl zusätzlicher R-Pakete modernste statistische Verfahren für die unterschiedlichsten Datensituationen und Einsatzzwecke, bspw. statistische Modellierung, Text Mining, Data Mining und sogar Machine Learning, angewendet werden [Schae09]. Ein Beispiel für ein solches Paket ist Mongolite. Hierbei handelt es sich um einen MongoDB-Client, der erlaubt, Daten nach R zu extrahieren und auf diesen performanten Datenoperationen wie Aggregation, Indizierung, Verschlüsselung oder MapReduce und Data-Mining-Verfahren anzuwenden.

Mit dem Befehl `install.packages("mongolite")` lässt sich Mongolite in R installieren. Danach kann mit dem folgenden Befehl eine Verbindung zu einem MongoDB-Server hergestellt werden:

```
mongodb_connection <- mongo(collection = "posts_traveloca",
db = "Traveloca", url = "mongodb://localhost")
```

Mit den Argumenten db und collection werden dabei der Name der Datenbank und die Collection angegeben, mit welchen man sich verbinden möchte. Die URL ist eine eindeutige Adresse, die den Datenbankserver und einen bestimmten Host angibt.
Sobald die Verbindung hergestellt ist, können mit dem folgenden Befehl die Daten gelesen und nach R geladen werden. Dabei werden nur die Daten berücksichtigt, die aus dem Land USA stammen:

```
traveloca_daten   <-   mongodb_connection$find('{"post_meta.country":
"US"}')
```

Mit der Methode aggregate() können die Daten nun mittels des Aggregation Frameworks der MongoDB verarbeitet werden. Die untenstehende Aggregation berechnet die Anzahl der Dokumente aus dem Land USA und gruppiert sie nach Jahren:

```
aggregation <- mongodb_connection$aggregate('[
{"$match": {"post_meta.country": "US"}},
{"$group": {"_id": {"post_date": {"$year":"$post_date"}},
"count": {"$sum":1}}}]')
```

3 Analyse und Visualisierung von Reiseblogs

In dieser Arbeit werden Reiseberichte aus dem Blogging-Dienst *Traveloca.com*, ein Anbieter für private Reiseblogs, analysiert. Auf dieser Blogging-Plattform können Blogger ihre Reiseerlebnisse und -erfahrungen festhalten und diese mit Freunden und Bekannten teilen. Die interaktive Gestaltung der Plattform ermöglicht Nutzern, sich gegenseitig auszutauschen, Reisewege zu verfolgen und zu kommentieren. Hinzu kommt, dass die Anwendung plattformübergreifend funktioniert, sodass Beiträge auch über das Smartphone oder Tablet publiziert werden können. Heute zählt die Plattform mehr als 35.000 Abonnenten und umfasst etwa 29.000 Blogs.
Für dieses Projekt wurden insgesamt 84.419 Datenzeilen im JSON-Format zur Verfügung gestellt. Die JSON-Datei wurde dokumentenbasiert in MongoDB importiert. Jedes Dokument umfasst dabei einen Reisebericht auf Traveloca. Neben der Dokumenten-ID erhält man pro Dokument geographische Informationen wie Land, Stadt und Angaben zum Längen- und Breitengrad des jeweiligen Reiseberichts. Außerdem erfährt man, in welcher Sprache der Beitrag verfasst wurde und wie viele Personen ihn mit einem Like versehen haben. Zudem erhält man Informationen zum Inhalt des Reiseberichts selbst. Diese umfassen neben dem Status des Beitrags u. a. den Titel, den Inhalt und Informationen zum Verfasser wie die User-ID. Diesen Informationen folgen weitere Informationen, z. B. eine eindeutige ID des Posts, das Veröffentlichungs- und gegebenenfalls das Änderungsdatum und eine URL, unter der dieser jeweilige Beitrag zu finden ist.
In der Abbildung 1 sieht man anhand der farblichen Markierung, die von dunkelgrün für wenige Besucher bis dunkelrot für viele Besucher verläuft, auf einen Blick sehr gut, welche Länder beliebte Reiseziele sind. Vor allem die Ziele Deutschland, die USA, Australien und Neuseeland sind sehr beliebt, während die Länder in Nordafrika sehr wenig bis gar nicht besucht werden.

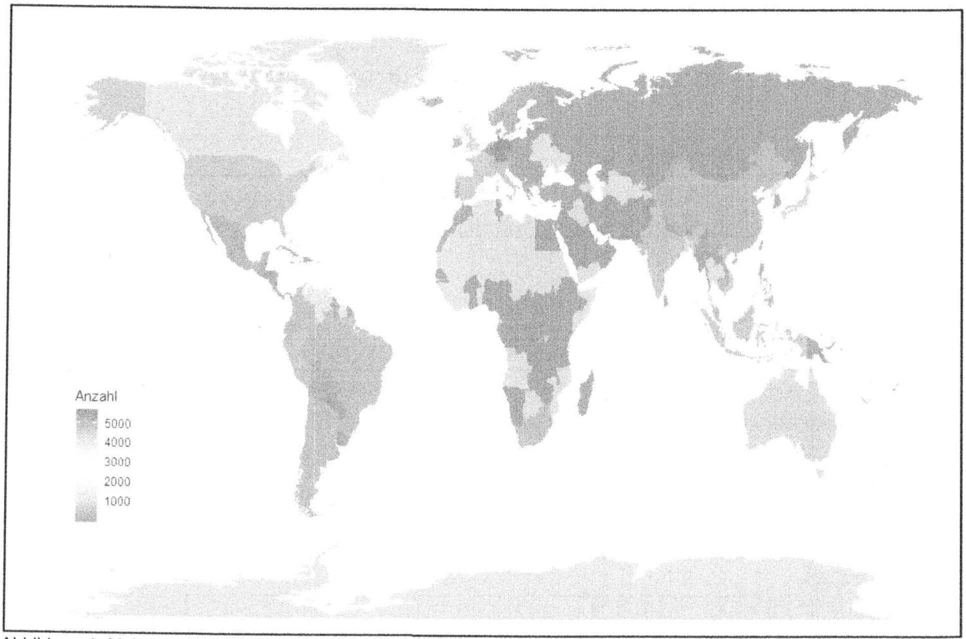

Abbildung 1: Meistbesuchte Länder

Wie man in Abbildung 2 sieht, wurde die Plattform am aktivsten zwischen 2015 und 2016 genutzt. Die Anzahl der veröffentlichten Reiseberichte ist vor allem zwischen 2013 und 2016 innerhalb von drei Jahren sehr stark gestiegen und seit dem Jahr 2017 wieder deutlich zurückgegangen.

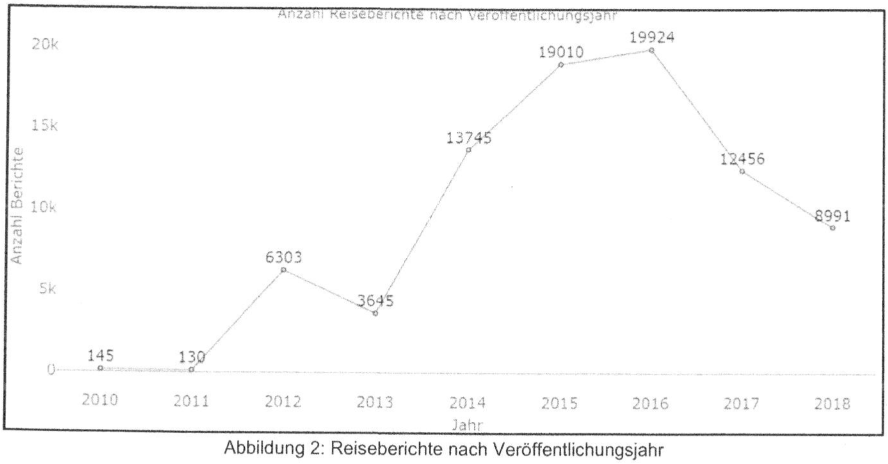

Abbildung 2: Reiseberichte nach Veröffentlichungsjahr

Die Beiträge werden dabei in unterschiedlichen Sprachen verfasst, was vor allem ein Indiz für die multikulturelle Aufstellung und Internationalisierung des Blogs ist. 68,9 %, also 53.573 von knapp 80.000 Reiseberichten, sind in der deutschen Sprache geschrieben. Mit 25,1 %, also insgesamt 19.504 Berichte, folgt die englische Sprache. Reiseberichte in den Sprachen Französisch, Niederländisch und Spanisch haben einen Gesamtanteil von 6 %. Im weiteren Teil dieser Arbeit wird die Destination USA näher betrachtet, die nach Deutschland das beliebteste Reiseziel der Blogger auf *Traveloca.com* ist. Als eines der größten und vielfältigsten Länder der Welt bieten die Vereinigten Staaten eine erstaunliche Anzahl von Reisezielen, die von den Wolkenkratzern von New York und Chicago, den Naturwundern von Yellowstone und Alaska bis zu den sonnigen Stränden von Kalifornien, Florida und Hawaii reichen.

4 Analyse und Visualisierung der Reiseberichte aus den USA mit dem Aggregation Framework der MongoDB

4.1 Reiseziel USA

Zunächst einmal ist es interessant zu betrachten, welche Regionen innerhalb der USA am häufigsten besucht werden. Anhand der Latitude- und Longitude-Informationen in den Rohdaten kann der genaue Standort eines Beitrags ermittelt werden. Die Filterung des Landes wird bewusst in der Aggregation vorgenommen. So ist es möglich, sehr flexibel den ISO-Ländercode von „US" auf bspw. „DE" zu ändern, um das Land zu wechseln. Für diese Fragestellung eignet sich eine Heatmap sehr gut. Mithilfe verschiedener Farben und Häufungen von Daten lässt sich ablesen, welche Regionen der USA besonders viele Reisende auf sich ziehen.

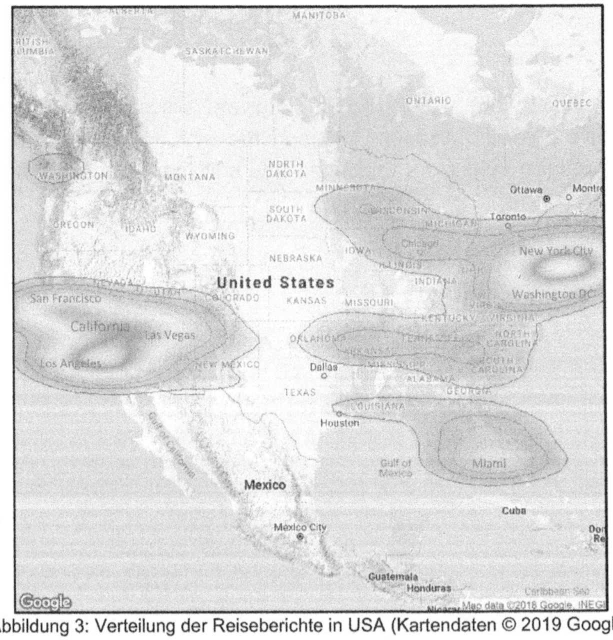

Abbildung 3: Verteilung der Reiseberichte in USA (Kartendaten © 2019 Google)

Man sieht in Abbildung 3, dass vor allem die Westküste der USA mit den US-Bundesstaaten Kalifornien und Nevada sowie die Ostküste mit New York und dem Bundesdistrikt Washington DC sehr beliebte Reiseziele sind. Weitere Hotspots sind Washington und Florida. Für eine detaillierte Betrachtung werden West- und Ostküste im Folgenden separat betrachtet.

4.2 Analyse der Reiseberichte aus der Westküste der USA

Zunächst einmal müssen die Daten extrahiert werden, die aus Reiseberichten aus der Westküste stammen. Dies erfolgt durch die Eingrenzung von Latitude- und Longitude-Informationen, die folgendermaßen aussieht:

```
aggregation <- aggregation[aggregation$Latitude > 30 &
aggregation$Latitude < 58 & aggregation$Longitude > -125 &
aggregation$Longitude < -115,]
```

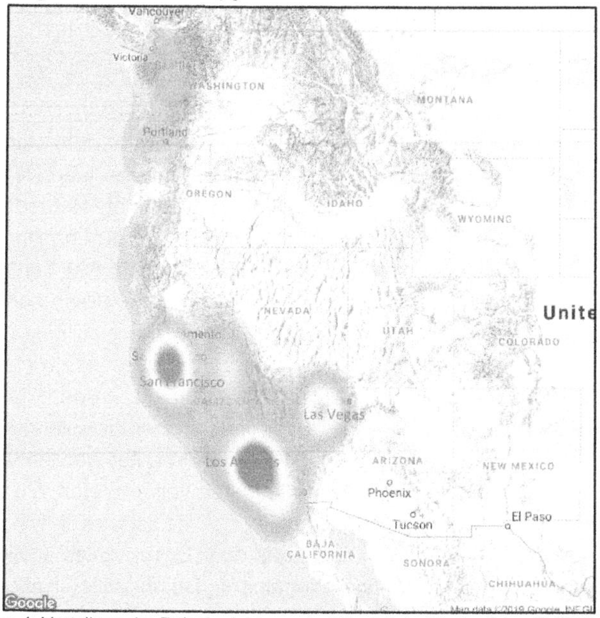

Abbildung 4: Verteilung der Reiseberichte an der Westküste (Kartendaten © 2019 Google)

Somit werden nur die Reiseberichte betrachtet, die im Längengrad zwischen -115 und -125 sowie im Breitengrad zwischen 30 und 58 publiziert wurden. Wird nun die Heatmap auf Basis der eingegrenzten Daten erstellt, sieht man in Abbildung 4, dass die Städte Los Angeles und San Diego sowie San Francisco im US-Bundesstaat Kalifornien sehr beliebt sind. Weiterhin sieht man, dass ebenso Las Vegas eine sehr häufig besuchte Destination ist.

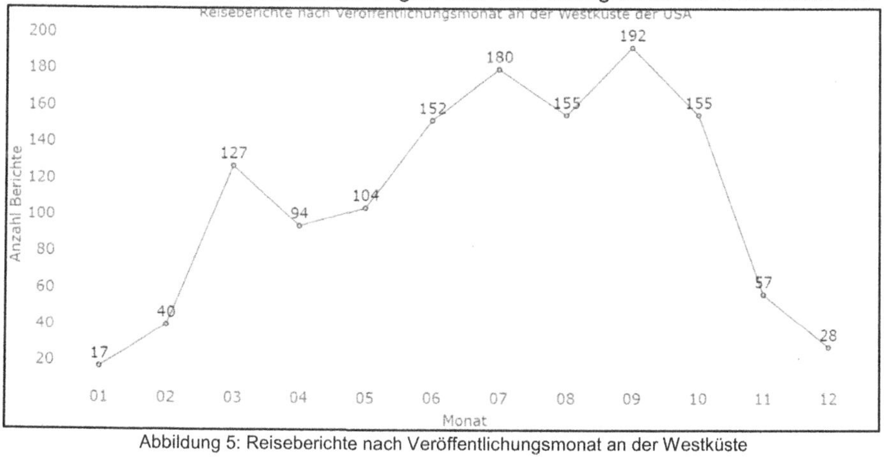

Abbildung 5: Reiseberichte nach Veröffentlichungsmonat an der Westküste

In der Abbildung 5 sieht man, dass Blogger besonders häufig in den Monaten Juli bis September an die Westküste reisen. In den Monaten Januar und Februar sowie November und Dezember hingegen ist die Anzahl der Reisenden relativ gering.
Vergleicht man diese Grafik nun mit der Klimatabelle von Los Angeles in Kalifornien (Tabelle 1), so ist zu erkennen, dass von Juli bis September die besten Temperaturen herrschen, was mit der steigenden Anzahl der Reiseberichte von Juli bis September einhergeht.

	Januar	Februar	März	April	Mai	Juni	Juli	August	September	Oktober	November	Dezember
Max. Temperatur °C	19.5	19.3	19.3	20.6	21.2	22.7	24.3	24.9	24.7	23.9	22.4	19.9

Tabelle 1: Klimatabelle Los Angeles

Interessant ist es auch zu wissen, für was sich die Reisenden interessieren. Ob für den Abenteurer, den Städtereiser, den Strand- oder Naturliebhaber – jede Destination hat meist ihre ganz individuellen Highlights. Mittels moderner Text-Mining-Methoden ist es möglich, die Texte in den Reiseberichten zu untersuchen und die am häufigsten verwendeten Keywords hervorzuheben. Hierfür werden die Textinhalte intensiv bereinigt. Sogenannte Stopwords, also Wörter, die in einer Sprache sehr häufig vorkommen und keinen Informationswert haben, werden exkludiert. In der deutschen Sprache sind dies beispielsweise bestimmte und unbestimmte Artikel und Präpositionen wie „an“ oder „in“. „A“, „the“, „of“ sind wiederum englische Stopwords. Da Wörter einzeln summiert werden, ist es weiterhin notwendig, alle Leerzeichen zu löschen. So wird verhindert, dass beispielsweise das „Los“ von Los Angeles oder „Valley“ von Death Valley getrennt betrachtet werden. In der nachfolgenden Wordcloud (Abbildung 6), die die 20 am häufigsten verwendeten Wörter darstellt, fallen insbesondere Städte und Sehenswürdigkeiten auf. Dies ist ersichtlich durch die vielen Städte wie San Francisco, San Diego, Las Vegas oder Los Angeles sowie durch die vielen Sehenswürdigkeiten wie den Yosemite-Nationalpark, Death-Valley-Nationalpark oder den Lake Tahoe.

Abbildung 6: Interessen der Reisenden an der Westküste

4.3 Analyse der Reiseberichte aus der Ostküste der USA

Für die Ostküste werden die relevanten Daten folgendermaßen exkludiert:

```
aggregation <- aggregation[aggregation$Latitude > 25 &
aggregation$Latitude < 58 & aggregation$Longitude > -81.7 &
aggregation$Longitude < -65,]
```

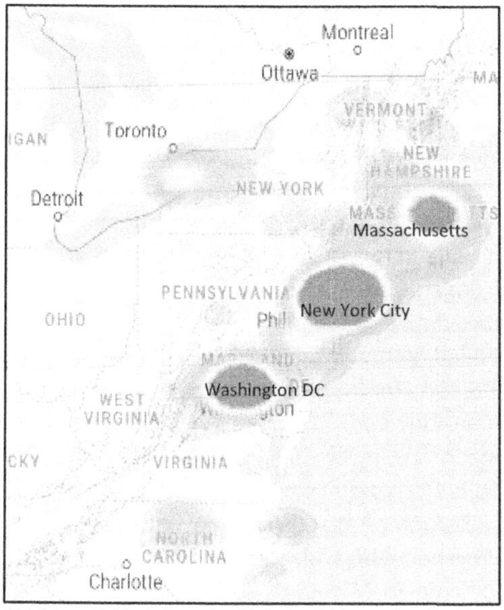

Abbildung 7: Verteilung der Reiseberichte an der Ostküste (Kartendaten © 2019 Google)

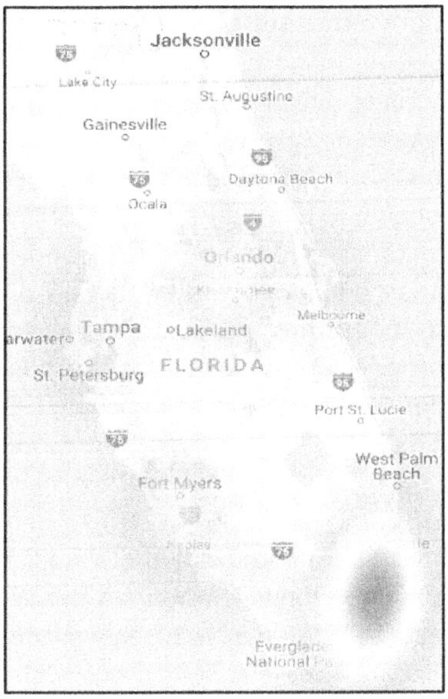

Abbildung 8: Verteilung der Reiseberichte in Florida (Kartendaten © 2019 Google)

Somit werden nur die Reiseberichte betrachtet, die im Längengrad zwischen -81,7 und -65 sowie im Breitengrad zwischen 25 und 58 publiziert wurden. Schaut man sich in Abbildung 7 die Verteilung der Reiseberichte an der Ostküste an, fällt auf, dass vor allem New York, Boston und Washington DC besondere Hotspots sind. Ebenso ist Florida (Abbildung 8) ein sehr beliebtes Reiseziel, weshalb diese Region getrennt aufgeführt wird. Betrachtet man in diesen beiden Regionen die Interessen der Reisenden, fällt in der Abbildung 9 und 10 auf, dass man bei den Reisenden an die Ostküste zwischen denen unterscheiden kann, die eher die Städte wie beispielsweise New York oder Washington DC besuchen, und solchen, die sich für die Sehenswürdigkeiten wie die Niagarafälle interessieren. Die Reisenden nach Florida hingegen genießen die Strände Miamis aber auch Sehenswürdigkeiten wie den Everglades-Nationalpark oder die Universal Studios.

Abbildung 9: Interessen der Reisenden an der Ostküste

Abbildung 10: Interessen der Reisenden in Florida

5 Zusammenfassung und Ausblick

Das Ziel dieser Arbeit lag darin, unstrukturierte Daten, die auf einem sozialen Netzwerk generiert wurden, zu verarbeiten und zu analysieren. Hierzu werden die Daten in eine dokumentenbasierte NoSQL-Datenbank gespeichert, unter Verwendung von geographischen Informationen mit dem Aggregation Framework der MongoDB analysiert und mit der statistischen Programmiersprache R visualisiert. Alle Analysen, die sowohl die Datenoperationen mittels des Aggregation Frameworks als auch die Visualisierungen umfassen, konnten ausschließlich mit R erfolgen. Dies hat den Vorteil, dass der gesamte Quellcode dynamisch ist und flexibel gewartet, erweitert sowie wiederverwendet werden kann, da man nicht zwischen verschiedenen Programmiersprachen, Entwicklungsumgebungen oder Anwendungen wechseln muss. Exemplarisch wurde das anhand von Reiseberichten vorgestellt, die in den USA erstellt wurden. Es konnte aufgezeigt werden, dass vor allem die Westküste der USA mit den US-Bundesstaaten Kalifornien und Nevada sowie die Ostküste mit New York und dem Bundesdistrikt Washington DC sehr beliebte Reiseziele sind. Weitere Hotspots sind Washington und Florida. Sowohl an der West- als auch an der Ostküste werden insbesondere die großen Städte sowie Sehenswürdigkeiten besucht. Reisende, die die Strände von USA genießen möchten, halten sich währenddessen in Miami an der Ostküste auf. Aus Reiseberichten lassen sich demnach viele wichtige und interessante Informationen gewinnen. All diese können Reisende beispielsweise für ihre eigene Reiseplanung verwenden, indem sie von Erfahrungen und Anleitungen von anderen Reisenden profitieren. Im Rahmen zukünftiger Analysen soll einerseits die Attraktivität der Destinationen näher untersucht werden. Auf der anderen Seite sollen Reiseroute und Aufenthaltsdauer an einzelnen Orten beleuchtet werden.

Literaturverzeichnis

[EdFr11] Edlich, Stefan; Friedland, Achim; Hampe, Jens; Brauer, Benjamin; Brückner, Markus: NoSQL – Einstieg in die Welt nichtrelationaler Web 2.0 Datenbanken, 2. Auflage, Hanser Verlag, München 2011.

[GlCh16] Gluchowski, Peter; Chamoni, Peter: Analytische Informationssysteme – Business Intelligence-Technologien und -Anwendungen, 5. Auflage, Springer Gabler, Heidelberg 2016.

[GrBa18] Graf, Marco; Barton, Thomas: Analyse von Reiseblogs oder: Was können wir aus Reiseberichten über das Verhalten von Reisenden lernen? in Barton, Thomas; Müller, Christian; Seel, Christian (Hrsg): Digitalisierung in Unternehmen – Von den theoretischen Ansätzen zur praktischen Umsetzung, 1. Auflage, Springer Vieweg, Wiesbaden 2018, S. 219 - 234.

[Haar18] Haarkötter, Hektor: Einmal ums Blog! Influencer, Social Media-Helden: Wie Reisejournalismus sich verändert, http://www.hektormedia.de/Dokumente/2017_09%20-einmalumdenblog.pdf, Abruf am 02.02.2019.

[Hao10] Qiang Hao; Rui Cai; Changhu Wang; Rong Xiao; Jiang-Ming Yang; Yanwei Pang; Lei Zhang: Equip Tourists with Knowledge Mined from Travelogues, 2010, http://www.ramb.ethz.ch/CDstore/www2010/www/p401.pdf, Abruf am 02.02.2019.

[Houl14] Houlihan, Rick: The Aggregation Framework, 2014, https://-www.mongodb.com/presentations/aggregation-framework-0, Abruf am 05.02.2019.

[Mei18] Meier, Andreas: Werkzeuge der digitalen Wirtschaft – Big Data, NoSQL & Co., 1. Auflage, Springer Vieweg, Wiesbaden 2018.

[OvDo15] o. V.: Dokumentorientierte Datenbanken, 2015, http://wi-wiki.de/-doku.php?id=bigdata:dokumentdb, Abruf am 05.02.2019.

[OvNo18] o. V.: List of NoSQL Databases, http://nosql-database.org/, Abruf am 05.02.2019.

[Schae09] Schäfer, Christian; Scheer, Jens-Uwe: Statistisches Tutorium für Wirtschaftswissenschaftler, 1. Auflage, Gabler, Wiesbaden 2009.

[Zuck18] Zuckarelli, Joachim: Was ist R?, https://www.informatik-aktuell-.de/entwicklung/-programmiersprachen/was-ist-r.html, Abruf am 04.02.2019.

Kontakt

Fahri Özünlü
Dörrhorststraße 6, 67059 Ludwigshafen
M +49 162 2545347, fahri.oezuenlue@outlook.com

Prof. Dr. Thomas Barton
Hochschule Worms, Fachbereich Informatik
Erenburgerstraße 19, 67549 Worms
M +49 170 8596690, barton@hs-worms.de, prof-barton.de

Reifegradmodelle

Ansatz zur Bestimmung der ERP-Reife mittelständischer Unternehmen

Sandy Eggert

Zusammenfassung

Mit der Einführung von ERP-Lösungen ist neben hohen Investitionskosten auch ein enormer Einsatz unterschiedlicher Maßnahmen zur Veränderung von Geschäftsprozessen verbunden. Obwohl Einführungen oft mit Hilfe standardisierter Vorgehensmodelle erfolgen, scheitern viele ERP-Projekte oder gelten als weniger erfolgreich. Dieser Beitrag zeigt die Entwicklung eines Ansatzes zur ERP-Reifegradmessung auf. Mit Hilfe des Reifegradmodells soll eine ERP-Reifegradeinschätzung mittelständischer Unternehmen vor einer ERP-Einführung ermöglicht werden. Dadurch können gezielte unternehmensspezifische Maßnahmen zur Sicherung des Erfolges des ERP-Einführungsprojektes abgeleitet werden.

1 Einleitung

ERP-Einführungen sind mit einem hohen Aufwand und hohen Investitionskosten verbunden. Jedoch werden im Nachhinein fünfzig bis neunzig Prozent aller Projekte als wenig erfolgreich oder gar gescheitert beurteilt [Bark03], [Gram11]. Solche Einführungsprojekte werden oft mit standardisierten Vorgehensmodellen von ERP-Anbietern oder Beratungen realisiert (siehe z.B. [Asen10], [Schü10], [Paul12]). Ein wesentlicher Vorteil dieser Vorgehensmodelle ist die Praxiserprobung [Egge17a]. Weiterhin sind Vorgehensmodelle von ERP-Anbietern oft auf die einzuführende Software abgestimmt. Ein grundlegender Nachteil dieser Modelle zeigt sich jedoch darin, dass die Ausgangslage des Anwenderunternehmens weitestgehend unberücksichtigt bleibt. Die Ausgangssituationen der potenziellen Anwenderunternehmen können höchst unterschiedlich sein, bspw. kann grob zwischen sehr erfahrenen ERP-Anwendern und Unternehmen ohne jegliche ERP-Kenntnis unterschieden werden [Gron15]. Dabei sind neben der Tiefe der ERP-Kenntnisse und -Erfahrungen insbesondere die Dokumentation der Prozess- sowie Systemlandschaft, der Grad der Automatisierung, der im Unternehmen realisierten Maßnahmen auf dem Weg zur Digitalisierung sowie die Unternehmenskultur zu berücksichtigen. Diese Aspekte werden jedoch in bekannten Modellen wie auch in Vorgehensmodellen mit wissenschaftlichem Hintergrund weder ausreichend analysiert noch beachtet [Niel14]. Oft sind es gerade die spezifischen Gegebenheiten des Anwenderunternehmens, die für Erfolg und Misserfolg einer ERP-Einführung verantwortlich sind [Hilg14]. Demnach stellt sich die Frage, in welcher Form die Ausgangslage des Anwenderunternehmens bei der ERP-Einführung Berücksichtigung finden kann. Eine Möglichkeit der Darstellung bieten sogenannte Reifegradmodelle. Diese sollten mithilfe einer entsprechenden Reifegradeinschätzung auf die Ableitung geeigneter Maßnahmen zielen, welche im Hinblick auf die ERP-Einführung zu einem höheren ERP-Projekterfolg führen [Egge17a].

2 Nutzen der Reifegradbestimmung

Ein Reifegrad beschreibt im Allgemeinen die Reife eines Betrachtungsfeldes innerhalb einer bestimmten Methode oder eines Handlungs- bzw. Führungsmodells [Wall07]. In diesem Modell, dem sogenannten Reifegradmodell, werden unterschiedliche Reifegrade zur Beurteilung des betrachteten Objektes oder Bereiches definiert. Zur Einordnung in Reifegrade werden vordefinierte Kriterien in unterschiedlichen Ebenen hinzugezogen. Dies ermöglicht eine Einordnung des betrachteten Objekts oder Bereichs und ein Ist-Zustand entlang der im Reifegradmodell definierten Kriterien ist ableitbar [Egge17a]. Im Anschluss sollten entsprechende Maßnahmen hinsichtlich der Zielstellung innerhalb des Betrachtungsfeldes zugeordnet werden können. Bekannte Reifegradmodelle sind CMMI (Capability Maturity Model Integration) und SPICE (Software Process Improvement and Capability Determination) [GeLJ10]. Diese Modelle wurden vorrangig für die Bereiche Softwareentwicklung und Prozessmanagement entwickelt. Weiterhin existieren Ansätze zur reifegradorientierten Planung und Steuerung von Produktionsabläufen [SeSc15].

Da ERP-Einführungen eine große organisatorische und auch kostenintensive Herausforderung vor allem für mittelständische Unternehmen darstellen, wird das Ziel verfolgt, Reifegradmodelle als Instrument zur Bewertung der ERP-Reife einzusetzen, um gezielt Maßnahmen zur Unterstützung der ERP-Einführung ableiten zu können [Egge17a].

2.1 Definition ERP-Reife

Unter der ERP-Reife ist der Grad an Erfahrungen im Betrachtungsfeld der unternehmensweiten betrieblichen Anwendungen zu verstehen. In den Erfahrungen spiegeln sich insbesondere Dauer und Umfang der Nutzung, d.h. die Nutzungsintensität von betrieblichen Anwendungen unterschiedlicher Komplexität zur Ressourcenverwaltung im Unternehmen wieder [Egge17a]. Auch die Integration des Systems bzw. der Systeme in die Prozesslandschaft und das damit verbundene Prozessverständnis sind hierbei zu berücksichtigen.

2.2 Ziel der ERP-Reifegradbestimmung

Anbieter von ERP-Systemen, insbesondere für KMU können mithilfe der Reifegradbestimmung besser die Unternehmenssituation der Anwender einschätzen und begleitende Maßnahmen zur Einführung des ERP-Systems ermitteln. Dies ermöglicht es, die individuellen Bedürfnisse des Unternehmens besser zu berücksichtigen. Die abgeleiteten Maßnahmen, die sich aus der Anwendung einer Reifegraduntersuchung ergeben (wie z.B. Checklisten und Vorgaben zur Anpassung von Maßnahmen, Hinweise zur Teamzusammensetzung, Auswahl des Einführungspartners oder Vorschläge zur Organisation von Schulungen) sollten zur schnelleren Erreichung der gesteckten Projektziele führen und damit insgesamt den Projekterfolg sicherstellen [Egge17a].

3 Vorgehen zur Modellentwicklung

Zur Entwicklung des Ansatzes zur Bestimmung der ERP-Reife wurde zunächst das Vorgehen, angelehnt an Becker u.a. [BeKP09], festgelegt. Im ersten Schritt wurde die Zielstellung des Ansatzes definiert. Um die Rolle der ERP-Reife in Einführungsprojekten zu überprüfen, fand eine Befragung von ERP-Anbietern statt. Dabei wurde festgestellt, dass die Ausgangslage von Anwenderunternehmen im Rahmen einer ERP-Einführung bisher wenig betrachtet wird. Weiterhin wurden existierende Reifegradmodelle hinsichtlich der Eignung zur Bestimmung der ERP-Reife untersucht. Im Rahmen dieser Untersuchung konnten entsprechende Anforderungen an ein ERP-Reifegradmodell abgeleitet werden. Zudem wurde überprüft, inwiefern die existierenden Modelle diese Anforderungen erfüllen und welche Elemente für eine Modellentwicklung übernommen werden können. Die Ergebnisse dieser Analyse mündeten in den Architekturentwurf des Reifegradansatzes.

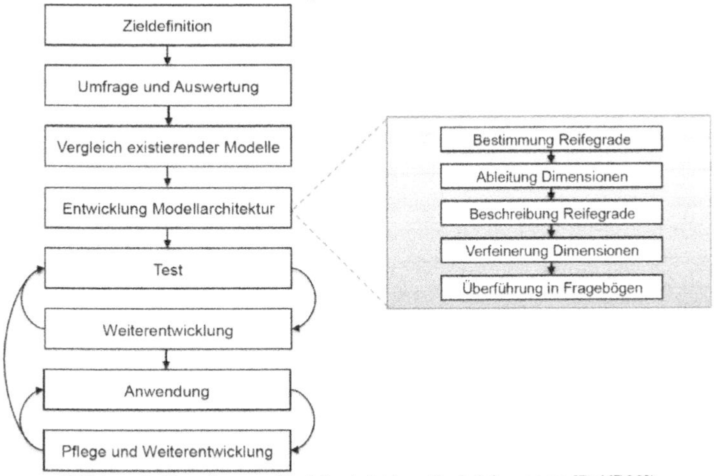

Abbildung 1: Vorgehen zur Modellentwicklung (in Anlehnung an [BeKP09]).

3.1 *Zieldefinition*

Ziel ist es, ein Reifegradmodell zur Ermittlung der ERP-Reife zu entwickeln. Dieses Reifegradmodell soll es ermöglichen, die ERP-Reife eines mittelständischen Unternehmens vor einem Einführungsprojekt zu bestimmen und das Unternehmen entsprechend einzuordnen. Mit der Einordnung in Reifegrade sollen dann entsprechende Maßnahmen abgeleitet werden können, die zur Sicherung des Projekterfolges beitragen.

3.2 *Ergebnisse der Anbieterbefragungen*

Ende 2017 und Anfang 2019 wurden zwei Anbieterbefragungen mit jeweils 83 und 58 Teilnehmern durchgeführt. Ziel war es zunächst zu ermitteln, inwieweit die Ausgangslagen der Anwenderunternehmen im Bereich KMU aktuell ermittelt und für die Einführung der ERP-Systeme genutzt werden. Die Umfragen haben gezeigt, dass die Ausgangslagen sehr unterschiedlich sein können – von keine ERP-Kenntnisse bis langjährige, ausgeprägte ERP-Erfahrungen und zudem nur unzureichend im Rahmen einer ERP-Einführung betrachtet werden [Egge17b], [Egge19a]. Weiterhin waren die Umfragen mit der Zielstellung verbunden, zu ermitteln, ob eine direkte Übertragung der Ausgangslagen in Reifegrade möglich ist. Im Ergebnis konnten Angaben der Dimensionen „Mitarbeiter" und „Prozesse" im Rahmen der Entwicklung der Betrachtungsbereiche verwendet werden.

3.3 *Vergleich existierender Modelle*

In den 1970er Jahren fanden Reifegradmodelle erstmals wissenschaftliche Betrachtung. Nolan entwickelte eines der ersten Stufenmodelle im Kontext von Informationssystemen [Nola73]. Einen höheren Bekanntheitsgrad erreichten Reifegradmodelle allerdings erst Anfang der 1990er Jahre, vor allem mit dem Capability Maturity Model for Software (CMM). Es wurde im Auftrag des US-Verteidigungsministeriums entwickelt, da zu dieser Zeit viele Softwareprojekte aufgrund von fehlender Qualität und ungeplanten Kosten gestoppt wurden [Kneu07], [Hech14]. Dieses Modell beschreibt die Reifegrade im Betrachtungsfeld der Softwareentwicklung in fünf Stufen bzw. Ebenen. Weiterentwicklungen des CMM mündeten in CMMI (Capability Maturity Model Integration) und bedienen die drei Anwendungsbereiche: Development, Acquisition und Services [ChKM09]. Neben CMMI ist SPICE (Software Process Improvement and Capability Determination) ein bekanntes Reifegradmodell, welches im Bereich des Geschäftsprozessmanagements Anwendung findet. Zudem existieren Ansätze zur reifegradorientierten Planung und Steuerung von Produktionsabläufen [SeSc15]. [EgAk18]

Für einen detaillierten Vergleich einzelner Modelle, wurden zunächst die in der Literatur häufig genannten Modelle ausgewählt: CMM, CMMI, SPICE, EDEN, BPMM, PEMM, Bootstrap und ITIL-PMF. Um diese Modelle weiter einzugrenzen, wurden Anforderungen definiert, die als Basis für einen ausführlichen Vergleich gelten. Folgende Anforderungen wurden definiert [EgAk18]: Bekanntheitsgrad/Vertretung in der Literatur, vollständige Dokumentation des Modellaufbaus/ -entwicklung, Verfügbarkeit/Zugriff/Anzahl an Veröffentlichungen sowie Aktualität.

	Bekanntheitsgrad/Vertretung in der Literatur	Vollständige Dokumentation	Verfügbarkeit/ Zugriff/Anzahl an Veröffentlichungen	Aktualität
CMM	+++	++	++	-
CMMI	+++	++	++	+++
SPICE	+++	++	+	+++
EDEN	++	++	++	+++
BPMM	++	++	++	+++
PEMM	++	++	++	+++
Bootstrap	+	+	+	-
ITIL - PMF	++	+++	+++	+++

Tab. 1: Bewertung der Reifegradmodelle zur Eingrenzung [EgAk18]

Der Bekanntheitsgrad und die Vertretung in der wissenschaftlichen Literatur geben Aufschluss über die Akzeptanz des Modells. Weiterhin geben beschriebene Anwendungsfälle Hinweise auf deren Praxistauglichkeit. Daneben ist für einen detaillierten Vergleich die Verfügbarkeit von ausführlichen Beschreibungen von Bedeutung. Auch die Aktualität der Modelle ist von Bedeutung. Somit können ältere Versionen von Weiterentwicklungen besser abgegrenzt werden. Die Bewertung erfolgt entlang einer Skala von +++ (sehr gut ausgeprägt) bis – (keine Ausprägung). Bootstrap wird für den weiteren Vergleich nicht berücksichtigt, da kaum Literatur zu diesem Modell verfügbar ist. Daneben fällt auch CMM aus der weiteren Betrachtung, da dies ein veraltetes Modell ist. Aus diesem Grund werden die Modelle CMMI, SPICE, EDEN, BPMM, PEMM und ITIL-PMF weiter untersucht. [EgAk18]

CMMI: Das Modell „Capability Maturity Model Integration" ist die Weiterentwicklung des CMM. Anlass für die Entwicklung war die Forderung des US-Verteidigungsministeriums nach einem Modell für die Verbesserung ihrer Systemprozesse. Entwickelt wurden die Reifegradmodelle CMM und CMMI mit dem Ziel, Prozesse im Bereich der System- und Softwareentwicklung zu verbessern [Kneu07]. CMMI wurde auf folgende drei unterschiedliche Anwendungsbereiche weiter entwickelt: Entwicklung (CMMI-DEV), Einkauf (CMMI-ACQ) und Dienste (CMMI-SVC) [ChKM09].

SPICE/ISO 15504: 1992 bildete sich die Working Group 10 mit dem Anspruch, eine international anerkannte Norm zur Bewertung von Softwareprozessen zu entwickeln [Wagn08]. Ziel des SPICE-Projekts war es, mithilfe eines Reifegradmodells in kürzester Zeit einen bewährten Standard zur Bemessung und Steigerung der Prozessleistungen zu veröffentlichen. Dieses Vorgehen wird auch als Assessment bezeichnet. Das 1992 gestartete Projekt konnte jedoch erst 6 Jahre später innerhalb von EU-Projekten und ab 2000 erstmalig von Unternehmen, wie z.B. aus der Automobilindustrie, getestet werden. Den ausschlaggebenden Durchbruch in der gesamten EU erfolgte durch den Einsatz in der Lieferantenbeurteilung [JacooJ].

EDEN: Das EDEN-Reifegradmodell wurde vom Business Process Management Excellence Arbeitskreis von 2006 bis 2008 entwickelt. Ziel des Arbeitskreises war es, ein möglichst praxisnahes und zugleich branchenunabhängiges Modell zu entwickeln [AlKn09]. Im Vergleich zu anderen Reifegradmodellen ist EDEN auf verschiedenen Ebenen anwendbar. Es kann auf der Organisations- sowie auf der Prozessebene zur Bewertung und Verbesserung eingesetzt werden und mit der Verzahnung von Komplementärmodulen für ein bestimmtes Anwendungsgebiet spezialisiert werden [AlKn09].

BPMM: Das „Business Process Maturity Model" wurde von der Object Management Group (OMG) im Jahre 2002 entworfen und ist eine Weiterentwicklung von CMMI. Verglichen mit dem CMMI betrachtet das BPMM die Prozesse der Organisationsebene und bezieht sich nicht nur auf die Softwareentwicklung. Das BPMM wurde als ein standardisiertes und anbieterunabhängiges Modell für den Einsatz im Bereich des Prozessmanagements entwickelt. Jedoch entstand ein sehr starker Praxisbezug zum Bereich des Strategiemanagements [HoNü09].

PEMM: Das „Process and Enterprise Maturity Model" wurde von der Unternehmensberatung Hammer and Company entwickelt. PEMM ist ein frei zugängliches Modell, welches zur selbständigen Anwendung entwickelt wurde. Mit Hilfe des PEMM können Unternehmen eine Analyse ihres Unternehmens vornehmen und sich mit Hilfe des Bewertungsschemas in eine Reifegradstufe einordnen. Das PEMM besteht aus zwei Bewertungsbögen, die unterschiedliche Handlungsfelder abdecken. Ein Fragebogen beschäftigt sich mit der Bewertung von Geschäftsprozessen und ein weiterer mit der Analyse der Unternehmensfähigkeiten [Bens09].

ITIL-Process Maturity Framework: ITIL steht für „IT Infrastructure Library" und wurde von der Central Computer and Telecommunications Agency (CCTA) entwickelt. Der Grund für die Entwicklung war, dass die britische Regierung für ihr Rechenzentrum ein Verfahren benötigte, um standardisierte sowie gleichgesetzte Verfahrensweisen einzelner Prozesse zu entwerfen und einzubinden [Schä15]. Das weiterentwickelte ITIL V3 besteht aus einem Reifegradmodell, das an das CMM, CMMI und CMMI-SVC angelehnt ist. Der Fokus des ITIL-PMF liegt in der Verbesserung von Prozessen im IT-Service Management. Zum Bewerten des Reifegrades betrachtet ITIL V3 die Bereiche Vision und Steuerung, Prozesse, Personen/ Mitarbeiter, Technologie/Tools und Kultur [Beim09]. ITIL V4 fand in diesem Vergleich keine Berücksichtigung.

	CMMI	SPICE (ISO 15504)	EDEN	BPMM	PEMM	ITIL - PMF
Autor/ Institut/ Entwickler	Software Engineering Institute (SEI), Pittsburgh/ USA	ISO (Internationale Organisation für Normung)	Arbeitskreis „BPM Excellence" des BPM Clubs Deutschland, Kompetenzzentrum für Prozessmgt FH Kaiserslautern	Object Management Group (OMG) mit über 800 Mitgliedern (z.B. IBM, Apple, Microsoft usw.)	Unternehmensberatung Hammer and Company	Central Computer and Telecommunications Agency (CCTA)
Modellname	Capability Maturity Model Integration	Software Process Improvement and Capability Determination	EDEN	Business Process Maturity Model	Process- and Enterprise Maturity Model	IT Infrastructure Library - Process Maturity
Einsatzgebiet/ Prozessgebiete	System- und Softwareentwicklung	Softwareentwicklung	Prozessmanagement, Benchmarking	Prozessmanagement	Prozessmanagement	IT Service Management
Phasen/ Charakteristika	5 Reifegrade, 6 Fähigkeitsgrade	6 Reifegrade	6 Reifgerade	5 Reifegrade	5 Reifegrade	5 Reifegrade
Projektstart/ Veröffentlichung	1991/2000	1993/2000	2006/2012	2002/2008	(Keine Angabe)	(Keine Angabe)/ 2007
Maßnahmenkataloge	Ja	Ja	Ja	indirekt	nein	Ja
Umsetzungsunterstützung	Nein	Ja	Nein	Nein	Nein	(Keine Angabe)
Entwicklungsziel	Prozessverbesserung in der Entwicklung von Produkten/ Dienstl.	Prüfung der Einhaltung von QM-Normen, Festlegung von Abweichungen	Stark praxisorientiert, breit einsetzbar, Prozessverbesserung	Strategiemanagement	Bewertungsschema zur Identifikation von Schwachstellen	Prozessverbesserung der IT Services
Methodische Anlehnung	CMM	Normen 9000-9004, CMMI, Bootstrap	Keine	CMMI	CMM, CMMI	CMM, CMMI, CMMI-SVC
Assessment-Vorgehen	Ja, SCAMP-Begutachtung durch	Ja, PAM	Ja, Selbst-Assessment mit EDEN-	Vergl. definierter Prozessbereiche	2 Bewertungsbögen, Bewertung	(Keine Angabe)

	zertifizierte Personen		Kriterienkatalog	und Bedingungen von Teilaktivitäten	der Mitarbeiter bis zur Führungsebene	
Anwendungsmöglichkeit	Selbstanwendung	Selbstanwendung	Selbstanwendung, Zertifizierung möglich	Selbstanwendung, kein Expertenwissen nötig	Selbstanwendung	Selbstanwendung
Kombinierbarkeit	Ja, mit ISO 9000	Nein	Ja, mit CMMI & SPICE auf Organisationsebene	(Keine Angabe)	Ja	Ja, u.a. mit CMMI, ISO/IEC 20000

Tab. 2: Vergleich ausgewählter Reifegradmodelle [EgAk18]

3.4 Eignung zur Bestimmung der ERP-Reife

CMMI und SPICE decken vorrangig den Bereich der Softwareentwicklung ab. SPICE, BPMM, PEMM und ITIL orientieren sich in ihrem Aufbau an CMMI, stellen aber keine offiziellen Weiterentwicklungen dar. EDEN, BPMM und PEMM beziehen sich auf das Einsatzgebiet Prozessmanagement. BPMM und PEMM beinhalten keinen direkten Maßnahmenkatalog, beziehen sich daher vorrangig auf die Einordnung in Reifegrade. Im BPMM sind lediglich Prozessziele und Teilaktivitäten hinterlegt. Die restlichen Modelle bieten einen entsprechenden Maßnahmenkatalog zur Verbesserung der Reife an. SPICE unterscheidet sich im Vergleich zu den anderen Modellen hinsichtlich der Normierung, die sich stark an die ISO-Norm 9000-9004 anlehnt. Die betrachteten Modelle sind insgesamt nur bedingt geeignet, um die ERP-Reife eines Unternehmens aus dem Bereich KMU zu ermitteln. Zur Bestimmung der ERP-Reife könnten Ansätze der CMMI-Ausprägung „Dienste“ sowie ITIL-PMF genutzt werden. Hinsichtlich des Betrachtungsbereiches kommt das ITIL-PMF dem ERP-Kontext am Nächsten. [EgAk18]

3.5 Anforderungen an ein ERP-Reifegradmodell

Für die Entwicklung eines Ansatzes zur ERP-Reifegradbestimmung ist es notwendig, entsprechende Anforderungen zur Nutzbarkeit festzulegen. Die folgenden neun Anforderungsgruppen sollen helfen, einen Modellansatz zu entwickeln [EgAk18]:

1. Als Betrachtungsbereich ist die ERP-Nutzung von KMUs festgelegt.
2. Ziel der Modellnutzung ist die Sicherstellung und Erhöhung des Erfolgs der ERP-Einführung.
3. Unter dem Aspekt der Komplexität soll der Ansatz verständlich und einfach nutzbar sein.
4. Der Ansatz soll in die wesentlichen Unternehmensbereiche gegliedert sein, die für die ERP-Nutzung relevant sind.
5. Die Unternehmensbereiche sollen in Kategorien eingeteilt sein, um eine detailliertere Sicht auf die Gegebenheiten zu erlangen.
6. Der Ansatz soll Unternehmen eine detaillierte Ist-Analyse der ERP-Reife aufzeigen können.
7. Der Ansatz soll einen Bewertungsbogen beinhalten, der zur Vereinfachung der ausführlich durchzuführenden IST-Analyse dienen soll.
8. Der Ansatz soll der Verbesserung der analysierten Gebiete dienen und Handlungsempfehlungen aufweisen.

9. Die höchste Stufe des Ansatzes soll den bestmöglichen Zustand darstellen.

Vor der Entwicklung eines neuen Ansatzes, wird zunächst überprüft, inwieweit ein bestehendes Modell zur Weiterentwicklung dienen kann. Eine Eignung zur Weiterentwicklung zeigen die Modelle CMMI und BPMM, da sie die relevanten Unternehmensbereiche betrachten. Sie erfüllen Aspekte der Anforderungen 9 und in Ansätzen 1 sowie 6. Das Reifegradmodell von ITIL V3 erfüllt die Anforderungen 1, 2 und 9 sowie 6 teilweise und weist damit den stärksten Bezug zu den geforderten Anforderungen auf. An PEMM ist der Bewertungsbogen sehr vorteilhaft. Eine ausführliche Auflistung der unterschiedlichsten Voraussetzungen mit Hilfe einer Punktevergabe, die an die möglichen Reifegradstufen angepasst ist, unterstützt die notwendige IST-Analyse bei der Reifegradbestimmung. Das SPICE-Modell ist für die Entwicklung eines neuen Reifegrades, der in Kombination mit weiteren Reifegradmodellen entstehen soll, eher ungeeignet, da dieses Modell aufgrund der Normierung nicht bzw. bedingt kombinierbar ist. [EgAk18]

4 Entwicklung einer Modellarchitektur

Das Vorgehen zur Entwicklung der Modellarchitektur bestand zunächst in der Bestimmung der Reifegrade und der Ableitung der zu betrachtenden Dimensionen, die für die Reifegradermittlung relevant sind. Anschließend wurden die Reifegrade definiert, die Dimensionen, sofern nötig, weiter untergliedert sowie ausführlich beschrieben. Daraus konnten dann im Anschluss entsprechende Fragebögen erarbeitet werden, die zur Erhebung des IST-Zustandes der Unternehmen verwendet werden sollten.

4.1 Bestimmung der Reifegrade

Angelehnt an die Reifegradmodelle PEMM und ITIL-PMF werden 5 Reifegradstufen definiert [Egge19b]:

Stufe 0 – *Chaotisch:* In der Stufe 0 werden ERP-bezogene Aufgaben und Prozesse bei Bedarf und ohne vordefinierten Ablauf erledigt. Die Ergebnisqualität ist dabei nicht vorhersagbar und stark vom jeweiligen Bearbeiter abhängig. Je engagierter die Mitarbeiter arbeiten, desto höher ist die Ergebnisqualität. Die Unternehmenssteuerung ist rudimentär. Ein ERP-System ist nicht im Einsatz. Eine systemseitige Unterstützung von Planungs- oder Verwaltungsaufgaben erfolgt höchstens durch den Einsatz von Tabellenkalkulationsprogrammen. Abläufe werden nicht dokumentiert. Kennzahlen werden nicht ermittelt.

Stufe 1 – *Ansatzweise:* Im Gegensatz zur Stufe 0 ist in dieser Stufe ein wenig integriertes ERP-System im Einsatz, d.h. es sind nicht alle Unternehmensbereiche systemseitig abgebildet. Weitere kleine Systemlösungen wie z.B. CRM sind möglich. Ein Abgleich an (Stamm-)Daten findet nicht statt. Der parallele Einsatz von Tabellenkalkulationsprogrammen oder Datenbanken ist in dieser Stufe wahrscheinlich. ERP-bezogene Aufgaben und Prozesse werden informell durchgeführt. Die Mitarbeiter verfügen über ausgeprägte Kenntnisse ihres Bereiches, jedoch ist das Prozesswissen schwach ausgeprägt. Abläufe sind uneinheitlich bzw. hängen vom jeweiligen Bearbeiter ab und werden nicht oder nur schwach dokumentiert. Kennzahlen werden auf Anfrage berechnet.

Stufe 2 – *Fortgeschrittener ERP-Einsatz:* Gegenüber der Stufe 1 ist ein integriertes ERP-System unterstützend entlang der Prozesse im Einsatz. Dabei bildet das ERP-System die wichtigsten Prozesse des Unternehmens ab. Eine Anbindung weiterer Systeme ist möglich bzw. umgesetzt. Das ERP-System stellt bis auf wenige Ausnahmen die Datenbasis des Unternehmens dar. Die Mitarbeiter verfügen über gute Prozesskenntnisse und sind mit den eingesetzten Systemen gut vertraut. Die Prozesse sind zum Teil gut dokumentiert und werden größtenteils einheitlich umgesetzt. Kennzahlen können bei Bedarf auf Basis standardisierter Berichte abgefragt werden. Der ERP-Einsatz ist von der Unternehmensstrategie losgelöst.

Stufe 3 – *Durchgängig gesteuert:* In der Stufe 3 bildet das ERP-System durchgängig alle Unternehmensbereiche ab. Das ERP-System ist an die Unternehmensprozesse nahezu vollständig angepasst, so dass keine Verwendung von Office-Anwendungen nötig ist. Das ERP-System bildet (teilweise durch Integration von weiteren Systemen oder Add-ons) alle Aufgaben ab. Die Mitarbeiter sind auf der Anwendungsebene Experten im Umgang mit der ERP-Lösung. Für notwendige systemseitige Weiterentwicklungen stehen Entwickler intern oder extern zur Verfügung, so dass Anpassungen möglich sind. Mitarbeiterschulungen zur Systemnutzung finden regelmäßig statt. Vordefinierte Kennzahlen können in Echtzeit auf Basis der Daten des ERP-Systems abgefragt werden. Die im System definierten Kennzahlen werden regelmäßig zur Verfügung gestellt. Unternehmensentscheidungen werden auf Basis dieser Kennzahlen getroffen. Der ERP-Einsatz ist Teil der Unternehmensstrategie.

Stufe 4 – *Optimierend:* Das eingesetzte ERP-System ist hochgradig in das Unternehmen integriert und zeichnet sich durch einen hohen Grad an Wandlungsfähigkeit aus. Alle ERP-Aufgaben werden durch das ERP-System abgebildet. Eine Integration von weiteren Systemen oder Add-ons ist dabei möglich. ERP-Prozesse werden kontinuierlich geprüft und verbessert. Mit Hilfe des Systems können alle ERP-Prozesse ohne Verwendung von Office-Anwendungen von den Mitarbeitern durchgeführt werden. Das eingesetzte System wird durch regelmäßige Updates auf dem neuesten Stand gehalten. Für systemseitige Weiterentwicklungen stehen Entwickler (entlang eines vordefinierten und bekannten Prozesses) intern oder extern zur Verfügung, so dass Anpassungen zeitnah möglich sind. Kennzahlen dienen u.a. zur strategischen Ausrichtung des Unternehmens. Eine Anzeige ist in Echtzeit auf Basis aktueller Daten des ERP-Systems uneingeschränkt möglich. Zudem werden die Kennzahlen regelmäßig überprüft und angepasst, ggf. werden neue Kennzahlen entwickelt. Der ERP-Einsatz ist Teil der Unternehmensstrategie. [Egge19b]

4.2 Ableitung der Dimensionen

Um eine Reifegradmessung zu ermöglichen, müssen zunächst die Betrachtungsbereiche, also die Dimensionen, festgelegt werden. Die Dimension System nimmt bei der Reifegradermittlung eine zentrale Rolle ein. Aufgrund der umfangreichen Betrachtung werden hier weitere Kategorien definiert, welche die Messung der Dimension erleichtern sollen. Zu den Kategorien gehören u.a. die eingesetzten Systeme (z. B. Kopplung der Systeme, Schnittstellen), Datenqualität (z.B. einheitliche Datenbasis, Stammdatenmanagement) und die Integrationstiefe (z.B. Medienbrüche, Schnittstellen). In Anlehnung an das Modell ITIL-PMF [Beim09] werden zudem die Dimensionen Mitarbeiter und Prozesse gewählt, da diese Dimensionen zwingend bei der Systemnutzung zu betrachten sind. Zudem wurden diese Dimensionen durch die Umfragen bestätigt. In der Dimension Mitarbeiter liegt der Fokus auf der Systemnutzung und der Erfahrung der Mitarbeiter im Umgang mit dem System. Die Dimension Prozesse betrachtet die systemseitige Umsetzung der Unternehmensprozesse. Dabei wird bspw. detailliert aufgenommen, wie durchgängig die Prozesse mit Hilfe des ERP-Systems abgebildet werden, ob kontinuierliche Prozessverbesserungen stattfinden und inwieweit die Mitarbeiter in der Lage sind, diese Prozesse umzusetzen. Ferner werden die

Dimensionen Dokumentation und Strategie angelehnt an das EDEN-Modell [AlKn09] übernommen. Zur Dokumentation wird im Rahmen der ERP-Reifegradmessung neben der Prozessdokumentation auch die IT-Systemdokumentation herangezogen. Die Dimension Strategie fokussiert vorrangig den Einfluss der ERP-Nutzung auf die IT- und die Unternehmensstrategie. [Egge19b]

4.3 Reifegradermittlung

Die innerhalb der Dimensionen ermittelten Kategorien mündeten in Fragestellungen, die der Aufnahme des aktuellen ERP-Reifegrades dienen. Das Antwortspektrum orientiert sich dabei an den Reifegradstufen 0 bis 4 und bietet die Antwortmöglichkeiten von „trifft nicht zu" bis zur höchsten Stufe „trifft voll zu" an. Dies ermöglicht im Anschluss eine vereinfachte Zuordnung in Reifegradstufen entlang der Dimensionen. Zunächst erfolgen Auswertungen innerhalb der einzelnen Dimensionen. Diese Auswertungen münden abschließend in eine Gesamtbewertung der ERP-Reife. In Anlehnung an das EDEN-Modell sind neben dem IST-Zustand, auch die mittel- und langfristigen Ziele im Rahmen der ERP-Reife abgebildet. Konkrete Handlungsempfehlungen entlang der einzelnen Kategorien der definierten Dimensionen erleichtern dabei die Umsetzung der Ziele und sollen zu einer schnellen Erhöhung der ERP-Reife führen. Diese Handlungsempfehlungen sind dann im Rahmen der ERP-Einführung zu berücksichtigen. [Egge19b]

System | Mitarbeiter | Prozesse | Dokumentation | Strategie

		0	1	2	3	4
ERP-Kompetenz	Nehmen alle ERP-Nutzer an regelmäßigen Schulungen teil?					
	Finden die Schulungen am eingesetzten System statt?					
	Stehen Key-User für das eingesetzte ERP-System bereit?					
	Kennen die Mitarbeiter den Funktionsumfang des aktuell eingesetzten Systems?					
	Haben die Mitarbeiter bereits eine ERP-Einführung begleitet?					
	Haben die Mitarbeiter bereits eine mehrjährige Nutzererfahrung?					
Prozesskompetenz	Sind die Mitarbeiter in ihren Prozessen geschult?					
	Finden regelmäßige Prozessverbesserungen statt?					
	Sind die Mitarbeiter in der Lage ihre Prozesse mit Hilfe einer Modellierungssprache abzubilden?					
	Machen die ERP-Nutzer selbständig Vorschläge zur Prozessverbesserung?					

Legende: 0 - trifft nicht zu
1 - trifft ansatzweise zu
2 - trifft teilweise zu
3 - trifft überwiegend zu
4 - trifft voll zu

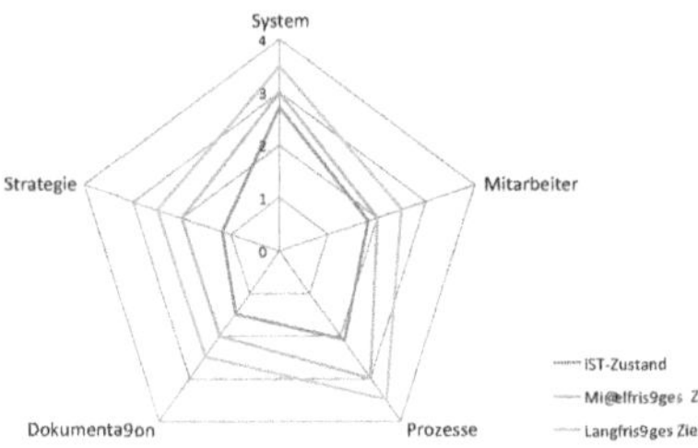

Abbildung 2: Fragebogenauszug zur Erhebung und exemplarische Auswertung einer ERP-Reifegradmessung

5 Ausblick

Die Anwendung des Reifegradmodells befindet sich aktuell in der Auswertung der ersten Testphase mit einem mittelständischen Unternehmen. Die Ergebnisse münden unmittelbar in die Weiterentwicklung des Modells. Damit verbunden sind die Verfeinerung der Handlungsempfehlungen innerhalb der mittel- und langfristigen Ziele zur Erhöhung der ERP-Reife sowie die Definition der zu berücksichtigenden Maßnahmen zur ERP-Einführung. Entlang des beschriebenen Vorgehens zur Modellentwicklung, geht das Modell im Anschluss an die geplanten Testdurchläufe in die Anwendungsphase über.

Perspektivisch soll das Reifegradmodell in einer weiteren Ausbaustufe in Vorgehensmodelle zur ERP-Einführung integrierbar sein. Dafür wird das Modell um eine weitere Dimension, die spezifische Fragen zur bevorstehenden ERP-Umstellung beinhaltet, erweitert. Die ableitbaren Handlungsempfehlungen sollen dann gezieltere Maßnahmen zur ERP-Einführung enthalten. Damit wird vor allem der Projekterfolg der ERP-Implementierung abgesichert.

Literaturverzeichnis

[AlKn09] Allweyer, T., Knuppertz, T.: EDEN - Reifegradmodell für Prozessmanagement, http://prozesswiki.inteamwork.org/lib/exe/fetch.php?media=bpm_maturity_model_eden_white_paper.pdf 2009, (Abruf am 15.03.2018).

[Asen10] Asendorf, S.: Planung und Organisation der ERP-Einführung, , in: ERP Management (2010), 3/2010. S. 26-29.

[Bark03] Barker, T.; Frolick M. N.: ERP Implementation Failure: A Case Study. Information Systems Fall, Sarasota 2003.

[BeKP09] Becker, J., Knackstedt, R., Pöppelbuß, J.: Entwicklung von Reifegradmodellen für das IT-Management, in: Wirtschaftsinformatik (2009), H. 3, S. 249–260.

[Beim09] Beims, M.: IT Service Management in der Praxis mit ITIL 3. Zielfindung, Methoden, Realisierung, München 2009.

[Bens09] Bensiek, T.: Systematik zur reifegradbasierten Leistungsbewertung und –steigerung von Geschäftsprozessen im Mittelstand, https://d-nb.info/1036892077/34, 2009, (Abruf am 20.10.2017).

[ChKM09] Chrissis, M. B., Konrad, M., Shrum, S.: CMMI. Richtlinien für Prozess-Integration und Produkt-Verbesserung, München u.a. 2009.

[Egge17a] Eggert, S.: Nutzen der Reifegradbestimmung. Berücksichtigung der ERP-Reife bei der Softwareeinführung, in: ERP Management (2017), 3/2017, S. 39-40.

[Egge17b] Eggert, S.: Welche Rolle spielt die ERP-Reife in Einführungsprojekten? Ergebnisse einer Anbieterbefragung, in: ERP Management (2017), 4/2017. S. 27-29.

[EgAk18] Eggert, S.; Aksünger, F.: Vergleich existierender Reifegradmodelle, Untersuchung der Eignung zur Bestimmung der ERP-Reife, ERP Management (2018), 1/2018, S. 51-54

[Egge19a] Eggert, S.: Die Rolle der ERP-Reife in Einführungsprojekten, in: ERP Management, Marktführer ERP-Systeme Frühjahr 2019, (2019), I/2019, S. 105-108

[Egge19b] Eggert, S.: Ansatz zur Messung der ERP-Reife für KMU, in: ERP Management (2019), 1/2019, S. 52-54

[GeLJ10] Geers, D.; Landgraf, K.; Jochem, R.: Welchen Beitrag leisten Reifegradmodelle bei der Qualitätsbewertung von Prozessen? In: Jochem, R. (Hrsg.): Was kostet Qualität? Wirtschaftlichkeit von Qualität ermitteln. 2010.

[Gram11] Grammer, P. A. (Hrsg.): Der ERP-Kompass -ERP-Projekte zum Erfolg führen. Mitp, Heidelberg, München, Landsberg, Frechen, Hamburg 2011.

[Gron15] Gronau, N.: Best Practices bei der Einführung von ERP-Systemen, in: ERP Management (2015), 1/2015, S. 39-44.

[Hech14] Hecht, S.: Ein Reifegradmodell für die Bewertung und Verbesserung von Fähigkeiten im ERP-Anwendungsmanagement, Wiesbaden 2014.

[Hilg14] Hilgenberg, B.: Woran ERP-Projekte wirklich scheitern. http://www.computerwoche.de/a/woran-erp-projekte-wirklich-scheitern,2530844, 2014. (Abruf am 30.03.2019).

[HoNü09] Hogrebe, F., Nüttgens, M.: Business Process Maturity Model (BPMM). Konzeption, Anwendung und Nutzenpotenziale, in: HMD Praxis der Wirtschaftsinformatik, 46. Jg. (2009), H. 2, S. 17–25.

[Jacoo.J.] Jacobs, S.: SPICE, http://www.enzyklopaedie-der-wirtschaftsinformatik.de/lexikon/is-management/Systementwicklung/reifegradmodelle/spice/index.html (Abruf am 30.03.2019).

[Kneu07] Kneuper, R.: CMMI. Verbesserung von Software- und Systementwicklungsprozessen mit Capability Maturity Model Integration (CMMI-DEV), Heidelberg 2007.

[Niel14] Nielsen; L.: ERP-Software in kleinen und mittelständischen Unternehmen: Ein optimiertes Vorgehensmodell. Igel Verlag RWS, Hamburg 2014.

[Nola73] Nolan R. L.: Managing the computer resource: A Stage Hypothesis – Communications of the ACM (Hrsg.). New York, 1973.

[Paul12] Pauls, A.: ERP-Einführungsmethode, ERP Management (2012), 1/2012, S. 60-62.

[Schä15] Schäfer, D.: Referenzmodelle des IT-Management. in: Lean-Informationstechnik im Finanzdienstleistungssektor. Wege zu Prozess- und Kostenoptimierung mit ITIL & Lean. Wiesbaden 2015. S. 19–34.

[Schü10] Schüller, R.: ERP-Auswahl und -Einführung mit Solages®, in: ERP Management (2010), 1/2010, S. 54-55.

[SeSc15] Sejdić, G.; Schulz, R.: Reifegradorientierte Planung und Steuerung von Produktionsanläufen. Eine Methode für effizientes Anlaufmanagement, in: Productivity Management (2015), 5/2015, S. 57-60.

[Wagn08] Wagner, K. W., Dürr, W.: Reifegrad nach ISO/IEC 15504 (SPiCE) ermitteln, München 2008

[Wall07] Wallmüller, E.: SPI: Software Process Improvement mit CMMI, PSP/TSP und ISO 15504. 1.Auflage, C.H. Beck. Hanser München 2007

Kontakt

Prof. Dr. Sandy Eggert
Hochschule für Wirtschaft und Recht Berlin
Badensche Straße 52, 10825 Berlin
Sandy.Eggert@hwr-berlin.de

Entwicklung einer anwendungsorientierten und generischen Reifegradmodellarchitektur für das „Internet der Dinge (IoT)“ in der fertigenden Industrie

Tobias Köster, Thomas Steigerwald, Jörg Puchan

Zusammenfassung

In diesem Beitrag wird die Architektur eines generischen, anwendungsorientierten Reifegradmodells für das Internet der Dinge (IoT) für Unternehmen in der fertigenden Industrie präsentiert. Der neu entwickelte, integrative Ansatz zur unternehmerischen Reifegradbestimmung basiert auf einem ganzheitlichen, theoretischen Bezugsrahmen nach dem Verständnis von Osterwalder sowie Porter & Heppelmann. In diesem Rahmen bilden die Kategorien Strategie, Geschäftsmodelle und Organisation auf der wirtschaftlichen Seite sowie die Schichten Anwendung, Plattform, Konnektivität und physischer Gegenstand auf der technologischen Seite die Grundarchitektur.

Das Reifegradmodell unterstützt Unternehmen der fertigenden Industrie dabei, die Implikationen von IoT für das eigene Unternehmen zu erkennen sowie die übergreifenden Potentiale für die Produktentwicklung, -herstellung und die kundenseitige Produktnutzung zu identifizieren. Die Digitalisierung und das Internet der Dinge zwingen etablierte Industrieunternehmen nicht nur zum Ausbau der digitalen Kompetenz, sondern auch dazu, die bestehenden Geschäftsmodelle zu überdenken. Ein ganzheitlich konstruiertes Reifegradmodell unterstützt Entscheidungsträger, die entscheidenden Handlungsfelder im Unternehmen zu identifizieren und Initiativen zielgerichtet anzustoßen. In diesem Beitrag wird ein gekürzter Ausschnitt des gesamten Reifegradmodells präsentiert. Die Langfassung des Modells ist für das AKWI-Online-Journal vorgesehen und die darauf aufbauenden Studienergebnisse mit der Capgemini-Invent-IoT-State-of-the-art-Studie veröffentlicht.

1 Forschungsfrage und Zielsetzung

Folgende Forschungsfrage bildet die Basis für die Ausführungen: *„Wie kann man das Internet der Dinge systematisieren und eine ganzheitliche wirtschaftlich-technologische Reifegradmodellarchitektur abbilden?“*

Aufbauend auf einer Systematisierung des Internets der Dinge (IoT) bzgl. generischer wirtschaftlicher und technologischer Aspekte für die fertigende Industrie soll ein branchenübergreifendes und anwendungsorientiertes IoT-Reifegradmodell (RGM) mit ausgewählten Reifegradindikatoren und -kategorien entwickelt werden.

Die Motivation liegt in der Anwendungsorientierung und Komplexitätsreduktion begründet: Ein Reifegradmodell ermöglicht es Führungskräften, das eigene Unternehmen mehrdimensional zu bewerten und anschließend Handlungsfelder für eine zielgerichtete Transformation abzuleiten und den Erfolg der Transformation zu messen. Ferner ermöglicht ein Reifegradvergleich im IoT-Umfeld die Identifikation von IoT-Best-Practices sowohl innerhalb einer speziellen Branche als auch über verschiedene Industriesegmente hinweg.

2 Einleitung und übergeordnete Definitionen

Bereits 1991 stellte Weiser die Vision des „Ubiquitous Computing“ hinsichtlich der Allgegenwärtigkeit des Computers in der Informationsverarbeitung vor. [Weis91] Der Begriff „Internet of Things“ wurde schließlich 1999 erstmals von Ashton verwendet. [Asht09] Die Verknüpfung des Internets, des einfachen Mechanismus zur Übermittlung von Informationen, mit intelligenten und vernetzten Dingen wird als ein globaler Megatrend im Bereich Software und Service bewertet. [PoHe14] [Worl15]

Neue digitale Wettbewerber bedrohen sowohl die Wertschöpfungsposition (Verlustrisiko der Kundenschnittstelle) als auch den Wertschöpfungsanteil (Wertschöpfungsverschiebung von der Hardware zur Software) der etablierten fertigenden Industrieunternehmen und zwingen diese zu einem ganzheitlichen Wandel. [Bl++15] [SJJY13] Für diesen Beitrag wird der Begriff der fertigenden Industrie nach der statistischen Systematik der Wirtschaftszweige in der Europäischen Gemeinschaft (NACE) für Produzenten und Hersteller innerhalb der Division C „Manufacturing“ definiert.

Der Begriff Internet der Dinge wird angelehnt an Porter & Heppelmann und Gartner als ein Netzwerk zur Übermittlung von Informationen zwischen Dingen bzw. Gegenstände definiert. Diese Gegenstände basieren auf physischen, intelligenten und vernetzenden Komponenten. [PoHe14] [GartoJ] Zur Unterscheidung von IoT-Anwendungen werden basierend auf dem Produktlebenszyklus (s. [Fall00]) zwei IoT-Anwendungssysteme definiert:

1. Die interne Unternehmensanwendung mit dem Fokus der Wertlieferung im Rahmen der Produktentwicklung und -herstellung (Industrielles IoT)
2. Die kundenseitige Anwendung mit dem Fokus auf der Wertgenerierung im Rahmen von Produktvertrieb, -nutzung und -entsorgung (Produkt und Service IoT)

Basierend auf dieser Unterscheidung wird eine anwendungsorientierte IoT-Wertkette für die fertigende Industrie eingeführt (Abbildung 1). (Die Definition der einzelnen Schritte der Wertkette mit möglichen IoT-Anwendungsfällen ist in der Langfassung integriert. Die IoT-Wertkette erhebt keinen Anspruch auf Vollständigkeit und kann beliebig erweitert werden.) Erweitert wird die klassische Wertkette zur strategischen Unternehmensanalyse nach Porter um die Einbindung des Kunden über den gesamten Produktlebenszyklus sowie um eine Partner- bzw. Zulieferdimension zur Ökosystemgenerierung. [Ster15] [Port85] [MeMe17]

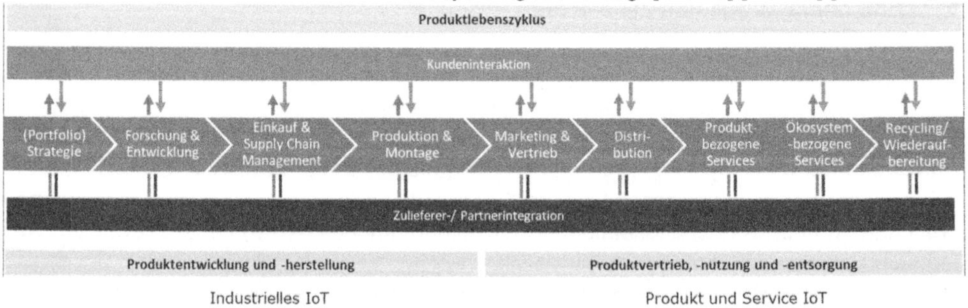

Abbildung 1: IoT-Wertkette und IoT-Anwendungssysteme über den Produktlebenszyklus [eigene Darstellung]

Basierend auf der Annahme, dass in jedem dieser Wertschritte eine wertschöpfende IoT-Anwendung umgesetzt werden kann, hebt die IoT-Wertkette das IoT-Anwendungspotential von der Bedarfsermittlung des Kunden bis zur Leistungserbringung und Entsorgung über den gesamten PLZ End-to-End (E2E) hervor.

Hervorzuheben ist die Differenzierung des Servicebegriffs aus der ursprünglichen Wertkette nach Porter in produkt- und ökosystembezogene Services. Produktbezogene Services erweitern dabei die physische Produktfunktionalität um spezifische digitale Services (z. B.: Zubuchung von zeitlich beschränkter zusätzlicher Leistung für ein Automobil). Ökosystembezogene Services gehen darüber hinaus und erlauben die digitale Interaktion mit Produkten unterschiedlichster Kategorien (z. B. „In-Car-Fueling“ bei dem Automobil, welches das Bezahlen des Tankinhalts über das Display des Fahrzeugs erlaubt und weitere On-top-Salesaktivitäten ermöglicht).

3 Methodik

Zur Bestimmung der IoT-Reife eines Unternehmens in der fertigenden Industrie ist die Entwicklung eines Modells gefordert. Modelle können nach Stachowiak mit drei Merkmalen beschrieben werden [Stac73]:

- *Abbildungsmerkmal:* Repräsentation eines Ausschnitts aus der realen Welt, zu dem das Modell in einer Abbildungsrelation steht
- *Verkürzungsmerkmal:* Verkürzung des Ausschnitts aus der realen Welt, d. h. Abstrahierung von Details, die der Modellierer nicht abbildet
- *Pragmatisches Merkmal:* Pragmatische Motivation, d. h. die Modellbildung folgt einem Zweck des modellierenden Subjekts

Ein Reifegradmodell (RGM) definiert in diesem Zusammenhang unterschiedliche Reifegrade zur Beurteilung, „inwieweit ein Kompetenzobjekt die für eine Klasse von Kompetenzobjekten allgemeingültig definierten qualitativen Anforderungen erfüllt.“ [AhST05] Es repräsentiert die Leistungsfähigkeit eines bestimmten Bereichs einer Unternehmung in Form eines Stufenmodells.

Hierzu wird ein Soll-Zustand definiert, der IST-Zustand gemessen und daraus abgeleitet ein Handlungsbedarf für eine Veränderungsmaßnahme als Differenz der beiden Zustände identifiziert. [Bürg07] Der Vorteil eines RGM ist folglich, dass sich durch den Vergleich von IST- und SOLL-Zustand die direkte Implikation eines Wandels ergibt. Zudem ist es leicht anwendbar und in der Industrie etabliert. [Bürg07]

Angewendet werden Reifegradmodelle häufig zur Bewertung von Software- und Prozessanwendungen. Zahlreiche Beispiele aus der Praxis zeigen, dass Reifegradmodelle zur Bewertung der Reife von Technologien angewendet werden. Ein bekanntes Modell aus der Praxis für neue Technologien ist der Gartner Hype Cycle. [Kreu15]

4 Architektur des IoT-Reifegradmodells

Der theoretische Bezugsrahmen (Abbildung 2) basiert auf einer wirtschaftlich-technologischen Verknüpfung der Arbeiten von Osterwalder (2004) und Porter & Heppelmann (2014). Osterwalder grenzt die Begriffe Strategie, Geschäftsmodell (GM), Organisation und Informations- & Kommunikationstechnik (IKT) ab. Nach seiner Definition stellt das Geschäftsmodell das integrative Glied zwischen den einzelnen Elementen dar. [Oste04] Die IKT bildet hier die Schnittstelle zu dem „Technology-Stack“ von Porter & Heppelmann.

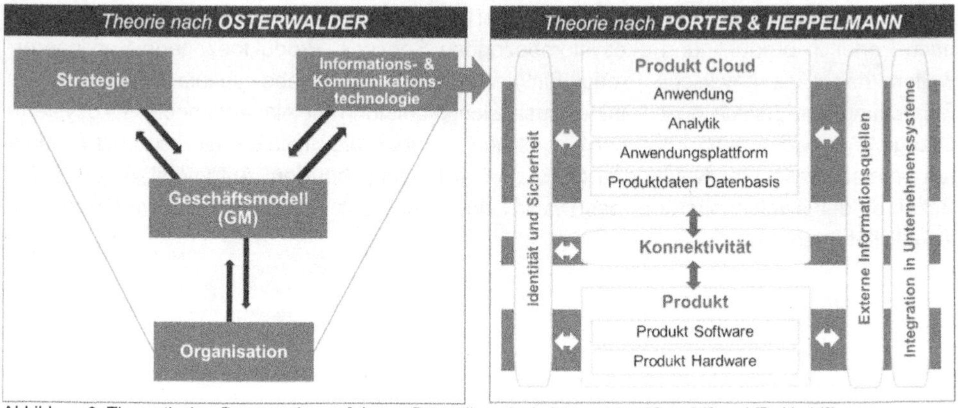

Abbildung 2: Theoretischer Bezugsrahmen [eigene Darstellung in Anlehnung an [Oste04] und [PoHe14]]

Porter & Heppelmann präsentieren in ihrem Artikel zur Wettbewerbstransformation basierend auf intelligenten, vernetzten physischen Produkten einen „Technology Stack“. Das Produkt, die Konnektivität und die Produkt Cloud bilden dabei die zentralen Schichten. Letztere Schicht wird dabei mit der Produktdaten-Datenbasis, der Anwendungsplattform, der Analytik und der Anwendung detailliert. Dabei sind Identität und Sicherheit, externe Informationsquellen und Integration in Unternehmenssystemen in den zentralen Schichten integriert. [PoHe14] Der Modellfokus bezieht sich auf das „Produkt und Service IoT“, der generische Aufbau lässt den Technology Stack jedoch auch auf das Anwendungssystem „Industrie IoT“ übertragen.

Aufbauend auf dem theoretischen Bezugsrahmen spannen die Reifegraddimensionen IoT-Technologie und IoT-Transformation die Architektur des Reifegradmodells auf (Abbildung 3). Nach Scheer wird für das IoT-RGM vorausgesetzt, dass die Digitalisierung und das Internet der Dinge einen Nutzen implizieren. [Sche16]

Unter der IoT-Reife wird im Folgenden die primäre Zieldimension *IoT-Technologie* verstanden. Ein fertigendes Unternehmen mit hoher IoT-Reife schöpft dabei den maximalen Nutzen aus der IoT-Technologie. Diese Dimension ist an Porter & Heppelmann angelehnt und setzt sich aus den Reifegradkategorien Anwendung, (Cloud) Plattform, Konnektivität und dem Gegenstand zusammen, welche die Querschnittsschichten Identität und Sicherheit, externe Informationsquellen sowie Integration in Unternehmenssysteme integrieren.

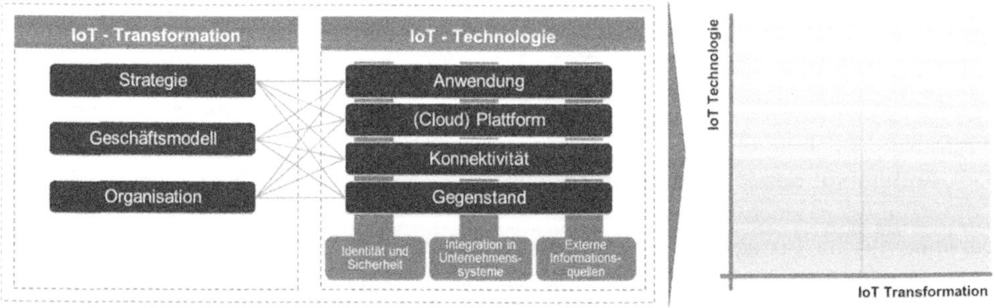

Abbildung 3: IoT-Reifegradmodellarchitektur und Darstellung als zweidimensionale Matrix [eigene Darstellung]

Nichttechnologische Einflussfaktoren, welche die Erreichung der maximalen IoT-Reife begünstigen, werden unter der Dimension *IoT-Transformation* subsumiert. Angelehnt an

Osterwalder wird diese sekundäre Dimension mit den Kategorien Strategie, Geschäftsmodelle und Organisation systematisiert.
Diese Architektur verfolgt das Ziel, alle Informationen der Reifegradkategorien und -variablen in den zwei Indikatoren IoT-Transformation und IoT-Technologie zu integrieren. Die Definitionen der einzelnen Reifegradkategorien lehnen sich dabei an die Primärquellen an.
Die *Strategie* legt auf der Planungsebene die Vision und die Positionierung des Gesamtunternehmens fest und definiert Ziele und Strategien zur Zielerreichung. [Oste04] Die IoT-Wertkette kann als strategisches Werkzeug zur internen Analyse hier angeführt werden.
Das *Geschäftsmodell* verknüpft auf Architekturebene die Strategie- mit der Organisationsebene. Ein Geschäftsmodell ist ein konzeptionelles Werkzeug, das eine Reihe von Elementen und deren Beziehungen enthält und es ermöglicht, die Logik eines Unternehmens auszudrücken, um Geld zu verdienen. Es ist eine Beschreibung des Wertes, den ein Unternehmen einem oder mehreren Kundensegmenten bietet, sowie der Architektur des Unternehmens und seines Partnernetzwerks, um dieses Wert- und Beziehungskapital zu schaffen, zu vermarkten und bereitzustellen, um profitable und nachhaltige Ertragsströme zu generieren. (Aus dem Englischen übersetzt nach [Oste04])
Die *Organisation* legt auf Implementierungsebene Strukturen, Abteilungen, Bereiche sowie Prozesse und Abläufe fest. [Oste04]
Die *Gegenstandsschicht* besteht aus physischen, intelligenten und vernetzenden Komponenten also z. B. mechanischen und elektrischen Teilen sowie Sensoren, Mikroprozessoren, Datenspeichern, einem eingebetteten Betriebssystem, Regelungssoftware, einer digitalen Kundenschnittstelle sowie Schnittstellen und Antennen zur Kommunikation. [PoHe14]
Die *Konnektivitätsschicht* stellt die Verbindung des Gegenstands mit der Cloud über entsprechende kabelgebundene bzw. -lose Kommunikationsprotokolle sicher. [PoHe14]
Die *(Cloud) Plattformschicht* integriert mit der Datenbasis, Anwendungsplattform und der Analytik drei Funktionen. Die Datenbasis ermöglicht die Speicherung und Verarbeitung großer Datenmengen in hoher Geschwindigkeit und in großer Vielfalt. Sie aggregiert, normalisiert und managt historische und Echtzeit-Daten. Die Anwendungsplattform wird als die Entwicklungs- und Umsetzungsumgebung definiert, welche die schnelle Generierung von intelligenten, vernetzten Anwendungen ermöglicht. Die Analytik umfasst Fähigkeiten, die es ermöglichen neue Einblicke bzgl. des Gegenstands zu generieren und bei der Entscheidungsfindung zu unterstützen. [PoHe14]
Die *Anwendungsschicht* basiert auf Softwareanwendungen, die es ermöglichen die Gegenstände innerhalb der IoT-Wertkette zu überwachen, zu steuern, zu optimieren bzw. einen autonomen Betrieb zu ermöglichen. [PoHe14]

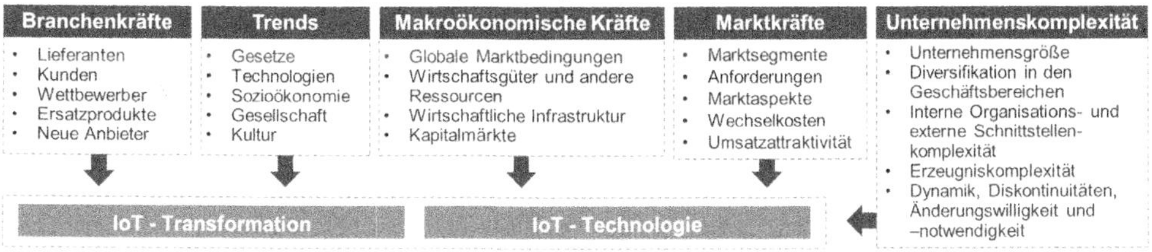

Abbildung 4: IoT-Reifegradmodell unter dem Einfluss der Moderatorvariablen [eigene Darstellung]

Aufgrund der Komplexität des IoT-Themenfeldes und der Fokussierung auf das Gesamtunternehmen sind nach dem Verkürzungsmerkmal Moderatorvariablen zu definieren, welche nicht innerhalb des Reifegradmodells abgebildet werden können. Moderatorvariablen sind

als Drittvariablen Teil der Kausalkette, die Verbindungen zwischen unabhängigen und abhängigen Variablen erzeugen. Moderatorvariablen beeinflussen das IoT-RGM und folglich die festgestellte Reife eines Unternehmens, ohne in diesem Modell explizit untersucht zu werden. [StanoJ] [BaKe86]
Für das IoT-RGM wurden fünf Moderatorvariablen festgelegt (Abbildung 4): Branchenkräfte, Trends, makroökonomische Kräfte, Marktkräfte sowie die spezifische Unternehmenskomplexität beeinflussen das IoT-RGM. Für detaillierte Informationen hinsichtlich dieser Moderatoren wird auf die Primärquellen verwiesen. [OsPi10] [Schw01] [Bürg07]
Hinsichtlich der Festlegung von Fähigkeits- bzw. Kompetenzstufen (KS) in einem RGM gibt es unterschiedliche Ansätze (z. B. ISO/IEC 15004, CMMI). [DelNoJ] [CMMI02] [AhST05] Für das IoT-RGM wird in Anlehnung an das weit verbreitete Capability Maturity Model Integration-Modell (CMMI) ein fünfstufiges Kompetenzmodell zur Bewertung der Reifegradindikatoren, -kategorien und -variablen gewählt. Das fünfstufige Kompetenzmodell hat sich in Pilotinterviews als anwendungsorientiert und industrieverständlich qualifiziert.

KS	Beschreibung
1	Außenstehendes Unternehmen, welches sich maximal in der Findungsphase von IoT-Initiativen befindet und nach traditionellen Mustern agiert.
2	Einsteigendes Unternehmen, welches erste konkrete Potenziale von IoT erkennt und technologische/ transformierende Pilotprojektinitiativen plant.
3	Fortgeschrittenes Unternehmen, welches das Potential von IoT in verschiedenen Pilotprojekten hebt, die jedoch noch nicht in der Breite umgesetzt werden.
4	Erfahrenes Unternehmen, welches das Potential von IoT in zahlreichen Projekten mit hohem Know-how ausschöpft und dadurch einen hohen IoT-Nutzen generiert.
5	Führendes Unternehmen, welches IoT-Vorreiter ist, State-of-the-art-Initiativen umsetzt und den Markt sowie die technologische Entwicklung aktiv in einer Vorreiterrolle treibt und gestaltet.

Tabelle 1: Generische IoT-Kompetenzstufen (KS) des Reifegradmodells (eigene Darstellung)

Die Herleitung von Reifegradvariablen mit Kompetenzstufen wird exemplarisch für eine technologische und transformatorische Reifegradkategorie (Anwendung bzw. Geschäftsmodell) im folgenden Kapitel dargestellt.

5 Beispiele für die Herleitung von Reifegradvariablen mit Kompetenzstufen

Innerhalb der Reifegradkategorie *Anwendung* kann eine Herleitung von Reifegradvariablen basierend auf dem Kompetenzlevel bezüglich der IoT-Anwendungssysteme erfolgen. In Anlehnung an Porter & Heppelmann kann man dabei fünf Kompetenzstufen (KS) unterscheiden [PoHe14] (Tabelle 2).

KS	Industrielles IoT	Produkt- und Service-IoT
1	Einfacher Gegenstand ohne Internetverbindung	
2	*Überwachende* Fähigkeiten zur Übermittlung des Zustands, der externen Umgebung, des Betriebs bzw. der Nutzung.	
3	*Steuernde* Fähigkeiten zur aktiven Kontrolle der Funktionen des Gegenstands.	
4	*Optimierende* Fähigkeiten zur Verbesserung der Performance oder für vorausschauende Diagnosen.	
5	*Autonome* Fähigkeiten zur Befähigung eines autonomen Betriebs, einer Selbstkoordination mit anderen Gegenständen, automatischen Verbesserungen und Personalisierungen, autonomer Selbstdiagnose.	

Tabelle 2: Kompetenzstufen in der IoT-Wertkette in Anlehnung an [PoHe14]

Innerhalb der Reifegradkategorie *Geschäftsmodell* ist eine Herleitung von Reifegradvariablen mit Kompetenzstufen in Anlehnung an Hui möglich, welcher im Rahmen der unternehmerischen Wertgenerierung und -erfassung zwischen einer traditionellen und einer IoT-reifen Geschäftsmodelldenkweise unterscheidet [Hui14] (Tabelle 3).

		Traditionelle GM-Denkweise		**IoT-reife GM-Denkweise**
		Kompetenzstufe 1		Kompetenzstufe 5
Wertgenerierung	Kunden-bedarf	Reaktiv bestehende Bedürfnisse & Lebensstile adressieren		Bedürfnisse in Echtzeit bzw. proaktiv adressieren
	Angebot	Eigenständiges Produkt, das mit der Zeit veraltet		Kontinuierliche Produktaktualisierungen & Synergieeffekte
	Funktion von Daten	Einzelpunktdaten werden für zukünftige Produktanforderungen verwendet		Informationenkonvergenz schafft die Erfahrung für aktuelle Produkte und ermöglicht Dienstleistungen
Werterfassung	Ertragsweg	Verkauf des nächsten Produkts oder Gerätes		Wiederkehrende Umsätze ermöglichen
	Kontrolle der Markt-position	Potenzial von Rohstoffvorteilen, geistigem Eigentum und Markenimage		Personalisierung, Kontext, Netzwerkeffekte zwischen Produkten
	Fähigkeiten-entwicklung	Nutzung von Kern-kompetenzen, vorhandenen Ressourcen und Prozessen		Verstehen, wie andere Ökosystemakteure Geld verdienen.

Tabelle 3: Traditionelle & IoT-reife Geschäftsmodelldenkweisen nach [Hui14] [aus dem Englischen übersetzt]

Auf Basis der vorgestellten Architektur und Vorgehensweise wurde ein umfassendes RGM mit spezifischen Reifegradvariablen hergeleitet (Überblick siehe Abbildung 5). Die Herleitung und Erläuterung dieser Reifegradvariablen ist für die Langfassung dieses Beitrags vorgesehen, die in dem AKWI Online Journal erscheinen soll.

	Reifegradkategorie	Reifegradvariable
IoT Transformation	Strategie	Vision
		Strategie
		Verankerung in der Organisation
		Wahrnehmung IoT Potential
	Geschäftsmodell	Identifikation Kundenbedarf
		Produktangebot
		Funktion der Daten
		Aufbau von Fähigkeiten
		Partnermanagement
		Ertragsweg
		Kontrolle der Marktposition
	Organisation	IT Verständnis
		IT Vorgehen
		Führung
		Kultur
		Geschäftsprozesse
		Rollen
		Fähigkeiten

	Reifegradkategorie	Reifegradvariable
IoT Technologie	Anwendung	Produktentwicklung- & herstellung
		Produktnutzung
		Implementierungsstand
	(Cloud) Plattform	Distributed Ledger Fähigkeiten
		Künstliche Intelligenz Fähigkeiten
		Analytische Fähigkeiten
		Plattformintegration
		Datenaggregation
		Datenspeicherung
	Konnektivität	Standardisierung
		Interoperabilität
	Gegenstand	Produktentwicklung- & herstellung
		Produktnutzung

Abbildung 5: IoT-Reifegradmodell mit hergeleiteten Reifegradvariablen (eigene Darstellung)

6 Ausblick und nächste Schritte für die Forschung

Neben der Veröffentlichung der Langfassung des RGMs im AKWI Online Journal sowie der Studienergebnisse im Rahmen der Capgemini-Invent-IoT-State-of-the-art-Studie können in der Forschung verschiedene Aspekte untersucht werden:
Die wissenschaftliche Validierung der Reifegradmodellarchitektur sowie die Validierung jeder Reifegradkategorie zur Ableitung von Reifegradvariablen. Darauf aufbauend können den einzelnen Reifegradvariablen basierend auf granularen Abstufungen einzelnen Kompetenzstufen zugeordnet werden. Ferner ist ein Ansatz zur Gewichtung und quantitativen Bewertung der Reifegradkategorien zu entwickeln. Zur praktischen Validierung sowie zur Ableitung von Handlungsempfehlungen sind quantitative und qualitative empirische Analysen durchzuführen.

Literaturverzeichnis

[AhST05] Ahlemann, F.; Schroeder, C.; Teuteberg, F.: Kompetenz- und Reifegradmodelle für das Projektmanagement: Grundlagen, Vergleich und Einsatz. ISPRI - Forschungszentrum für Informationssysteme in Projekt- und Innovationsnetzwerken, Osnabrück, 2005

[Asht09] Ashton, K.: RFID Journal: That “Internet of Things” Thing. 2009, http://www.rfidjournal.com/articles/view?4986. Abruf am 2018-06-10

[BaKe86] Baron, R.M. und Kenny D.A.: The Moderator-Mediator Variable Distinction in Social Psychological Research: Conceptual, Strategic, and Statistical Considerations. In: Journal of Personality and Social Psychology (1986), S. 1173-1182

[Bl++15] Bloching, B.; Leutiger, P.; Oltmanns, T.; Rossbach, C.; Schlick, T.; Remane, G.; Quick, P.; Shafranyuk, O. Die digitale Transformation der Industrie - Studie im Auftrag des Bundesverbands der Industrie e.V. (2015)

[Bürg07] Bürgin, C.: Reifegradmodell zur Kontrolle des Innovationssystems von Unternehmen. ETH Nr. 17390, Zürich, 2007

[CMMI02] CMMI Institute: Capability Maturity Model® Integration - Version 1.1 – CMMISM for Software Engineering (CMMI-SW, V1.1), Staged Representation. Pittsburgh, 2002

[DelNoJ] Deutsches Institut für Normung: DIN ISO/IEC 15504-3. Berlin

[Fall00] Fallböhmer, M.: Generieren alternativer Technologieketten in frühen Phasen der Produktentwicklung. Aachen, 2000

[GartoJ] Gartner: IT Glossery: Internet of Things, https://www.gartner.com/it-glossary/internet-of-things/. Abruf am 2018-06-10 [AKWI_Literaturverzeichnis]

[Hui14] Hui, G.: How the Internet of Things changes Business Models, https://hbr.org/2014/07/how-the-internet-of-things-changes-business-models. Abruf am 2018-08-30

[Kreu15] Kreutzer, R.T.: Digitale Revolution – Auswirkungen auf das Marketing. Springer Fachmedien, Wiesbaden, 2015

[MeMe17] Meffert, J. und Meffert, H.: Eins oder Null: Wie Sie ihr Unternehmen mit Digital@Scale in die Zukunft führen. Ullstein Buchverlage GmbH, Berlin, 2017, S.268 ff.

[OsPi10] Osterwalder, A. und Pigneur Y.: Business model generation. John Wiley & Sons, Inc., New Jersey, 2010, S.201

[Oste04] Osterwalder, A.: The Business Model Ontology: A proposition in a design science approach. Lausanne, 2004

[PoHe14] Porter, M.E. und Heppelmann, J.F.: How Smart, Connected Products are Transforming Competition. In: Harvard Business Review (2014).

[Port85] Porter, M.E.: Competitive Advantage: Creating and sustaining superior performance. The Free Press, New York, 1985, S.37

[Sche16] Scheer, A.-W.: Nutzentreiber der Digitalisierung: Ein systematischer Ansatz zur Entwicklung disruptiver digitaler Geschäftsmodelle. In: Informatik Spektrum (2016), S.275 ff.

[Schw01] Schwenk-Willi, U.: Integriertes Komplexitätsmanagement Anleitungen und Methodiken für die produzierende Industrie auf Basis einer typologischen Untersuchung. St. Gallen, 2001, S.27

[SJJY13] Shanker, R.; Jonas, A.; Jain, P.; Ying, Y.: Autonomous Cars - Driving the new auto industry paradigm. Morgan Stanley, New York, 2013, S.68

[Stac73] Stachowiak, H.: Allgemeine Modelltheorie. Springer Verlag, Wien, 1973, S.131ff.

[StanoJ] Stangl, W.: Moderatorvariable, https://lexikon.stangl.eu/3472/moderatorvariable/. Abruf am 2019-02-10

[Ster15] Sternad, D.: Strategie und Strategieentwicklung. In: Strategieentwicklung kompakt. Wiesbaden, 2015, S.16

[Weis91] Weiser, M.: The computer for the 21st century. In: Scientific American (1991), S.94 – 105.

[Worl15] World Economic Forum: Deep Shift - Technology Tipping Points and Societal Impact (2015), http://www3.weforum.org/docs/WEF_GAC15_Technological_Tipping_Points_report_2015.pdf. Abruf am 2018-06-21

Kontakt

Tobias Köster (M.Eng, M.Sc.), Prof. Dr. Jörg Puchan
Hochschule München, Fakultät für Wirtschaftsingenieurwesen
Lothstraße 64, 80335 München
T +49 151 26290961, koestertobias@web.de
T +49 89 1265 3937, puchan@hm.edu

Thomas Steigerwald (M.Sc.)
Capgemini Invent
Mainzer Landstraße 180, 60327 Frankfurt am Main
+49 151 11374362, thomas.a.steigerwald@capgemini.com

Entwicklung eines Einführungskonzepts für IT-Service-Management in KMU

Willi Becker, Martin R. Wolf

Zusammenfassung

Obwohl es eine Vielzahl von Einführungskonzepten für ITSM gibt, hat sich bisher keines dieser Konzepte auf breiter Linie durchgesetzt. Das gilt in erhöhtem Maße für ITSM-Einführungskonzepte für KMU, wohl nicht zuletzt aufgrund der Tatsache, dass der Mehrwert von ITSM für KMU aufgrund der geringeren Größe der IT-Organisationen nur entsprechend schwieriger generiert werden kann.

Mit diesem Beitrag wird ein Einführungskonzept für ITSM in KMU systematisch hergeleitet. Dafür wurden zunächst die Treiber und Barrieren von ITSM untersucht, um daraus ein umfassendes Wirkmodell zu entwickeln. Da mit diesem Wirkungsmodell die Einflussfaktoren auf den Erfolg von ITSM in KMU deutlich werden, konnte auf dieser Basis ein Einführungskonzept abgeleitet werden, welches insbesondere die positiven Effekte unterstützt bzw. verstärkt.

1 Einleitung

Die deutsche Industrie besteht überwiegend aus kleinen und mittelständischen Unternehmen (KMU - Gemäß Klassifizierung von KMU durch das IfM hat ein KMU weniger als 500 Mitarbeiter und einen Jahresumsatz von maximal 500 Mio. €.). 2016 waren 99,5% aller Unternehmen der deutschen Industrie KMU. Diese Unternehmen stellen etwa 58% der Wertschöpfung und etwa 35% des Umsatzes. Die Befragung von IT-Fachpersonal mit Entscheidungsgewalt im Jahr 2015 ergab, dass nach Meinung der Befragten nur 43% der deutschen Unternehmen mit der technologischen Entwicklung Schritt halten können. Weiterhin liegt das größte Potential für IT-Investitionen in der Optimierung von Geschäftsprozessen [CeBI15]. Dies ist ein deutlicher Hinweis darauf, dass die IT nicht nur ein unabdingbarer Faktor für die Erreichung der Geschäftsziele ist, sondern auch, dass die Unterstützung der Geschäftsprozesse dabei eine Kernfunktion darstellt [Groß11]. Dies kann aber nur erreicht werden, wenn die IT-Strategie an der Unternehmensstrategie ausgerichtet ist und die Geschäftsprozesse durch die IT optimal unterstützt werden, was wiederum das Ziel von IT-Service-Management (ITSM) ist. ITSM bietet Handlungsanweisungen und Prozesse, welche die IT-Systeme in Betriebsprozesse einbinden. Zwei der bekanntesten ITSM-Ausprägungen sind ITIL und ISO 20000, wobei auch neuere ITSM-Varianten, wie z.B. FitSM zunehmend Beliebtheit erlangen [RoSö17].

Einige Studien belegen, dass nur etwa 15% der KMU ITSM ganz oder teilweise implementiert haben [Fica13]. Dabei wird die Effektivität dieser Standards nicht bestritten, sondern die Implementierung aus anderen Gründen abgelehnt. Die Literatur nennt als Verursacher vor allem die zu hohe Komplexität der Konzepte und unzureichende (IT-)Ressourcen der KMU. Hier besteht Handlungsbedarf in dem Sinne, dass die Mehrwerte von ITSM für KMU erreichbar werden, ohne den Ressourcenrahmen solcher Unternehmen zu sprengen. In diesem Zusammenhang wurden auch schon die Anforderungen, die seitens der KMU an ein ITSM-Konzept bestehen, spezifiziert, jedoch wurden sie noch nicht hinsichtlich ihrer Auswirkungen auf eine ITSM-Einführung untersucht [Vogt11]. Mit diesem Beitrag wird deshalb zunächst eine Ursache-Wirkung-Analyse der Anforderungen vorgenommen (Absatz 2 und 3), um darauf aufbauend ein ITSM-Einführungskonzept zu entwickeln (Absatz 4).

2 Vorstellung der Kriterien zur Untersuchung existierender Einführungsmodelle für KMU

In der Literatur sind einige Quellen zu finden, die die grundsätzliche Motivation von KMU untersuchen, sich mit dem Thema ITSM auseinanderzusetzen (z.B. [Hert15], [Fica13], [MiKü11], [Kemp14]). Um daraus die wesentlichen Treiber und Barrieren für ein Einführung von ITSM zu identifizieren, wurden insbesondere Ziele bzw. Erwartungen, die von den Unternehmen in Bezug auf ITSM formuliert wurden, als wesentliche Quelle herangezogen und untersucht.

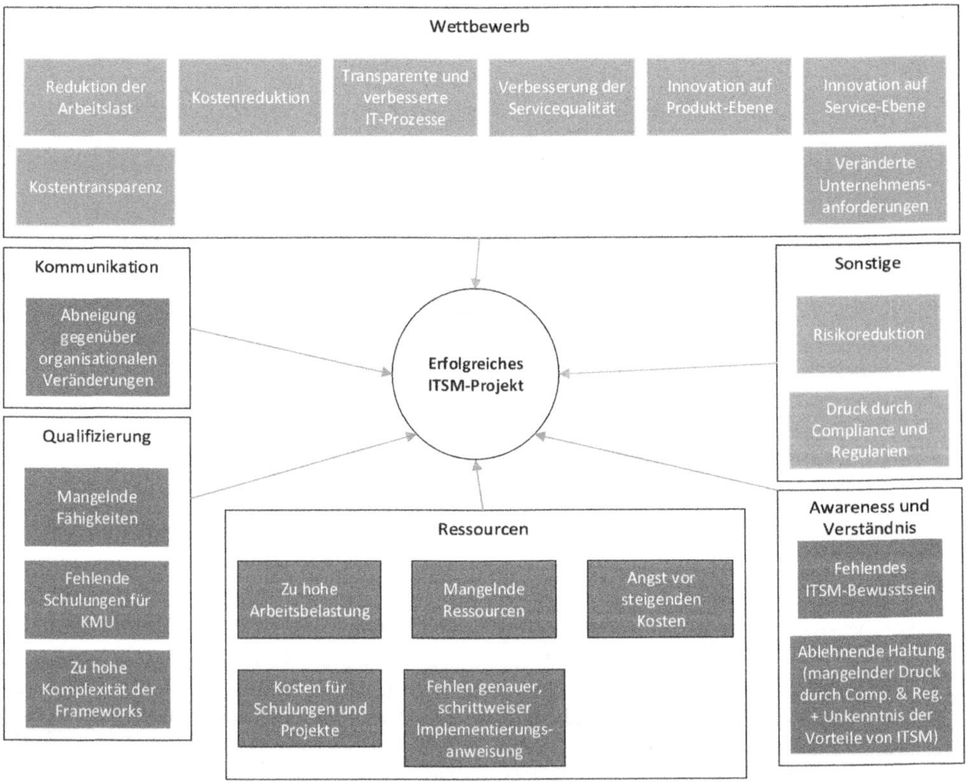

Abbildung 1: Übersicht der kategorisierten Treiber und Barrieren für ITSM

Da die Literatur (z.B. [Hert15], [Fica13], [MiKü11], [Kemp14]) natürlich nicht nur auf ITIL Bezug nimmt, sondern auch andere Standards betrachtet werden (z.B. ITSM4SME, YaSM, COBIT), konnte dabei nicht nur ein breites Feld unterschiedlicher Aussagen identifiziert werden. Es ließen sich zudem über kongruente Aussagen bereits erste Tendenzen ableiten,

welche Motivationsfaktoren eine besondere Signifikanz aufweisen könnten. Als wichtigstes Ergebnis der Analyse wurden insgesamt 10 Treiber und 11 Barrieren für ITSM identifiziert und kategorisiert (Abbildung 1). Sie bilden die Basis für die Bewertungskriterien für bereits existierende Einführungsmodelle für KMU. Blau hinterlegte Rechtecke markieren Treiber und rot hinterlegte Barrieren. Diese wurden in die Kategorien Wettbewerb, Kommunikation, Qualifizierung, Ressourcen, Awareness und Verständnis sowie sonstige eingeteilt. Für jeden Treiber bzw. jede Barriere wurden spezifische Kriterien definiert, sodass ein Kriterienkatalog aus 41 Kriterien zur Bewertung verwendet wurde.
Die auf diese Weise identifizierten Treiber und Barrieren konnten nun herangezogen werden, um die Einführungsmodelle dahingehend zu untersuchen, ob bzw. inwieweit sie Treiber und unterstützen bzw. berücksichtigen. Die Bewertungsskalen für die einzelnen Kriterien waren dabei numerisch von 0 bis 3. Dabei ist 0 die schlechteste Bewertung und entspricht der Bewertung „wird gar nicht erfüllt/ unterstützt", 1 entspricht „wird prinzipiell berücksichtigt/ es wird erwähnt, dass es machbar ist", 2 entspricht „es liegen Prinzipien und Hinweise vor, die schrittweise zu bearbeiten sind" und 3 entspricht der Bewertung von 2 mit dem Zusatz, dass Beispiele vorhanden sind. Die detaillierte Darstellung der Bewertungsmethode und -kriterien kann in der Masterarbeit „Konzept zur Implementierung von ITSM in KMU" nachvollzogen werden [Beck16].
Die Bewertung der Einführungsmodelle ergab, dass *ITSM4SME* mit 73% der maximal erreichbaren Punkte am besten abgeschnitten hat. Die anderen Standards haben in Summe schlechter abgeschnitten: *FitSM* (40%), *ITIL V3 Small scale Implementation* (46%), *ITIL in KMU* (28%). Dies besagt aber nicht, dass *ITSM4SME* in allen Bereichen den besten Lösungsansatz liefert. Beispielsweise berücksichtigt *ITIL V3 small scale Implementation* die Arbeitsbelastung am besten.

3 Analyse der Zusammenhänge der Hindernisse und Motivationen

Die Auflistung der Einflussfaktoren für die erfolgreiche Einführung von ITSM stellt den ersten Schritt zu einer auf KMU angepassten Einführungsempfehlung in Form eines Konzepts dar. Anhand der Faktoren kann zumindest geprüft werden, ob alle Faktoren berücksichtigt wurden. Allerdings kann noch keine Aussage über zeitliche, organisatorische oder strategische Abhängigkeiten gegeben werden. Um diesbezüglich Hilfestellungen geben zu können, müssen die kausalen Zusammenhänge erforscht und in aufbereiteter Form berücksichtigt werden. Für die nötige qualitative Analyse der Treiber und Barrieren wurden zwei Experteninterviews mit renommierten ITSM-Fachleuten durchgeführt. Beide Experten arbeiten seit Jahren im Bereich ITSM und haben sich jeweils intensiv an der Weiterentwicklung von ITSM-Standards beteiligt. Einer der beiden Experten ist sogar zertifizierter Trainer für vier verschiedenen ITSM-Standards.
Abbildung 3 stellt die Wirkzusammenhänge detailliert dar. Die grau hinterlegten Rechtecke wurden hinzugefügt, um die Modellierung der Wirkzusammenhänge sinnvoll durchführen zu können.
Auffallend ist, dass mit Ausnahme der Risikoreduktion und des Drucks durch Compliance und Regularien alle Treiber durch den Wettbewerb entstehen. Diese wiederum sind mit wenigen Ausnahmen unabhängig voneinander. Lediglich die Optimierung der IT-Services setzt die Kostentransparenz und die Transparenz der Prozesse voraus. Aus dieser Tatsa-

che lässt sich schließen, dass es nicht nur wenige Motivatoren für ITSM gibt, die als kausale Folge weitere bewirken, sondern viele einzelne Punkte unabhängig wirken. Selbstverständlich sind die Schwere bzw. die Ausprägung der Treiber abhängig von der jeweiligen Situation des Unternehmens. Der Druck auf die Unternehmen ITSM einzusetzen ist offensichtlich existent und wird auch so wahrgenommen, aber die Einführung durch die Barrieren meistens verhindert. Im Umkehrschluss bedeutet das, dass Unternehmen durch ITSM Wettbewerbsvorteile gewinnen können.

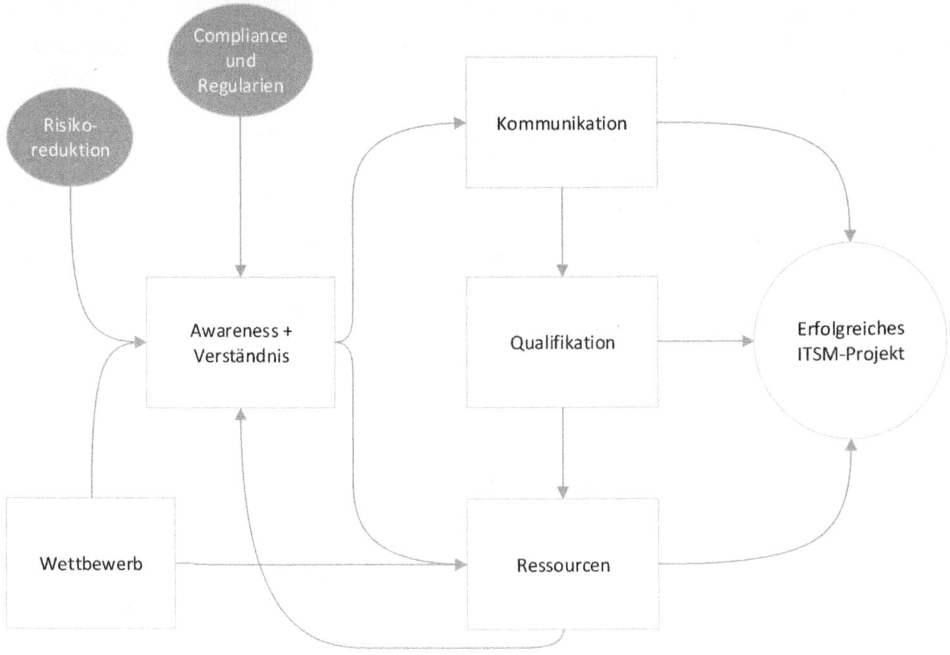

Abbildung 2: Wirkzusammenhänge auf der Basis der Experteninterviews

Eine weitere wichtige Erkenntnis ist, dass die meisten Bereiche in nur unidirektionaler Beziehung zueinanderstehen. Nur die Ressourcen und der Bereich *Awareness und Verständnis* weisen eine Wechselwirkung auf. Wenn der Unternehmensleitung die Vorteile von ITSM für das eigene Unternehmen bekannt sind, ist die Bereitschaft höher, Ressourcen dafür bereitzustellen. Umgekehrt sind mangelnde Ressourcen ein Hindernis dafür, das Commitment für die Einführung von ITSM aufzubringen.

4 Einführungsmodell darstellen

Basierend auf der Analyse der Treiber und Barrieren für ITSM in KMU und deren kausalen Zusammenhängen wurde ein Einführungsmodell entwickelt, das die neuen Erkenntnisse entsprechend berücksichtigt. Das Einführungsmodell hebt die Treiber für ITSM hervor und bietet Hilfsmittel, um Barrieren zu minimieren.

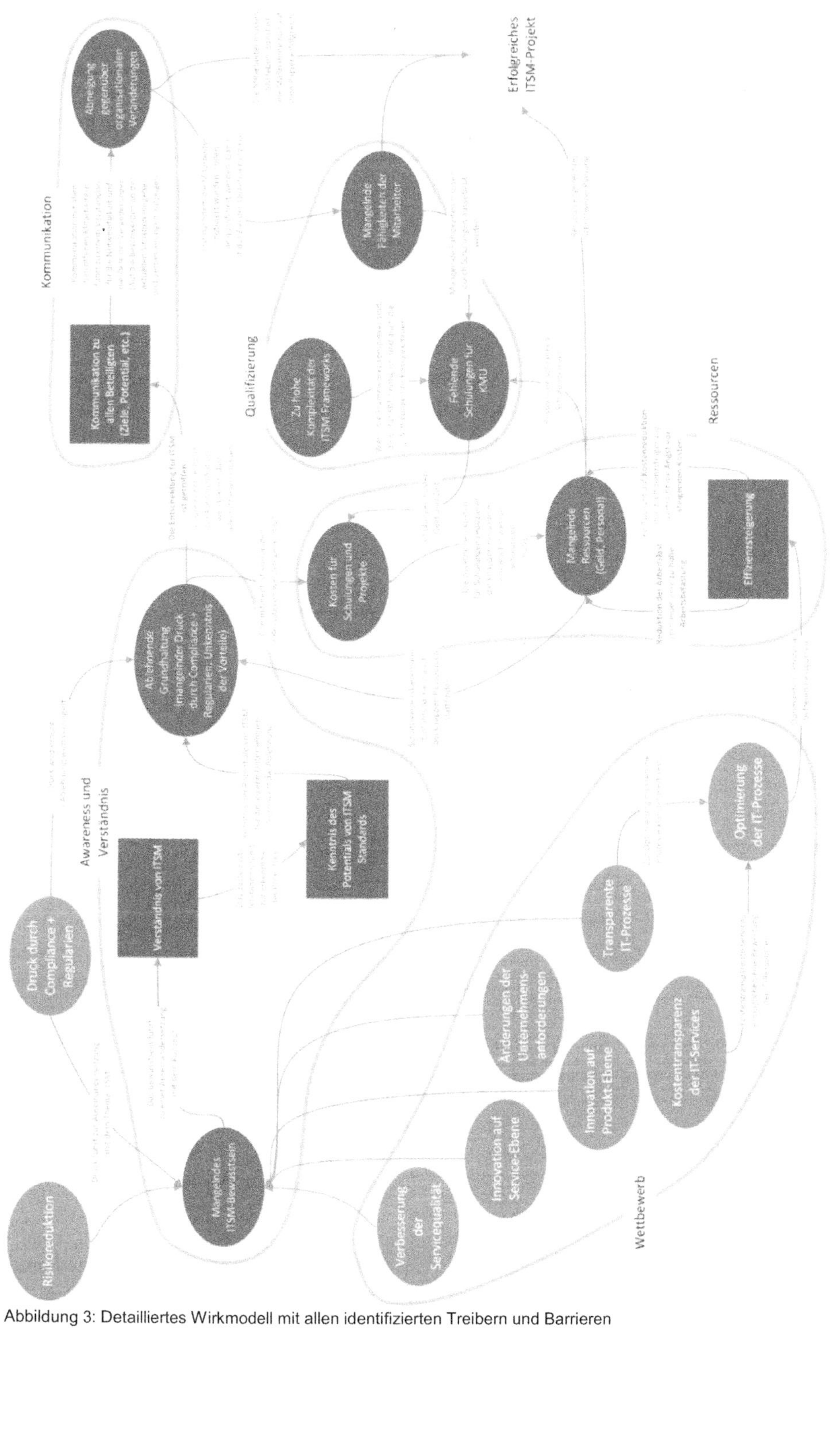

Abbildung 3: Detailliertes Wirkmodell mit allen identifizierten Treibern und Barrieren

Der im Folgenden vorgestellte Prozess kann sowohl zur initialen Einführung von ITSM als auch zur Optimierung bestehender Prozesse verwendet werden (Abbildung 4). Im Sinne einer fortwährenden Verbesserung wurde ein zyklischer Ansatz gewählt, der sich am Deming-Cycle (Plan, Do, Check, Act – PDCA-Zyklus) orientiert. Abweichend vom Deming-Cycle beginnt der Einführungsprozess aber nicht in der Planungsphase sondern mit der Phase „Act", hier Entscheidungsfindung. Dies ist der besonderen Situation der KMU geschuldet. Nach Küller gibt es in KMU hauptsächlich zwei Auslöser für ITSM [KüGV10]. Zum einen „Zwang" durch gesetzliche Rahmenbedingungen, zum anderen eine zu geringe Performanz der IT, sodass die Leistung des Unternehmens nicht mehr ausreichend ist. Beide Auslöser greifen nicht in der Planungsphase sondern in der Phase Act. Eine Analyse der Treiber zeigt, dass diese im Zuge einer Situationsanalyse identifiziert werden und die Notwendigkeit bzw. das Potential von ITSM erkennbar machen. Ausgehend von einem der genannten Auslöser soll das Management des Unternehmens über die Potentiale von ITSM für die gewünschten Veränderungen aufgeklärt und zu einer Entscheidung geführt werden, ITSM einzuführen. Dieser Schritt trägt den Barrieren aus dem Bereich Awareness und Verständnis Rechnung. Dabei besteht die Herausforderung nicht nur darin, ITSM allgemein als ein potentielles Hilfsmittel zur Verbesserung der Wettbewerbsfähigkeit bekannt zu machen, sondern auch darin, die Anwendbarkeit auf die spezielle Situation des Unternehmens aufzuzeigen sowie unternehmensspezifische Vorteile herauszustellen. Besonderes Augenmerk liegt dabei darauf, die Einführung von ITSM als ganzheitlichen Ansatz zur Steuerung der IT in kleinen, handhabbaren Schritten zu präsentieren. Im positiven Fall werden die Beweggründe (Erwartungen/Ziele) dokumentiert, eine IT-Strategie entwickelt, die an die Geschäftsstrategie angepasst ist und die Verantwortlichkeiten des Top-Managements festgelegt.

In der Planungsphase wird zuerst ein Plan zur Kommunikation der anstehenden Veränderungen entworfen, der die Befindlichkeiten innerhalb des Unternehmens, insb. Schlüsselpersonen, berücksichtigt. Es ist absolut notwendig für die Akzeptanz der Änderungen, dass die Mitarbeiter über das Projekt informiert und soweit sinnvoll involviert werden und nicht vor vollendete Tatsachen gestellt werden. Durch diese Maßnahme soll die Abneigung gegenüber Veränderungen seitens der Mitarbeiter reduziert werden und Multiplikatoren der Maßnahmen in Schlüsselpersonen gefunden werden. Die Informationen über die Einführung von ITSM müssen dabei auf die Mitarbeiter angepasst werden, sodass möglichst jeder Mitarbeiter die Vorteile für das Unternehmen aber auch für seine eigene Tätigkeit erkennen kann. Gleichermaßen muss der Kommunikationsplan evtl. notwendige qualifizierende Maßnahmen darstellen und somit die Angst vor Überforderung seitens der Mitarbeiter zu vermeiden. Gemäß des Kommunikationsplans wird im Unternehmen die Einführung/Optimierung von ITSM angekündigt, gefolgt von einer Ressourcenanalyse und Projektplanung. Ein wichtiges Ergebnis der Projektplanung ist die Festlegung von Verantwortlichkeiten und die Detaillierung der in der Entscheidungsphase definierten globalen/strategischen Ziele. Das Einführungsprojekt wird nicht alle Ziele des Managements abdecken können, sodass auch für das Projekt Ziele definiert und an Module geknüpft werden müssen, um die Bewertung des Projekts zu ermöglichen. Bei der Umsetzung wird das Projekt umgesetzt und die Mitarbeiter entsprechend geschult. In der letzten Phase wird die Zielerreichung des Projekts geprüft und das Ergebnis im negativen Fall in die Problemanalyse der nächsten Entscheidungsfindung eingespeist. Im nächsten Schritt wird geprüft, welche der strategischen Ziele durch dieses Projekt tatsächlich abgedeckt werden. Auch das Ergebnis dieser Analyse dient als Input für die nächste Entscheidungsfindung.

5 Ausblick und Fazit

Die weitere Forschung in diesem Gebiet kann die Wirkzusammenhänge der Treiber und Barrieren quantifizieren, sodass die Gewichtung zur Optimierung des Einführungskonzepts genutzt werden kann. Damit können dann zielgerichtete Empfehlungen für die Einführung gegeben werden. Die quantitative Untersuchung des Wirkmodells dient gleichzeitig zur Validierung der im Wesentlichen auf zwei Experten basierenden Erkenntnisse. Schwerpunkte dieser Untersuchung könnten sein:

1. Zu untersuchen ist die Auswirkung der Skalierbarkeit des Frameworks auf die Entscheidung, ITSM einzuführen.
   Hypothese: Wenn Awareness, Verständnis und ein schrittweises (skalierbar bis zu einer gewissen Mindestgröße) Einführungskonzept gegeben sind, dann wird die Entscheidung für die Einführung von ITSM trotz knapper Ressourcen getroffen.
   Zur Operationalisierung werden Awareness und Verständnis sowie die verfügbaren Ressourcen erfragt. Um diese Hypothese untersuchen zu können, muss der Einfluss durch Compliance und Regularien ausgeschlossen werden. Dies kann ebenfalls abgefragt werden. Die zweite Variable ist die Skalierbarkeit eines Frameworks. Hier können verschiedene abstrakte Skalierungen vorgegeben und jeweils die Bereitschaft für ein Projekt abgefragt werden.
2. Die Auswirkung des Verständnisses von ITSM auf die Kommunikation kann ebenfalls Gegenstand der Untersuchung sein.
   Hypothese: Die unabhängigen Variablen sind die Kenntnis der IT-Schwachstellen und die Kenntnis des ITSM-Potentials des eigenen Unternehmens. Die abhängige Variable ist die Kommunikation. Dazu sollen sowohl der Inhalt, als auch die zeitliche Abfolge der Kommunikation und die Kommunikationspartner erfragt werden.
3. Die dritte Hypothese richtet sich auf die Auswirkungen der Kommunikation auf die Akzeptanz der Veränderungen.
   Hypothese: Wenn die Kommunikation die Notwendigkeit, Ziele und Potentiale beinhaltet, die Mitarbeiter geschult sind sowie ein ressourcengerechter Einführungsplan vorliegt, dann wird ITSM erfolgreich eingeführt.
   Für die Beurteilung der Hypothese gilt es, die Störfaktoren durch die Ressourcen und Qualifikation der Mitarbeiter auszuschließen. Zum Ausschluss der Störfaktoren bietet sich ein Szenario an. In diesem Szenario stehen dem Befragten uneingeschränkte Mittel zur Verfügung und alle Mitarbeiter kennen IT-Service-Management. Daraufhin wird die Kommunikation erfragt. Was muss kommuniziert werden, um die Mitarbeiter von dem Konzept zu überzeugen? Die Akzeptanz ist nur mittelbar zu messen. Es kann nach der subjektiven Empfindung der Mitarbeiter gefragt werden.

Insgesamt dient dieser Beitrag dazu, ein vertieftes Verständnis der Einflussfaktoren auf ITSM-Projekte zu erlangen. Darauf basierend wurden einige Einführungsmodelle diskutiert und abschließend ein Konzept erstellt, dass die Vorteile der analysierten Modelle vereint und einem Unternehmen aufzeigt, wie ein ITSM-Einführungsprojekt geplant und durchgeführt werden kann.

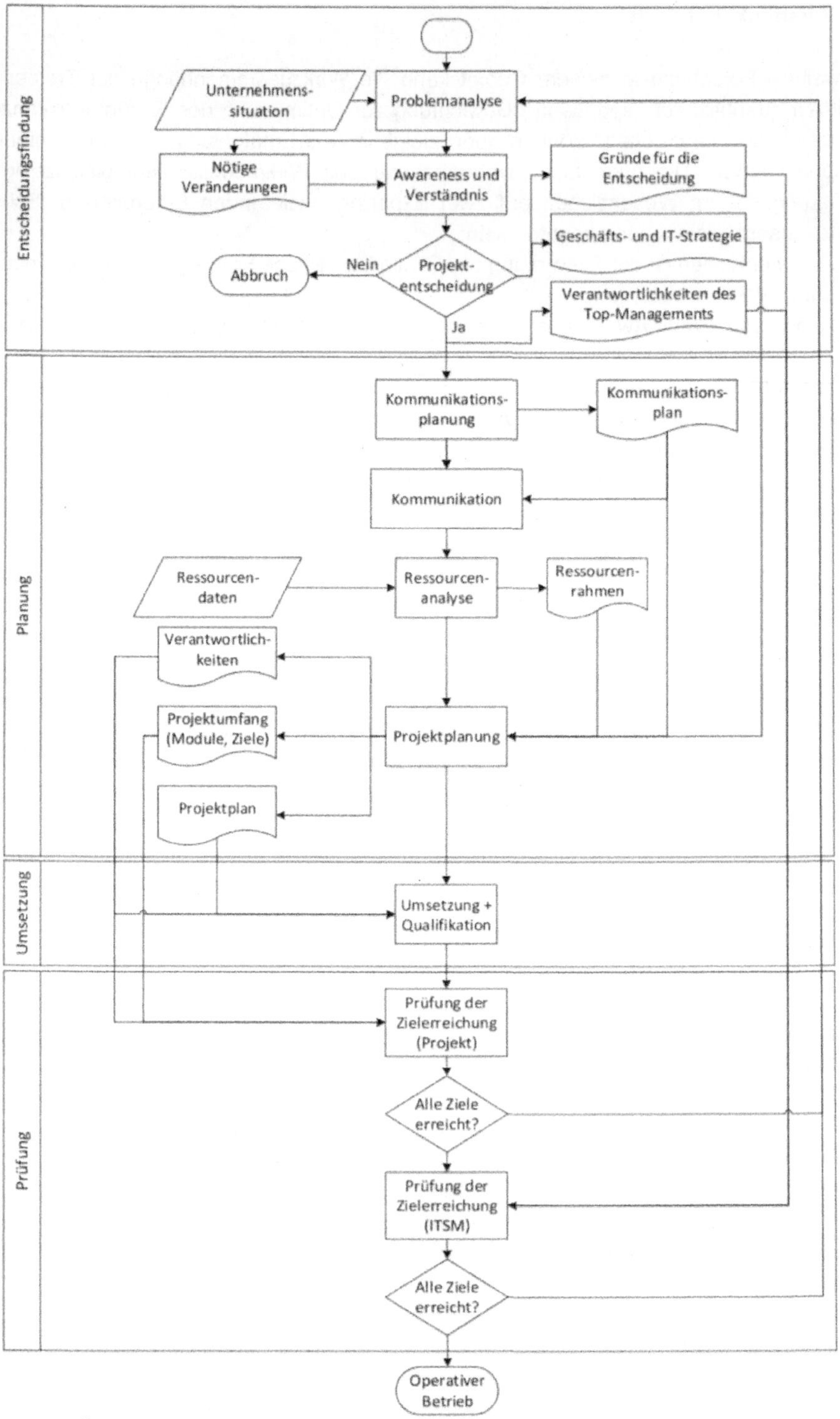

Abbildung 4: Übersicht über das ITSM-Einführungskonzept, das auf der Basis des Wirkmodells entwickelt wurde.

Literaturverzeichnis

[CeBI15] CeBIT, 2015. IT Investment Check 2015. In Whitepaper November 2014. Available at: http://www.gi.de/fileadmin/CeBIT- Mittelstandsinitiative/DMAG_12043_ Profilm-afo_Whitepaper_CeBIT_D- final_141202.pdf.

[Groß11] Groß, M., 2011. Einsatzmöglichkeiten von ITIL in KMU, VDM Verlag Dr. Müller GmbH & Co.

[Fica13] Ficano, C. et al.: Bringing IT Service Management and Innovation To Smes in Central Europe. Available at: http://www.innotrain-it.eu/web/guest/document-library, 2013, S.48.

[Hert15] Hertweck, D. et al.: Transforming SMEs in the Danube Region - Results of the Project ITSM4SME, 2015.

[RoSö17] Anselm Rohrer, A.; Söllner D.: IT-Service-Management mit FitSM. dpunkt.verlag, Heidelberg, 2017.

[Vogt11] Vogt, M. et al.: Adapting IT Governance Frameworks using Domain Specific Requirements Methods: Examples from Small & Medium Enterprises and Emergency Management. In AMCIS 2011 Proceedings - All Submissions. p. Paper 481. Available at: http://aisel.aisnet.org/cgi/viewcontent.cgi?article=1345&context =amcis2011_submissions, 2011.

[MiKü11] Miron, E.-T., Küller, P.: INNOTRAIN IT: Innovation Training in IT-Service Management for SME ' s in Central Europe. 2nd Symposium on Business Informatics in Central Europe and Eastern Europe, pp.169–176, 2011.

[Kemp14] Kempter, Stefan: YaSM®-Wiki - das Service-Management-Wiki ("Yet another Service Management Model"), https://yasm.com/wiki/de/index.php/Hauptseite.

[KüGV10] Küller, P., Grabowski, M. & Vogt, M.: IT Service Management Methods and Frameworks Systematization, 2010.

[Beck16] Becker, Willi: Masterarbeit zum Thema „Konzept zur Implementierung von ITSM in KMU“, FH Aachen, 2016.

Kontakt

Willi Becker
AlbrechtConsult GmbH
Theaterstr. 24, 52062 Aachen
Willi.Becker@AlbrechtConsult.com

Prof. Dr.-Ing. Martin R. Wolf
FH Aachen
Eupener Str. 70, 52066 Aachen
m.wolf@fh-aachen.de

Plattformen für Geschäftsprozesse

Use-Case-basierte Analyse von Machine-Learning-Einsatzpotenzialen im ERP-basierten Unternehmenskontext

Frank Morelli, Jakob Schneller, Benjamin Duppe

Zusammenfassung

Die Akkumulation von strukturierten Daten liegt in der Natur von ERP-Systemen. Der Einsatz von Technologien des maschinellen Lernens in diesem Kontext bietet entsprechend ein hohes Nutzenpotenzial. Maschinelles Lernen lässt sich als essenzieller Aspekt der Repräsentation von intelligentem Verhalten i.S.v. „Wahrnehmen", „Verstehen" und „Handeln" interpretieren. Sowohl überwachtes als auch unüberwachtes Lernen vollziehen sich als iterativer „Human-in-the-Loop" (HITL)-Prozess mit den Bausteinen Datensatzvorbereitung, Algorithmus-Auswahl, Trainings-Durchführung und Anwendung. Ein Use Case zur Vorhersage von „Non-Conformance Costs" (NCC), die durch eine Abweichung der ursprünglich kalkulierten von den am Ende eines Projekts angefallenen Ist-Kosten entstehen, veranschaulicht die zugehörige Vorgehensweise. In diesem Kontext werden auch die verwendete Architektur und eingesetzte Komponenten vorgestellt.

1 Data Science, künstliche Intelligenz und maschinelles Lernen im Kontext von ERP-Systemen

Data Science zielt als interdisziplinärer Ansatz darauf ab, Erkenntnisse aus Daten unterschiedlichster Couleur zu extrahieren. Beispielsweise geht man im Zusammenhang mit der Analyse von „Big Data" in der einschlägigen Literatur von einem „7V"-Modell aus („Variety", „Velocity", „Volume", „Value", „Veracity", „Variability", „Visualization" – [SeCu17, S. 302 ff.]). Große Datenmengen sollen in diesem Kontext zu „Smart Data" zusammengefasst werden, um neue, innovative Geschäftsmodelle und -prozesse zu entwickeln bzw. eine höhere diagnostische Effektivität zu erzielen. Die Arbeit von Data Scientists basiert auf Methoden der Statistik und des Data Mining, um mit Hilfe entsprechender Verfahren und maschineller Lernalgorithmen Datenmodelle zu generieren, die deskriptive, prädiktive oder präskriptive Analysen ermöglichen.
Künstliche Intelligenz bezeichnet die Fähigkeit eines Computers oder eines computergesteuerten Roboters auch solche Aufgaben zu erfüllen, die intelligentes Verhalten erfordern. Als differenzierende Eigenschaft von Lebewesen resultiert intelligentes Verhalten aus dem Zusammenspiel verschiedener Fähigkeiten, die diesen zuzuordnen sind. Ein intelligenter Agent als zeitgemäße und praktikable Umsetzung von künstlicher Intelligenz benötigt vergleichbare Fähigkeiten, um intelligentes Verhalten an den Tag zu legen. In diesem Kontext definieren Bataller und Harris „Wahrnehmen", „Verstehen" und „Handeln" als grundlegende Fähigkeiten. Ergänzt um die übergeordnete Fähigkeit „Lernen", bilden diese den Prozess intelligenten Verhaltens ab [BaHa16, S. 6]. Die KI-Forschung umfasst eine Reihe technologischer Ansätze, die das Ziel verfolgen, eine oder mehrere dieser Fähigkeiten zu repräsentieren. So bezieht sich maschinelles Lernen als technologischer Ansatz auf die übergeordnete Fähigkeit „Lernen". Lernen ist die Grundlage von Anpassungsfähigkeit, einer differen-

zierenden Stärke des Menschen. Der resultierende hohe Stellenwert des Lernens verleiht maschinellem Lernen im Kontext von künstlicher Intelligenz hohe Prominenz. Durch den positiven Zusammenhang zwischen dem Nutzen von maschinellem Lernen und der Verfügbarkeit von Daten genießt die Technologie in einem datengetriebenen Zeitalter zudem hervorragende Voraussetzungen und vielfältige Anwendungspotenziale [AgGG17, S. 24].
So sind virtuelle Assistenten wie Amazons Alexa oder personalisierte Empfehlungen auf Netflix Beispiele für künstliche Intelligenz im Alltag von Verbrauchern, für die maschinelles Lernen eine zentrale Rolle spielt. Auch über den Verbraucherkontext hinaus bietet maschinelles Lernen zahlreiche Anknüpfungspunkte. ERP-Systeme stellen in diesem Zusammenhang einen besonders günstigen Anwendungskontext dar, da die Akkumulation von Daten Grundlage solcher Systeme ist. Maschinelles Lernen bietet eine Möglichkeit, die ohnehin bereits gesammelten Daten besser zu nutzen. In der Praxis wurde dieses Potenzial bereits erkannt. Einer Studie des Beratungsunternehmens IDC zufolge ist bei zahlreichen ERP-Anbietern ein Trend zur Integration von künstlicher Intelligenz und insbesondere maschinellem Lernen in das bestehende Anwendungsportfolio auszumachen: In Kombination mit komplementären Technologien und Weiterentwicklungen stiftet dies Zusatznutzen auf strategischen und operationalen Ebenen [IDC17].
Abgesehen von den beschriebenen ersten Erkenntnissen aus der Praxis und vereinzelten Studien, wurde die Nutzung von künstlicher Intelligenz und maschinellem Lernen im ERP-Kontext als Baustein von Data Science bislang wenig untersucht. Obwohl diese Themengebiete auf eine lange wissenschaftliche Tradition zurückblicken, bietet ihre Schnittmenge zahlreiche Ansatzpunkte für praxisorientierte und theoretische Forschung. Im vorliegenden Artikel soll am Beispiel einer komplexen betriebswirtschaftlichen Fragestellung untersucht werden, wie man durch eine systematische Vorgehensweise auf Basis von strukturierten ERP-Daten Entscheidungen mit Hilfe von Machine-Learning unterstützen kann.

2 Maschinelles Lernen

2.1 Maschinelles Lernen als Komponente künstlicher Intelligenz

Maschinelles Lernen ist einer der technologischen Ansätze, die von der KI-Forschung verfolgt werden. Um den Prozess intelligenten Verhaltens ganzheitlich abzubilden bedarf es weiterer Ansätze, sodass die grundlegenden Fähigkeiten „Wahrnehmen", „Verstehen" und „Handeln" entsprechend repräsentiert werden. Russel und Norwig definieren in diesem Zusammenhang sechs Teilgebiete der KI-Forschung, deren technologische Ansätze diesen Fähigkeiten zugeordnet werden können und in ihrer Gesamtheit intelligentes Verhalten ermöglichen [RuNo09, S. 4]:

- Maschinelles Sehen (Wahrnehmen)
- Maschinelle Sprachverarbeitung (Wahrnehmen, Handeln)
- Wissensrepräsentation (Verstehen)
- Automatische Folgerung („Automatic Reasoning" - Verstehen)
- Robotik (Handeln)
- Maschinelles Lernen (Lernen)

Der letztgenannte Aspekt beschreibt Ansätze, denen Algorithmen zugrunde liegen, die durch Training mit entsprechenden Daten aus vergangenen Erfahrungen lernen [AgGG17, S. 23]. Diese sind von besonderem Nutzen, wenn sich ein Computer menschliche Fähigkeiten aneignen, oder ein Computerprogramm seinen Code kontinuierlich anpassen soll [ShBe14, S. 3 f.]. Beides kann in allen vorherigen Teilgebieten von Nutzen sein, was die bereits erläuterte übergreifende Stellung des maschinellen Lernens unterstreicht.

2.2 Kategorien des maschinellen Lernens

Die unterschiedlichen Ansätze des maschinellen Lernens lassen sich anhand verschiedener Kriterien strukturieren. So kann grundsätzlich zwischen Ansätzen des aktiven und passiven Lernens unterschieden werden. Während aktive Lerner im Rahmen des Trainings mit ihrer Umwelt interagieren, wird diese von passiven Lernern lediglich beobachtet. Ein weiterer Strukturierungsansatz bezieht sich auf die Information, die zum Training bereitgestellt wird. Hier muss man zwischen der gezielten Bereitstellung der benötigten Informationen und der Bereitstellung einer Informationsmasse, aus der die benötigten Informationen während des Trainings erst extrahiert werden müssen, unterscheiden. Es kann weiterhin zwischen stapelweisem Lernen und Lernen in Echtzeit unterschieden werden. So sind Inferenzen im ersten Fall immer erst nach Abschluss des Trainings mit einem Datensatz möglich, wohingegen sich das Modell im zweiten Fall bereits während des Trainings für Inferenzen nutzen lässt [ShBe14, S. 4 ff.]. Die häufigste Strukturierungsform unterscheidet zwischen überwachtem und unüberwachtem Lernen. Da diese den algorithmischen Möglichkeiten, den Eigenschaften eines Datensatzes sowie dem Anwendungszweck des Lernens Rechnung trägt, ist sie von universellem Nutzen.

Überwachtes Lernen ist die populärste Form des maschinellen Lernens und verfolgt das Ziel der Prädiktion abhängiger Output-Variablen auf Basis unabhängiger Input-Variablen. Zu diesem Zweck trainiert ein Trainingsdatensatz ein mathematisches Modell, indem dessen Parameter an den Input-Output-Zusammenhang des Trainingsdatensatzes angepasst werden. Bei einer vergleichbaren Datenstruktur lässt sich die resultierende approximative Zuordnungsfunktion anschließend zur Prädiktion des Outputs eines gegebenen Inputs verwenden [JoMi15, S. 257]. Die approximierte Zuordnung kann sowohl diskret als auch kontinuierlich sein. Eine diskrete Zuordnung bezeichnet man als Klassifikation, da ein Input gruppiert und somit einer Kategorie zugeordnet wird. Eine kontinuierliche Zuordnung impliziert, dass jedem Input-Wert ein exakter Output-Wert zugeordnet werden kann. Man bezeichnet diese als Regression. Überwachtes Lernen zielt folglich darauf ab, Zuordnungsfunktionen zu generieren.

Unüberwachtes Lernen hingegen beschäftigt sich explizit mit Datensätzen, in denen kein Input-Output-Zusammenhang bekannt ist oder dieser nicht von Interesse ist. Die Zielsetzung liegt in der Identifizierung von bislang unbekannten Strukturen in einem Datensatz, die helfen, diesen zu verstehen. Beim Clustering als populärstes Beispiel für unüberwachtes Lernen werden Eigenschaftskombinationen identifiziert, die im Datensatz einen Schwerpunkt bilden und so zentrale Aussagen über den Datensatz ermöglichen. Eine zielführende Benennung identifizierter Cluster liefert Kategorien, welche die Grundlage für eine anschließende Klassifikation (überwachtes Lernen) bilden können [Kots07, S. 249]. Neben Clustering ist die Dimensionsreduktion eine weitere zentrale Form des unüberwachten Lernens. Sie verfolgt das Ziel, Input-Variablen auf solche Dimensionen zu reduzieren, die Aussagekraft für die Prädiktion des Outputs besitzen [JoMi15, S. 257].

Neben den Grundformen des überwachten und unüberwachten Lernens existieren zudem spezifischere, teils hybride Ansätze, wie das verstärkende oder das teilüberwachte Lernen. So geht es beim verstärkenden Lernen ("Reinforcement Learning") zumeist um die Verfeinerung eines mit bestimmten Lerndaten vortrainierten künstlichen neuronalen Netzes durch den Einsatz von Echtdaten. Für das Training muss eine Zielsetzung formuliert werden und das System lernt nach jedem durchgeführten Versuch durch Feedback nach den Prinzipien von Belohnung und Bestrafung bzw. von Trial-and-Error. Dieser Lernansatz wird u.a. in der Bilderkennung, der Sprach- und Sentimentanalyse sowie bei Robotersystemen verfolgt. Im Sinne eines nachvollziehbaren Maschinenlernens („Explainable Artificial Intelligence") besteht hierfür allerdings noch erheblicher Forschungsbedarf für die Anwendbarkeit in der Praxis: Der Lernprozess vollzieht sich grundsätzlich autonom und kann sich erheblich von menschlichen Problemlösungen unterscheiden. Aufgrund ihrer geringen Relevanz im ERP-Kontext werden diese Ansätze an dieser Stelle nicht weiterverfolgt.

Die Tatsache, dass überwachtes Lernen in der Praxis am weitesten verbreitet ist [JoMi15, S. 257], legt nahe, dass diese Form des maschinellen Lernens auch das höchste Potenzial im Kontext von ERP-Systemen bietet. Dennoch können auch die Eigenschaften des unüberwachten Lernens von Nutzen sein, wenn es darum geht, ungenutztes Potenzial in einem Datensatz zu identifizieren.

2.3 Prozess des maschinellen Lernens

Überwachtes und unüberwachtes Lernen folgen einem Prozess, welcher maschinelles Lernen im Allgemeinen schrittweise beschreibt, ohne die Unterschiede zwischen den beiden Lernformen zu vernachlässigen. Er gestaltet sich als experimentelle, iterative Interaktion zwischen Mensch und Maschine, die sich in Form eines „Human-in-the-Loop" (HITL)-Ansatzes systematisieren lässt [XMLM18]. Die Zielsetzung besteht darin, einen effizienten End-to-End-Entwicklungsprozess zu generieren, bei dem Änderungen bzw. Zwischenergebnisse schnell verfügbar, nachvollziehbar und weiterverwendbar vorliegen. Im Folgenden wird der Prozess primär aus der Perspektive des überwachten Lernens erläutert [Kots07, S. 250 f.]. Falls notwendig erfolgt ein Hinweis auf entsprechende Abweichungen beim unüberwachten Lernen.

Datensatz-Vorbereitung umfasst alle Schritte von der Datensammlung über die Vorverarbeitung bis hin zur Auswahl des Trainings-Datensatzes. Der Vorverarbeitung kommt hierbei die größte Bedeutung zu. Hierbei wird ein Datensatz einerseits von Störungen befreit und auf ein handhabbares, aber dennoch aussagekräftiges Maß reduziert [Kots07, S. 250]. Andererseits finden in diesem Prozessschritt auch Auswahl und Modifikation der für die Modellierung relevanten Attribute statt. Das so genannte „Feature Engineering", bei dem die Attribute mit der höchsten Aussagekraft identifiziert und falls notwendig aggregiert werden, ist erfolgskritisch für die praktische Anwendung von maschinellem Lernen [Domi12, S. 82]. Die hohe Relevanz des „Feature Engineerings" erklärt, warum besonders neuronalen Netzen im Kontext des maschinellen Lernens eine derart hohe Bedeutung zugesprochen wird. Neuronale Netze erzeugen in ihren versteckten Ebenen abstrakte Repräsentationen, in denen die Ausgangsattribute für das Lernziel optimiert aggregiert sind. Dieses so genannte „Representation Learning" ersetzt das manuelle Feature Engineering [GoBC15, S. 10]. Die komplexeste Form des „Representation Learning" wird als „Deep Learning" bezeichnet. Hier erzeugt die Verwendung multipler versteckter Ebenen besonders abstrakte Repräsentationen um eine maximale Anpassung an das Lernziel zu erreichen. Im Hinblick auf unüberwachtes Lernen ist anzumerken, dass dieses im isolierten Fall lediglich den Aspekt der Datensammlung zur Datensatz-Vorbereitung benötigt. Im Gesamtkontext werden Methoden des unüberwachten Lernens allerdings in der Vorverarbeitung der Daten für überwachtes Lernen genutzt. So ist es gängige Praxis, dass man unüberwachte Methoden nutzt, um eine angemessene Datenrepräsentation für das überwachte Lernen zu erhalten [GoBC15, S. 525].

Algorithmus-Auswahl als Folgeschritt beschreibt die Auswahl eines für das Problem angemessenen Algorithmus. Aufgrund der langen Forschungshistorie des maschinellen Lernens existieren zahlreiche, teilweise sehr spezifische Algorithmen über die Marsland einen umfassenden Überblick liefert [Mars15]. Im Allgemeinen besteht ein Algorithmus für maschinelles Lernen aus den drei Komponenten Darstellungsmethode, Evaluierungskriterium und Optimierungsmethode [Domi12, S. 78 f.]:

- Die Darstellungsmethode beschreibt, wie das Lernproblem bestmöglich abgebildet wird. Es handelt sich folglich um das grundlegende mathematische Modell, das sich am besten zur Approximation des Input-Output-Zusammenhangs eignet.
- Das Evaluationskriterium entscheidet, auf welche Weise man die Güte der Approximation durch das Modell bewertet.
- Die Optimierungsmethode ist das Verfahren, welches genutzt wird, um die Qualität der Approximation durch Veränderung der Modell-Parameter zu maximieren.

Trainings-Durchführung beschreibt den anschließenden Schritt, wenn ein adäquater Algorithmus identifiziert wurde. Diese Aktivität ist allerdings ausschließlich für überwachtes Lernen relevant. Im Rahmen des Trainings wird ein Trainings-Datensatz als Teil des Gesamtdatensatzes genutzt, um die Parameter des ausgewählten grundlegenden mathematischen Modells soweit anzupassen, dass dieses einen generalisierbaren Input-Output-Zusammenhang darstellt. Das Ergebnis lässt sich dann auf vergleichbare Daten anwenden. Unter der Annahme, dass das grundlegende mathematische Modell korrekt gewählt wurde, muss während des Trainings der optimale Kompromiss zwischen Präzision und Generalisierbarkeit gefunden werden. Während Präzision die Fähigkeit des Modells beschreibt, den Input-Output-Zusammenhang möglichst genau darzustellen, bezieht sich die Generalisierbarkeit auf die Aussagekraft des Modells für andere als die Trainingsdaten. Mit steigender Präzision verliert ein Modell zunehmend an Generalisierbarkeit, da es sich auch an die spezifischen Störungen im Trainingsdatensatz anpasst. Dieses „Overfitting"-Phänomen repräsentiert eines der häufigsten Probleme für die Performanz maschinellen Lernens. Beim gegenteiligen Extrem, dem „Undertraining", sind die Parameter des zugrundeliegenden Modells noch nicht ausreichend an den Trainingsdatensatz angepasst. Die Approximation weist somit eine unzulängliche Präzision auf, was eine geringe Aussagekraft des Modells zur Folge hat. Ein optimales Training sieht folglich vor, die Präzision so lange zu steigern, wie der Verlust der Generalisierbarkeit durch den Zugewinn an Modellqualität gerechtfertigt werden kann. Um dies zu realisieren wird ein Datensatz typischerweise in einen Trainingsdatensatz, einen Testdatensatz und einen Validierungsdatensatz aufgeteilt. Das Verhältnis der Aufteilung rangiert hierbei zwischen 60:20:20 und 50:25:25 [Mars15, S. 20 f.]. Den größten Anteil stellt der Trainingsdatensatz, der genutzt wird, um die Parameter des zugrundeliegenden Modells so anzupassen, dass der Input-Output-Zusammenhang des Datensatzes bestmöglich approximiert wird. Mit dem Testdatensatz misst man im Anschluss an das Training die Generalisierbarkeit des Modells, indem dieses auf einen Datensatz mit vergleichbarer Struktur angewendet wird. Den Validierungsdatensatz verwendet man schließlich, um das Training bei der Entstehung von „Overfitting" zu beenden. Zu diesem Zweck wird in regelmäßigen Abständen überprüft, ob sich die approximierten Werte des Modells den Werten des Validierungsdatensatzes annähern. Sobald sich die Werte wieder entfernen, beginnt das Modell datensatzspezifische Störungen zu berücksichtigen und man muss das Training beenden, um ein Modell mit optimaler Präzision und Generalisierbarkeit zu erhalten.

Anwendung des maschinellen Lernens beschreibt den finalen Prozessschritt, welcher die Nutzung des erzeugten Modells im Falle des überwachten Lernens oder die Anwendung des ausgewählten Algorithmus im Falle des unüberwachten Lernens darstellt. Der folgende Use Case erläutert den Prozess des maschinellen Lernens anhand eines Praxisbeispiels und zeigt, wie dieser schließlich in einer konkreten Anwendung mündet.

3 Use Case und Prototyp „Non-Conformance Costs"

3.1 „Non-Conformance Costs" im Maschinen- und Anlagenbau

Ein Industriesektor, bei dem das Thema maschinelles Lernen zunehmend an Bedeutung gewinnt, ist der Maschinen- und Anlagenbau. Zugehörige Gründe liegen sowohl in der Nutzbarkeit von IoT (Internet of Things) durch verbaute Sensoren und Aktoren als auch in der Vielzahl vorhandener Daten, die in der Vergangenheit gesammelt wurden. Diese Ressourcen möchte man zur Ausgestaltung von Optimierungslösungen nutzen. Innerhalb der Branche existieren Hersteller, die bereits Jahrzehnte am Markt sind und über große Expertise verfügen. Ihre Kernkompetenzen liegen dabei insbesondere in der Konstruktion von Maschinen und Anlagen. Die zugehörigen Daten sind allerdings schwer zu analysieren und bringen einen hohen manuellen Aufbereitungsaufwand mit sich: Projekte in diesem Industriesektor erweisen sich i.d.R. als komplex und einzigartig, wie z.B. die kundenspezifische Konstruktion einer Anlage. Folglich ist es nicht trivial, übergreifende Muster in einer großen Anzahl unterschiedlicher Projekte zu finden.

„Non-Conformance Costs" (NCC) haben im Neugeschäft des Maschinen- und Anlagenbaus eine starke Auswirkung auf die Projektergebnisse und damit auf die Profitabilität des gesamten Unternehmens. Sie entstehen durch eine Abweichung der ursprünglich kalkulierten von den am Ende eines Projekts angefallenen Ist-Kosten. Typischerweise wird der Verkaufspreis einer Maschine von den kalkulierten Kosten abgeleitet. Übersteigen die Ist-Kosten die kalkulierten Soll-Kosten, schmälert dies die Marge oder führt ggf. sogar zu Verlusten. Zu hoch kalkulierte Projekte bergen das Risiko, einen Auftrag an Konkurrenzunternehmen zu verlieren. Folglich erweist sich eine möglichst genaue Kostenprognose als essenziell.

3.2 Data Science Projekt zur Modellentwicklung

Im nachfolgenden Use Case wird eine Vorgehensweise vorgestellt, um Data Science Projekte systematisch anzugehen. Dieser basiert auf Erfahrungen aus einem Projekt, das in Kooperation mit Siemens durchgeführt wurde. Es hatte die Zielsetzung, das Risiko relevanter NCC-Abweichungen anhand von ERP-Daten im Voraus abschätzen zu können. Als Grundlage fungierte die Vermutung, dass Zusammenhänge zwischen technischen, kaufmännischen sowie organisatorischen Projektmerkmalen einerseits und NCC andererseits existieren.

Der Use Case beschreibt, wie mit Hilfe von historischen Daten und Methoden aus dem Data Science Bereich relevante Einflussfaktoren identifiziert und in ein Modell zur NCC-Prognose überführt werden können. Aufgrund der oben beschriebenen Komplexität lässt sich hieraus allerdings kein Out-of-the-Box Modell generieren, das branchenweit für NCC-Prognosen verwendet werden kann.

Es gestaltet sich als vorteilhaft, ein interdisziplinäres Projektteam, bestehend aus Experten einzelner Fachbereiche bzw. Prozessverantwortlichen, Datenexperten und Data Scientists zusammenzustellen. Der Einsatz einer agilen Vorgehensweise hat sich hierbei als zielführend erwiesen. Inhaltlich sollten Fachexperten, z.B. im Rahmen eines Workshops, Hypothesen generieren. Im vorliegenden Fall wurde die Vermutung aufgestellt, dass einzelne Kunden, die Projektstruktur, das Mengengerüst und der Eigenfertigungsanteil signifikante Einflüsse auf NCC ausüben. Aus den Hypothesen lässt sich ableiten, welche Daten relevant sind, aus welchen Systemen sie kommen, wie sie beschafft und in welcher Form sie bereitgestellt werden können. Daran schließt sich eine Priorisierung der Hypothesenüberprüfung bzw. ein hieraus abgeleitetes Product Backlog an.

Im nächsten Schritt geht es um die Vorbereitung der Datensätze. Für die Implementierung eines funktionsfähigen Machine-Learning-Modells sind mehrere Voraussetzungen zu erfüllen: Typischerweise ist es im ERP-Kontext weder sinnvoll noch möglich, initial alle Daten en bloc zu übertragen. Entsprechend muss eine Selektion relevanter Daten erfolgen. Im vorliegenden Use Case hat es sich herausgestellt, dass die Rohdaten nicht als direkter Input für Modelle des überwachten Lernens verwendet werden konnten: Eine Projektstruktur, die aus vielen Elementen (wie z.B. Gehäusekonstruktion, Laufradkonstruktion, etc.) besteht, erwies sich als zu komplex.

Bei der Analysephase wird innerhalb eines drei- bis vierwöchigen Sprints der gesamte Prozess des maschinellen Lernens durchlaufen, d.h. Daten bereitgestellt, aufgearbeitet, Modelle entwickelt und evaluiert. Außer bei der eigentlichen Modellentwicklung sind in jedem Schritt die Fachexperten zu involvieren und die Ergebnisse bzw. das weitere Vorgehen in Meetings zu besprechen. Im darauffolgenden Sprint besteht die Möglichkeit, interessante Sachverhalte des vorhergehenden Sprints tiefer zu untersuchen oder sich einer neuen Hypothese bzw. einem neuen Product Item als Sprint Item zu widmen.

Im vorliegenden Fall wurde eine Methode der Klassifikation eingesetzt. Die Zuordnung jedes Projekts zu einer von fünf Klassen ermöglichte eine aussagekräftige Zuordnung von Wahrscheinlichkeiten, mit denen NCC anfallen. Demgegenüber wurde die Anwendung einer Regression, die eine Ästimation der zu erwarteten NCC ausgibt, verworfen. Der Grund war, dass die Scheingenauigkeit einer solchen Vorhersage Nutzer zu Fehlinterpretationen verleiten könnte.

Um Ähnlichkeiten von Projektstrukturen zu identifizieren, erfolgte die Anwendung eines k-Modes Clustering. Alternativ könnte ein künstliches Neuronales Netz eine hohe Präzision ergeben. Das Team hat sich jedoch aufgrund der Intransparenz der Entscheidungen gegen den zugehörigen Einsatz entschieden.

Alle identifizierten Faktoren wurden zu Beginn mit Hilfe von Entscheidungsbäumen analysiert, um gemeinsam mit den Fachexperten die kausalen Zusammenhänge zu untersuchen. Darüber hinaus erfolgte ein Performance-Test verschiedener Methoden des maschinellen Lernens wie Naive Bayes, Support Vector Machine, Gradient Boosting und Neuronale Netze, um Aussagen über eine mögliche Praxisrelevanz treffen zu können.

Am Ende stehen bestimmte Einflussfaktoren fest, die man dann in ein selbstlernendes Modell überführen kann. Im vorgestellten Fall haben sich die Region des Kunden sowie die Projektstruktur als zentrale Kriterien erwiesen: Eine von 8 Regionen wies signifikant geringere NCC aus und im Hinblick auf die Projektstruktur ließ sich die Komplexität der Projekte als entscheidender Faktor identifizieren. Weitere Kriterien wie das Mengengerüst einer Maschine oder der Eigenfertigungsanteil hatten im Use Case nur einen geringen Einfluss auf die NCC. Die unterschiedlichen Modelle konnten eine Performance zwischen 65% und 75% erzielen.

3.3 *Architektur für maschinelles Lernen und Prototyp-Beispiel*

Das nachfolgende Prototyp-Konzept soll den produktiven Einsatz eines Modells im ERP-Umfeld anhand des Use-Case-Beispiels in vereinfachter Form veranschaulichen. Abb. 1 zeigt die grundsätzliche Architektur und die dafür notwendigen Komponenten.
Aufsetzend auf dem „Single Point of Truth“, in welchem aufbereitete Daten zur Verfügung stehen, wird ein Machine-Learning-Modell mit historischen Daten trainiert. Ziel dabei ist es, dass das Modell lernt, welche Faktoren in welchem Ausmaß Einfluss auf die Höhe der NCC haben. Die Ergebnisse werden auf einer Datenbank abgelegt und sind für zukünftige Modellveränderungen nutzbar.

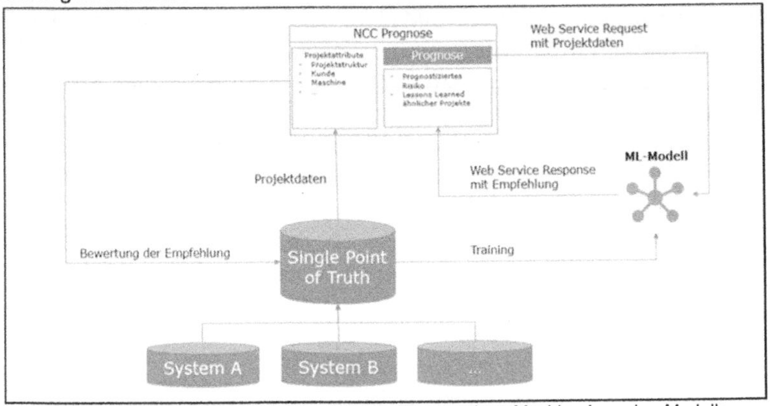

Abbildung 1: Architektur für den produktiven Einsatz eines Machine-Learning-Modells

Das Modell lässt sich auf einem Server bereitstellen, an den Nutzer im produktiven Betrieb Webserviceanfragen stellen können. Im Bedarfsfall liefert das Modell eine Prognose, basierend auf den vorhandenen Datensätzen.

3.4 *Kritische Würdigung*

Für den Einsatz von maschinellem Lernen im ERP-Kontext steht eine Vielzahl von Methoden zur Verfügung. Welche davon konkret zum Einsatz kommen sollen, muss im Einzelfall anwendungsspezifisch entschieden und getestet werden.
Der vorliegende Use Case hat gezeigt, dass im Falle einer geringen Datenmenge das Overfitting-Risiko hoch ist, was die Generalisierbarkeit senkt. Für einen praxisadäquaten Einsatz von Machine-Learning-Modellen im ERP-Umfeld ist deshalb eine kritische Menge an historischen Daten erforderlich.
Das im Anwendungsfall aufgetretene Problem fehlender relevanter Daten sollte zur Implementierung von Änderungen im Quellsystem führen. Das zugehörige Spektrum kann vom Setzen von Pflicht-Eingabefeldern bis hin zur Ausgestaltung neuer Prozessabläufe im zugehörigen ERP-System führen. Entsprechende Schritte gehen über die eigentliche Datenanalyse hinaus, gewährleisten aber eine effiziente Unterstützung durch die IT-Anwendungssystemlandschaft.
Um im Sinne eines HITL-Ansatzes zukünftige Aufwände für die Datenvorbereitung zu minimieren, erweist es sich als sinnvoll, die aus dem Projekt hervorgehenden Erkenntnisse wie notwendige Berechnungen (z.B. die Berechnung des Eigenfertigungsanteils) zu nutzen, um „Data Pipelines“ aufzubauen, welche die Datenaufbereitung automatisieren. Durch diese Maßnahmen lässt sich ein „Single Point of Truth“ ausgestalten, in dem man alle aufbereiteten Daten zusammenführt. Dieser fungiert als Ausgangspunkt für zukünftige Data-Science-

Projekte sowie für den produktiven Einsatz von Modellen. Das Spektrum an Implementierungsvarianten reicht von der persistenten Datenhaltung in einem Data Warehouse bis hin zu einer virtuellen Datenverknüpfung.
Durch eine entsprechende Ausgestaltung lässt sich ein „Recommender"-System implementieren, bei dem der Nutzer Gestaltungsempfehlungen erhält. Aufgrund der Projektkomplexität wäre eine automatische Zuordnung von Aktivitäten jedoch im vorliegenden Fall nicht adäquat. Vielmehr sollte der Mensch in seiner Entscheidungsfindung zur Evaluierung von Projekten vom System unterstützt werden. Im Use Case enthält diese Empfehlung die wahrscheinliche Höhe der NCC im Projekt und damit verknüpfte Aktivitätsvorschläge, um das Projektrisiko zu reduzieren.
Weiterhin ist es möglich, dass das System automatisch Lessons-Learned-Dokumente vorschlägt, die das Modell aus ähnlich kategorisierten Projekten ermittelt. Durch die Sichtung kann sich der menschliche Entscheider ein differenziertes Bild machen sowie die Qualität der Lessons-Learned-Vorschläge bewerten. Mit diesen Informationen lässt sich das Modell im Anschluss wiederum trainieren, um zukünftige Empfehlungen zu verbessern.

4 Fazit

Maschinelles Lernen spielt im Kontext von Data Science eine zunehmend tragende Rolle, da es vielversprechende Chancen bietet, effizient Nutzen aus erheblich wachsenden Datenmengen zu generieren. Die Abgrenzung zu anderen Teilbereichen der KI macht allerdings auch deutlich, dass man sich auf realistische Erwartungen an maschinelles Lernen im Unterschied zu der öffentlich geführten, oft visionären Diskussion zum Thema KI im Allgemeinen beschränken muss. Hieraus lässt sich der Wert, den die Interaktion zwischen Mensch und Maschine im Prozess des maschinellen Lernens stiftet, sinnvoll ableiten. Beispielsweise garantiert im beschriebenen Use Case der HITL-Ansatz von der Datenbeschaffung über die Datenaufbereitung bis hin zur Bereitstellung des Machine-Learning-Modells im Rahmen eines „Recommender"-Systems, dass dem spezifischen Kontext von NCC im Maschinen- und Anlagenbau Rechnung getragen wird. Mit einer Modell-Präzision zwischen 65% und 75% veranschaulicht dieser Use Case dabei, dass auch in Zeiten künstlicher neuronaler Netze und umfassender Automatisierungsszenarien ein auf den Anwendungsfall zugeschnittenes Verhältnis zwischen menschlichem und maschinellem Beitrag das erfolgskritische Moment darstellt.

Literaturverzeichnis

[AgGG17] Agrawal, A.; Gans, J. S.; Goldfarb, A.: What to expect from artificial intelligence. In: MIT Sloan Management Review 3(58), S. 22-26

[BaHa16] Bataller, C.; Harris, J.: Turning Artificial Intelligence into Business Value. Today. 2016, https://pdfs.semanticscholar.org/a710/a8d529bce6bdf75ba589f42721777bf54d3b.pdf. Abruf am 2019-01-15

[Domi12] Domingos, P.: A few useful things to know about Machine-Learning. In: Communications of the ACM 10(55), S. 78-87

[GoBC15] Goodfellow, I.; Bengio, Y.; Courville, A.: Deep Learning. MIT Press, Cambridge, MA and London, 2015

[IDC17] IDC: Four Ways Intelligent ERP Applications Deliver Value to Your Organization. 2017, https://www.idc.com/promo/thirdplatform/RESOURCES/ATTACHMENTS/ierp-book1.pdf. Abruf am <2019-01-30>

[JoMi15] Jordan, M. I.; Mitchell, T. M.: Machine-Learning: Trends, perspectives, and prospects. In: Science 6245(349), S. 255-260

[Kots07] Kotsiantis, S. B.: Supervised Machine-Learning: A Review of Classification Techniques. In: Informatica 31, S. 249-268

[Mars15] Marsland, S.: Machine-Learning: an algorithmic perspective. CRC Press, Boca Raton, FL, 2015

[RuNo09] Russell, S.; Norvig, P.: Artificial intelligence: a modern approach. Prentice Hall, Essex, UK, 2009

[SeCu17] Seddon, J.; Currie, W.: A model for unpacking big data analytics in high-frequency trading. In: Journal of Business Research 70, S. 300-307

[ShBe14] Shalev-Shwartz, S.; Ben-David, S.: Understanding Machine-Learning: From theory to algorithms. Cambridge University Press, New York, NY, 2014

[Xi++18] Xin, D.; Ma, L.; Liu, J.; Macke, S.; Song, S.; Parameswaran, A.: Accelerating Human-in-the-loop Machine-Learning: Challenges and Opportunities. In: Proceedings of the Second Workshop on Data Management for End-ToEnd Machine-Learning, Houston, TX, 2018

Kontakt

Prof. Dr. Frank Morelli
HS Pforzheim
Tiefenbronnerstr. 65, 75175 Pforzheim
T +49 7231 28-6697, frank.morelli@hs-pforzheim.de

Jakob Schneller
HS Pforzheim
Tiefenbronnerstr. 65, 75175 Pforzheim
T +49 176 60892863, schnelle@hs-pforzheim.de

Benjamin Duppe
Pikon International Consulting Group
Kurt-Schumacher-Str. 28-30, 66130 Saarbrücken
T +49 681 37962-54, benjamin.duppe@pikon.com

A Model-Driven Architecture Based Approach for Mobile Context-Aware Business Processes – From a Business Process to a Mobile Context-Aware Application

Julian Dörndorfer

Abstract

Mobile devices have become ubiquitous in our daily life. We use mobile applications to communicate with each other or organize spare time as well as work activities and tasks. These supportive applications can also be used to increase the effectiveness and efficiency of business processes. Moreover, these mobile devices have built-in sensors which can be used to determine the context of a user and his task. Additionally, the wireless connection can be used to query data when the built-in sensors do not provide enough data to recognize the context. However, to use the potential of mobile devices the modeling of business processes has to cope with context modeling. In this paper an extension of the BPMN to consider context in business processes as well as a domain-specific modeling language to model context aggregation will be presented. In addition, an example shows how the model-driven architecture approach can be applied.

1 Introduction

The information modeling is a key area within the Information System (IS) discipline. The vast spread of mobile devices, like smartphones and tablets, made it necessary to adapt and extend the information modeling. Especially, the modeling of business processes has to be adapted to make them more flexible due to the continuously changing business environment [RoRF11]. Mobile devices are able to transfer business processes into mobile business processes and thus increase their flexibility and quality [GrKK07]. The necessity for adapting business process modeling is that mobile devices enable the context recognition of a business process [DöSe16]. With the many built-in sensors like hygrometer, temperature sensor or accelerometer, as well as sensor data which can be received via mobile networks, they are able to support the execution of a business process [BoHM18]. Moreover, the sensor data allows to recognize the user's and business process context which makes it feasible to adapt a mobile application to it. The context recognition makes the mobile business process context-aware.

Mobile context-aware business processes improve the efficiency and effectiveness. That mobile devices can support the business process execution was examined by FALK and LEIST [FaLe14]. For example, the context-awareness can be used to change the appearance of the application or to pre-fill forms. This can reduce the information overload of users that occurs in mobile business processes/ environments ([SW++12], [ZhAM09]). However, detecting context is not a trivial task for a software architect or developer. When and how should a form be pre-filled, from which sensor should data be measured and retrieved? Moreover, end users have sometimes the best knowledge how a process can be adapted

for the better and can also state how the application can support the execution. In some case they can even describe from where the data can be collected.
Therefore, a model-driven architecture (MDA) [DöSe18] approach was developed. This comprises an extension for the Business Process Model and Notation (BPMN) [DöSe17a], a Domain Specific Modeling Language (DSML) for context modeling [DöSe18] and a Tool [DöHS19] for the DSML which generates source code from the created model. The development of the approach was conducted by following the design science research (DSR) approach by HEVNER et al. [HeCh10]. An essential part of the DSR is to communicate about the artefact (MDA approach) and to show its usefulness. Therefore, this paper describes how the MDA approach can be used by providing a consistent example. Thus, the research questions are as follows:

RQ. 1: How can the MDA approach for mobile context-aware applications be used in practice?

RQ. 2: How can the implementation of a mobile context-aware application be supported?

The remainder of the paper is structured as follows. Section 2 describes the related work on this topic. The third section shows the whole MDA approach from a mobile context-aware business process (RQ 1) to the code generation for a mobile context-aware application (RQ 2). The paper ends with a conclusion and the further research about this approach.

2 Related Work

The definition of context was beside others – like SCHILIT and THEIMER [ScTh94], FRANKLIN and FLACHSBART [FRFL01], BROWN [Brow96] etc. – coined by DEY [Dey01]. He defines context as “any information that can be used to characterize the situation of an entity. An entity is a person, place, or object that is considered relevant to the interaction between a user and an application, including the user and applications themselves”. Together with ABOWD he also defined what a context-aware system is: “A system is context-aware if it uses context to provide relevant information and/or services to the user, where relevancy depends on the user’s task.” His context definition was chosen because it can be used to distinguish between raw data and context information (defined by Sanchez [SL++06]). Likewise, the context-aware system definition can be used to identify whether a system is context-aware or not. The definition of a context model was also adopted from HENRICKSEN [Henr03] which is: “A context model identifies a concrete subset of the context that is realistically attainable from sensors, applications and users and able to be exploited in the execution of the task. The context model that is employed by a given context-aware application is usually explicitly specified by the application developer but may evolve over time“. Applied on a mobile application which supports business processes this would mean that it is context-aware when it provides only relevant information and/or services to fulfill the process.
To decrease the time-to-market for products and/or services ROSEMANN et al. [RoRF11] pleaded for more flexibility in process models to cope with contextual influences. The Configurable-Event-Driven Process Chain (C-EPC) was the answer to the demanded flexibility [RoAa07]. However, this approach does not consider context modeling for business processes in particular. Other approaches to cope with context in business processes at design time were made by SAIDANI and NURCAN [SaNu07], AL-ALSHUHAI and SIEWE ([AlSi15b], [AlSi15a]) and LA VARA et al. [LA++10]. Approaches at runtime also have been made by

HEINRICH and SCHÖN [HESC15] and CONFORTI et al. [CL++13]. All these approaches meet the demand for a higher flexibility to cope with contextual influences. However, the possibility to model where the data for the context recognition comes from and how it will be aggregated to context information is not considered. In addition, none of the presented work introduces an MDA approach from a business process to a mobile application. A more in-depth literature review can be found in [DöSe17b].

3 The MDA Approach to Create a Mobile Context-Aware Application from a Business Process

An MDA approach means that software parts can be generated from models. This term was coined by the Object Management Group (OMG) [Obje18]. MDA approaches can lead to a better quality, productivity and longevity of software products [Fran03]. The developed MDA approach enables on the one hand the modeling of mobile context-aware business processes including context modeling. On the other hand, it helps to develop a mobile context-aware application by generating code from the context model. To demonstrate the full potential of the approach, an in scope simplified example of an IT-support employee is introduced. The example includes the typical characteristics of a context-aware application and can therefore be used to illustrate the approach.

An IT-support employee maintains the printers of several office buildings. To avoid that the employee must check every printer in person, a mobile context-aware business process will be established. The printer data such as paper quantity or fill level of the cartridges are to be managed. The context awareness is characterized by the requirement that only printers that are in the geographical vicinity of an IT-support employee will be displayed and managed. The employees' current position will be determined by the connected wireless access point to his/her smartphone. The new process is therefore more efficient due to the context recognition.

3.1 A BPMN extension to model mobile context-aware Business Processes

The BPMN extension "Context4BPMN" was created by extending the Meta-Model of the BPMN with the aim to model context appropriately in it. The extension has extra notation to consider contextual influences at design time. Another useful feature is the context expression language which enables to express briefly and precisely contextual depending decisions. For example, task A will be executed if machine A has status x and employee C is near the machine. This long textual description can be expressed as follows: "machine A = state x && employee C = nearby". The context expression language is a context free grammar in the extended Backus-Naur form [BW++60]. More details about the extension (including the context expression language) and its features can be found in [DöSe18]. Figure 1 depicts the example which was textual described in section 3. It was modeled with Adamo-Modeler which highlights the context depending parts of a mobile context-aware business process. The process begins with the activity that the employee starts the application. This triggers the location determining of the application. When the user is located he can check the states of the nearby printers. This triggers the application to find printers in the vicinity of the user's location and query their status.

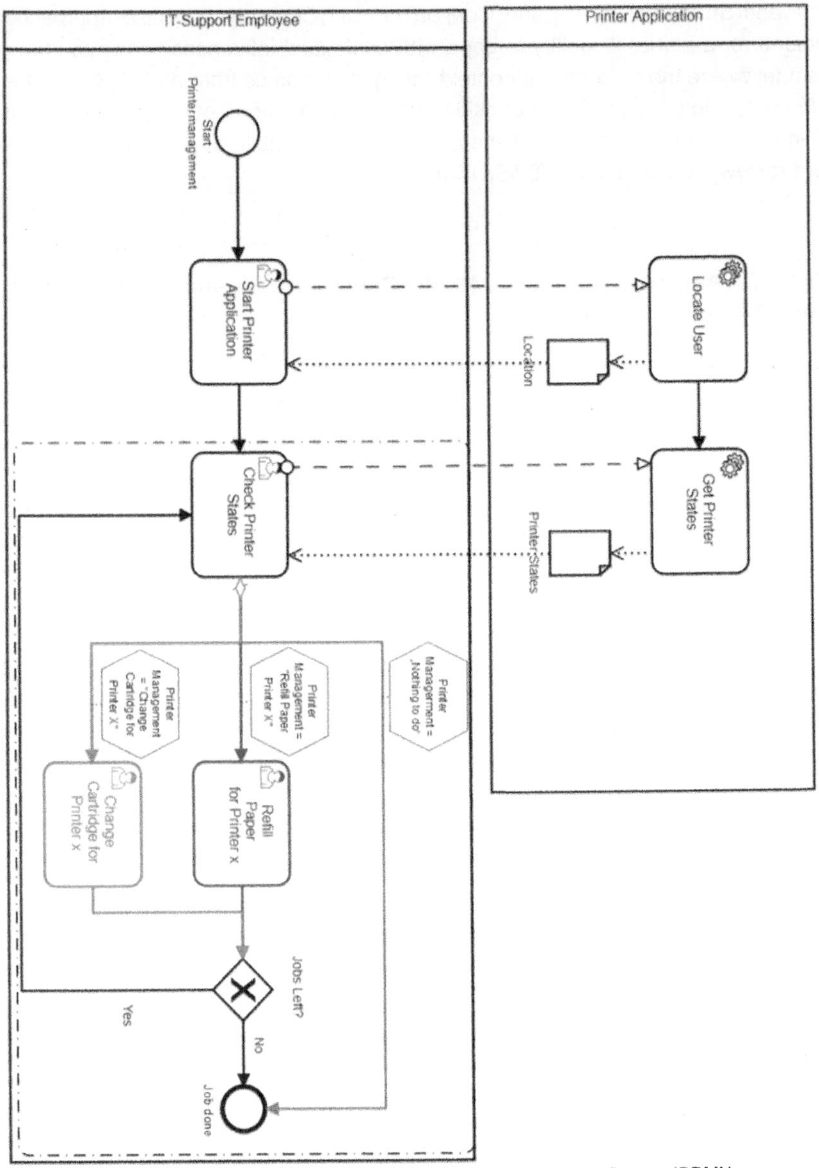

Figure 1: Mobile context-aware business process modeled with Context4BPMN

Depending on the status of the located printers three possible paths can be executed next:

1. “Do nothing”. This happens if no printer in the vicinity of the user was found or the status of the located printers were normal.
2. “Refill Paper for Printer x”. If the located printer does not have enough paper the user should refill it. The x will be replaced by the name or number of the printer.
3. “Change Cartridge for Printer x”. Similar to option 2, except the cartridge is replaced instead of the paper.

When a job is done, the employee checks whether there is a job left or not. If not, the process will terminate, otherwise s/he executes the next job. The triggers for each path are formulated in the context expression notation (red hexagon) with the context expression language over each edge. The context-aware area is surrounded with the dotted line. The colorized paths are intended to illuminate the different context-aware possibilities of the business process. The color assignment is random and has no further meaning.

3.2 A DSML to Model Context for Mobile Context-Aware Business Processes and Applications

With the developed BPMN extension it is possible to model mobile context-aware business processes. However, it is not clear how the context is evaluated and where the raw data come from. Therefore, the DSML "SenSoMod" which serves this purpose was developed. It enables to model how "raw and unprocessed data" [Henr03] is turned into context. This raw data is measured by sensors. Beside "classical" sensors data can be collected by query databases or applications. The DSML distinguishes between these two data collections to clarify where they come from. Hence, SenSoMod has *physical* and *virtual* atomic sensors.

Collected and aggregated data which is pre-processed can be depicted by computed sensors – for example weather can be collected from the sensors temperature and humidity. It also has notations to depict the context and the context expression. The latter is also used in the Context4BPMN and serves as a connection between both languages. A detailed description of the DSML can be found in [DöSH18].

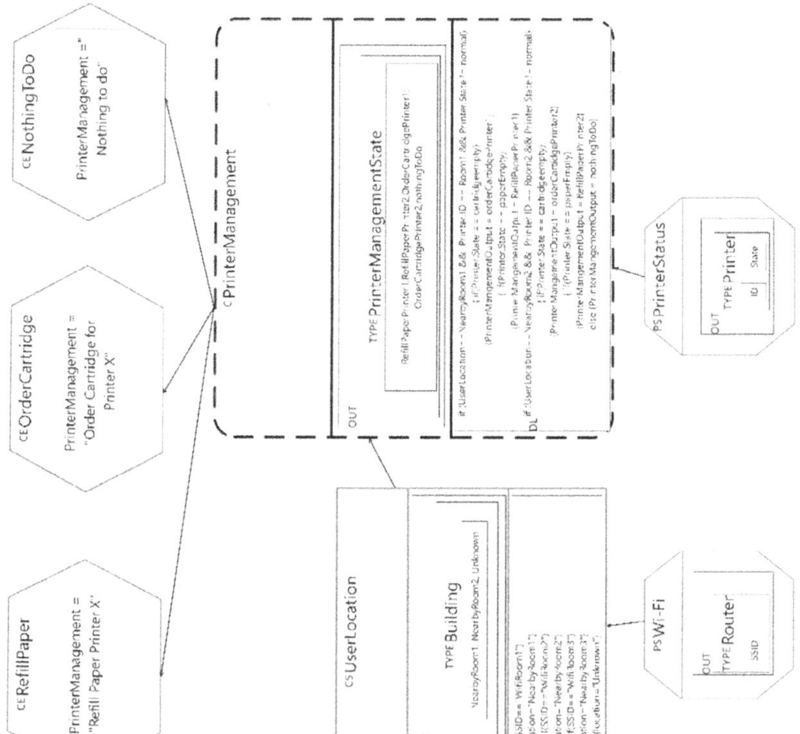

Figure 2: Context model modeled with SenSoMod

Figure 2 shows the context model for the introduced example. On the bottom line are the two sensors "Wi-Fi" and "PrinterStatus". They have an *Out* area where the return value of the sensor can be stated. "Wi-Fi" returns a String (The type cannot be depicted due to the modeling framework "Obeo Designer" which was used to develop the modeling tool for SenSoMod.) "SSID" and "PrinterStatus" returns an Object "Printer" with the String values "ID" and "State". The return value from the sensor "Wi-Fi" will be used in the computed sensor "UserLocation". Additional, to the *Out*-area, which has the same purpose as at the atomic sensors, it has a *DL*-area. The logic how the incoming data can be processed and when which return value is passed on can be stated there. For example, the "UserLocation" returns the location "Building" when the "SSID" matches a specific value. The context notation "PrinterManagement" also has these two areas for the same purpose. The return values of it serve as input for the context expression and therefore also for the mobile context-aware business process.

3.3 Code Generation from the DSML-Model

The DSML context model can be used to generate Java code. Therefore, a modeling tool had to be developed, which serves two aims. The first one is that the tool provides the notations of the modeling language and ensures that the model is modeled semantically correct. The second purpose is the code generation. In order to achieve these goals, the modeling tool was developed on the basis of the Obeo designer [Obeo18]. This framework allows to create a modeling tool with the help of a meta-model and notations. The developed modeling tool is published on GitHub (https://github.com/HAWMobileSystems/sensomod-modeler). The created context model in the modeling tool can also be represented as an XML structure. To transform the created model into source code the xml structure of the model will be parsed several times to get all information and dependencies. The parsing process can be described in simplified form as follows. Basically, every node in the DSML context model will be transformed into a Java class. The content of the areas of every node will be transferred into a method in the generated class. For every incoming dependency a class member will be created. At the moment, only the programming language Java is supported. This is due to the facts, that Java is still one of the most used programming languages ([TIOB19], [Cass18]) and android which is based on Java, is the most widely used operating system on mobile devices.

However, it is possible to extend the modeling tool to generate source code for other programming languages like JavaScript, Python or C++. This is possible due to the xml representation of the model. Like the source code generation for java, the xml has to be parsed to create classes and methods for the target language and the decision logic has to be copied from the model to the correct method. To give other programmers and interested people the opportunity to generate the source code in the preferred language or extend the tool in any other way, it is published under the open-source license Creative Common 4.0 [Crea19]. It allows to modify and work with the context modeling tool.

Listing 1 shows the generated Java class for the computed sensor "UserLocation". The class extends the "ComputedSensor". The depending sensor "Wi-Fi" is represented as a class member. During the generation process the user will be asked if a default constructor and getters as well as setters should be generated. The constructor initializes the members. The "decisionLogic" method contains the logic which is stated in the *DL*-area of the sensor. A logic to return the output "Bulding" can be inserted in the method "output". The class Building will also be generated with the member "location" according to the modeled *Out*-Area. The other generated classes follow the same scheme except the atomic sensors. They have no *DL*-area therefore no decision logic method will be generated. To create a mobile context-aware application it is not necessarily required to model a mobile context-aware business process, because, SenSoMod can also be used on its own to create such an application. However, it is recommended to adapt the business processes to have an up-to-date process model.

```
package sensomod.generated;

public class UserLocation extends ComputedSensor {

    public UserLocation(Wifi wifi) {
        multiple = false;
        this.name = "UserLocation";
        this.wifi = wifi;
    }

    private Wifi wifi;

    /*TODO: create logic to return the Building*/
    public Building output() {
    }

    public void decisionLogic() {
        if(wifi.ssid=="WifiRoom1") {
            building.location="NearbyRoom1";
        } else if(wifi.ssid=="WifiRoom2") {
            building.location="NearbyRoom2";
        } else if(wifi.ssid=="WifiRoom3") {
            building.location="NearbyRoom3";
        } else {
            building.location="Unknown";
        }
    }

    public Wifi getWifi() {
        return wifi;
    }

    public void setWifi(Wifi wifi) {
        this.wifi = wifi;
    }
}
```

Listing 1: Generated UserLoaction class from the SenSoMod Tool

4 Conclusion and Further Work

The paper introduced a way to model a mobile context-aware business process and a context model for it. Furthermore, it shows how to generate source code from the context model. This MDA approach consist of the following parts. The mobile context-aware business process can be model with the BPMN extension “Context4BPMN”. It enables to state contextual influences in mobile context-aware business processes. The DSML “SenSoMod” enables to model how context, which influences the mobile context-aware business process, can be retrieved and aggregated from sensors. Moreover, a modeling tool allows to generate (Java) source code from the context model. This serves as a blueprint to develop a mobile context-aware application.

At the moment, the tool can only generate the source code from the model without considering source code which was generated before. So, there is only one direction (from the model to the code) to use the tool. A future improvement for the modeling tool would be if it can consider already generated code and import it. After the import was successful the model can be adapted to the new demands and the code can again be generated. This would enable to adapt the mobile context-aware application and its business process to new demands and requirements.
A further improvement would be the support of other programming languages like JavaScript, Python or C++. It eases to develop a mobile context-aware application for web applications (JavaScript) or for embedded systems. Therefore, it would enlarge the range of use of the developed MDA approach considerably.

Bibliography

[AlSi15a] Al-alshuhai, A.; Siewe, F.: An Extension of Class Diagram to Model the Structure of Context-Aware Systems: The Sixth International Joint Conference on Advances in Engineering and Technology (AET), 2015a.

[AlSi15b] Al-alshuhai, A.; Siewe, F.: An Extension of UML Activity Diagram to Model the Behaviour of Context-Aware Systems: Computer and Information Technology; Ubiquitous Computing and Communications; Dependable, Autonomic and Secure Computing; Pervasive Intelligence and Computing (CIT/IUCC/DASC/PICOM), 2015b; pp. 431–437.

[BoHM18] Bortlik, M.; Heinrich, B.; Mayer, M.: Multi User Context-Aware Service Selection for Mobile Environments. In Business & Information Systems Engineering, 2018, 60; pp. 415–430.

[Brow96] Brown, P. J.: The Stick-E Document: A Framework for Creating Context-Aware Applications. In Electronic Publishing, 1996, 9; pp. 1–14.

[BW++60] Backus, J. W. et al.: Report on the algorithmic language ALGOL 60. In Communications of the ACM, 1960, 3; pp. 299–314.

[Cass18] Cass, S.: The 2018 Top Programming Languages. https://spectrum.ieee.org/at-work/innovation/the-2018-top-programming-languages, accessed 20 Nov 2018.

[CL++13] Conforti, R. et al.: Real-time risk monitoring in business processes. A sensor-based approach. In Journal of Systems and Software, 2013, 86; pp. 2939–2965.

[Crea19] Creative Commons: Creative Commons – About the licence. https://creativecommons.org/licenses/, accessed 19 Mar 2019.

[Dey01] Dey, A. K.: Understanding and Using Context. In Personal and Ubiquitous Computing, 2001, 5; pp. 4–7.

[DöHS19] Dörndorfer, J.; Hopfensperger, F.; Seel, C.: The SenSoMod-Modeler – A Model-Driven Architecture Approach for Mobile Context-Aware Business Applications. In (Cappiello, C.; Carmona, M. R. Eds.): CAiSE Forum Proceedings – Information Systems Engineering in Responsible Information Systems. SPRINGER NATURE, 2019.

[DöSe16] Dörndorfer, J.; Seel, C.: The impact of mobile devices and applications on business process management. In (Barton, T. et al. Eds.): Prozesse, Technologie, Anwendungen, Systeme und Management 2016. Angewandte Forschung in der Wirtschaftsinformatik, 2016; pp. 10–19.

[DöSe17a] Dörndorfer, J.; Seel, C.: A Meta Model Based Extension of BPMN 2.0 for Mobile Context Sensitive Business Processes and Applications. In (Leimeister, J. M.; Brenner, W. Eds.): Proceedings der 13. Internationalen Tagung Wirtschaftsinformatik (WI), St. Gallen, 2017a; pp. 301–315.

[DöSe17b] Dörndorfer, J.; Seel, C.: Research Agenda for Mobile Context Sensitive Business Processes. In AKWI, 2017b; pp. 28–37.

[DöSe18] Dörndorfer, J.; Seel, C.: A Framework to Model and Implement Mobile Context-Aware Business Applications. In (Schäfer, I. et al. Eds.): Modellierung 2018. Gesellschaft für Informatik e.V., Bonn, 2018; pp. 22–38.

[DöSH18] Dörndorfer, J.; Seel, C.; Hilpoltsteiner, D.: SenSoMod – A modeling language for context-aware mobile applications. In (Paul, D. et al. Eds.): Multikonferenz Wirtschaftsinformatik (MKWI). Data Driven X - Turning Data into Value, 2018; pp. 1435–1446.

[FaLe14] Falk, T.; Leist, S.: Effects of mobile solutions for improving business processes. In (Avital, M.; Leimeister, J. M.; Schultze, U. Eds.): ECIS 2014 proceedings. 22th European Conference on Information Systems ; Tel Aviv, Israel, June 9-11, 2014, AIS Electronic Library, 2014.

[Fran03] Frankel, D.: Model driven architecture. Applying MDA to enterprise computing. Wiley, New York, 2003.

[FrFl01] Franklin, D.; Flachsbart, J.: All gadget and no representation makes Jack a dull environment, 2001.

[GrKK07] Gruhn, V.; Köhler, A.; Klawes, R.: Modeling and analysis of mobile business processes. In Journal of Enterprise Information Management, 2007, 20; pp. 657–676.

[HeCh10] Hevner, A. R.; Chatterjee, S.: Design Research in Information Systems Theory and Practice. In Integrated Series in Information Systems Volume 22, 2010.

[Henr03] Henricksen, K.: A framework for context-aware pervasive computing applications, The University of Queensland, 2003.

[HeSc15] Heinrich, B.; Schön, D.: Automated Planning of Context-aware Process Models. University of Münster, Münster, Germany, 2015.

[LA++10] La Vara, J. L. de et al.: Business Processes Contextualisation via Context Analysis. In (Parsons, J. et al. Eds.): Conceptual modeling - ER 2010. 29th International Conference on Conceptual Modeling, Vancouver, BC, Canada, November 1 - 4, 2010 ; proceedings. Springer, Berlin, 2010; pp. 471–476.

[Obeo18] Obeo: The Professional Solution to Deploy Sirius - Obeo Designer. https://www.obeodesigner.com/en/, accessed 22 Nov 2018.

[Obje18] Object Management Group (OMG): Model Driven Architecture (MDA). How Systems Will Be Built. https://www.omg.org/mda/, accessed 20 Nov 2018.

[RoAa07] Rosemann, M.; Aalst, W.M.P. Van der: A configurable reference modelling language. In Information Systems, 2007, 32; pp. 1–23.

[RoRF11] Rosemann, M.; Recker, J.; Flender, C.: Designing context-aware Business Processes. In (Siau, K.; Chiang, R.; Hardgrave, B. C. Eds.): Systems analysis and design. People, processes and projects. M.E. Sharpe, Armonk, NY u.a, 2011; pp. 51–73.

[SaNu07] Saidani, O.; Nurcan, S.: Towards Context Aware Business Process Modelling: Workshop on Business Process Modelling, Development, and Support, Norway, 2007; p. 1.

[ScTh94] Schilit, B. N.; Theimer, M. M.: Disseminating active map information to mobile hosts. In IEEE Network, 1994, 8; pp. 22–32.

[SL++06] Sanchez, L. et al.: A Generic Context Management Framework for Personal Networking Environments: 3rd Annual International Conference on Mobile and Ubiquitous Systems - workshops, 2006. 17 - 21 July 2006, [San Jose, CA. IEEE, Piscataway, NJ, 2006; pp. 1–8.

[SW++12] Shen, Y. et al.: Context-aware HCI service selection. In Mobile Information Systems, 2012, 8; pp. 231–254.

[TIOB19] TIOBE software BV: TIOBE Index | TIOBE - The Software Quality Company. https://www.tiobe.com/tiobe-index/, accessed 26 Apr 2019.

[ZhAM09] Zhang, D.; Adipat, B.; Mowafi, Y.: User-Centered Context-Aware Mobile Applications—The Next Generation of Personal Mobile Computing. In Communications of the Association for Information Systems, 2009, 24.

Contact

Julian Dörndorfer
Hochschule Landshut
Institut für Projektmanagement und Informationsmodellierung (IPIM)
Am Lurzenhof 1, 82036 Landshut
julian.doerndorfer@haw-landshut.de

Einflussfaktoren der Nutzung digitaler Peer-to-Peer-Plattformen am Beispiel von Drivy

Birte Malzahn, Claus-Peter H. Ernst

Zusammenfassung

Digitale Plattformen bringen häufig disruptive Innovationen mit sich und dringen in immer mehr Lebensbereiche vor. Peer-to-Peer-(P2P)-Plattformen ermöglichen dabei den Austausch bzw. das Teilen („Sharing") von Gütern zwischen einzelnen Individuen. Dieser Beitrag untersucht am Beispiel des Carsharing-Angebots von Drivy, welche Faktoren Konsumenten/-innen beeinflussen, eine digitale P2P-Plattform zu nutzen. Hierfür wurde ein Kausalmodell aufgestellt und dieses in einer empirischen Erhebung mit 145 Datensätzen überprüft. Zur Analyse wurde PLS-SEM verwendet. Die Ergebnisse zeigen, dass der eingeschätzte ökonomische Nutzen einen positiven Einfluss auf die Absicht ausübt, eine P2P-Plattform wie Drivy zu nutzen. Des Weiteren zeigt auch das Vertrauen, welches ein Individuum in die über eine P2P-Plattform angebotenen Produkte/Leistungen hat, einen entsprechenden signifikanten Einfluss. Schließlich hat auch das eingeschätzte Risiko hinsichtlich der Privatsphäre einen signifikanten, jedoch negativen Einfluss auf die Nutzungsabsicht. Praktische Implikationen dieser Ergebnisse werden aufgezeigt und Einschränkungen der Studie diskutiert.

1 Einleitung

Digitale Peer-to-Peer-(P2P)-Plattformen verändern verschiedenste Wirtschaftszweige entscheidend. Auf solchen Plattformen interagieren Anbieter/-innen und Nachfrager/-innen miteinander, um mit Hilfe der von der Plattform bereitgestellten Infrastruktur Transaktionen durchzuführen [PVAC17]. Die Plattform agiert dabei als Transaktionsvermittlerin, und ist nicht Besitzerin der gehandelten Waren und Leistungen [Jaek17]. P2P-Plattformen bieten Individuen u. a. die Möglichkeit, traditionelle Verkaufskanäle zu umgehen und überschüssige Ressourcen mit anderen zu teilen. Sie versprechen dabei, sozialer, umweltfreundlicher und günstiger zu sein als herkömmliche Verkaufswege [BFOB18], [MiOs17]. Bekannte Beispiele für solche P2P-Plattformen sind Airbnb (kostenpflichtige Überlassung von Wohnraum) und Uber (kostenpflichtiges Angebot von Fahrdienstleistungen) [MaKY18].
Auch im Bereich des Fahrzeugverleihs haben sich solche Sharing-Modelle entwickelt: Neben dem Angebot an Leihfahrzeugen von klassischen stationären Autovermietungen und dem seit einigen Jahren etablierten Carsharing von professionellen Anbietern/-innen wie DriveNow von BMW haben sich auch entsprechende P2P-Carsharing-Plattformen entwickelt. Jene ermöglichen das Teilen bzw. Sharing von Fahrzeugen zwischen (privaten) Anbieter/-innen von Fahrzeugen und (privaten) Nachfrager/-innen.
In diesem Artikel untersuchen wir am Beispiel der Plattform Drivy empirisch den potenziellen Einfluss von drei Faktoren auf die Nutzung von P2P-Plattformen. Auf Basis von 145 online erhobenen Datensätzen können wir bestätigen, dass der eingeschätzte ökonomische Nut-

zen, das eingeschätzte Risiko für die Privatsphäre sowie das Vertrauen in die angebotenen Produkte/Leistungen die Nutzungsabsicht beeinflussen, P2P-Plattformen zu verwenden.

2 Theoretischer Hintergrund

Mehrere Studien haben bereits Einflussfaktoren auf die Partizipation an P2P-Plattformen untersucht. Im Folgenden führen wir die Konstrukte unseres Forschungsmodells auf Basis bisheriger Forschungsarbeiten, insbesondere zu P2P-Plattformen, ein.

2.1 Eingeschätzter ökonomischer Nutzen

Das Konstrukt "eingeschätzter Nutzen" als Einflussfaktor der Nutzung einer Technologie geht auf das Technology Acceptance Model (TAM) von [Davi86] zurück. So wird die Absicht, eine Technologie zu nutzen, zu einem entscheidenden Teil von dem eingeschätzten Nutzen beeinflusst, der sich aus der Verwendung der Technologie für den/die Anwender/-in ergibt. Dieser Einfluss wurde in verschiedenen Kontexten evaluiert und bestätigt.

Ergänzend wird in empirischen Arbeiten zudem gelegentlich nicht nur ein genereller Nutzen als Treiber der Technologienutzung evaluiert, sondern gerade im Kontext von P2P-Plattformen der Nutzen in verschiedene Kategorien differenziert. So zeigen [BuFL16], dass monetäre Motive einen Einfluss auf die Einstellung von Individuen zu Sharing haben. Entsprechend bestätigen [BFOB18], dass durch den Nachfrager wahrgenommene monetäre Einsparungen die Zufriedenheit mit Uber-Fahrten erhöhen, und [LCBC18] finden heraus, dass wahrgenommene Vorteile, u. a. ökonomischer Art, einen Einfluss auf die Absicht eines Individuums ausüben, Uber zu nutzen. Schließlich bestätigen [LHBF18], dass monetäre Motive einen Einfluss auf die Häufigkeit haben, mit der Individuen ihre Wohnung über Airbnb vermieten.

2.2 Eingeschätztes Risiko bezüglich der Privatsphäre

Werden Nutzerdaten auf digitalem Wege von Unternehmen erfasst, stellt sich für die Nutzer/-innen die Frage nach dem sicheren Schutz dieser Daten und somit dem Schutz ihrer Privatsphäre [AwKr06]. Eingeschätzte Risiken hinsichtlich der Privatsphäre können sich negativ auf die Nutzungsabsicht bzw. die tatsächliche Nutzung einer Technologie auswirken [MaKA04], [XLCR11], [Erns14], [MaSK18].

Digitale P2P-Plattformen gelangen je nach Kontext in den Besitz unterschiedlicher persönlicher Daten, da die Nutzenden diese zum Anlegen ihres Kontos auf der Plattform zur Verfügung stellen müssen. Diese Daten umfassen in der Regel den vollständigen Namen, das Geburtsdatum, die Anschrift, die E-Mail-Adresse, die Zahlungsdaten und ggfs. eine Kopie des Ausweises und/oder des Führerscheins. Zudem werden die Daten regelmäßig weiteren Transaktionspartnern/-innen und Unternehmen zum Abwickeln der Transaktionen zur Verfügung gestellt. Entsprechend zeigen [LCBC18], dass das wahrgenommene Risiko, das sich u. a. aus dem eingeschätzten Risiko für die Privatsphäre ergibt, einen Einfluss auf die Absicht eines Individuums ausübt, die P2P-Plattform Uber zu nutzen.

2.3 Vertrauen in die angebotenen Produkte/Leistungen

Vertrauen spielt beim E-Commerce im B2C-Bereich und insbesondere bei digitalen P2P-Transaktionen eine wichtige Rolle [Pavl03] [HaTW16]. Im Gegensatz zu klassischen Unternehmen wie bspw. Buchverlagen, findet bei P2P-Plattformen in der Regel keine Qualitäts-

kontrolle der Angebote durch den Plattformbetreiber statt [PVAC17]. Stattdessen basiert das Kontrollsystem für Angebote auf dem Feedback der Konsumenten/-innen, die ein entsprechendes Angebot bereits genutzt haben [PVAC17], [Jaek17].
[HaTW16] unterscheiden zwischen dem Vertrauen eines Individuums bezüglich der Plattform, der Transaktionspartner/-innen und des gehandelten Produktes. Sie zeigen, dass die unterschiedlichen Vertrauensarten alle einen Einfluss auf die Absicht eines Individuums haben, eine Wohnung über Airbnb zu mieten. [BFOB18] bestätigen, dass das Vertrauen, unter anderem in die Fahrzeuge, einen Einfluss auf die Zufriedenheit der Nachfrager/-innen nach einer Uber-Fahrt hat.

3 Forschungsmodell

Basierend auf den zuvor dargelegten theoretischen Grundlagen werden im folgenden Abschnitt Hypothesen bzgl. der Nutzung von P2P-Plattformen entwickelt. Abbildung 1 veranschaulicht das resultierende Forschungsmodell.

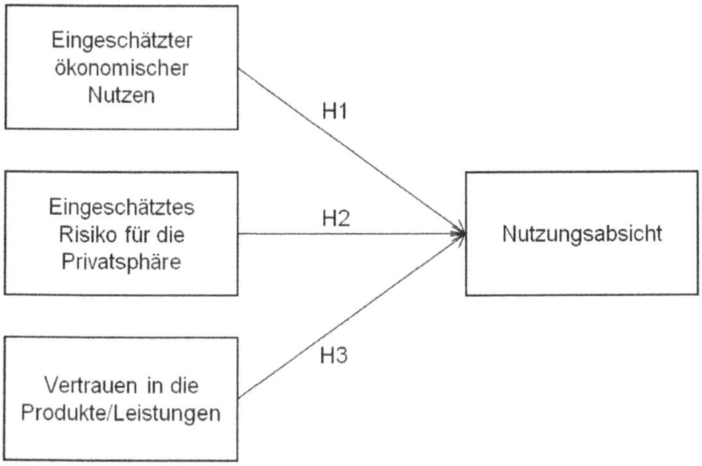

Abbildung 1: Forschungsmodell

Hypothese 1: Es besteht ein positiver Zusammenhang zwischen dem eingeschätzten ökonomischen Nutzen einer P2P-Carsharing-Plattform und der Absicht, sie zu nutzen:
Es ist davon auszugehen, dass Individuen, welche erwarten, dass sie durch die Nutzung einer P2P-Carsharing-Plattform Geld sparen können, jene Plattform eher nutzen werden, als Individuen, welche keine monetären Vorteile erwarten. Diese Beziehung konnte in anderen P2P-Kontexten bereits mehrfach bestätigt werden [BuFL16], [LCBC18] und [LHBF18].

Hypothese 2: Es besteht ein negativer Zusammenhang zwischen dem eingeschätzten Risiko für die Privatsphäre bei der Nutzung einer P2P-Carsharing-Plattform und der Absicht, sie zu nutzen:
Um P2P-Carsharing-Plattformen nutzen zu können, müssen eine Vielzahl persönlicher Daten zur Verfügung gestellt werden. Teilweise erhalten auch die Transaktionspartner/-innen und Drittfirmen Einblick in diese Daten. Dies kann bei einzelnen Individuen zu einer Sorge um ihre persönlichen Daten führen. Der Einfluss des wahrgenommenen Risikos für die ei-

gene Privatsphäre konnte in verschiedenen Kontexten als Einflussfaktor von menschlichem Verhalten bestätigt werden, u. a. im Kontext von Uber [LCBC18].

Hypothese 3: Es besteht ein positiver Zusammenhang zwischen dem Vertrauen in die Produkte/Leistungen, die bei einer P2P-Plattform angeboten werden, und der Absicht, sie zu nutzen:
Vertrauen spielt bei P2P-Transaktionen eine größere Rolle als bei Transaktionen über herkömmliche Verkaufskanäle [HaTW16]. So unterliegen bspw. die bei P2P-Carsharing-Plattformen angebotenen Fahrzeuge keiner zentralen Qualitätskontrolle, wie es bei stationären Autovermietungen oder Carsharing-Angeboten von professionellen Anbietern/-innen wie BMW der Fall ist. Fällt ein gemietetes Fahrzeug während der Fahrt aus, ist das für den/die Mieter/-in ärgerlich, mit Aufwand verbunden oder schlimmstenfalls sogar gefährlich. Der Einfluss von Vertrauen in die angebotenen Produkte/Leistungen auf die Nutzung von Services konnte empirisch bestätigt werden, u. a. im Kontext von den vermittelten Wohnungen bei Airbnb [HaTW16] und den Fahrzeugen bei Uber [BFOB18].

4 Forschungsdesign

4.1 Datenerhebung

Um unsere Hypothesen empirisch zu evaluieren, sammelten wir deutschsprachige Online-Fragebögen zu der P2P-Carsharing-Plattform Drivy, wobei der Zugang zur Umfrage hauptsächlich an einer Berliner und einer Münchner Hochschule verbreitet wurde. Aus den erhobenen Daten wurden die Angaben einer Minderjährigen entfernt, da in diesem Alter in Deutschland kein unbegleitetes Fahren eines PKWs möglich ist. So umfasste unsere Datenbasis letztlich 145 vollständige Datensätze.
Die berücksichtigten Teilnehmer/-innen waren zu 46,9 Prozent männlichen, 52,4 Prozent weiblichen und zu 0,7 Prozent anderen Geschlechts. Das Durchschnittsalter lag bei 25,13 Jahren (Standardabweichung: 6,4). 89,7 Prozent der Befragten waren Studierende, 8,3 Prozent Angestellte bzw. Beamte/-innen, 1,4 Prozent Selbständige und 0,7 Prozent Rentner/-innen bzw. Pensionäre/-innen.
90,3 Prozent der Befragten leben überwiegend in einer Stadt mit mehr als 500.000 Einwohnern/-innen. 97,9 Prozent hatten noch keine Erfahrung mit Drivy gemacht. 2,1 Prozent hatten Drivy bereits bis zu dreimal genutzt. 92,4 Prozent hatten auch keine Erfahrung mit anderen P2P-Carsharing-Plattformen. 35,3 Prozent haben jedoch bereits eine Carsharing-Plattform von einem/r professionellen Anbieter/-in wie BMW genutzt, und bei 54,9 Prozent lagen Erfahrungen mit anderen Sharing-Plattformen wie Airbnb oder BlaBlaCar vor.

4.2 Messung

Um die Konstrukte unseres Forschungsmodells zu messen, adaptierten wir bestehende reflektive Messmodelle. Dabei wurden die Indikatoren jeweils auf einer 5-stufigen Likert-ähnlichen Skala (stimme überhaupt nicht zu - stimme voll zu) gemessen. Tabelle 1 zeigt die verwendeten Indikatoren je Konstrukt sowie die entsprechenden Quellen.

Konstrukt	Indikatoren	Quellen / angepasst aus
Nutzungsabsicht (NA)	NA1: Ich plane, in der nächsten Zeit ein Fahrzeug über Drivy zu mieten.	[BuFL16] [VMDD03] [Pavl03] [Davi86]
	NA2: Ich denke, dass ich in der näheren Zukunft ein Fahrzeug über Drivy mieten werde.	
	NA3: Ich beabsichtige, in den nächsten 6 Monaten ein Fahrzeug über Drivy zu mieten.	
Eingeschätzter ökonomischer Nutzen (ÖN)	ÖN1: Wenn ich ein Fahrzeug über Drivy miete, könnte ich Geld sparen.	[BFOB18] [LCBC18] [HaTG16] [KiCG07]
	ÖN2: Drivy würde es mir ermöglichen, günstiger ein Fahrzeug nutzen als über andere Wege.	
	Ön3: Durch das Mieten von Fahrzeugen über Drivy könnte ich meine Ausgaben reduzieren.	
Eingeschätztes Risiko für die Privatsphäre (PR)	PR1: Ich verliere die Kontrolle über meine persönlichen Daten, die ich Drivy zur Verfügung stelle, wenn ich ein Fahrzeug miete.	[LCBC18] [Erns14] [MaKA04] [FePa03]
	PR2: Meine persönlichen Daten, die ich Drivy zur Anmietung eines Fahrzeugs zur Verfügung stelle, können durch Dritte missbraucht werden.	
	PR3: Insgesamt sehe ich eine Gefahr für meine Privatsphäre, wenn ich ein Fahrzeug über Drivy miete.	
Vertrauen in die angebotenen Produkte/Leistungen (V)	V1: Ich denke, dass die bei Drivy angebotenen Fahrzeuge meine Anforderungen erfüllen würden.	[BFOB18] [Mitt17] [HaTW16]
	V2: Ich gehe davon aus, dass die Fahrzeuge, die bei Drivy angeboten werden, für meine Zwecke geeignet sind.	
	V3: Ich schätze die Fahrzeuge, die bei Drivy gemietet werden können, als zuverlässig ein.	

Tabelle 1: Indikatoren des Messmodells

5 Forschungsdesign

Für die statistische Analyse des Forschungsmodells wurde die Implementierung von PLS-SEM (Partial Least Squares Structural Equation Modelling) [Chin98] in der Software SmartPLS 3.2.7 verwendet. Zur Bestimmung der Signifikanzniveaus verwendeten wir die enthaltene Bootstrapping-Funktion mit 5.000 Stichproben.

5.1 Messmodell

Die Qualität des Messmodells überprüften wir über verschiedene statistische Maße [HH++17]: Alle äußeren Faktorladungen waren signifikant ($t>3{,}29$ bzw. $p<0{,}001$) und größer als der empfohlene Schwellenwert von 0,7 für Indikatorreliabilität (s. Tabelle 2). Alle AVE- und CR-Werte waren größer oder gleich 0,671 bzw. 0,859 und erreichen damit die empfohlenen Schwellenwerte für Konstruktreliabilität von 0,50 bzw. 0,70 (s. Tabelle 3). Schließlich waren die Faktorladungen unserer Indikatoren auf ihren jeweiligen zugehörigen Faktor am größten und die Quadratwurzeln der AVE-Werte aller Konstrukte waren jeweils größer als die absoluten Werte der Korrelationen der Konstrukte mit den jeweiligen anderen Konstrukten, was auf Diskriminanzvalidität hinweist. So laden bspw. die drei Indikatoren NA1, NA2, NA3 mit 0,948, 0,934 und 0,923 jeweils höher auf NA als auf ÖN, PR und V, und die Quadratwurzel des AVE-Wertes von NA ist mit 0,935 größer als die absoluten Werte der Korrelationen NA/ÖN (0,448), NA/PR (0,186) und NA/V (0,320) (vgl. Tabelle 2 und Tabelle 3).

	NA	ÖN	PR	V
NA1	0,948 (60,8)	0,374	-0,180	0,273
NA2	0,934 (60,3)	0,433	-0,139	0,349
NA3	0,923 (57,6)	0,444	-0,202	0,272
ÖN1	0,325	0,831 (21,1)	0,019	0,317
ÖN2	0,406	0,859 (30,0)	-0,027	0,322
ÖN3	0,396	0,843 (25,0)	-0,006	0,350
PR1	-0,130	0,037	0,861 (9,0)	0,020
PR2	-0,164	0,014	0,885 (9,6)	0,010
PR3	-0,189	-0,055	0,904 (10,6)	-0,094
V1	0,304	0,400	-0,025	0,871 (20,4)
V2	0,237	0,301	0,041	0,846 (16,8)
V3	0,235	0,241	-0,095	0,735 (9,4)

Tabelle 2: Faktorladungen (t-Werte)

	NA	ÖN	PR	V
NA	0,874 (0,954)			
ÖN	0,448	0,713 (0,882)		
PR	-0,186	-0,008	0,781 (0,914)	
V	0,320	0,391	-0,032	0,671 (0,859)

Tabelle 3: Korrelationen zwischen den Konstrukten [AVE (CR) auf der Diagonalen]

5.2 *Strukturmodell*

Abbildung 2 zeigt die Pfadkoeffizienten unseres Forschungsmodells (*=p<0,05; *** = p<0,001) sowie das R^2 des abhängigen Konstruktes.

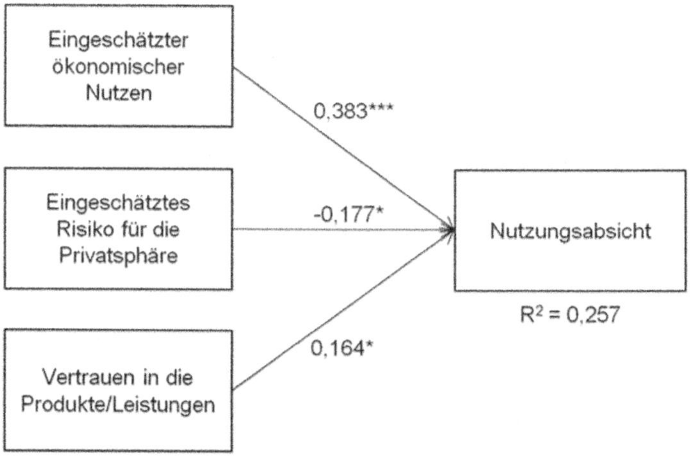

Abbildung 2: Ergebnisse

Alle drei aufgestellten Hypothesen können bestätigt werden: Der eingeschätzte ökonomische Nutzen hat einen signifikanten positiven Einfluss (β=0,383, p<0,001), das eingeschätzte Risiko hinsichtlich der Privatsphäre einen signifikanten negativen Einfluss (β= -

0,177, $p<0,05$) und das Vertrauen in die angebotenen Produkte/Leistungen hat wiederum einen signifikanten positiven Einfluss ($\beta=0,164$, $p<0,05$) auf die Absicht, die P2P-Carsharing-Plattform Drivy zu nutzen.
Unter der Berücksichtigung, dass unser Forschungsmodell drei unabhängige Variablen enthält, ist seine Aussagekraft gut, da es 25,7 Prozent der Varianz der abhängigen Variablen erklärt.

6 Diskussion und Ausblick

In diesem Artikel untersuchten und bestätigten wir empirisch den Einfluss von drei Faktoren (eingeschätzter ökonomischer Nutzen, eingeschätztes Risiko für die Privatsphäre, Vertrauen in die angebotenen Produkte/Leistungen) auf die Nutzung von P2P-Plattformen. Während bisherige Forschungsmodelle zumeist auf die Plattformen Airbnb und Uber angewendet wurden, untersucht diese Arbeit den bisher weniger bekannten Markt des P2P-Carsharings am Beispiel von Drivy und zeigt damit zudem die Übertragbarkeit der Einflussfaktoren auf andere P2P-Anwendungskontexte auf.
Unsere Ergebnisse haben wichtige praktische Implikationen. So sollten die Anbieter/-innen in ihren Marketingmaßnahmen die ökonomischen Vorteile der Plattform-Nutzung hervorheben, um die entsprechende Wahrnehmung der Konsumenten/-innen positiv zu beeinflussen. Weiterhin muss ein großer Fokus auf den sensiblen Umgang mit persönlichen Daten der Kunden/-innen gelegt werden und die verwendeten Maßnahmen an jene nachvollziehbar und glaubwürdig kommuniziert werden. Schließlich sollten Kontrollmaßnahmen bzgl. der bei den Plattformen angebotenen Produkte/Leistungen erfolgen und transparent dargestellt werden, bspw. durch die Aufnahme einer dedizierten Bewertungsdimension des generellen Produktzustandes innerhalb der Plattformen durch vorherige Kunden/-innen.
Unsere Studie hat Einschränkungen. Bedingt durch die Datenerhebung enthält unsere Stichprobe hauptsächlich deutschsprachige Studierende und der Altersdurchschnitt ist mit 25,13 Jahren entsprechend relativ niedrig. Daher könnten sich abweichende Ergebnisse bei Untersuchungen in anderen Ländern, sozialen Gruppen und Altersgruppen ergeben. Zudem kommt der größte Teil der Befragten aus einem urbanen Umfeld. Die Anzahl der Befragten, die bereits Erfahrung mit Drivy oder einer ähnlichen P2P-Plattform gemacht hatte, war dennoch gering; etwas höher war die Anzahl der Befragten, die bereits Erfahrung mit einer Carsharing-Plattform von einem/r professionellen Anbieter/-in wie BMW gesammelt hatten.
Als nächsten Schritt wollen wir unsere Studie im Kontext von weiteren P2P-Plattformen evaluieren und mit weiteren Faktoren erweitern. So gehen wir davon aus, dass auch soziale Faktoren, bedingt durch den Austausch der Anbieter/-innen und Nachfrager/-innen über die Plattformen sowie deren potenziellen direkten Kontakt beim Austausch der Güter, einen Einfluss auf die P2P-Plattform-Nutzung haben könnte.

Literaturverzeichnis

[AwKr06] Awad, N. F.; Krishnan, M. S.: The Personalization Privacy Paradox: An Empirical Evaluation of Information Transparency and the Willingness to be Profiled Online for Personalization. In: MIS Quarterly 1 (30) (2006), S. 13-28.

[BFOB18] Barbu, C. M.; Florea, D. L.; Ogarcă, R. F.; Barbu, M. C.: From Ownership to Access: How the Sharing Economy is Changing the Consumer Behavior. In: Amfiteatru Economic 48 (20) (2018), S. 373-387.

[BuFL16] Bucher, E.; Fieseler, C.; Lutz, C.: What's Mine is Yours (for a Nominal Fee) – Exploring the Spectrum of Utilitarian to Altruistic Motives for Internet-Mediated Sharing. In: Computers in Human Behavior (62) (2016), S. 316-326.

[Davi86] Davis, F. D.: A Technology Acceptance Model for Empirically Testing New End-User Information Systems: Theory and Results. Dissertation, Massachusetts Inst. of Technology, 1986.

[Erns14] Ernst, C.-P. H.: Risk Hurts Fun: The Influence of Perceived Privacy Risk on Social Network Site Usage. In: Proceedings of the 20th Americas Conference on Information Systems (2014), S. 1-8.

[FePa03] Featherman, M. S.; Pavlou, P. A.: Predicting E-Services Adoption: A Perceived Risk Facets Perspective. In: International Journal of Human-Computer Studies 4 (59) (2003), S. 451-474.

[HH++17] Hair, J. F.; Hult, G. T. M.; Ringle, C. M.; Sarstedt, M.; Richter, N. F.; Hauff, S.: Partial Least Squares Strukturgleichungsmodellierung: Eine anwendungsorientierte Einführung. München: Franz Vahlen, 2017.

[HaTG16] Hawlitschek, F.; Teubner, T.; Gimpel, H.: Understanding the Sharing Economy - Drivers and Impediments for Participation in Peer-to-Peer Rental. In: Proceedings of the 49th Hawaii International Conference on System Sciences (2016), S. 4782-4791.

[HaTW16] Hawlitschek, F.; Teubner, T.; Weinhardt, C.: Trust in the Sharing Economy. In: Die Unternehmung 1 (70) (2016), S. 26-44.

[Jaek17] Jaekel, M.: Die Macht der digitalen Plattformen: Wegweiser im Zeitalter einer expandierenden Digitalsphäre und künstlicher Intelligenz. Wiesbaden: Springer Vieweg, 2017.

[KiCG07] Kim, H.-W.; Chan, H. C.; Gupta, S.: Value-Based Adoption of Mobile Internet: An Empirical Investigation. In: Decision Support Systems 1 (43) (2007), S. 111-126.

[LCBC18] Lee, Z. W.Y.; Chan, T. K.H.; Balaji, M. S.; Chong, A. Y.-L.: Why People Participate in the Sharing Economy: An Empirical Investigation of Uber. In: Internet Research 3 (28) (2018), S. 829-850.

[LHBF18] Lutz, C.; Hoffmann, C. P.; Bucher, E.; Fieseler, C.: The Role of Privacy Concerns in the Sharing Economy. In: Information, Communication & Society 10 (21) (2018), S. 1472-1492.

[MaKA04] Malhotra, N. K.; Kim, S. S.; Agarwal, J.: Internet Users' Information Privacy Concerns (IUIPC): The Construct, the Scale, and a Causal Model. In: Information Systems Research 4 (15) (2004), S. 336-355.

[MaKY18] Malzahn, B.; Konhäusner, P.; Yozgatli, D.: Online-Plattformen als Quellen disruptiver Innovationen. In: Kreativität + X= Innovation: Beiträge und Positionen der HTW Berlin 2018, M. Knaut (Hrsg.), 2018, S. 142-147.

[MaSK18] Malzahn, B.; Spott, M.; Küttler, F.: Akzeptanz von Smart-Home-Anwendungen: Der Einfluss von Vergnügen, Kontrolle und Nutzen auf die Nutzungsabsicht der Anwender. In: Angewandte Forschung in der Wirtschaftsinformatik: Tagungsband zur 31. AKWI-Jahrestagung, T. Barton; F. Herrmann; V. G. Meister; C. Müller; C. Seel u. a. (Hrsg.), mana-Buch, 2018, S. 234-243.

[Mitt17] Mittendorf, C.: The Implications of Trust in the Sharing Economy – An Empirical Analysis of Uber. In: Proceedings of the 50th Hawaii International Conference on System Sciences (2017), S. 5837-5846.

[MiOs17] Mittendorf, C.; Ostermann, U.: Private vs. Business Customers in the Sharing Economy – The Implications of Trust, Perceived Risk, and Social Motives on Airbnb. In: Proceedings of the 50th Hawaii International Conference on System Sciences (2017), S. 5827-5836.

[PVAC17] Parker, G.; van Alstyne, M.; Choudary, S. P.: Die Plattform-Revolution: Von Airbnb, Uber, PayPal und Co. lernen: Wie neue Plattform-Geschäftsmodelle die Wirtschaft verändern: Methoden und Strategien für Unternehmen und Start-ups. mitp Business. 1. Auflage. Frechen: mitp Verlags GmbH & Co. KG, 2017.

[Pavl03] Pavlou, P. A.: Consumer Acceptance of Electronic Commerce: Integrating Trust and Risk with the Technology Acceptance Model. In: International Journal of Electronic Commerce 3 (7) (2003), S. 69-103.

[VMDD03] Venkatesh, V.; Morris, M. G.; Davis, G. B.; Davis, F. D.: User Acceptance of Information Technology: Toward a Unified View. In: MIS Quarterly 3 (27) (2003), S. 425-478.

[XLCR11] Xu, H.; Luo, X.; Carroll, J. M.; Rosson, M. B.: The Personalization Privacy Paradox: An Exploratory Study of Decision Making Process for Location-Aware Marketing. In: Decision Support Systems (51) (2011), S. 42-52.

Kontakt

Prof. Dr. Birte Malzahn
Hochschule für Technik und Wirtschaft
Treskowallee 8, 10318 Berlin
T +49 30 5019-2452, Birte.Malzahn@htw-berlin.de

Prof. Dr. Claus-Peter H. Ernst
Frankfurt University of Applied Sciences / SRH Hochschule Heidelberg
Nibelungenplatz 1, 60318 Frankfurt / Ludwig-Guttmann-Straße 6, 69123 Heidelberg
cernst@fb3.fra-uas.de / claus-peter.ernst@srh.de

Prototypen

Eine Entwicklungsumgebung für Programmiereinsteiger und automatische Bewertung der Lösungen

Stephan Euler

Zusammenfassung

Der Ansatz Board of Symbols bietet eine einfache Möglichkeit für grafische Ausgaben. Damit eröffnet er die Möglichkeit, frühzeitig in Lehrveranstaltungen zur Programmierung entsprechende Übungsaufgaben zu stellen. Eine Abgabe besteht dann aus dem Code und der damit generierten Ausgabe. Dieser Beitrag behandelt die Frage, welche Informationen aus diesen beiden Komponenten gewonnen werden können. Insbesondere wird untersucht, wie aus der Einstiegsaufgabe Hinweise auf Vorkenntnisse und Motivation der Studierenden gezogen werden können. Dazu werden erste Ergebnisse aus der Analyse der Einstiegsaufgabe in zwei Veranstaltungen vorgestellt.

1 Einleitung

Der Einsatz von speziellen Programmierumgebungen ist ein bewährter Ansatz, um Programmieranfängern den Einstieg zu erleichtern ([TeDa11]). Eine typische Anwendung ist dabei, Objekte in einer virtuellen Welt zu steuern. Beispielsweise kann man im Java-Hamster-Modell einen virtuellen Hamster Aufgaben lösen lassen. Damit werden spielerisch sowohl die Grundlagen der imperativen als auch der objektorientierten Programmierung vermittelt ([BoBo10], [Bole08]). In [StBaTr] wird ein Konzept mit entsprechenden Umgebungen für Kinder und Jugendliche beschrieben. Gleichzeitig werden immer mehr Lernplattformen mit online-Abgabe der Lösungen von Übungsaufgaben eingesetzt ([StGa17], [MoRo14]). Damit eröffnet sich auch die Möglichkeit, aus der Analyse der Abgaben Informationen über die Studierenden zu gewinnen. In [ALHV15] und [CaHA15] werden entsprechende Ansätze zur Prognose des Lernerfolgs eingesetzt.

Basis dieses Beitrags ist ein ähnlicher Ansatz für Programmiereinsteiger, bei dem allerdings die virtuelle Welt auf ein rechteckiges Brett mit einzelnen Feldern – dem Board of Symbols (BoS) – beschränkt ist. Mit einfachsten Mitteln können dann unter anderem Farben und Formen auf den einzelnen Feldern geändert werden.

Dieser Ansatz erlaubt offene Aufgabenstellungen in der Art *„Gestalten Sie einen Buchstaben / ein Weihnachtsmotiv / …“*. Dabei stellt sich die Frage, inwieweit die Lösungen automatisch ausgewertet werden können. Ist es möglich, den Studierenden Rückmeldungen bezüglich der generierten Darstellung und des Programmcodes zu geben? Lassen sich umgekehrt auch Aussagen über Vorkenntnisse, Motivation und Lernfortschritt der Studierenden gewinnen? Dieser Beitrag behandelt insbesondere die Frage, wie man bereits aus den Lösungen der Einstiegsaufgabe, die meist nur wenige Code-Zeilen umfassen, Informationen zur Lerngruppe gewinnen kann.

Der Beitrag gliedert sich in zwei Teile. Zunächst wird das grundlegende Konzept von BoS kurz vorgestellt. Anschließend wird ein Ansatz zu automatischen Bewertung von Lösungen beschrieben. Dabei werden auch erste Ergebnisse aus dem praktischen Einsatz diskutiert.

2 Board of Symbols

2.1 Grundkonzept

Grundlage ist ein rechteckiges Brett wie man es von Brettspielen wie Schach oder Dame kennt. Auf jedem der Felder befindet sich ein Symbol – entsprechend einer Figur in einem Brettspiel – mit den Grundeigenschaften Form, Farbe und Größe. Ein Symbol kann über seine Koordinaten angesprochen werden. Mittels Kommandos in einem speziellen Format (BoS Language, BoSL) können dann die Symbol-Eigenschaften geändert werden. Zwar ist es grundsätzlich möglich, diese Befehle direkt an das Brett zu schicken. Aber in der Regel wird man auf vorgegebene Funktionen (Methoden) zurückgreifen.

Für die Programmiersprachen Java, C und JavaScript stehen entsprechende Bibliotheken zur Verfügung. Dabei werden für die wichtigsten BoSL-Befehle jeweils passende Funktionen implementiert. Als Beispiel setzt der Aufruf farbe2(2, 3, RED) die Farbe des angegebenen Symbols. Für die gängigen Farben sind Namen definiert. Ansonsten kann die Farbe auch direkt als RGB-Wert angegeben werden. Die 2 im Funktionsnamen kennzeichnet die zweidimensionale Adressierung über x- und y-Koordinate. Für Spezialfälle wie die Visualisierung eines einfachen Arrays gibt es zur Vereinfachung eine Variante farbe(n, f), bei der der fortlaufende Index des Symbols übergeben wird.

Die Form eines Symbols wird über ein Kürzel aus einer Menge von derzeit 22 vorgegebenen Formen ausgewählt. So ändert form2(2, 3, „s") die Form auf ein Quadrat. Zur besseren Übersicht schickt jede Funktion genau einen BoSL-Befehl. Aufgrund dieser Eins-zu-Eins-Zuordnung entspricht die Anzahl der Funktionsaufrufe genau der Anzahl der geschickten Befehle.

Mittels dieses Satzes von Funktionen können Programmiereinsteiger schon gleich zu Beginn erste grafische Ausgaben programmieren. Später können Sie über weitere Funktionen auch beispielsweise die Größe des Brettes ändern oder Farbhintergründe definieren. Um den Umfang der Bibliothek übersichtlich zu halten, sind nur für die wichtigsten BoSL-Befehle eigene Funktionen vorhanden. Speziellere Möglichkeiten wie z. B. das Ändern von Schriftart oder Größe von Texten sind nur direkt über die BoSL-Befehle möglich.

Rund um diesen Ansatz entstanden im Laufe der Zeit diverse Ergänzungen:

- Ein einfacher Editor mit angepasster Unterstützung für BoS-Programme.
- Ein Trainingsmodus, bei dem Muster vorgegeben werden.
- Eine Web-Galerie mit Ergebnissen aus den Vorlesungen.
- Eine Web-Version, derzeit allerdings nur in der Programmiersprache JavaScript
- Vorlesungsskripte für die Programmiersprachen C und Java.

Die Anwendung mit Quellcode und Dokumentation ist auf github frei verfügbar.

2.2 Einsatz in Vorlesungen

Das Konzept BoS wird in Einführungsvorlesungen in die Programmierung eingesetzt. Um den Einstieg zu erleichtern, wird zunächst der BoS-eigene Editor CodeWindow verwendet. Er ermöglicht die Eingabe von kurzen Code-Schnipsel (Snippets). Diese werden vor der Kompilierung automatisch zu vollständigen Klassen beziehungsweise Programmen ergänzt. Die Studierenden können daher schon Code ausführen lassen, ohne sich selbst um eine umgebende Klasse oder eine main-Methode kümmern zu müssen. Der Editor beinhaltet eine Verwaltung der Code-Schnipsel. Sie werden zusammen mit Informationen wie Autor, Datum und Programmiersprache in XML-Dateien abgelegt. Möglichkeiten zum Im- und Export erlauben den einfachen Austausch der Code-Schnipsel.

Die Vereinfachung der Code-Eingabe erleichtert bei den Anfangsthemen wie Datentypen oder Kontrollstrukturen die Konzentration auf das Wesentliche. Insbesondere bei Kontrollstrukturen hilft die unmittelbare Visualisierung. Beispielsweise kann man verschachtelte for-Schleifen für x- und y-Koordinate gut durch Ausgabe von Mustern wie Rechtecken oder Dreiecken veranschaulichen. Bild 1 zeigt ein entsprechendes Beispiel mit einem Dreieck.

```
for( int x=1; x<6;  x++ ) {
   for( int y=x; y<6; y++ ) {
      farbe2( x, y, BLUE );
   }
}
```

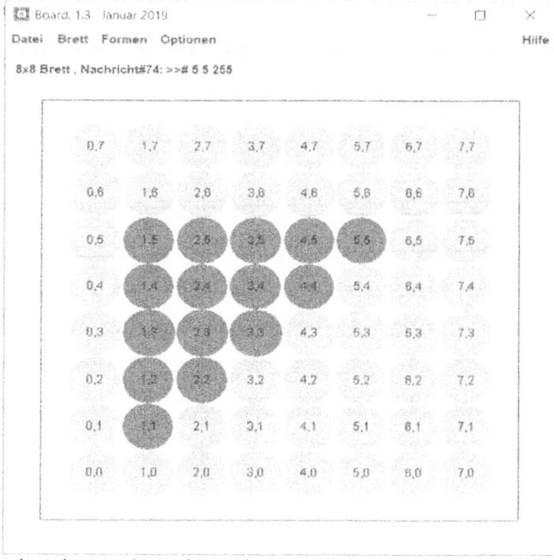

Abbildung 1: Code-Schnipsel und generierte Ausgabe

Erfahrungsgemäß benötigen die Studierenden einige Übung zum guten Verständnis dieser Themen. Zur Unterstützung dient ein eingebauter Trainer. Dabei werden Muster wie Rahmen, Pfeile oder Treppen als Aufgaben vorgegeben. Beim wiederholten Aufruf werden die Muster in Größe, Position und Farbe zufällig variiert. Der Trainer überprüft, ob der eingegeben Code das gewünschte Muster produziert. Dabei werden alle Versuche und Lösungen in einer Datei protokolliert.
Der eingebaute Editor mit der Eingabe von Code-Schnipsel genügt in den Vorlesungen bis zu den Themen Feldern und Funktionen. Dann ist der Wechsel zu einer Entwicklungsumgebung wie Eclipse sinnvoll. BoS kann aber weiterhin für die graphische Ausgabe benutzt werden. In Java ist es leicht, die BoS-Oberfläche um zusätzliche Elemente wie Eingabefeldern oder Knöpfe zu ergänzen. Außerdem können über vorgegebene Klassen Maus-Ereignisse behandelt werden. Auf dieser Basis wurde u. a. eine Visualisierung für verschiedene Sortieralgorithmen realisiert. Die Studierenden selbst bearbeiten zum Abschluss der Vorlesung kleinere Projekte mit BoS. Typische Themen sind einfache Spiele (Vier gewinnt, Memory, Mastermind) und Simulationen (Ampelsteuerung, Game of Life, N-Damen Problem).

3 Automatische Auswertung von Lösungen

In der Vorlesung erhalten die Studierenden nach einer kurzen Einführung in die Programmiersprache und BoS die Einstiegsaufgabe *Gestaltung eines Buchstabens*. Die Aufgabe ist bewusst offen formuliert. Es gibt keine Vorgaben bezüglich der Programmierung oder des Aussehens der Lösung. Die Studierenden werden lediglich informiert, dass ihre Lösungen (sofern sie sich nicht ausdrücklich dagegen aussprechen) zu der bereits vorhandenen Buchstaben-Galerie (https://hosting.iem.thm.de/user/euler/gallery2) auf der BoS-Webseite hinzugefügt werden.

Die gesammelten Buchstaben zeigen eine große Bandbreite von sehr einfach gestalteten Mustern mit nur zwei oder drei Linien bis hin zu anspruchsvollen Lösungen mit z. B. Farbverläufen. Auch der Code unterscheidet sich stark. Einige Schnipsel bestehen aus einer simplen Abfolge von Funktionsaufrufen. Andere beinhalten bereits Schleifen, Felder oder sogar schon eigene Funktionen. Eine Lösung scheint damit Aufschluss über Vorwissen und Motivation des Autors zu geben. Die Auswertung der Lösungen verspricht daher Erkenntnisse zur Zusammensetzung der Lerngruppe. Solche Informationen können zur feineren Abstimmung der Lehrinhalte dienen oder auch bei der Bildung von Lerngruppen berücksichtigt werden. Die Erfahrungen in [OtBU18] belegen den Nutzen einer frühzeitigen Einstufung der Studierenden nach ihren individuellen Vorkenntnissen.
Ausgehend von diesem Ziel werden im Folgenden verschiedene Möglichkeiten zur Bewertung der Lösungen vorgestellt. Eine Lösung besteht dabei aus der Kombination von Muster und Code. Dabei beschränkt sich der Ansatz auf statische Muster. Es ist relativ einfach, in BoS Animationen einzubauen. Allerdings wurde dies so gut wie noch nie bei den Lösungen der Einstiegsaufgabe verwendet. Weiterhin werden neben den drei oben beschriebenen Grundeigenschaften der Symbole nur noch Textinhalt und Hintergrundfarbe berücksichtigt. Weitergehende Gestaltungsmöglichkeiten wie eine veränderte Rahmenfarbe oder ein spezieller Statustext gehen derzeit nicht in die Bewertung ein.

3.1 Komplexität des Musters

Es ist schwierig, die Qualität der Muster automatisch zu bewerten. Eine praktikable Alternative ist, den benötigten Aufwand zu betrachten. Weiterhin kann man davon ausgehen, dass der Aufwand steigt, wenn das Muster komplexer wird: Mehr Symbole in verschiedenen Farben, Formen und Größen in differenzierter Anordnung. In solchen Fällen kann die Kolmogorow-Komplexität als ein Maß für die Strukturiertheit dienen. Sie ist zunächst für Zeichenketten definiert und ist bestimmt durch die Länge des kürzesten Programms, das diese Zeichenkette erzeugt. Eine Obergrenze erhält man durch Kompression der Zeichenkette. Die Länge der komprimierten Darstellung zusammen mit der Länge des Programms zum Entpacken ist dann ein Maß für die Komplexität. Enthält ein Muster komplexere Strukturen, ist nur eine geringe Kompression möglich. Dementsprechend wurde die Berechnung wie folgt implementiert:

- Die Bild-Informationen werden in einem XML-Baum gespeichert.
- Aus dem Baum wird eine Zeichenkette generiert (Serialisierung).
- Die Zeichenkette wird komprimiert (Java Klasse Deflater).

Die Größe der resultierenden Darstellung (angegeben in Byte) dient als Maß für die Komplexität. Da die Länge des Programms zum Entpacken konstant ist, braucht sie beim Vergleich verschiedener Muster nicht berücksichtigt zu werden.
Als Alternative wird die Anzahl der minimal notwendigen BoSL-Befehle zum Aufbau des Musters betrachtet. Bei N Symbolen und 5 Eigenschaften pro Symbol kann man mit 5N Befehlen jedes beliebige Muster erzeugen. Zu Beginn haben alle Symbole die Standardwerte Kreisform, Farbe Grau, Größe 0,5, keine Hintergrundfarbe und keinen Text. Bleibt es bei diesen Standardwerten, können die entsprechenden Befehle eingespart werden. Weitere Vereinfachungen ergeben sich durch globale Befehle. In BoSL gibt es zwei Befehle, um Form oder Farbe aller Symbole gleichzeitig zu ändern. Daher wird folgender Algorithmus eingesetzt:

1. Ermittle die häufigste Farbe (Form) im Muster.

2. Sofern es sich nicht ohnehin um die Standardfarbe handelt: Setzte alle Symbole auf diese Farbe.
3. Ändere soweit notwendig die Farbe (Form) einzelner Symbole.

Die so ermittelte minimal notwendige Gesamtzahl von BoSL-Befehlen dient dann als Maßzahl.

3.2 Code-Qualität

Die Code-Schnipsel werden in zweierlei Hinsicht bewertet: Formale Qualität und Effizienz der Umsetzung. Die formale Qualität beinhaltet das Einhalten von Vorgaben zum Programmierstil sowie die Verwendung geeigneter Sprachmittel. Zur Bewertung der Effizienz wird auf unnötige BoSL-Befehle untersucht.

3.2.1 Formale Qualität

Im Hinblick auf gut lesbaren Code sollten übliche Vorgaben zu Einrückungen von Blöcken oder Namenskonventionen eingehalten werden. Dazu gibt es naturgemäß bei der Einstiegsaufgabe noch keine expliziten Vorgaben. Allerdings wird im Vorlesungsskript das Thema behandelt. Zur Überprüfung wird das Tool *Checkstyle* zusammen mit dem *Google Java Style Guide* eingesetzt. Eventuelle Warnungen werden protokolliert und die Anzahl der Warnungen dient als ein Kriterium für die Code-Qualität.

Im einfachsten Fall besteht ein Code-Schnipsel nur aus einer Abfolge von einzelnen Funktionsaufrufen. Mit einigen Programmierkenntnissen wird man allerdings den Code durch Verwendung von Schleifen und ähnlichem kompakter halten. Um einen Eindruck vom Umfang solcher Vorkenntnisse zu gewinnen, wird der Code nach entsprechenden Sprachmitteln durchsucht. Direkt nutzen lassen sich die Informationen des in CodeWindow integrierten Werkzeugs zur Quelltextformatierung. Bei einer Formatierung werden die Kommentare und Blöcke gezählt. Diese Werte und die maximale Einrücktiefe werden im Analyseprotokoll gespeichert. Mittels einer speziellen Annotation lassen sich in die Code-Schnipsel eigene Methoden integrieren. Die Verwendung dieser Möglichkeit weist deutlich auf entsprechende Vorkenntnisse hin und wird daher auch protokolliert. Zur besseren Übersicht wird aus den einzelnen Werten die gewichtete Summe gemäß

$$\mathrm{M} = \mathrm{AnzahlKommentare} + 2 * \mathrm{AnzahlBlöcke} + 3 * \mathrm{MaxTiefe} + 3 * \mathrm{HatMethoden} \quad (1)$$

als Kennzahl *code maturity* M berechnet. Die verwendeten Gewichte wurden vorab festgelegt und sollen grob die Wichtigkeit der einzelnen Werte widerspiegeln. Da die einzelnen Werte in der Protokolldatei gespeichert sind, lässt sich die Berechnung später leicht mit anderen Gewichten wiederholen.

3.2.2 Effizienz

In einem zweiten Ansatz wird die Effizienz des Codes anhand der Anzahl der tatsächlich gesendeten Befehle bewertet. Im Idealfall wird genau die minimale Zahl von Befehlen geschickt. Tatsächlich werden jedoch häufig mehr Befehle gesendet. Dabei lassen sich mehrere Fälle unterscheiden:

- Ignorieren von globalen Befehlen zum gleichzeitigen Verändern aller Symbole.
- Unnötige Befehle: Setzen einer Farbe (Form) für ein Symbol, die später überschrieben wird.
- Doppelte Befehle: Mehrfaches Setzen der gleichen Farbe (Form) beim selben Symbol.

- Bereichsfehler: Die angegebenen Koordinaten liegen außerhalb des dargestellten Bereichs. BoS ignoriert solche Befehle und gibt lediglich eine Fehlermeldung aus.

Derzeit werden doppelte Befehle und Bereichsfehler ermittelt und im Analyseprotokoll vermerkt. Aber schließlich wird nur die Differenz zwischen der Gesamtzahl der insgesamt gesendeten Befehle und der – wie oben beschrieben – ermittelten Minimalzahl gebildet und als Kennzahl gespeichert.

3.3 Evaluator

Zur automatischen Auswertung wurde das Tool Evaluator entwickelt. Bei Ausführung durchsucht das Tool alle XML-Dateien in einem angegeben Verzeichnisbaum, führt die darin enthaltenen Code-Schnipsel aus und analysiert Muster und Code. Die Auswahl der Schnipsel lässt sich über Filter für Namen und Inhalte einschränken. Alle Analyseergebnisse werden in eine XML-Datei geschrieben und die generierten Muster werden als Dateien im jpeg-Format abgespeichert. Zusätzlich vergleicht das Tool optional alle Code-Schnipsel anhand ihrer Levenshtein-Distanz und erstellt die Abstandsmatrix aller Lösungen. Am Ende wird die XML-Datei mit den Resultaten in eine HTML-Datei transformiert, so dass das Ergebnis übersichtlich mit einem Webbrowser eingesehen werden kann. Bild 2 zeigt einen Ausschnitt aus der Ansicht im Browser.

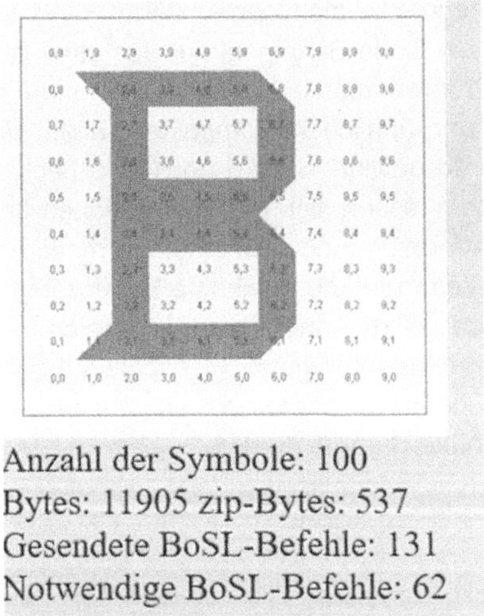

Abbildung 2: Ausschnitt aus der Protokollansicht

4 Erste Erfahrungen

Die ersten Auswertungen wurden in einer Einführungsvorlesung im ersten Semester des Studiengangs Medieninformatik durchgeführt. Die Programmiersprache war Java. Die erste Übung war die beschriebene Buchstabenaufgabe. Von dieser und den folgenden BoS-Aufgaben wurden die Lösungen gesammelt und ausgewertet. Dabei stand bei der Buchstabenaufgabe die Frage nach den Vorkenntnissen der Studierenden im Vordergrund. Bei den späteren Aufgaben – z. B. Visualisierung der Suche des Maximums in einem Feld – lag der Fokus auf den Rückmeldungen bezüglich Programmierstil und Effizienz. Diese Rückmel-

dungen dienten auch als Hinweise in begleitenden wechselseitigen Code Reviews der Studierenden.
Insgesamt wurden 134 Lösungen für die Buchstabenaufgabe abgegeben. Dabei variierte die Brettgröße von einem Feld (ein einzelnes Symbol mit Hintergrund und Text) bis zu 20000 Feldern. Allerdings verwendeten die meisten Studierenden Standardgrößen wie 10 x 10. Die allermeisten Lösungen beschränken sich auf die Veränderung der beschriebenen Symboleigenschaften. Nur in sehr wenigen Fällen wurden weitergehende BoS-Möglichkeiten wie Ändern der Rahmenfarbe oder des Bildhintergrunds genutzt.

	Minimum	Mittelwert	Median	Maximum
Anzahl Symbole	1	592	169	20000
Zip-Größe	192	1953	772	55333
BoSL-Befehle	4	337	98	13537
Code maturity	0	23	11	401
Unnötige Befehle	-73	434	40	9922
Stil-Warnungen	0	20	3,5	604

Tab. 1: Verteilung der Kenngrößen bei 134 Abgaben zur Buchstabenaufgabe, Studiengang Medieninformatik

Tabelle 1 zeigt eine Übersicht der verschiedenen Kenngrößen. Einige wenige Lösungen mit sehr großen Brettern ergeben in den ersten drei Zeilen entsprechend große Maxima und haben auch einen starken Einfluss auf die Mittelwerte, die dann deutlich über den Medianwerten liegen. Einige Lösungen verwenden weniger Befehle als das ermittelte Minimum. Möglich wird dies durch einen globalen Befehl, mit dem alle Symbole auf zufällige Formen gesetzt werden. Dies lässt sich nicht mit einem Befehl nachbilden, da beim nächsten Aufruf andere Zufallswerte resultieren. Daher muss der Algorithmus die Formen einzeln setzen. Die bemerkenswerte Anzahl von 604 Stil-Warnungen stammt von einem Code-Schnipsel mit sehr vielen kleinen Schleifen. Die monierten Fehler bei den Schleifen – falsche Einrückungen und Leerzeichen zwischen for und Klammer – werden dementsprechend oft wiederholt.

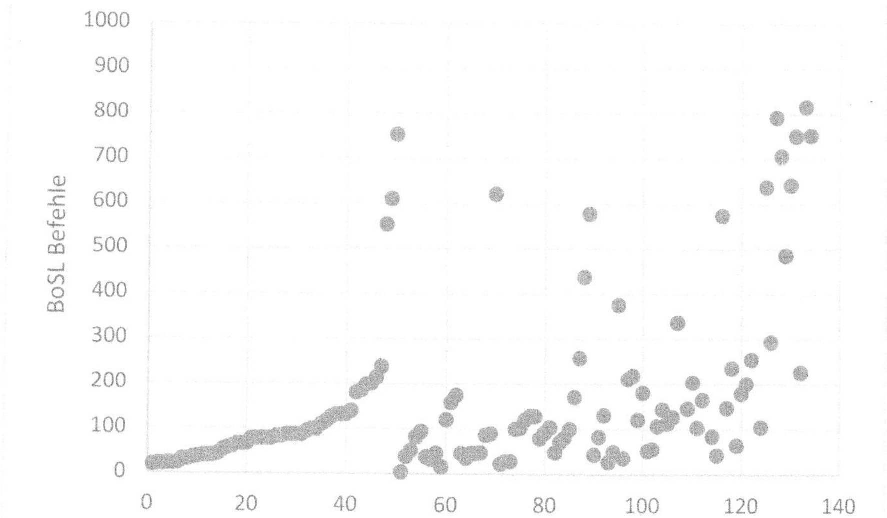

Abbildung 3: Anzahl der notwendigen BoSL-Befehlen zum Zeichnen der Buchstaben, Lösungen sortiert nach code maturity.

Um den Zusammenhang zwischen Vorkenntnissen und Aufwand beim Erstellen der Buchstaben zu untersuchen, wurden alle Lösungen nach dem Kriterium code maturity geordnet. Lösungen mit dem gleichen Wert wurden dann noch nach der Anzahl der erforderlichen BoSL-Befehle sortiert. Bild 3 zeigt die entsprechende Darstellung. Zur besseren Übersicht sind einige wenige Lösungen mit mehr als 1000 Befehlen ausgeblendet.

Die etwa 50 ersten Lösungen haben einen code maturity Wert von 0. Es handelt sich also um bloße Aneinanderreihungen von Befehlsaufrufen ohne Schleifen oder ähnliches. Auch Kommentare fehlen vollkommen. Nichtsdestotrotz realisieren einige Studierende auch damit bereits aufwändige Lösungen. Im Extremfall werden in 754 Zeilen Code Farben und Formen Symbol für Symbol gesetzt. Fehlende Vorkenntnisse zur Programmierung werden hier durch Aufwand beim Erstellen der vielen Codezeilen kompensiert. Der analoge Vergleich von Zip-Größe und code maturity (Bild 4) liefert ein ähnliches Ergebnis.

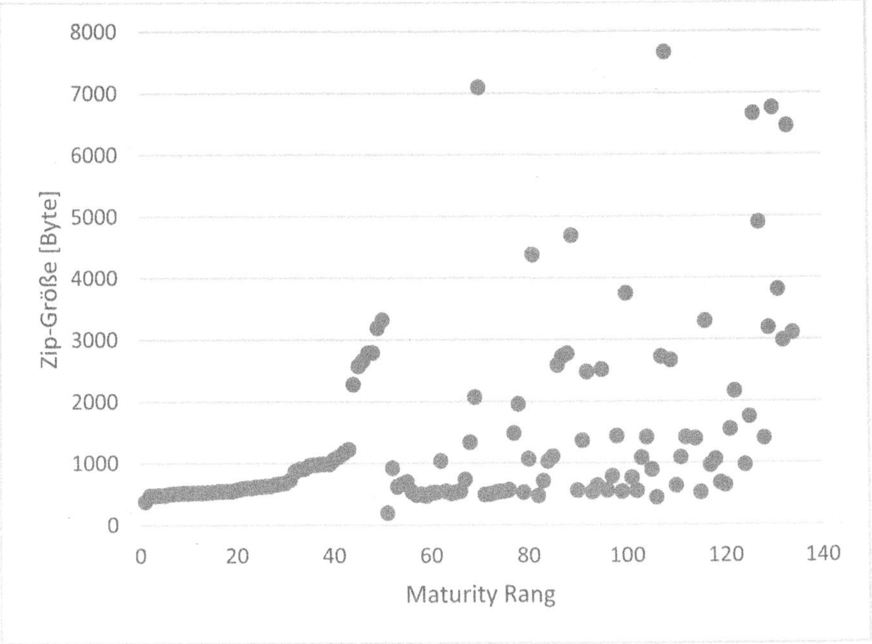

Abbildung 4: Größe der komprimierten Darstellung, Lösungen sortiert nach code maturity

Um einen ersten Eindruck von der Bandbreite der Kenngrößen über verschiedene Gruppen von Studierenden zu gewinnen, wurden die Buchstaben-Abgaben in der einführenden Programmiervorlesung im Studiengang Wirtschaftsmathematik analysiert. Die Werte in Tabelle 2 zeigen deutliche Unterschiede. Wie die Werte für code maturity zeigen, bestehen die meisten Lösungen ausschließlich aus Methodenaufrufen. Weiterhin sind die Lösungen gemessen an der zip-Größe und der Anzahl BoSL-Befehle weniger aufwändig.

	Minimum	Mittelwert	Median	Maximum
Anzahl Symbole	30	103	100	240
Zip-Größe	325	530	511	956
BoSL-Befehle	10	43	33	168
Code maturity	0	0,5	0	19
Unnötige Befehle	0	6	0	118
Stil-Warnungen	0	16	0	253

Tab. 2: Verteilung der Kenngrößen bei 38 Abgaben zur Buchstabenaufgabe, Studiengang Wirtschaftsmathematik

Die ersten Ergebnisse zeigen, dass die vorgeschlagenen Analysen der Einstiegsaufgabe bereits hilfreiche Informationen zur Lerngruppe liefern. Insbesondere erlaubt die Auswertung eine quantitative Abschätzung der Vorkenntnisse und liefert Hinweise auf die Bereitschaft, aufwändigere Lösungen zu finden. Die Ergebnisse zu Code-Effizienz und Stil sind mehr als Rückmeldungen für die Studierenden gedacht und spielen bei der Einstiegsaufgabe noch keine große Rolle.

5 Ausblick

Für die nächsten Semester ist vorgesehen, diesen Ansatz in weiteren Veranstaltungen zu erproben. Dabei bietet sich die Verwendung einer dokumentenorientierten Datenbank zur Verwaltung der wachsenden Zahl von Code-Schnipsel an. Weiterhin soll ein systematischeres Feedback an die Studierenden erfolgen. Anhand der dabei gesammelten Erfahrungen sollen die Bewertungskriterien ergänzt und verfeinert werden. Beispielsweise kann die Kompression mit zip waagerechte Wiederholungen besser ausnutzen als senkrechte. Dies könnte mit einer zweimaligen Kompression – Original und gedrehtes Bild – ausgeglichen werden. Auch die Berechnung der code maturity ist noch nicht ausgereift. So werden in der derzeitigen Version leere Blöcke positiv gewertet.

Literaturverzeichnis

[ALHV15] Ahadi, Alireza; Lister, Raymond; Haapala, Heikki and Vihavainen, Arto: Exploring Machine Learning Methods to Automatically Identify Students in Need of Assistance, ICER '15, New York, 2015.

[BoBo10] Boles, Dietrich und Boles, Cornelia: Objektorientierte Programmierung spielend gelernt mit dem Java-Hamster-Modell, Vieweg+Teubner, Wiesbaden, 2010.

[Bole08] Boles, Dietrich: Programmieren spielend gelernt mit dem Java-Hamster-Modell, Vieweg+Teubner, Wiesbaden, 2008.

[CaHA15] Carter, Adam S.; Hundhausen, Christopher D. and Adesope, Olusola: The Normalized Programming State Model: Predicting Student Performance in Computing Courses Based on Programming Behavior. ICER '15. New York, 2015.

[MoRo14] Moreno, Jesús; Robles, Gregorio: Automatic detection of bad programming habits in scratch: A preliminary study. In: 2014 IEEE Frontiers in Education Conference (FIE) Proceedings. IEEE, 2014. S. 1-4.

[OtBU18] Ott, L; Bettin, B and Ureel, L: The impact of placement in introductory computer science courses on student persistence in a computing major. Proceedings of the 23rd Annual ACM Conference on Innovation and Technology in Computer Science Education, 2018

[StBaTr] Staub, Jacqueline, Barnett, Michelle und Trachsler, Nicole: Programmierunterricht von Kindergarten bis zur Matura in einem Spiralcurriculum. Informatik Spektrum 42.2 2019, S 102-111.

[StGa17] Striew, Michael und Garmann, Robert: Automatisierte Bewertung in der objektorientierten Programmierausbildung am Beispiel von Java. In: Bott, Oliver J.;., Fricke, Peter;

Priss, Uta;, Striewe, Michael: Automatisierte Bewertung in der Programmierausbildung (Vol. 6). Waxmann Verlag 2017, S. 42-56

[TeDa11] Terwelp, Sabine und Dahm, Markus: Entwicklungsumgebungen für Informatik-Anfänger. in Mensch & Computer. 2011, Mensch & Computer, S. 371–374, Oldenbourg Wissenschaftsverlag.

Kontakt

Prof. Dr. Stephan Euler
TH Mittelhessen
Wilhelm-Leuschner-Str. 13, 61169 Friedberg
T +49 6031 604 - 450, Stephan.Euler@mnd.thm.de

Ein Multifunktionssystem für die Sicherheitsbranche

Christof Mosler, Daniel Retkowitz, Mark Tuchscher

Zusammenfassung

Wach- und Sicherheitsdienste benötigen moderne und mobile Aufzeichnungs- und Dokumentationssysteme für die Unterstützung, Führung und Überwachung ihres Personals im Außeneinsatz. Solche Systeme müssen viele spezifische Anforderungen erfüllen, die sowohl hohe funktionale Qualität bei den teils kritischen Aufgaben als auch diverse branchenübliche Sicherheitsstandards garantieren. In diesem Beitrag wird der Prototyp eines im Rahmen eines Startups entwickelten Systems vorgestellt, welches funktional über alle bisher verfügbaren Lösungen hinausgeht und dabei deutliche Preisvorteile bieten soll.

1 Einleitung

Zunächst wird in diesem Kapitel die aktuelle Situation in der Branche vorgestellt sowie die Motivation für das neue System aufgezeigt.

1.1 Aktuelle Marktsituation

In Deutschland zählen fast 6.000 Unternehmen zur Sicherheitsbranche. Neben einigen bekannten Großunternehmen, die in ganz Deutschland tätig sind, z. B. Securitas [Secu19] mit über 21.000 Mitarbeitern oder KÖTTER [Kött19] mit über 18.000 Mitarbeitern, übernehmen vor allem kleine und mittlere Unternehmen (KMU) die typischen Aufgaben. Allein die zehn umsatzstärksten Sicherheitsdienstleister setzten 2016 einen Betrag von rund 2,54 Mrd. Euro mit Sicherheitsleistungen in Deutschland um [Lüne17].

Zu den Hauptaufgaben eines Sicherheitsdienstes gehören vor allem der Objektschutz, mobile Sicherungsdienste, die Alarmaufschaltung und Intervention, der Personenschutz und die Ladenüberwachung.

Die Branche ist grundsätzlich sehr konservativ aufgestellt. Es müssen vielfältige Sicherheitsstandards erfüllt werden, um die gesetzlichen und versicherungstechnischen Anforderungen zu erfüllen (z. B. [vds19]). Innovationen werden zumeist verspätet und zurückhaltend eingeführt. Zwar hat die IT natürlich auch hier schon in vielen Prozessen Einzug erhalten, dennoch entsprechen die aktuell eingesetzten Lösungen nicht dem „State of the Art" der IT 2019 und viele Schritte werden vielerorts noch manuell erledigt, von der Schichtplanung bis zur Abrechnung. Insofern bieten moderne Digitalisierungsansätze noch große Optimierungspotentiale.

1.2 Motivation für das Projekt

Der Initiator des hier vorgestellten Systems ist die Niederrheinische Wirtschafts-Überwachung (NWÜ) GmbH & Co. KG, ein mittelständisches Familienunternehmen mit Hauptsitz in Neuss [NWU19]. Die Sicherheitsfirma beschäftigt heute ca. 150 Mitarbeiter und ist personell vor allem regional tätig, wobei verschiedene Kundensegmente bedient werden: Industrie, Banken und Privatkunden. Technologieseitig wird der Empfang und die Verarbeitung von allen verfügbaren Protokollen und Anwendungen deutschlandweit erbracht sowie damit

verbundene Remote-Services. Das Unternehmen versteht sich als progressiv, innovativ und technologieorientiert und ist in der Branche über verschiedene Gremien und Initiativen gut vernetzt. So ist die NWÜ seit mehr als 50 Jahren ständiges Mitglied des Arbeitgeberverbandes BDSW und durch den Geschäftsführer im Landesgruppenvorstand und der Tarifkommission vertreten.
Solche mittelständischen Sicherheitsdienstleister setzen heute auf Produkte der verfügbaren Anbieter, die aus Sicht vieler Kunden technologisch nicht auf dem neusten Stand und gleichzeitig sehr teuer sind. Die meisten Sicherheitsunternehmen verwenden heute spezielle Hardware-Lösungen, in Form von Datensammlern (in Form eines Knüppels, ähnlich einer Taschenlampe, z. B. [Deis19]), die während der Tour an den Kontrollstellen im zu überwachenden Objekt die RFID-Kontakte sammeln, die erst später am Arbeitsplatz per USB ausgelesen werden können. Eine interaktive Unterstützung der Arbeiter, in Echtzeit und per Bildschirm, findet nicht statt. Die vorhandenen Lösungen bilden meist nicht die wichtige Verbindung zwischen dem Mitarbeiter vor Ort und der Leitstelle im Hintergrund in qualifizierter Weise ab. Dabei muss die sichere Anbindung der Mitarbeiter als zentrales Anliegen gesehen werden, da die zielgerichtete Erfassung und Auswertung eines Ereignisses in dieser Branche Auswirkungen auf Leib und Leben haben kann.
Eine ausführliche Analyse aller aktuell verfügbaren Konkurrenzprodukte am Markt (Übersicht siehe z. B. unten in [Dark19]), die sowohl auf spezielle Hardware als zum Teil auch schon auf Handy-Apps setzen, ergab keinen Showstopper. Es wurden – gemessen am Eigenbedarf – meistens eine unzureichende Umsetzung der in der Praxis benötigten Funktionen, mangelnde Sicherheitsstandards oder unbefriedigende Usability mit überfrachteten Funktionen für den Einsatz in benachbarten Märkten festgestellt.
In Absprache mit befreundeten Marktwettbewerbern hat sich die NWÜ deshalb zum Ziel gesetzt, ein kostengünstigeres und moderneres System selbst zu entwickeln, um es anschließend im Rahmen eines Spin-Offs als Startup aufzustellen. Insbesondere sollten die Anforderungen perfekt an die Aufgaben mittelständischer und kleiner Sicherheitsdienstleister angepasst werden. Mögliche Kooperationen mit anderen Unternehmen wurden bereits evaluiert. Auch mögliche Zertifizierungen des Systems nach den aktuellsten Sicherheitsstandards wurden vorgesehen, die bisher von den bereits verfügbaren Konkurrenzprodukten noch nicht erfüllt werden.

2 Konzept

Die Standardprozesse mittelständischer Sicherheitsunternehmen, die ihre Dienstleistungen vor allem durch ihre Mitarbeiter im Außendienst erbringen, werden durch diverse Systeme unterstützt. Dazu gehören in erster Linie Wächterkontrollsysteme (WKS) und Systeme für den Alleinarbeiterschutz (AAS) inkl. Notruffunktionen bzw. Personen-Notsignal-Anlagen (PNA).

2.1 Neuheitsgrad und Marktaussichten

Auch wenn ähnliche RFID- und GPS-basierte Systeme bereits seit einigen Jahren im Einsatz sind, wird die hier vorgestellte neue Lösung deutliche Vorteile und Neuerungen bieten. Diese sind bis heute in dieser Form und Zusammensetzung am Markt noch nicht zu finden, auch wenn die einzelnen Technologien in anderen Branchen bereits lange im Einsatz sind. Zu den wichtigsten Neuerungen gehören:

- präzise auf mittelständische Sicherheitsunternehmen angepasste Funktionalität zur einfachen Planung, Überwachung und Abrechnung von Dienstleistungen
- bessere Usability im Front- und Backend, gegenüber den vielen heute verfügbaren branchenübergreifenden Systemen durch ein flexibles Datenmodell und eine skalierbare Architektur
- Echtzeit-Zugriff auf Daten der Außendienstmitarbeiter, v. a. für die Auftragsversorgung und Bewegungsnachverfolgung und die zielgerichtete Unterstützung
- Günstigere (Standard-)Hardware, weniger Lizenzgebühren für die Software (Eröffnung von hochfunktionalen Lösungen für eine größere Anzahl von Mitarbeitern, eine sichere Anbindung für jeden, ermöglicht durch die geringe Hemmschwelle (Preis/Setup))
- genauere Protokollierung der durchgeführten Tätigkeiten
- automatische Abrechnung und Rechnungsstellung
- Schnittstellen zu Drittsystemen sind vorgesehen (Leitstellen, Polizei, usw.)
- Erfüllung von höchsten Sicherheitsstandards „Made in Germany", das schließt insbesondere Zertifizierungen wie VdS 3169-1 und -2 [vds19]) ein sowie das Hosting in zertifizierter Rechenzentrumsumgebung.

Die bisher an der Diskussion um das neue System beteiligten Sicherheitsdienstleister würden diese Neuerungen gegenüber den vorhandenen Systemen sehr begrüßen. Sowohl in der Rolle als spätere Kunden als auch als potentielle Kooperationspartner stehen die beteiligten Unternehmen der Entwicklung des Systems positiv gegenüber.
Zukünftig ist es außerdem denkbar, ein solches System in einem eigenen, ebenfalls den hohen Standards der Sicherheitsbranche entsprechenden, Rechenzentrum zu betreiben, um es kleineren Sicherheitsdienstleistern als Service im Sinne einer Cloud-Lösung anbieten zu können. Diese Unternehmen beschäftigen oft nur wenige Mitarbeiter und haben daher weder die Kapazitäten noch das Know-how, um ihre Prozesse durch geeignete Digitalisierungsmaßnahmen zu optimieren. Verschiedene Preismodelle sind hier denkbar.

2.2 Im Prototyp umgesetzte Funktionen

In der Anfangsphase wurden vor allem die Prozesse für den Alleinarbeiterschutz, die Wächterkontrolle sowie die obligatorische Funktionalität eines digitalen Kommunikationsgeräts (DKG) (für die Sicherheitsbranche definiert) umgesetzt. Dazu gehören die Features rund um die Geo-Lokalisierung, RFID-basierte Verwaltung der Kontrollpunkte, diverse Alarmfunktionen inkl. Bewegungsüberwachung der Handysensoren sowie die sichere Kommunikation in Echtzeit zu den Backend-Servern, die im ersten Schritt als Leitstelle dienen sollen und deren weitergehende Kommunikation zu verschiedenen Gefahrenmanagementsystemen (GMS) in folgenden Projektphasen implementiert wird.
Für den Nutzer, also dem Sicherheitsmitarbeiter bei einer Kontrollrunde durch ein Objekt, ist vor allem die Unterstützung und Dokumentation bei der Durchführung der für seine Arbeitsschicht geplanten vordefinierten Touren und die AAS-Funktionalität von zentraler Bedeutung.
Im Backend soll in der ersten Version vor allem die vollständige Verwaltung von Mitarbeitern, Kundenobjekten, Touren und Kontrollpunkten möglich sein. Weiterhin soll es eine benutzerfreundliche Möglichkeit zum Austausch von Alarmrufen, Aufträgen und Benachrichtigungen geben. Eine Lokalisierung der Mitarbeiter in Echtzeit auf einer Karte am Bildschirm soll ebenfalls von Anfang an möglich sein. Auch die vielen aktuellen Systemen fehlende

Export-Möglichkeit von Abrechnungsdaten soll angeboten werden, um manuelle Arbeit abzulösen und weitere Quick-Wins für die beteiligten Unternehmen zu bieten.

3 Umsetzung

Im Folgenden wird der aktuelle Stand der Umsetzung des Prototyps beschrieben. Die beschriebenen Funktionen können ggf. durch neue Features ergänzt werden, die bei der Präsentation auf der Tagung vorgestellt werden.

3.1 Hardware

Einer der wichtigsten Vorteile des neuen Systems soll der Verzicht auf Spezialhardware sein, die aus Sicht vieler Sicherheitsdienstleister meist von den aktuellen Anbietern ähnlicher Systeme als Kostentreiber genutzt wird, ohne dabei moderne Technik zu bieten. Stattdessen sollen für den Außeneinsatz geeignete und allgemein verfügbare Smartphones eingesetzt werden.
Die Geräte müssen dennoch, speziell im Hinblick auf Zertifizierungen, diversen Ansprüchen genügen. Von einer langen Akkulaufzeit über eine ausreichende Robustheit bis hin zu Features wie z. B. einem direkt zugreifbaren Alarm-Knopf. Diese Anforderungen sind größtenteils branchenspezifisch vorgeschrieben. Da sich der Einsatz von privaten Smartphones der Mitarbeiter aus Sicherheitsgründen im Allgemeinen nicht empfiehlt, gehört zum System deshalb eine Auswahl von aktuellen Smartphones.

Das aktuell verwendete Handy S41 von CAT [CAT2019]

Aktuell gibt es mehrere Anbieter geeigneter Geräte am Markt, die sich vor allem auf den Outdoor-Einsatz spezialisiert haben, z. B. RugGear [Rugg19] oder das aktuelle vom Start-up verwendete Gerät, das Modell S41 der Firma CAT [CAT19], welches ebenfalls alle Anforderungen erfüllt und bei einem Preis von etwa 360 Euro liegt. Somit ist es wesentlich günstiger als z. B. die heute üblichen Datensammler, welche zu einem mehrfachen Preis angeboten werden und funktional deutlich weniger bieten. So ist bei diesen Geräten beispielsweise keine Echtzeit-Verbindung zum Server möglich und keine Kamera vorhanden, um nur einige Defizite zu nennen.

3.2 *Frontend*

Die Software auf dem Handy wird als native Android-App in Java entwickelt. Das System soll als Ganzes zertifiziert und vermarktet werden, so dass später nur eine kleine Auswahl überprüfter Handys angeboten wird. Apple-Produkte sind nicht vorgesehen. Eine Lösung als WebView-App war ebenfalls keine Option, da viele sicherheitskritische Daten ausschließlich auf dem Handy abgelegt werden sollen und unnötige Übertragung zum Server vermieden wird.

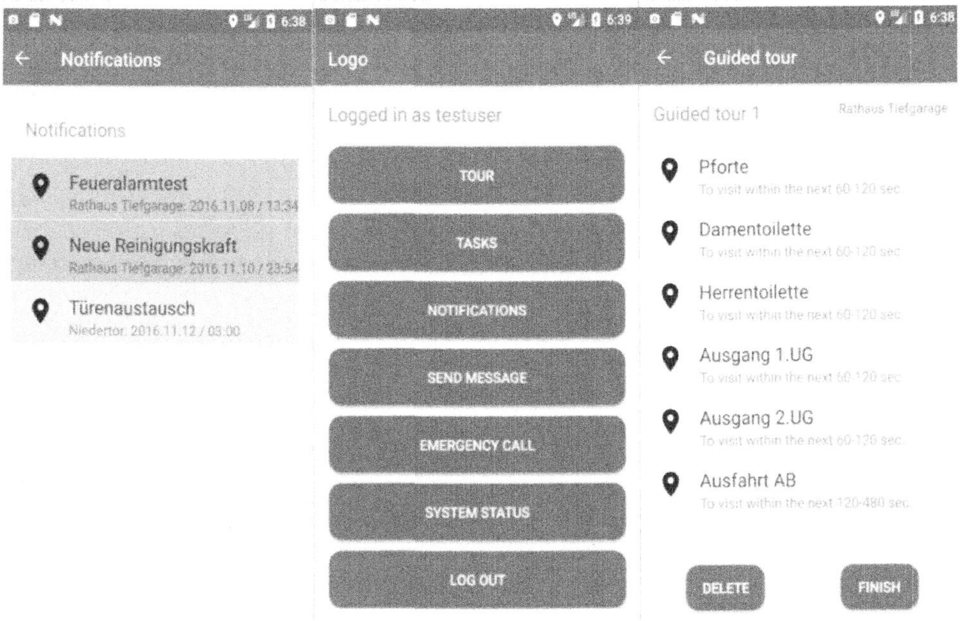

Einige Screenshots der aktuellen Version des Prototyps

3.3 *Backend*

Das Backend besteht aus zwei Teilen: Zum einen existiert ein in Java und mit Spring Boot entwickeltes Backend-System, welches über eine REST-Schnittstelle die sichere Kommunikation mit den App-Instanzen ermöglicht. Die Daten des Systems werden in einer zentralen Datenbank verwaltet – aktuell MariaDB.

Zum anderen wird ein Node.js-basiertes System mit darauf aufsetzender grafischer Web-Oberfläche gebaut, das als eine einfache Leitstelle dienen soll. Neben der Verwaltung und Planung aller Aktivitäten sollen beispielsweise in Echtzeit über eine Kartendarstellung alle Mitarbeiter an ihren aktuellen Standorten lokalisiert, mit Nachrichten und Aufträgen versorgt sowie Touren auf Zeitabweichungen überprüft werden können.

Das System soll mandantenfähig und mehrsprachig aufgebaut werden. Die finale Entscheidung für eine Technologie zur Umsetzung des Webportals ist zum Zeitpunkt der Einreichung dieses Beitrags noch nicht gefallen.

4 Fazit und Ausblick

Das vorgestellte System ist als Prototyp bereits in großen Teilen funktionsfähig, einige für den Go-live benötigte Features müssen für die erste in der Praxis einsetzbare Version noch implementiert werden. Dies soll in den nächsten Monaten geschehen. Parallel finden bereits intensive Gespräche mit den für die Zertifizierung verantwortlichen Branchenverbänden statt.

5 Rahmenbedingungen zur Präsentation des Prototyps auf der Tagung

Für die Vorstellung des Prototyps auf der Tagung in Aachen sollte im Optimalfall folgende Ausrüstung vorhanden sein:

- Stehtisch
- Mobile Leinwand und Beamer
- (Steh-)Wand für ein Poster
- WLAN-Zugang und Stromversorgung

Die App als Frontend kann am Stehtisch auf zwei Smartphones parallel demonstriert werden, über ein Notebook kann der Zugriff auf das Backend erfolgen, wobei hier die an den Handys vorgenommenen Aktionen über das Web-Frontend direkt im Browser sichtbar sind. An der Wand könnten auf dem Poster neben den wesentlichen Fakten auch an einer schematischen Karte eines Gebäudeobjektes einige RFID-Tags angebracht sein, so dass man einen Wächterkontrollgang simulieren könnte.

Literaturverzeichnis

[CAT19] Caterpillar: CAT® S41 Smartphone. 2019, https://www.catphones.com/de-de/cat-s41-smartphone/. Abruf am 2019-02-28.

[Dark19] dark.bird Wächterkontrollsysteme: Website. 2019, https://www.darkbird.de/Service/Waechterkontrollsystem.aspx . Abruf 07.03.2019

[Deis19] deister Wach- und Werkschutz : website. 2019, https://www.deister.com/de/loesungen/wach-und-werkschutz/

[Kött19] KÖTTER GmbH & Co. KG: Website. 2019, https://www.koetter.de/. Abruf am 2019-02-28.

[Lüne17] Lünendonk & Hossenfelder GmbH: Lünendonk®-Liste 2017 – Führende Sicherheitsdienstleister in Deutschland, 2017.

[NWU19] Niederrheinische Wirtschafts-Überwachung (NWÜ) GmbH & Co. KG: Website. 2019, https://www.nwue-security.de. Abruf am 2019-06-06.

[Rugg19] RugGear: Website. 2019, https://ruggear.com/. Abruf am 2019-02-28.

[Secu19] Securitas Holding GmbH: Website. 2019, https://www.securitas.de/. Abruf am 2019-02-28.

[vds19] VdS Schadenverhütung GmbH: VdS-Richtlinien für rechnergestützte Informationssysteme 3169-1 und 3169-2.

Kontakt

Prof. Dr. Christof Mosler
Hochschule für Technik Stuttgart
Schellingstr. 24, 70174 Stuttgart
christof.mosler@hft-stuttgart.de

Prof. Dr. Daniel Retkowitz
Hochschule Niederrhein
Webschulstraße 41-43, 41065 Mönchengladbach
daniel.retkowitz@hs-niederrhein.de

Mark Tuchscher
Niederrheinische Wirtschafts-Überwachung (NWÜ) GmbH & Co. KG
Breite Str. 68, 41460 Neuss
m.tuchscher@nwue-security.de

Entwicklung eines Voice User Interfaces als Ergänzung zu Graphical User Interfaces in produzierenden Unternehmen

Julian Kleeff

Zusammenfassung

Durch den derzeitigen Trend der digitalen Sprachassistenten im privaten Bereich und dem Smart Home, stellt sich die Frage, ob Voice User Interfaces (VUIs) auch sinnvoll und mehrwertgenerierend in Unternehmen eingesetzt werden kann. Um diese Frage beantworten zu können, wurde ein Voice User Interface für die Plattform oee.cloud erstellt, um die ergänzenden Fähigkeiten von Voice User Interfaces zu untersuchen.

1 Grundidee des Prototypen

Ob Apple Siri, Google Home, oder auch Amazon Alexa, immer mehr digitale Sprachassistenten nehmen Einzug in die Haushalte weltweit. So prognostiziert das Beratungs- und Forschungsunternehmen Gartner, dass bis 2020 75 % der Haushalte einen solchen digitalen Sprachassistenten nutzen werden [Forn16]. Durch die digitalen Sprachassistenten nehmen sogenannte Voice User Interfaces, die für die Kommunikation zwischen Mensch und Maschine zuständig sind, immer weiter an Bedeutung zu.
Aufgrund der zunehmenden Beliebtheit im privaten Umfeld stellt sich die Frage, inwieweit diese Voice User Interfaces (VUIs) auch im beruflichen Umfeld eingesetzt werden können. Um diese Frage beantworten zu können, wurde für die Plattform oee.cloud ein Voice User Interface mithilfe von Amazon Alexa entwickelt. Die ifp Software GmbH mit der dazugehörigen Plattform oee.cloud bietet eine Möglichkeit für produzierende Unternehmen die Gesamtanlageneffektivität von Anlagen und Maschinen durch einen minimalinvasiven Eingriff in Produktionsanalgen mithilfe eigener Sensoren zu messen und darzustellen.

Voice User Interfaces als Ergänzung zu Graphical User Interfaces
Herkömmliche Graphical User Interfaces (GUIs), wie beispielsweise grafische Applikationen auf dem Smartphone sind vielen Nutzern bekannt und die Bedienung ist vertraut. Jedoch gibt es Situationen, bei denen sich die Benutzung von GUIs schwierig darstellt. Für einige dieser Situationen können VUIs eine Ergänzung darstellen.
Durch das Benutzen eines Voice User Interfaces ist es dem Anwender möglich, freihändig und simultan weitere Aktivitäten durchzuführen, da die Bedienung eines solchen Interfaces nicht mehr manuell erfolgt. Dieser Aspekt bietet neue Anwendungsmöglichkeiten in Situationen, in denen die Hände anderweitig benutzt werden müssen.
Durch diese Möglichkeit bietet ein VUI die Möglichkeit, während des Autofahrens benutzt werden zu können. In Bezug auf die oee.cloud, ist es durch ein Voice User Interface möglich, beispielsweise auf dem Weg zur Arbeit, produktionsrelevante Informationen der Anlagen bereit gestellt zu bekommen. Aufgrund dessen kann die Zeit während des Autofahrens sinnvoll genutzt werden.

Des Weiteren ist es durch die sprachliche Interaktion möglich, ein Voice User Interface mit in Besprechungen einzubeziehen. In der Praxis können Voice User Interfaces beispielsweise die Schichtübergabe in einer Produktion unterstützen. Da diese Schichtübergaben meist zeitlich stark limitiert sind, können Voice User Interfaces diese durch ergänzende Informationen beschleunigen.

2 Konzept

2.1 Bisheriger Funktionsablauf der oee.cloud

Um die OEE einer Anlage oder einer Maschine analysieren und auswerten zu können, sind im Groben drei Schritte nötig, welche in Abbildung 1 dargestellt werden.

Abbildung 1: bisheriger Funktionsablauf der oee.cloud

In Schritt 1 werden mithilfe eines Sensors die Stückzahlen einer produzierenden Anlage erfasst. Hierfür wird an der Ausgabe der Maschine zumeist ein optischer Lichtschalter installiert, der durch eine Lichtschranke die einzelnen produzierten Stücke erfasst und die entsprechenden Stückzahlen dem Sensor, der in Schritt 1 zu sehen ist, mit einem passenden Zeitstempel weitergibt. Alle 30 Sekunden verschickt der Sensor die gesammelten Daten via. Internet an die Server der oee.cloud.

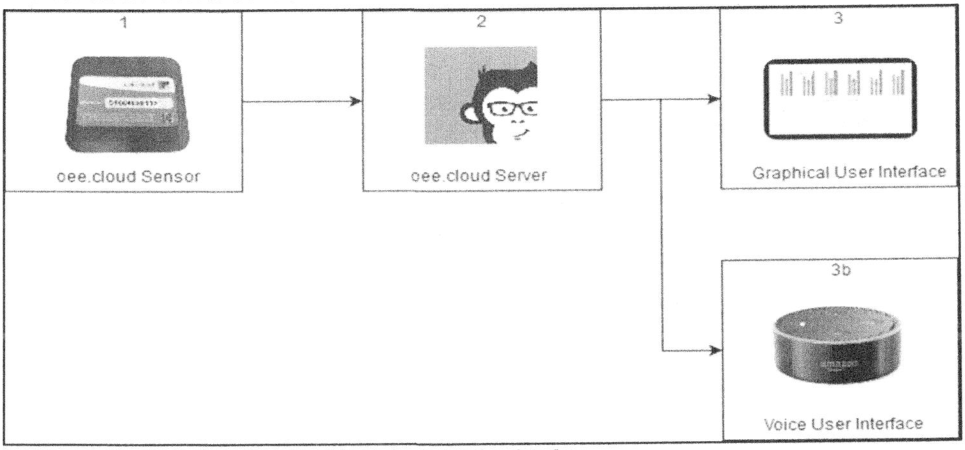

Abbildung 2: Erweiterter Funktionsablauf durch das Voice User Interface

In Schritt 2 werden die Daten analysiert und ausgewertet. Hierbei wird neben weiteren Kennzahlen die OEE mit ihren einzelnen Faktoren berechnet.

Im dritten und letzten Schritt werden mitunter die Kennzahlen an ein Graphical User Interface weitergegeben, die durch einen Internetbrowser aufrufbar sind. Hierdurch haben die

Kunden die Möglichkeit, aktuelle oder auch historische Verläufe der Anlagenproduktivität zu erhalten.

2.2 Voice User Interface als ergänzende Schnittstelle zur Informationsgewinnung

Durch das Voice User Interface soll es, wie in Abbildung 2 dargestellt, den Kunden möglich sein, neben dem Graphical User Interface ein Voice User Interface benutzen zu können, um produktionsrelevante Informationen in den in Punkt 1 beschriebenen Situationen erhalten zu können.

2.3 Konzeptherleitung

Bevor der eigentliche Prototype entwickelt wurde, wurden Informationen aus der Literatur studiert, um ein möglichst benutzerfreundliches VUI erstellen zu können, dass den Anforderungen der Benutzer entspricht. Hierbei stellte sich heraus, dass sich die Anforderungen eines VUIs, durch Besonderheiten von Sprache, von denen des GUIs unterscheiden [ScLy06]. Der Literatur zufolge, steht vor allem das Sprachverständnis und die Einhaltung von Sprachkonventionen im Vordergrund [BaGC04], [Pear17].

Nach der Aneignung von theoretischem Wissen bezüglich VUIs wurde sich bei der Erstellung an dem Konzept des „Model View Controller" (MVC) orientiert. Dieses Konzept basiert auf der strikten Aufgabenverteilung für Anwendungen [GHJV15]. In diesem Fall stellt das „Model" die Datenbanken der oee.cloud dar, die die Rolle der Datenquelle übernehmen. Das „View" oder auch in diesem Falle das „Hear" wird durch das Interaktionsmodell des VUIs übernommen. Der „Controller" wird durch die Skill-Logik dargestellt (Detaillierte Informationen in Kapitel 3). Durch dieses Konzept ist eine agile Entwicklung möglich, die jederzeit unabhängige Anpassungen der einzelnen Komponenten zulässt.

2.4 Marktaussichten

Durch die bekannten Anbieter von Voice User Interfaces Amazon, Apple oder auch Google nimmt die Bekanntheit von Voice User Interfaces zu.

So setzen mittlerweile weltweit bekannte Unternehmen wie die Bank of America, Capital One oder die Citibank auf Voice User Interfaces, um den Kunden eine weitere Möglichkeit zu geben, ihre Leistungen zu nutzen. Zudem wurde von den Automobilherstellern Toyota, Lexus, Nissan und BMW angekündigt Amazon Alexa in Autos integrieren zu wollen [Post18].

Darüber hinaus prognostiziert das Forschungs- und Beratungsunternehmen Gartner, dass der Einsatz von digitalen Assistenten und somit Voice User Interfaces am Arbeitsplatz zunehmen. Nach Ihnen werden bis 2023 25 Prozent der Interaktionen der Mitarbeiter mit Anwendungen durch sprachliche Kommunikation durchgeführt [Digi19]. Diese Aussage wird durch eine Studie des Bundesverbandes Informationswirtschaft, Telekommunikation und Medien in Zusammenarbeit mit Deloitte, unterstützt. So nutzt derzeit jeder 8 Bundesbürger ab 18 Jahren einen digitalen Sprachassistenten. Auch wurde in dieser Studie deutlich, dass sich der Begriff der digitalen Sprachassistenten in Deutschland weiterverbreitet. 2016 war dieser Begriff nur 5 Prozent der deutschen Bevölkerung bekannt. 2018 erhöhte sich dieser Wert auf 84 Prozent. [Bitk18].

3 Technologischer Hintergrund

Um ein Voice User Interface entwickeln zu können, musste sich im Vorhinein für eine Plattform entschieden werden. Letztendlich wurde sich für den digitalen Sprachassistenten Amazon Alexa entschieden, der die Grundlage des Voice User Interfaces darstellt. Durch die benutzerfreundliche Entwicklerumgebung ist es möglich, einen sogenannten Skill (Applikation für die Amazon Alexa) zu erstellen. Infolge einer Veröffentlichung eines Skills für Alexa hat der Entwickler die Möglichkeit, auf die Infrastruktur und somit auch auf die integrierten Technologien von Alexa zurückzugreifen.

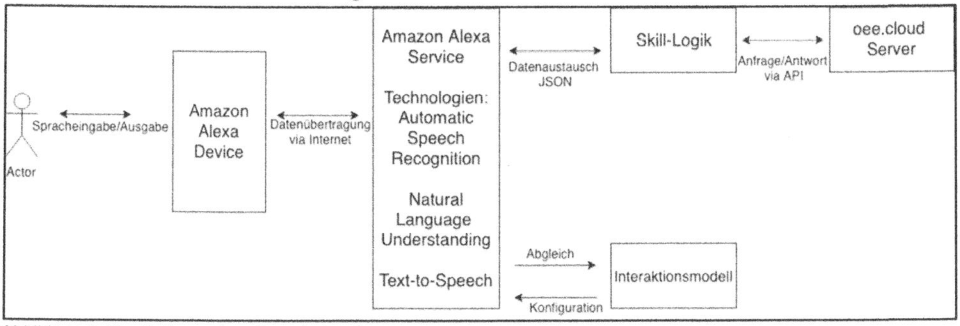

Abbildung 3: Bearbeitung einer Spracheingabe

Wie in Abbildung 3 dargestellt, durchläuft eine Spracheingabe eines Benutzers verschiedene Bereiche, bis eine Antwort von Amazon Alexa ausgegeben wird.
Nachdem ein Anwender einen Befehl über die Alexa gesendet hat, wird dieser Befehl an den Amazon Alexa Service weitergeleitet. In diesem Schritt wird der Befehl durch die Techniken Automatic Speech Recognition und Natural Language Understanding analysiert und somit für den Computer lesbar gemacht.
In Schritt zwei wird dieser Befehl mit dem Interaktionsmodell abgeglichen. Dieses Interaktionsmodell legt fest, welche Anfragen beantwortet werden können, und welche Phrasen benutzt werden müssen, um eine Aktion auszulösen. Nach dem Abgleich folgt die eigentliche Skill-Logik. Der Amazon Alexa Service schickt eine Anfrage an die Skill-Logik und erhält im darauffolgenden Schritt von dieser, eine Antwort. Dieser Datenaustausch erfolgt mithilfe der JavaScript Object Notation (JSON). Die Skill-Logik wiederum kommuniziert mithilfe der Programmierschnittstelle (API) der oee.cloud, um produktionsrelevante Daten zu erhalten.
Im letzten Schritt wird die Antwort der Skill-Logik durch die Technologie Text-to-Speech wieder in eine sprechbare Aussage umgewandelt und von Alexa ausgegeben.

Funktionen
Das Voice User Interface wird stetig durch neue Funktionen erweitert und verbessert. Bis zum derzeitigen Stand ist das Voice User Interface in der Lage über 20 verschiedene Fragen/Befehle zu verstehen. So ist es beispielsweise möglich, durch eine Frage wie *„Wie effizient war die Nachtschicht auf der Linie Verpackung“* produktionsrelevante Daten zur passenden Linie ausgegeben zu bekommen.
Neben der Sprachausgabe wurde auch großer Wert auf die Kompatibilität mit der Amazon Alexa App für Android und iOS gelegt. Diese Apps bieten neben der Sprachausgabe ein unterstützendes Graphical User Interface mit ergänzenden Informationen an.

Wie in Abbildung 4 zu erkennen, werden die gesprochenen Informationen übersichtshalber noch einmal auf dem Bildschirm des Smartphones dargestellt.

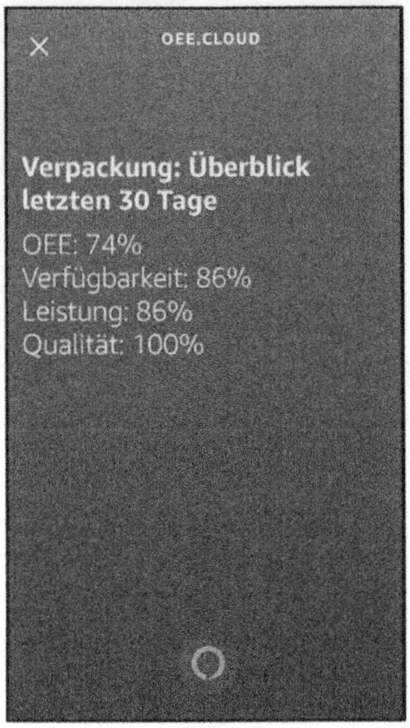

Abbildung 4: grafische Oberfläche in der Alexa App

4 Auswirkungen

Aufgrund der Tatsache, dass Voice User Interfaces in dieser Form noch nicht allzu lange existieren und es noch keine großen Erfahrungswerte von Voice User Interfaces in Unternehmen gibt, ist es schwer die Auswirkungen abschätzen zu können. Jedoch lässt sich aus eigener Erfahrung Kunden festhalten, dass das Interesse besteht, es jedoch vor allem in Deutschland Bedenken bezüglich des Datenschutzes / der Datensicherheit gibt. Problematisch ist, dass die Daten im Falle von Amazon Alexa auf den Servern von Amazon gespeichert werden und somit der Zugriff der Geschäftskunden auf diese Daten entfällt. Zudem ist momentan noch ein Gefühl der Überwachung bei einigen Kunden zu verspüren, da diese sich nicht sicher sein können, dass nicht mehr mitgeschnitten wird, als gewollt.

5 Rahmenbedingungen

Für die Präsentation des Prototyps ist eine stabile Internetverbindung (WLAN) nötig.

Literaturverzeichnis

[BaGC14] Balogh, J.; Giangola, J. P.; Cohen, M. H.: Voice user interface design. Addison-Wesley, Boston, 2004.

[Bitk18] Bitkom: Digitale Sprachassistenten erreichen den Massenmarkt. https://www.bitkom.org/Presse/Presseinformation/Digitale-Sprachassistenten-erreichen-den-Massenmarkt.html, 17.03.2019.

[Digi19] DigitalBusiness: Gartner-Prognose: Digitaler Assistent mit großer Zukunft. https://www.digitalbusiness-cloud.de/gartner-prognose-digitaler-assistent-mit-grosser-zukunft, 17.03.2019.

[Forn16] Forni, A.: Gartner Says Worldwide Spending on VPA-Enabled Wireless Speakers Will Top $2 Billion by 2020. https://www.gartner.com/en/newsroom/press-releases/2016-10-03-gartner-says-worldwide-spending-on-vpa-enabled-wireless-speakers-will-top-2-billion-by-2020, 17.03.2019.

[GHJV]15 Gamma, E. et al.: Design patterns. Elements of reusable object-oriented software. Pearson Education, [New Dehli], 2015.

[Pear17] Pearl, C.: Designing voice user interfaces. Principles of conversational experiences. O'Reilly, Beijing, Boston, Farnham, Sebastopol, Tokyo, 2017.

[Post18] Postinett, A.: Hotels, Banken, Autos – Alexa erobert die Unternehmenswelt. https://www.handelsblatt.com/technik/thespark/sprachassistenten-hotels-banken-autos-alexa-erobert-die-unternehmenswelt/22730722.html?ticket=ST-744823-2tsyfiH3ilvbOzMWfzAF-ap1, 12.03.2019.

[ScLy06] Schnelle-Walka, D.; Lyardet, F.: Voice User Interface Design Patterns, 2006.

Kontakt

Julian Kleeff
ifp Software GmbH
Kalverbenden 31, 52066 Aachen
julian@oee.cloud

Mobiler, digitaler Assistent für die Schmerztherapie

Martin Przewloka, Fidaim Jashari

Zusammenfassung

Stichworte: Schmerztherapie, Medizin, Plattformunabhängigkeit, Mobile Applikation, Digitalisierung, Xamarin

Etwa 17% aller Deutschen sind von langanhaltenden, chronischen Schmerzen betroffen oder noch drastischer ausgedrückt: in jedem dritten Haushalt in Europa lebt ein Mensch, der unter Schmerzen leidet [DGSS19]. Bei chronischen Schmerzen handelt es sich um Symptome, die über lange bis hin zu unbegrenzten Zeiträumen kontinuierlich bestehen oder zumindest regelmäßig auftreten und die Lebensqualität der Patienten maßgeblich negativ beeinträchtigen. Der Betroffene benötigt professionelle Hilfe, die nach dem heutigen Kenntnisstand neben der physischen Behandlung auch die psychischen und sozialen Aspekte integrieren muss. Diverse, sogenannte „Schmerz-Apps" finden sich auf den bekannten App-Plattformen, wobei ein Großteil in der Form von Tagebüchern, also zur Dokumentation des Schmerzempfindens dient [vgl. [Kram16]). Ganzheitliche, integrierte Lösungen, die sämtliche Parteien wie Betroffene, Angehörige, Mediziner und Therapeuten sowie weitere vernetzen und einen Mehrwert für die jeweiligen Parteien generieren, finden sich nicht. Der von uns konzipierte und umgesetzte Prototyp füllt diese Lücke, indem er neben der notwendigen Funktionalität zudem die besonderen nichtfunktionalen Aspekte dieses Anwendungsbereichs berücksichtigt. Hierzu sind insbesondere die Bedienbarkeit, Datensicherheit und Compliance zu Vorgaben für medizinische Applikationen hervorzuheben. Der Prototyp wurde plattformunabhängig entwickelt und ist damit auf einer breiten Palette von Smartphones einsetzbar.

1 Einleitung

Die International Association for the Study of Pain (IASP, Internationale Gesellschaft zur Erforschung des Schmerzes) definiert Schmerz als ein unangenehmes Sinnes- und Gefühlserlebnis, welches mit aktueller oder potentieller Gewebeschädigung verknüpft ist oder mit Begriffen einer solchen Schädigung beschrieben wird (vgl. [IASP]). Schmerzen führen zu eingeschränkter und verminderter Lebensqualität der Betroffenen und können hinsichtlich der Dauer in akut (zeitlich limitiert von Minuten bis Tage) und chronisch (lang andauernd bis hin zu Jahren) kategorisiert werden. Die Zielgruppe für die Ergebnisse dieser Arbeit bilden Betroffene mit chronischen Schmerzen.

Eine Möglichkeit der Abhilfe bzw. Linderung von Schmerzen bilden Entspannungstechniken wie Meditation, Autogenes Training, Yoga und Achtsamkeitstraining aber insbesondere ein Ansatz, der viele Fachtherapien miteinander verbindet, wie die Neurologie, Anästhesie, Physiotherapie, Orthopädie, Ergotherapie und Psychologische Therapie.

Diese Form der Therapie, welche mit dem Begriff „multimodale Schmerztherapie" bezeichnet wird, erfordert zwingend eine kontinuierliche Abstimmung hinsichtlich des Therapiefortschritts, der Rückmeldung des Betroffenen und ggf. auch die Hinzuziehung weiterer Akteure, wie bspw. die Angehörigen (vgl. z.B. bei [Flöt03]). Aus Sicht der Autoren ist diese

Therapieform prädestiniert für den Einsatz digitaler Medien zur Motivation des Patienten, Aufzeichnung und Auswertung des Therapiefortschritts und im Rahmen dieser Arbeit prototypisch implementiert worden. Die Digitalisierung erlaubt die verzögerungsfreie Kommunikation zwischen allen Beteiligten, die stetige Anpassung und Erweiterung des Contents (Therapievideos, Fachratschläge u.v.m.), sowie eine direkte Übermittlung von (Fortschritts-)Daten zwischen Patienten und Fachkräften unter Berücksichtigung datenschutzrechtlicher Kriterien.

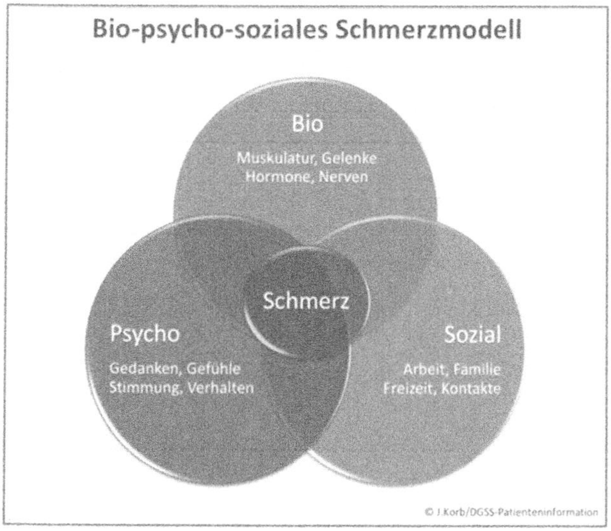

Abbildung 1: Der Schmerz ist Teil eines Bio-Psycho-Sozial-Modells [Korb19] und dementsprechend ganzheitlich zu behandeln. Dies führt zum Ansatz der Multimodalen Schmerztherapie, für die der digitale Schmerztherapiebegleiter entwickelt wurde.

2 Anforderungen an einen Mobilen, digitalen Assistenten für die Schmerztherapie

Der digitale Therapiebegleiter ist eine mobile Applikation für Patienten mit chronischen Schmerzen, bei denen als Behandlungsmethode die multimodale Schmerztherapie eingesetzt wird. Diese Patienten befinden sich zunächst in einer ambulanten Behandlung in dessen Rahmen unterschiedliche Therapien und Therapieformen durchgeführt werden. Gleichermaßen erfolgt in dieser Phase eine Definition von Zielen für die postambulante Periode und das Sichvertrautmachen mit der neuen mobilen Applikation. Sobald der Patient aus dieser - im Regelfall mehrwöchigen - Behandlung entlassen wird, soll der digitale Assistent ein kontinuierlicher und der maßgebliche Begleiter für den Patienten sein.
Die folgenden Anforderungen wurden definiert, welche zusammen mit Fachexperten der Universität Marburg (Fachbereich Psychologie, FB04) und dem Diakonie-Krankenhaus Marburg-Wherda (Fachbereich Schmerztherapie) erhoben wurden:

- Registrierung und Pflege der persönlichen Stammdaten
- Implementierung eines Fragebogenmoduls, welches periodisch den Zustand des Patienten erhebt und damit die Basis für ein Schmerztagebuch mit standardisierten Fragen und Antworten bildet.

- Implementierung eines Fragebogenmoduls, welches periodisch das Umfeld des Patienten erhebt und damit das Schmerztagebuch mit standardisierten Fragen und Antworten anreichert. Hierzu zählen bspw. das Schlafverhalten, körperliche Aktivitäten, gesellschaftliche Aktivitäten und vieles mehr.
- Implementierung eines Fragebogenmoduls, welches periodisch das Selbstmitgefühl des Patienten erhebt und damit ebenfalls das Schmerztagebuch mit standardisierten Fragen und Antworten anreichert. Hierzu zählen bspw. Fragen zum Umgang mit Fehlern und Schwächen, zum Umgang mit Problemen, dem Reflektionsverhalten und weitere.
- Modul zur Information über Therapievarianten wie bspw. Entspannungsübungen. Diese Informationen können textuell oder in Form von Videos vorliegen.
- Analysetool, welches den Therapiefortschritt in Form von Statistiken und einfachen Grafiken visualisiert.
- Medikamente- und Terminplaner
- Kontakte und direkte Anbindung von bekannten Kommunikationstools wie bspw. „instant messaging“. Damit sollen auf einfachstem Weg bspw. Nachrichten und Informationen mit Gleichbetroffenen, Freunden aber auch den Therapeuten bi-direktional ausgetauscht werden können.

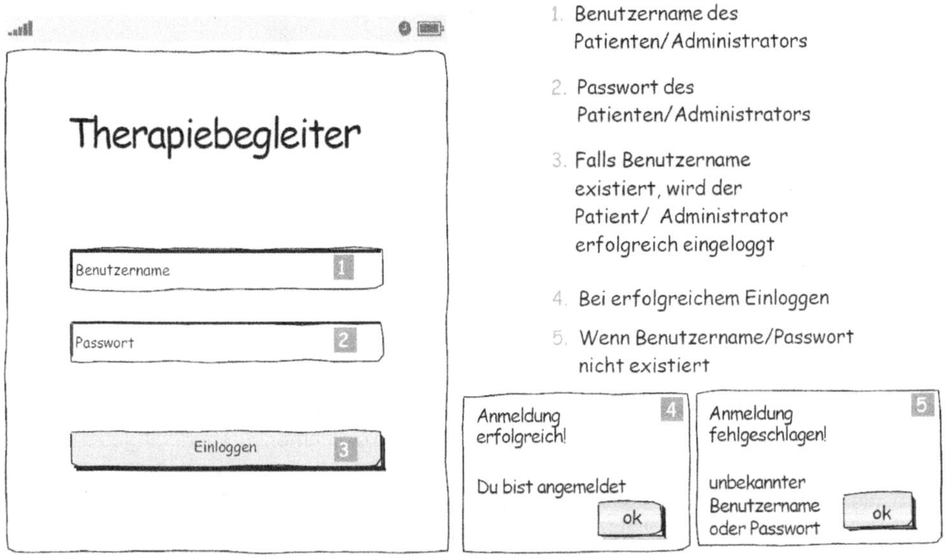

Abbildung 2: Wireframe zum Anmeldevorgang des digitalen Schmerztherapiebegleiters

Neben den funktionalen Anforderungen wurden die nichtfunktionalen Aspekte der Applikation definiert und mit den Experten abgeglichen. Hierzu zählen insbesondere:

- Einfachste Bedienbarkeit
- Universelle Verwendbarkeit/Plattformunabhängigkeit zur Implementierung auf einer Vielzahl marktüblicher Smartphones
- Einfache Installation und Deinstallation der App, Backupfähigkeit
- Hochgradige Verschlüsselung und Persistierung aller Daten auf dem Smartphone zum Schutz der persönlichen Daten. Die Datenhoheit liegt ausschließlich beim Datennutzer, also dem Patienten

- Einfache Aktualisierungs- und Upgrade-Mechanismen im Falle von technischen Erweiterungen, aber insbesondere im Falle von Ergänzungen und Aktualisierungen des Contents wie bspw. Erklärvideos
- Zu Beginn nur Einsprachigkeit (deutsch), aber konzeptionell Mehrsprachenfähigkeit
- Compliance mit den Vorgaben zur Entwicklung medizinischer Applikation gemäß [ICE62304] und [ISO14971]

Mit Hilfe eines Tools wurden sogenannte Wire Frames erstellt, welches hier exemplarisch für den Login dargestellt ist (Abbildung 2). Die frühe Visualisierung wurde zudem genutzt, die Anforderungen zu validieren und ggf. nachzubessern.

3 Architektonisches Konzept und Umsetzung

Es wurden die heute bekannten und üblichen Ansätze zur Entwicklung mobiler Applikationen gegenübergestellt und mit den Anforderungen abgeglichen. Hierzu zählten die native App-Entwicklung, die Web-basierte Entwicklung aber auch hybride und übersetzungsbasierte Ansätze. Die Entscheidung fiel final auf den Übersetzungsansatz, d.h. es wird eine einheitliche Codebasis erstellt, aus der dann im Rahmen eines Übersetzungsprozesses final in die jeweils benötige Zielplattform wie bspw. iOS oder Android übersetzt wird (Deployment). Grundlage bildete dabei das sogenannte Xamarin-Framework [XAMA19], eine Entwicklungsplattform, die auf Mono aufbaut, welche wiederum eine Open Source Variante des .NET-Frameworks darstellt. Die Codebasis orientiert sich daher an den Sprachen #C/.NET.

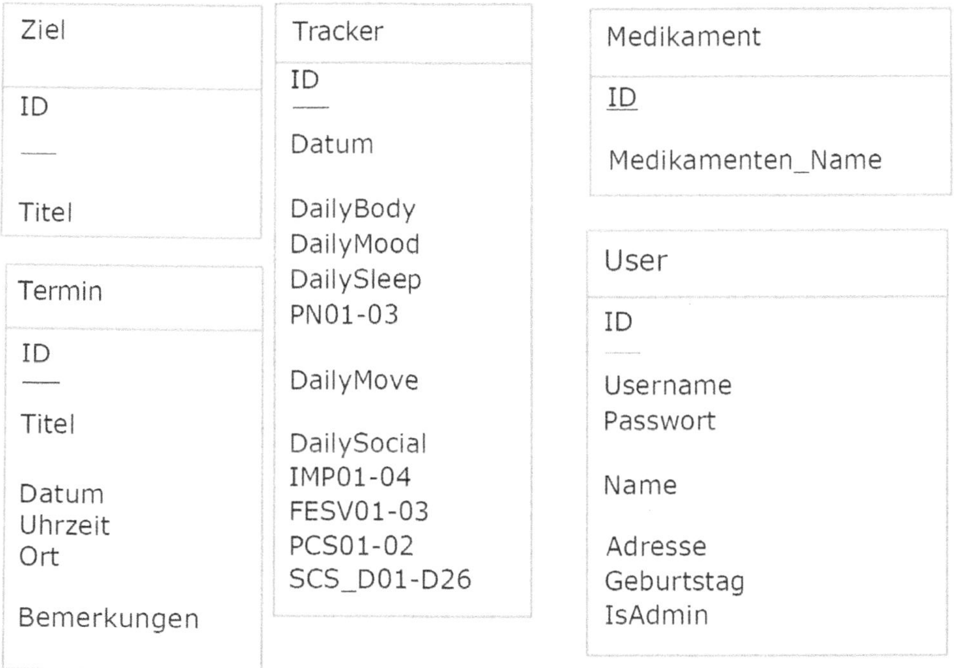

Abbildung 3: Entitäten des digitalen Therapiebegleiters (PN01-03, IMP01-04 u.a. repräsentieren die implementierten Fragenkataloge)

Im Rahmen des Compilierungsprozesses entstehen dann die ausführbaren Programmdateien in Form einer APP-Datei für iOS oder als APK-Datei für Android. Damit kann die so erstellte App auch über die bekannten Distributionsplattformen wie bspw. den App Store von Apple oder Google Play, den App Store von Goohle, vertrieben werden. Als Entwicklungsumgebung (IDE) wurde Visual Studio von Microsoft genutzt, welche Xamarin unterstützt.
Zusätzlich wurde das Datenschema modelliert. Ein ER-Modell (Entity Relationship) diente zur Darstellung der Relationenstruktur. Abbildung 3 zeigt die identifizierten Entitätsmengen und die zugehörigen Attribute für die Therapiebegleiter-App. Entitäten mit gleichen Eigenschaften (Attributen) wurden zu Entitätsmengen zusammengefasst. So haben die beispielsweise identifizierten User-Rollen Administrator und Patient die gleichen Attribute (UserId, Username, Passwort, Name, Adresse, Geburtstag und IsAdmin) und können so zu einer Entitätsmenge "User" zusammengefasst werden. Dies dient der Übersichtlichkeit und der Wartbarkeit der Applikation.
Abbildung 4 zeigt exemplarisch eine Seite des finalen Prototyps. In diesem konkreten Fall wird dem Betroffenen eine Frage hinsichtlich einer Aktivität für sein persönliches Ziel gestellt, welche er in 4 Kategorien bewerten und absenden kann. Je nachdem mit wem sich der Betroffene vernetzt, kann diese Information verschlüsselt und sicher mit jemandem geteilt werden, sei es aus dem persönlichen Umfeld oder aus dem Umfeld der Betreuer. Auch fließt diese Antwort in die Gesamtstatistik der Zielerreichung ein.

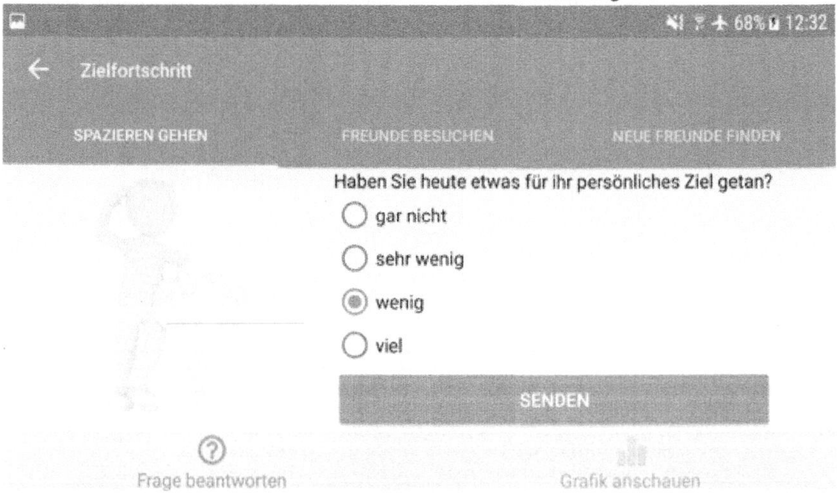

Abbildung 4: Implementierung des wissenschaftlich validierten Fragenkatalogs - Beispiel

4 Zusammenfassung und nächste Schritte

Das Ziel der Entwicklung eines vollständig funktionalen Prototypens zur Begleitung einer multimodalen Schmerztherapie wurde vollends erreicht. Die Einsatzmöglichkeit und Identifikation der Testmöglichkeit in Form einer wissenschaftlichen Studie wird gerade geprüft und von den dieses Projekt begleitenden wissenschaftlichen Instituten ausdrücklich gewünscht. Der Prototyp enthält bereits vollständig einen validierten Fragekatalog und kann damit direkt nach Freigabe durch die Ethikkommission in laufende Therapieprojekte Einzug finden. Aus

Sicht der Autoren sind noch kleinere technische Verbesserungen durchzuführen, welche insbesondere für die Stabilität und Bedienbarkeit der Applikation Relevanz haben.
Im Rahmen der bis jetzt abgeschlossenen Phase konnte nicht erreicht werden, dass die ärztlichen Fachbereiche und Therapeuten Videomaterial und ähnliches zur Verfügung stellen. Die Produktion dieser Medien ist mit erheblichen Kosten verbunden (redaktionelle Aufbereitung der Inhalte für die Zielgruppe), aber in Aussicht gestellt worden. Dieser Content kann zu jedem Zeitpunkt nachträglich in die Applikation eingespielt werden, sobald er zur Verfügung steht.
Ein offener, allgemein konzeptioneller Punkt ist immer noch die direkte Einbindung der Ärzte im Rahmen des Einsatzes digitaler Applikationen in der medizinischen Praxis. Hier sind immer noch große Widerstände zu spüren, die ihre Begründung sicherlich auch in dem bundesdeutschen Gesundheitssystem haben, aber auch in Verbindung mit der Vergütung ärztlicher Leistungen stehen. Gebührenziffern, die einer Abrechenbarkeit dieser Leistungen gegenüber Krankenkassen erlauben, sind noch nicht vorhanden. Entsprechende Maßnahmen des Gesetzgebers sind hier dringend notwendig, um auch diese Lücke zu schließen. Ansätze zur Finanzierung entsprechender Forschungsvorhaben und Anwendungsentwicklungen sind zumindest vorhanden [BMBF19].
Sobald die Lösung in die praktische Erprobung geht, ist es beabsichtigt auch eine Erhebung bei den Patienten hinsichtlich des Erreichens der nichtfunktionalen Ziele durchzuführen. Von besonderem Interesse ist hierbei die Messung der sogenannten „Compliance“, also dem kooperativen Therapieverhalten der Patienten. Auch ist es geplant, die Bedienbarkeit einem Nutzertest zu unterziehen.
Eine weitere Erweiterung der Lösung besteht hinsichtlich Mehrsprachigkeit. Das Datenbankmodell wird hierbei um einen Sprachschlüssel erweitert. Diese einfache Form der Modifizierung erscheint ausreichend, da aktuell keine Anforderungen formuliert wurden, die ein komplettes Redesign des Datenbankmodells erfordern.

Literaturverzeichnis

[BMBF19] Bundesministerium für Bildung und Forschung: https://www.bmbf.de/de/digitalisierung-in-der-medizin-2897.html letzter Abruf am 22.3.2019.

[DGSS19] Deutsche Schmerzgesellschaft e.V.: „Herausforderung Schmerz“, https://www.dgss.org/patienteninformationen/herausforderung-schmerz/ letzter Abruf 22.3.2019.

[Flöt03] Th.Flöter, M. Zimmermann: „Der multimorbide Schmerzpatient“, Thieme, Stuttgart 2003, ISBN 3-13-133071-6.

[Korb19] J. Korb: „DGSS Patienteninformation“, in.: Deutsche Schmerzgesellschaft e.V. „Herausforderung Schmerz“, https://www.dgss.org/patienteninformationen/herausforderung-schmerz/ letzter Abruf 22.3.2019.

[Kram16] U. Kramer: „24 Schmerz-Apps für 23 Millionen Schmerzpatienten in Deutschland“, https://www.healthon.de/blogs/2016/01/07/24-schmerz-apps-für-23-millionen-schmerz-patienten-deutschland, 07.01.2016, abgerufen am 8.6.2019.

[IASP94] International Association for the Study of Pain: "Part III: Pain Terms, A Current List with Definitions and Notes on Usage" Classification of Chronic Pain, Second Edition, IASP

Task Force on Taxonomy, edited by H. Merskey and N. Bogduk, IASP Press, Seattle, pages 209-2014,1994.

[ICE62304] *International Electrotechnical Commission:* "Medical device software – Software life cycle processes", *IEC STANDARD 62304 First edition 2006-05. International Electrotechnical Commission.* Retrieved 2 June 2012.

[ISO14971] ISO/TR 24971:2013 - Medical devices -- Guidance on the application of ISO 14971". www.iso.org letzter Abruf 22.3.2019.

[XAMA19] XAMARIN Framework: https://visualstudio.microsoft.com/xamarin/ letzter Abruf 22.3.2019.

Kontakt

Prof. Dr. Martin Przewloka
Technische Hochschule Mittelhessen und Institut für Digitale Assistenzsysteme
Wilhelm-Leuschner-Str. 13, 61169 Friedberg
martin.przewloka@mnd.thm.de und martin.przewloka@institut-das.de

Fidaim Jashari
Universitätsklinikum Gießen Marburg
fidaimjashari@hotmail.com

Prototyp zur verteilten Modellierung von adaptiven BPMN-Modellen

Daniel Hilpoltsteiner, Christian Seel

Zusammenfassung

Das Management von Varianten stellt ein grundlegendes Problem der Betriebswirtschaftslehre dar, das sich konkreter, aber nicht minder stark auch in der Modellierung von Geschäftsprozessen manifestiert. Standard-Modellierungssprachen, wie die EPK oder BPMN 2.0, sind zwar zum Teil schon um die Fähigkeit zur Variantenmodellierung erweitert worden, aber bieten dann keine Unterstützung mehr durch Modellierungswerkzeuge. Ferner bieten die wenigsten Modellierungswerkzeuge die Möglichkeit gleichzeitig mit mehreren Personen an einem Modell zu arbeiten.

Daher beschreibt der vorlegende Beitrag einen Prototyp zur verteilten Modellierung von adaptiven Informationsmodellen mithilfe eines interoperablen Softwarewerkzeuges. Der Fokus liegt dabei auf der Modellierung von konfigurierbaren Informationsmodellen mithilfe von Konfigurationstermen, sowie Möglichkeit der gleichzeitigen Modellierung durch mehrere Nutzer. Die Konzeption und Anforderungsanalyse wurde im Rahmen eines Technologietransferprojekts mit verschiedenen Partnerunternehmen durchgeführt.

Die Wahl der Architektur resultierte in einem Client-Server-System, welches auf Open-Source-Softwarelösungen beruht. Insbesondere wurde ein Open-Source-Modellierungswerkzeug gewählt, welches um Funktionalitäten zur Modellierung von Prozessvarianten erweitert wurde. Darüber hinaus wurden zusätzliche Server-Infrastrukturen entwickelt, die eine Modelldatenbank, sowie Benutzer- und Berechtigungsmanagement beinhalten. Am Ende des Beitrages wird auf die Evaluation des Modellierungswerkzeuges eingegangen.

1 Motivation und Stand der Forschung

Die Informationsmodellierung hat sich als Standardinstrument der Wirtschaftsinformatik etabliert und wird häufig zur Modellierung von Prozessen und Unternehmensdaten eingesetzt [Seel10]. Weit verbreitete Modellierungssprachen wie die BPMN (Business Process Model and Notation) 2.0 oder EPK (Ereignisgesteuerte Prozesskette) sind bisher nur in Teilen zur Modellierung von Prozessvarianten erweitert worden. Allerdings mangelt es an Softwareunterstützung in Modellierungswerkzeugen für diese Funktionalität. Konkrete Probleme treten in der Praxis bei der Verwaltung von Prozessmodellvarianten. Dies ist zum Beispiel in Branchen und Anwendungsbereichen, wie Logistik, Projektmanagement [TiSe16] und Fahrzeugleasing für die Bank eines Automobilherstellers [Seel17], zu erkennen. La Rosa et al [LvDM17] geben einen Überblick über existierende Ansätze zur Modellierung von Prozessvarianten durch adaptive, konfigurierbare Modelle. Meist werden konfigurierbare Modelle durch Hinzufügen oder Entfernen von Elementen angepasst werden. Die bestehenden Ansätze zur Erstellung eines adaptiven Informationsmodells sind jedoch nur praktikabel, wenn sie durch Softwaretools unterstützt werden, weshalb Softwareunterstützung unerlässlich ist. [Thom06]

Um die Softwareunterstützung zu realisieren, untersuchten SEEL et al. [SeSS16] verschiedene Open-Source-Modellierungswerkzeuge auf ihre Eignung als Forschungsprototypen für den Aufbau adaptiver Informationsmodelle. Dabei konnte festgestellt werden, dass existierende Open-Source-Modellierungswerkzeuge für diesen Zweck nur unzureichend geeignet sind. Die Entscheidung zugunsten eines Open-Source-Modellierungswerkzeuges wurde auf Basis verschiedener Anforderungen gefällt, zu denen unter anderem die Zugänglichkeit des Source-Codes, die Lizenzbedingungen, die bisherige Funktionalität, sowie eine Einschätzung der zukünftigen Nutzbarkeit der verwendeten Architektur des Open-Source-Modellierungswerkzeuges gelegt. Als solide Grundlage für ein umfassenderes Modellierungswerkzeug zum Aufbau adaptiver Informationsmodelle konnte der Camunda Modeler identifiziert werden. HILPOLTSTEINER et al. [HiSD18] präsentierten die Konzeption und Entwicklung eines Forschungsprototyps auf Basis des Camunda Modeler. Als Beispiel für die Komplexität des Variantenmanagements wurde die Situation einer größeren Autoleasingbank gewählt, die Prozessvarianten für verschiedene Länder der Welt unterhält. Konkret wurde aus verschiedenen einzelnen Prozessvarianten manuell ein adaptives Informationsmodell konstruiert. Das Modell wurde mithilfe einer kontextfreien Grammatik um Konfigurationsterme erweitert, um die Varianten nach dem Prinzip der „Elementselektion nach Termen" [Beck02], [Delf06] identifizieren zu können. Ein Konfigurationsterm repräsentiert Entscheidungsregeln und besteht aus einer Kombination von Variablen und logischen Operatoren, die zusammen zu einer wahren oder falschen Aussage führen.
Darüber hinaus wurde das Modellierungstool von HILPOLTSTEINER et al. zur Identifizierung und Dokumentation von Prozessvarianten im Bereich der Warenkommissionierung eingesetzt [HiBS18]. Varianten von Kommissionier-Prozessen wurden in verschiedenen kleinen und mittelständischen Unternehmen identifiziert und in einem adaptiven Modell zusammengefasst. Es konnte gezeigt werden, dass ein adaptives Modell sich in der Warenkommissionierung einsetzen lässt, um verschiedene Prozessvarianten abzubilden. Die Varianten konnten auf Basis von Einflussfaktoren an den Prozess, welche über Konfigurationsterme übergeben wurden, mithilfe des Modellierungswerkzeuges extrahiert und eingesetzt werden. Das adaptive Modellierungswerkzeug ist als Artefakt der Design-Science-Research nach HEVNER et al. [HeCh10] zu interpretieren. Es löst ein praxisrelevantes Problem zur Modellierung adaptiver Informationsmodelle und erlaubt dabei zeitgleich die verteilte Konstruktion der Modelle. Die Funktionalitäten werden im Rahmen eines Technologietransferprojekts in Zusammenarbeit mit verschiedenen mittelständischen Unternehmen erarbeitet und evaluiert.

2 Konzeption und Architektur

Eine grundlegende Betrachtung von Anforderungen an ein Modellierungswerkzeug wurde von HILPOLTSTEINER et al. [HiSD18] aufgestellt. Dabei wurde der Fokus auf die Anforderungen zur effizienten Modellierung von adaptiven Informationsmodellen gelegt. Konkret wurden hierbei Anforderungen an unterstützende Funktionalitäten des Modellierungswerkzeuges dargelegt, welche im alltäglichen Gebrauch die Modellierung von adaptiven Informationsmodellen erleichtert. Erweitert und vertieft wurden die Anforderungen durch HILPOLTSTEINER et al. [HiSS19], um einige weitere Aspekte zur Architektur des Modellierungswerkzeuges und verbesserten Auswertung der adaptiven Modelle. Durch die

ständige Evaluation des Modellierungswerkzeuges mit Partnerunternehmen des Technologietransferprojektes wurden weitere Bedürfnisse zur Weiterentwicklung erkannt. Durch weitere Anforderungen wurde der Bedarf zur Entwicklung eines Benutzermanagements, und einer Modelldatenbank erkannt. Des Weiteren wurde eine Strategie zum Echtzeit-Datenaustausch zwischen verschiedenen Clients, wenn mehrere Anwender gleichzeitig an einem Modell arbeiten, implementiert. Als Architektur des Modellierungswerkzeuges wurde ein Client-Server-System definiert. Die Clients stellen dabei Anwendungen dar, die auf Basis einer JavaScript-Frontend-Anwendung von verschiedenen Endgeräten aus gestartet werden kann. Das Benutzermanagement übernimmt dabei ein Server, der mit einer relationalen Datenbank verbunden ist. Dabei wurden verschiedene Rollen vordefiniert, die verschiedene Rechte besitzen. Dadurch kann feingranular auf Informationsmodellebene entschieden werden, wer diese sehen, ändern oder löschen kann. Zusätzlich übernimmt diese Serverkomponente auch die Versionierung der Informationsmodelle und deren Ablage in der Datenbank (vgl. Abbildung 1, links).
Damit ein Echtzeit-Datenaustausch zwischen verschiedenen Client-Anwendungen möglich ist wurde eine weitere Kommunikationsebene über das MQTT Protokoll eingebunden. Dieses stellt ein Publish-Subscribe-Pattern dar, wobei jedes Informationsmodell ein eigenes Topic erhält. Clients können sich dann über das Öffnen eines Modells für Neuigkeiten subscriben. Bei jeder Änderung im Informationsmodell wird die Änderung über das Topic gepusht und alle Subscriber des Topics erhalten diese Änderung. Die Interaktion ist in der rechten Hälfte in Abbildung 1 dargestellt. Die Änderungen der MQTT Protokollebene werden allerdings nicht in der Datenbank gepflegt. Dafür existiert ein separates Element, welches mit dem Backend-Server kommuniziert, um Änderungen in der Datenbank zu persistieren.

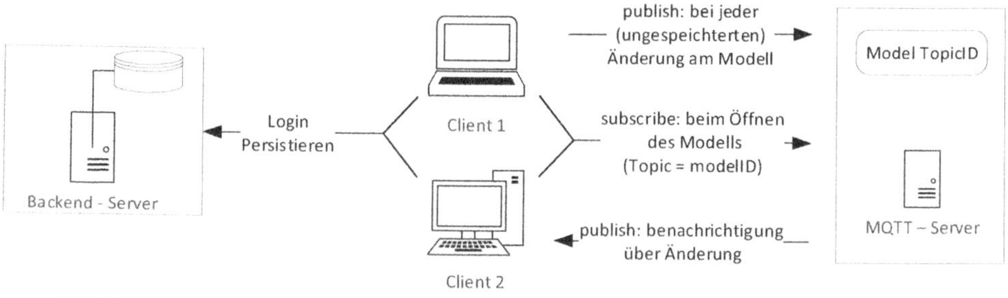

Abbildung 1: Darstellung der Architektur des Modellierungswerkzeuges

3 Implementierung

Nachdem die Anforderungen an das zu entwickelnde Softwarewerkzeug definiert wurden, werden diese als Grundlage für die Implementierung verwendet. Die Entwicklung eines Softwarewerkzeugs ist meist sehr aufwandsintensiv und eine Neuimplementierung der Standardmodellierungsfunktionalität für BPMN 2.0 birgt wissenschaftlich keine neuen Erkenntnisse. Deshalb ist eine Wiederverwendung bereits vorhandener Lösungen wünschenswert [SeDr14].
Die Basis des Modellierungswerkzeuges bildet, wie eingangs beschrieben, ein Open-Source-Modellierungswerkzeug der Firma Camunda. Darüber hinaus ist dieser Aspekt auch für die weitere Verwendung in kleinen und mittelständischen Unternehmen sinnvoll, da keine

Lizenzkosten anfallen. Der Code für das Softwarewerkzeug der Firma Camunda liegt quelloffen als JavaScript Implementierung vor. Die bereitgestellte Bibliothek „bpmn-js“ kann in eigene Projekte eingebunden werden und zusätzlich erweitert werden. Für die Client-Anwendung wurde ein neues Projekt unter Verwendung des Frontend-Frameworks Angular verwendet, da sich dieses zu Entwicklungsbeginn am Vielversprechendsten zeigte. Das zeichnete sich vor allem durch die Starke Community und der Anzahl an zusätzlichen darauf basierenden Bibliotheken aus. Andere Frameworks oder Bibliotheken wie Vue.js oder React waren zum Zeitpunkt des Entwicklungsstarts noch sehr neu und deshalb schwer einzuschätzen. In Abbildung 2 ist die Oberfläche des Modellierungswerkzeuges in einem Browser dargestellt. Oben ist eine Administrationsleiste eingeblendet, über welche sich mehrere Informationsmodelle gleichzeitig öffnen und bearbeiten lassen. Diese werden dann in verschiedenen Tabs nebeneinander dargestellt. Am Ende der Leiste befindet sich eine Information über den aktuellen Benutzer, sowie Einstellungsmöglichkeiten. Darunter befindet sich der Modellierungsbereich, der dem Camunda Modeler nachempfunden ist. Dabei befindet sich auf der linken Seite eine Palette mit verschiedenen Werkzeugen, die um Funktionalitäten zur adaptiven Modellierung erweitert wurde. So können unter anderem die einzelnen Varianten der Informationsmodelle basierend auf den Konfigurationstermen eingefärbt werden, konkrete Varianten erzeugt werden, die Modelle / Modellvarianten in verschiedenen Formaten exportiert und auch auf eine Workflow-Engine hochgeladen werden.

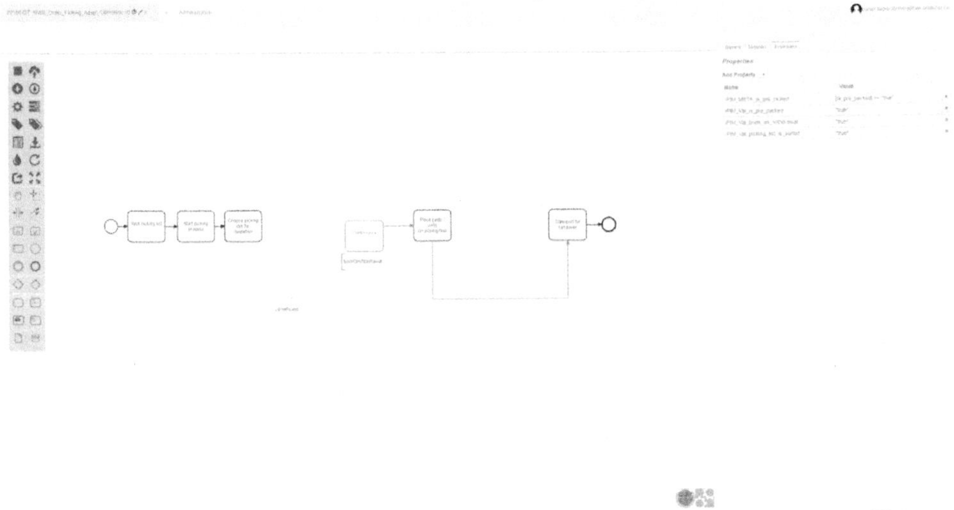

Abbildung 2: Generierte Variante eines adaptiven Informationsmodells im Bereich der Kommissionierung bei kleinen und mittelständischen Unternehmen. Quelle: Hilpoltsteiner et al. [HiBS18]

Im Hauptbereich (weiß) wird das Informationsmodell dargestellt. Im dargestellten Zustand ist eine eingefärbte Prozessvariante zu sehen, welche nach der Ausführung einer „Elementselektion nach Termen“ unter Auswertung der Konfigurationsterme entstand. Auf der rechten Seite ist ein Bereich für Einstellungen zum Informationsmodell eingeblendet. In diesem werden unter anderem die Einflussparameter sowie die Konfigurationsterme gepflegt.
Für den Backend-Server wurde eine Implementierung mit express-js angestrebt, da hierbei ebenso die Programmiersprache JavaScript verwendet werden kann und somit Synergien in der Entwicklung einhergehen. Als relationale Datenbank wurde wird Postgres verwendet.

Der MQTT Stack wurde initial mithilfe von mosca, einer MQTT-Server-Implementierung mithilfe von JavaScript implementiert. Diese Implementierung erlaubt es, das Verhalten bei den Befehlen publish und subscribe zu veränderten.
Um eine interoperable Ausführung des Modellierungswerkzeuges über verschiedene Betriebssysteme zu ermöglichen wurde zudem auf die Entwicklung der einzelnen Komponenten mithilfe von Docker-Containern umgestellt.

4 Evaluation

Um sicherzustellen, dass der in diesem Beitrag vorgestellte Prototyp als Artefakt nach der Design Science Research ein praxisrelevantes Problem löst wird dieser kontinuierlich einer Prüfung unterzogen. Dabei werden Projekte mit Unternehmen durchgeführt, in denen der Prototyp zur Konstruktion von Informationsmodellen genutzt wird.
Erstmals wurde der Prototyp verwendet, um die Konstruktion eines adaptiven Informationsmodells einer größeren Automobil-Leasingbank darzustellen. [HiSD18] Darüber hinaus wurde ein adaptives Informationsmodell für die Kommissionierung in der Logistik mit dem Softwarewerkzeug modelliert. [HiSS19] Durch die Modellierung von Prozessen aus der Praxis konnte die Anwendbarkeit des Modellierungswerkzeuges gezeigt werden. Im Speziellen konnte dargestellt werden, dass aus verschiedenen einzelnen Prozessen die Konstruktion eines adaptiven Modells möglich ist. Darüber hinaus konnten aus den adaptiven Modellen alle ursprünglichen Varianten generiert werden. In Teilen ist dabei auch bereits die korrekte Funktionalität der Software mit abgedeckt. Allerdings wird diese zusätzlich durch Unit-Tests auf Softwareebene und Integrationstest, basierend auf einer Build-Pipeline, sichergestellt.

5 Ausblick

In diesem Beitrag wurde die Funktionalität eines Modellierungswerkzeuges zur adaptiven Informationsmodellierung vorgestellt. Das Softwarewerkzeug ist so konzipiert, dass mehrere Nutzer dieses gleichzeitig nutzen können und auch zeitgleich an einem Modell arbeiten können. Deshalb wurden in diesem Beitrag auch das Konzept und die Architektur der Anwendung vorgestellt sowie Einblicke in die Implementierung gewährt.
Im Rahmen des Technologietransferprojekts „Kompetenznetzwerk Intelligente Produktionslogistik" wird in Kooperation mit verschiedenen Unternehmen eine weitere Entwicklung des Modellierungswerkzeuges angestrebt. Dazu werden kontinuierlich weitere Anforderungen gesammelt und in den Prototyp integriert. Das weitere Vorgehen fokussiert derzeit mehr die Entwicklung von adaptiven Informationsmodellen zu ausführbaren Workflows. Dazu werden realitätsnahe Modelle mit den Unternehmen erarbeitet, auf einer Workflow Engine ausgeführt und getestet. Der Prototyp ist durch die Nutzung von Docker Containern flexibel einsetzbar und benötigt zur Demonstration keine weitere Hardware.
Das Technologietransferprojekt „Kompetenznetzwerk Intelligente Produktionslogistik" wird aus Mitteln des Europäischen Fonds für regionale Entwicklung (EFRE) – Operationelles Programm mit Ziel „Investition in Wachstum und Beschäftigung" Bayern 2014 – 2020 gefördert. Förderkennzeichen: EU-1703-0001

Literaturverzeichnis

[Beck02] Becker, J. Ed.: Wissensmanagement mit Referenzmodellen. Physica-Verl., Heidelberg, 2002.

[Delf06] Delfmann, P.: Adaptive Referenzmodellierung. In Advances in information systems and management science, 2006, 25.

[HeCh10] Hevner, A. R.; Chatterjee, S.: Design Research in Information Systems Theory and Practice. In Integrated Series in Information Systems Volume 22, 2010.

[HiBS18] Hilpoltsteiner, D.; Bäuml, S.; Seel, C.: Picking Process Variability in Small and Medium-Sized Enterprises. State of the Art and Knowledge Modeling: Proceedings of the 10th International Joint Conference on Knowledge Discovery, Knowledge Engineering and Knowledge Management. SCITEPRESS - Science and Technology Publications, 2018; pp. 120–127.

[HiSD18] Hilpoltsteiner, D.; Seel, C.; Dörndorfer, J.: Konzeption und Implementierung eines Softwarewerkzeuges zum Management von BPMN-Prozessvarianten. In (Hofmann, R.; Alm, W. Eds.): Wissenstransfer in der Wirtschaftsinformatik. Fachgespräch im Rahmen der MKWI 2018. Hochschule Aschaffenburg, Information Management Institut, Aschaffenburg, 2018; pp. 15–24.

[HiSS19] Hilpoltsteiner, D.; Schmidtner, M.; Seel, C.: Prototypische Konzeption und Implementierung eines Softwarewerkzeugs zur Konstruktion adaptiver BPMN-Prozessmodelle. In Landshuter Arbeitsberichte zur Wirtschaftsinformatik (Lab WI), 2019; pp. 1–48.

[LvDM17] La Rosa, M. et al.: Business Process Variability Modeling. A Survey. In ACM Computing Surveys, 2017, 50; pp. 1–45.

[SeDr14] Seel, C.; Dreifus, F.: Wissenstransfer in der Wirtschaftsinformatik - Fachgespräch im Rahmen der MKWI 2014 19 Induktive Entwicklung eines Vorgehensmodells für Wissenstransfermaßnahmen in der Wirtschaftsinformatik. In (Seel, C. et al. Eds.): Wissenstransfer in der Wirtschaftsinformatik. Hochsch. Aschaffenburg, Information Management Inst, Aschaffenburg, 2014; 19-23 M4 - Citavi.

[Seel10] Seel, C.: Reverse Method Engineering. In Wirtschaftsinformatik - Theorie und Anwendung, 2010, 20.

[Seel17] Seel, C.: Metamodellbasierte Erweiterung der BPMN zur Modellierung und Generierung von Prozessvarianten, 2017.

[SeSS16] Seel, C.; Schmidtner, M.; Schubel, A.: Vergleichende Analyse von Open - Source - Modellierungswerkzeugen als Basis für Forschungsprototypen Landshuter Arbeitsberichte zur Wirtschaftsinformatik, 2016.

[Thom06] Thomas, O.: Das Referenzmodellverständnis in der Wirtschaftsinformatik. In Veröffentlichungen des Instituts für Wirtschaftsinformatik, 2006, 187; p. 35.

[TiSe16] Timinger, H.; Seel, C.: Ein Ordnungsrahmen für adaptives hybrides Projektmanagement. In GPM-Magazin PMaktuell, 2016, 2016; pp. 55–61.

Kontakt

Daniel Hilpoltsteiner, Prof. Dr. Christian Seel
Hochschule Landshut
Am Lurzenhof 1, 84036 Landshut
T +49 (0)871 506 759
daniel.hipoltsteiner@haw-landshut.de, christian.seel@haw-landshut.de

Konzeption und Implementierung eines voll automatisierten Systems zur Messung der Verbreitungsgeschwindigkeit von Social-Media-Nachrichten am Beispiel Twitter

Torben Böing, Martin Przewloka, Martin Rupp

Zusammenfassung

Stichworte: Social Media, Twitter, Fake News, Falschmeldungen, Big Data, Cloud, KNIME, Hashtags, Blogs, Digitalisierung

In der heutigen Zeit bewegen sich Meldungen durch die digitalen Medien in teils so hohen Geschwindigkeiten, dass durchaus von einer Revolution der Informationsverbreitung gesprochen werden kann. Die so verteilten Nachrichten können kommentiert sowie bewertet werden und damit Meinungsbilder erzeugen, die gewollt oder ungewollt plötzliche und unerwartete Reaktionen auslösen. Diese sogenannten viralen Effekte, welche ohne maßgebliche Einwirkung des Urhebers zu einer lawinenartigen Ausbreitung der Nachrichten führen, sind praktisch nicht mehr kontrollierbar und insbesondere dann kritisch, wenn der Wahrheitsgehalt nicht mehr überprüft werden kann oder hinterfragt wird. Falschmeldungen, wie sogenannte „Fake News“ oder „Shitstorms“, sind die Folge und ein nicht mehr wegdiskutierbarer Artefakt unserer heutigen Gesellschaft und Medienlandschaften.

Interessanterweise ist die Forschung zur Verbreitungsgeschwindigkeit von Social-Media-Nachrichten in Abhängigkeit von externen Einflüssen (Umwelt, Lokation, Uhrzeit u.v.m.) und internen Faktoren (Urheber, Nachrichteninhalt, Nachrichtenstruktur, Reichweite, etc.) heute noch sehr lückenhaft. Insbesondere mangelt es an Modellen und Systemen, Parameter wie Ausbreitungsgeschwindigkeit und Beschleunigung standardisiert zu messen. Eine derartige Metrik wird genau dann benötigt, wenn unterschiedliche Social-Media-Kanäle miteinander vergleichen oder gar Voraussagen zur Verbreitung der Inhalte prognostiziert werden sollen. Die Autoren haben in dieser Arbeit ein Messsystem zur Bestimmung der Verbreitungsgeschwindigkeit und Faktoren konzipiert, umgesetzt und erfolgreich getestet. Das Modell wurde zunächst für den Anwendungsfall „Twitter“ implementiert, da gerade dieser Kanal eine außergewöhnlich hohe Aktualität und Nutzerbasis besitzt. Das entwickelte System ist auf andere Social-Media-Kanäle übertragbar und kann auch inhaltlich beliebig erweitert werden. Die so entwickelte Messapparatur wurde erfolgreich getestet und kann nun unmittelbar für empirische Studien eingesetzt werden.

1 Einleitung

Nicht jede schnell verbreitete Nachricht ist negativ oder löst gar einen Shitstorm aus. Auch positive Nachrichten können sich mit einer besonders hohen Geschwindigkeit verbreiten. Zudem ist es für Unternehmen, Institutionen und Privatpersonen von erheblichem Interesse, ihre Nachrichten möglichst zielgerichtet und dabei schnell den Adressaten zukommen zu lassen. Bisher gibt es keine ganzheitlich wissenschaftlich fundierte Untersuchung hinsichtlich der Faktoren und deren Wirkung auf die Verbreitung und die Ausbreitungsgeschwindig-

keit von Social-Media-Nachrichten. Ein wesentlicher Aspekt ist hierbei die Fragestellung des Einflusses des Nachrichteninhalts selbst im Zusammenhang mit externen Faktoren.
Bevor die Zusammenhänge zwischen der Verbreitungsgeschwindigkeit und den wesentlichen Faktoren der betroffenen Nachricht erklären werden können, ist es notwendig, ein System zu erstellen, welches die Verbreitungsgeschwindigkeit zweifelsfrei, reproduzierbar und idealerweise standardisiert messen kann. Eine besondere Herausforderung ist dabei die Generierung der hierfür notwendigen Daten und die sich hieraus ergebende Menge, die ausgewertet werden muss. Genau an dieser Stelle setzt diese Arbeit an, d.h., ein System zu entwickeln, welches alle relevanten Daten sammelt, diese in maschinell verarbeitbarer Form persistiert und damit Analysetools, die bspw. mit multivariaten statistischen Methoden oder gar maschinellen Lernalgorithmen arbeiten, versorgen kann. Es ist nicht Teil dieser Arbeit, Zusammenhänge oder gar Kausalitäten aufzuzeigen, wenngleich einfache Tests basierend auf der konkreten Generierung von Twitter-Daten durchgeführt wurden, um die Anwendbarkeit und Praktikabilität des implementierten Systems darzustellen.
Während sich diese Arbeit mit der Entwicklung eines universellen Mess-Systems zur Messung von Verbreitungsgeschwindigkeiten in Social-Media-Netzwerken beschäftigt, wurde im Rahmen einer Studie des MIT 2018 gezeigt, dass auch die Inhalte der Nachrichten Einfluss auf deren Verbreitung nehmen. So breiten sich Fake-News (Falschnachrichten) oftmals signifikant schneller aus als Tatsachenmeldungen (vgl. [Voso18]).

2 Stand der Technik und Kernbereiche der heutigen Forschung

Social-Media-Netzwerke werden in der empirischen Wissenschaft vermehrt als Datenbasis genutzt. Ein wesentlicher Grund dafür liegt in der Tatsache, dass mit Stand heute die über diese Medien ausgetauschten Inhalte kostenlos über offene Schnittstellen, sogenannte „API's“ (Application Programming Interfaces), verfügbar sind. Einhergehend mit dem Trend, dass die Nutzerzahlen der erfolgreichen Social-Media-Netzwerke, wie bspw. Twitter, stetig steigen, spielen die so gewonnenen Erkenntnisse für die Wirtschaft, die Politik und die Forschung mittlerweile eine große Rolle, um mehr über das Nutzerverhalten und das Verhalten in den Netzwerken zu erfahren. Inhaltliche, semantische Interpretationen der ausgetauschten Nachrichten stehen dabei im Fokus.
Exemplarisch seien 3 Studien genannt, die das begründete Interesse an der Analyse von Social-Media-Netzwerken widerspiegeln:

- Das Büro für Technikfolgen-Abschätzung beim Deutschen Bundestag beschäftigte sich mit den Auswirkungen von Microtargeting, die Mitwirkung von Cambridge Analytica in Wahlkämpfen und die Auswirkungen auf bestehende Gesetze [Kind17].
- In seiner Ausarbeitung „#Erdogan-Diktatur“ untersucht Markus Majewski die Nutzung von Hashtags in der türkischen Politik. Er analysiert dabei die Nutzung und Zusammensetzung der Substantive, die von einzelnen Parteien und Politikern genutzt wurden, um Hashtags zu bilden und zu verbreiten. Er zeigt dabei auch plattformspezifische Eigenarten innerhalb der genutzten Hashtags auf. [Maje18]
- Im Jahr 2018 verfasste Johannes Paßmann seine Dissertation über die soziale Logik des „Likes“, also die erhaltene Anerkennung für die Erstellung und Verbreitung einer Nachricht in einem Social-Media-Kanal durch andere Nutzer.[Paßm18]

Es ist hierbei zu erkennen, dass bei diesen Studien die inhaltliche Interpretation im Fokus steht, die fundamentale Frage der Verbreitungsmechanismen aber nicht beantwortet wird. Ohne diese Kenntnis ist aber eine Wirkungsanalyse nicht vollständig, da es aufgrund der Schnell- und Kurzlebigkeit von heutigen Informationen einen wesentlichen Unterschied macht, in welchen Zeitintervallen bestimmte Botschaften transportiert werden. Nachhaltige Botschaften und Inhalte können so auch von gehypten und lediglich effektgenerierenden Informationen separiert werden.

3 Ausgangsbasis Twitter, Attribute einer Nachricht

Social-Media-Netzwerke sind digitale Plattformen, die ihren Nutzern eine Interaktion miteinander ermöglichen. So können in bestimmten Netzwerken Kontakte geknüpft oder gehalten werden, Bilder oder Videos veröffentlicht oder geteilt werden, Informationen innerhalb bestimmter Interessengruppen (Hobby, Reisen, Sport, u.v.m.) ausgetauscht werden, aber auch professionelle Aspekte kommuniziert werden, wie zu Produkten sowie zur Karriere, Bildung, Politik u.v.m.

In der Gruppe dieser sogenannten Blogs nehmen Microblogs aktuell eine sehr starke Rolle ein. Die Größe des austauschbaren Inhalts ist dabei beschränkt, bspw. durch eine maximale Anzahl an Zeichen. Twitter ist hierbei einer der prominentesten Vertreter dieser Plattformen mit aktuell etwa 300Mio. aktiven, monatlichen Nutzern und etwa 1,3Mrd. Konten [TWITT19].

Im Vorfeld dieser Arbeit wurden diverse bekannte Social-Media-Plattformen untersucht, um festzulegen, auf welcher Basis die erste Implementierung des Modells erfolgen soll. Die Wahl fiel eindeutig auf Twitter, da hierdurch viele umsetzungskritische Grundvoraussetzungen erfüllt werden konnten:

- Hoher Nutzungsgrad (Anzahl der User, Anzahl der Nachrichten) und hohe Aktualität. Dies erlaubt die Generierung großer Datenmengen.
- Einfache inhaltliche Interpretation der Nachricht über Tags. Dies ersparte im ersten Schritt den Einsatz semantischer Crawler.
- Bereitstellung einer offenen, kostenfreien und gut dokumentierten API für die Datengenerierung.
- Die von der API bereitgestellten Daten sind einfach zu verarbeiten.

Im Vorfeld der Arbeit wurde ein qualitativ basierter Vergleich alternativer Social-Media-Plattformen durchgeführt. Das Bewertungskriterium „Praktikabilität“ zur Durchführung des umzusetzenden Mess-Systems führte dazu, dass nur die Plattform Twitter hierfür geeignet erschien.

Twitter erlaubt die Nachrichtenerstellung mit einer Gesamtlänge von bis zu 280 Zeichen (vormals 140). Der Kontoname eines registrierten Users beginnt immer mit einem @-Zeichen, eine Kurznachricht wird „Tweet“ genannt und innerhalb eines Tweets können andere Nutzer mit ihrem Kontonamen verlinkt werden, eine sogenannte „Mention“. Der Tweet wird dem Nutzer dann in seiner Übersicht angezeigt. Steht das @ direkt am Anfang des Tweets, so wird dieser nur dem Nutzer angezeigt, der dort genannt wurde; dies ist meist der Fall, wenn auf eine Frage oder auf einen Tweet des Nutzers geantwortet wird. Diese Form des Tweets wird „Reply“, also Antwort, genannt. Auch ist es innerhalb eines Tweets möglich, sogenannte „Hashtags“ zu verwenden. Hashtags beginnen mit dem Zeichen „#“, das üblicherweise ein Schlagwort oder eine Aneinanderreihung von Schlagwörtern beinhaltet. Diese

Hashtags ermöglichen es dem Nutzer, seine Nachrichten an ein Thema zu binden, sodass das Netzwerk nach diesen Hashtags durchsucht werden kann. Es werden dann alle Nachrichten angezeigt, die dieses Hashtag verwenden.
Nutzer können auf zwei Arten mit einer bereits erstellen Nachricht interagieren. Ein Nutzer kann einen Tweet liken, mit einem Herz markieren und ihn auf diese Weise in seiner Übersicht der favorisierten Nachrichten wiederfinden, oder er kann diesen Tweet „retweeten", also teilen. Dabei hat er die Möglichkeit, einen Kommentar zu ergänzen, um einen Tweet seinen „Followern" zu präsentieren. Ein Follower ist ein anderer Nutzer, der ein oder mehrere Konten abonniert hat, also benachrichtigt wird, sobald Nutzer, denen gefolgt wird, einen neuen Tweet veröffentlichen. [Freri18] Dies folgt dem Publish-Subscribe-Entwurfsmuster aus der Informatik [Brook09], bei dem ein Dienst alle Abonnenten über eine neue Nachricht informiert. Es ist auch möglich, einem anderen Nutzer private Direktnachrichten zu senden. Hierfür muss dieser Nutzer aber ein Follower des eigenen Kontos sein. Die Direktnachricht wird dann nur diesem Nutzer angezeigt. Inhalte des Tweets können neben den bereits erwähnten Texten, Mentions und Hashtags auch Links, Fotos und Videos sein. [Freri18]
Um festzustellen, wie oft und mit welcher Geschwindigkeit sich eine Nachricht verbreitet, muss zunächst definiert werden, was unter einer digitalen Nachricht zu verstehen ist. Für diese Arbeit soll das Vier-Seiten-Modell der Kommunikationstheorie von Schulz von Thun [Schul19] zugrunde gelegt werden, in der eine Nachricht in seiner inhaltlichen Ausprägung verschiedene Aspekte und Ebenen adressiert. Dies sind die Sachebene (die primäre Information), die Selbstaussage und der Beziehungsaspekt (was gebe ich über mich selbst preis, und wie stehe ich zu dieser Nachricht) und schlussendlich ein Appell (was möchte ich mit meiner Nachricht erreichen).
Hieraus folgt, dass zur Bewertung einer Nachricht weitere Attribute relevant sind, wie deren Umfeld, Entstehungsort, Datum und Uhrzeit der Erstellung, aber auch Charakteristika des Urhebers und seiner Vernetzungen, sowie die Nachrichtenreichweite. Die Reichweite ist hierbei von besonderer Bedeutung, denn sie gibt nicht nur die Anzahl der tatsächlichen Abrufe einer Nachricht an, sondern vielmehr die Anzahl an Nutzern, die mit einer beliebigen Nachricht erreicht werden können. Die Berechnung der Reichweite basiert auf einer Vielzahl von Faktoren, die in einem komplexen Rechenmodell zusammengeführt werden. [Mela19]
Neben den strukturierten, direkt mit einer Nachricht in Verbindung stehenden Attributen, können auch unstrukturierte, zunächst offensichtlich „weit entfernte" Merkmale im Zusammenhang mit einer Nachricht stehen, wie bspw. aktuelle gesellschaftliche und politische Diskussionen und Meinungsbilder. Das von uns entwickelte Modell lässt alle Kategorien zu, beschränkt sich aber in der Umsetzung zunächst nur auf die eindeutig charakterisierbaren Nachrichteninhalte und die direkten Attribute. Dies reduziert die Komplexität und erlaubte es, das Modell fokussiert zu entwickeln.

4 Messgrößen

Das Messkonzept sieht vor, dass in ausgewählten, möglichst unterschiedlichen Bereichen und Branchen Nachrichten über einen frei definierbaren Zeitraum beobachtet und miteinander verglichen werden sollen. (Dieser Beobachtungszeitraum liegt typischerweise in einem Zeitfenster bis zu 10 Tagen. Darüberhinausgehende Bewegungen sind um Umfeld Social Media unwahrscheinlich und können als nicht mehr aktuell bzw. relevant betrachtet werden.)

Nachrichten aus verschiedenen Genres, wie z. B. von Sportlern und Technologiekonzernen, spezifischen Nachrichtenkanälen, Persönlichkeiten des öffentlichen Lebens, etc. sind geeignete Quellen. Anhand von vorher definierbaren Kriterien werden die entsprechend zu beobachtenden Nutzerkonten ausgewählt. Neben dem Genre werden diese Konten noch nach ihrer Multiplikationsfähigkeit kategorisiert, d.h. wie viele Follower jeder einzelne Account mit sich bringt. Die jeweiligen Nachrichten und Charakteristiken der User werden mit den folgenden Attributen erhoben:

Tabelle	Attribut	Tabelle	Attribut
Tweets	Tweet	**Users**	User (Screen Name)
Tweets	Tweet ID	**Users**	Profil Image
Tweets	Time	**Users**	Name
Tweets	Favorited Count	**Users**	ID
Tweets	Retweeted Count	**Users**	Description
Tweets	Is Favourited	**Users**	URL
Tweets	Is Retweeted	**Users**	Creation Time
Tweets	Is Retweet	**Users**	Language
Tweets	Retweeted from	**Users**	Location
Tweets	Geo Location	**Users**	Followers Count
Tweets	Country	**Users**	Statuses Count
		Users	Friends Count
		Users	Favourites Count

Tabelle 1: Verwendete Attribute, die über das Twitter-API ausgelesen werden können.

Hiermit ist es möglich, die folgenden Charakteristika zu erfassen bzw. abzuleiten:
1. Tageszeit der Veröffentlichung des Tweets
2. Anzahl der Follower zum Zeitpunkt des Tweets
3. Veränderung der Anzahl der Follower während der Laufzeit des Tweets
4. Anzahl der genutzten Hashtags
5. Popularität der genutzten Hashtags zum Zeitpunkt des Tweets
6. Veränderung der Popularität der genutzten Hashtags während der Laufzeit des Tweets
7. Aktivität des Kontos zum Zeitpunkt des Tweets
8. Anzahl der genutzten Mentions
9. Popularität der genutzten Mentions zum Zeitpunkt des Tweets.
10. Genre des Nutzerkontos

Hierauf aufbauend wurden insgesamt 43 finale Attribute bestimmt, die für die aufzubauende Messapparatur der Geschwindigkeitsmessung von Relevanz sind. An dieser Stelle werden exemplarisch nur 6 aufgeführt, um die Methodik und Systematik darzustellen. Jedes einzelne Attribut wurde nach der Skala (kardinal, nominal), nach dem Typ (statisch, dynamisch) und nach seiner Herkunft (fix, beobachtet, berechnet) kategorisiert: bei den Attributen „genre" bzw. „user" handelt es sich um nominale, statische Merkmale, die fix bzw. beobachtbar (technisch gesprochen über das API direkt bestimmbar) sind. Das Genre verändert sich bei einer Nachricht nicht, wohl können aber im Kontext einer Nachricht unterschiedliche User beobachtet werden. Die Attribute „Follower_AtTweet" bzw. „Follower_AtDataWatch" sind direkt beobachtbare Größen, werden kardinal gemessen, sind aber

statisch (bleiben also unverändert) bzw. ändern sich über die Zeitperiode (und sind damit dynamisch). Dagegen sind die Attribute „FollowerChanges_SinceTweet“ und „FollowerChanges_InPeriod“ permanent dynamische Merkmale, die kardinal abgespeichert, jedoch berechnet werden müssen.
Im letzten Schritt müssen nun, nachdem die Inputparameter festgelegt wurden, die eigentlichen Messgrößen definiert werden. Dabei werden folgende Parameter festgelegt bzw. definiert:

- „Verbreitung“: Das Twitter-API liefert nur die Anzahl der Retweets und Favorisierungen. Da jeder Nutzer durchschnittlich 707 Follower hat [kick16] wird ein gewichteter Verbreitungsindikator wie folgt definiert:

$$\mathrm{VInd}_{BZ} = \mathrm{Favorisierungen} + (\mathrm{Retweets} * 707)$$

$$BZ = Beobachtungszeitpunkt$$

- „Verbreitungsänderung“ und „Verbreitungsdurchschnittsgeschwindigkeit“: Die Verbreitungsänderung ist die Differenz der Verbreitungswerte in einer definierten Periode:

$$VDelta = VInd_{BZ} - VInd_{BZ-1}$$

- Entsprechend lässt sich durch zeitliche Relativierung eine Durchschnittsgeschwindigkeit ableiten:

$$VGeschw_{AVG} = \frac{VDelta}{Länge\ der\ Periode\ in\ Stunden}$$

- „Verbreitungsbeschleunigung“: Analog zur Definition der Verbreitungsgeschwindigkeit lässt sich über Differenzbildung der Geschwindigkeiten und zeitliche Relativierung eine durchschnittliche Verbreitungsbeschleunigung definieren:

$$VGBeschl_{AVG} = \frac{VGeschw_{AVG-BZ} - VGeschw_{AVG-BZ-1}}{Länge\ der\ Periode\ in\ Stunden}$$

Die so festgelegten Messgrößen bilden die Basis für das entwickelte Datenmodell. Im Rahmen der Messperiode sollen nun die Daten erhoben und für die Auswertungen vorbereitet werden. Hierzu bedarf es noch der Implementierung der Messapparatur.

5 Architektur und Umsetzung der Messapparatur

Twitter stellt ein REST-API zur Verfügung, um historische Daten abzufragen. Da der Kern dieser Arbeit darin besteht, den prinzipiellen Aufbau und die Machbarkeit einer Messapparatur zur Verbreitungsmessung von Social-Media-Nachrichten zu erstellen, wurde bewusst auf die Erstellung einer von Grund auf eigenständigen Applikation zur Adaption an das

REST-API verzichtet, sondern sich für das KNIME-Framework entschieden [KNIME19]. KNIME ist ein Analysewerkzeug, welches Daten aus unterschiedlichen Quellen sammeln, verarbeiten und visualisieren kann. Auch ist zum Beispiel die Programmiersprache „R" in KNIME zu großen Teilen bereits integriert und kann für aufwändige, statistische Auswertungen direkt genutzt werden [Pfaff16].

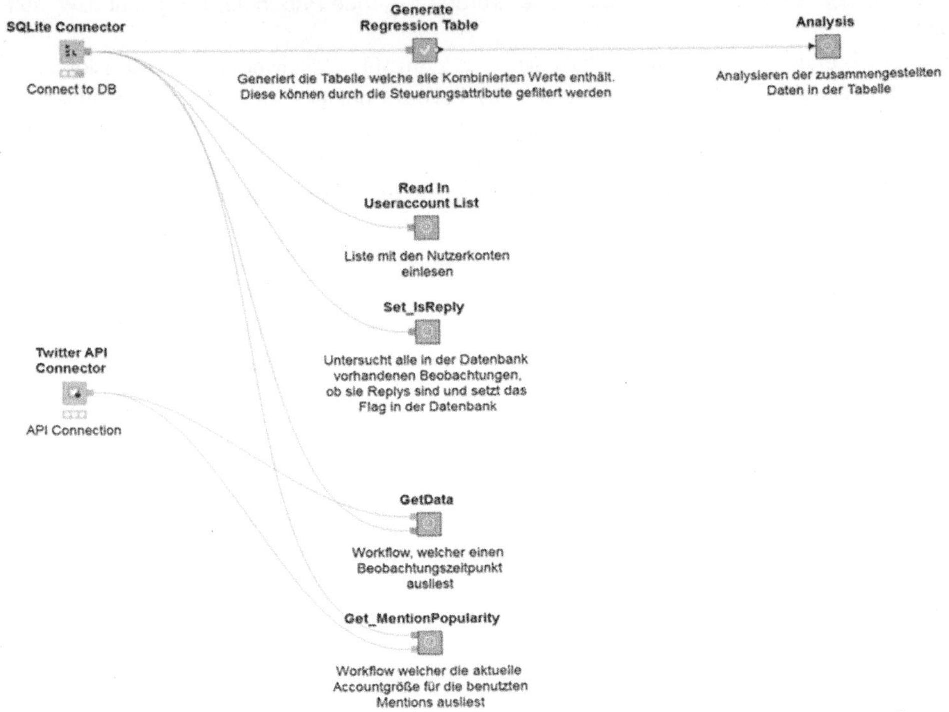

Abbildung 1: Grobstruktur der Architektur der Messapparatur, implementiert mit KNIME. GetData repräsentiert die sogenannten Metanodes, welche im Detail implementiert wurden

KNIME ist ein workflowbasiertes Werkzeug und erlaubt, über vordefinierte Nodes (ein Node ist ein ausführender Knotenpunkt in einem Workflow) Verbindungen zu Datenbanken, Dokumenten oder Online-APIs, wie der von Twitter, herstellen zu können. Abbildung 1 gibt einen Teilausschnitt der Messapparatur wieder, die vollständig workflowbasiert modelliert wurde. Eine SQLite Datenbank wurde integriert und persistiert die Daten. Für eine erste Analyse wurden die Daten so aufbereitet, dass diese einer Regressionstabelle zugeführt werden und so unmittelbar diese Analysemethode zur Ausführung kommen kann. Logisch zusammengehörige Nodes wurden in sogenannten Metanodes gruppiert, welche teilweise recht komplexe Workflows repräsentieren. Die folgenden Metanodes wurden implementiert:

- „Get Tweet Data": In diesem Metanode, werden sämtliche relevante Tweet-Daten aus Twitter abgefragt. Der gesuchte Account-Name wird in einer Variable geparsed, um dann als Suchparameter für die Twitter-Suche zu dienen. Bevor dies geschieht, wird er zu Beginn um den String „from:" ergänzt, denn nur so kann die Twitter-Suche auch erkennen, dass alle Tweets dieses Nutzers gesucht werden.
- „Get Hash Tags": Bei der Sammlung der Hashtags kommt es vor allem darauf an, die Hashtags korrekt aus dem textuellen Inhalt der Nachricht zu extrahieren. Deshalb sind

dafür viele Schritte notwendig, um z. B. das nächste Hashtag zu finden, Leerzeichen zu entfernen oder um Sonderzeichen am Ende eines Hashtags zu erkennen und zu entfernen. Nur so konnte damit erreicht werden, dass bspw. „#90s“ und #90's“ identisch behandelt wurden.

- „Get HashTag Popularity“: Für jeden im Metanode Get Hash Tags gefundenen Treffer ist seine Popularität zu ermitteln. Für jeden gefundenen Hash Tag wird in diesem Node ein Zähler inkrementiert und der Zeitstempel abgespeichert.
- „Get Mention Popularity“: Analog zum Vorgänger wir in diesem Node die Populariät der Mentions ermittelt und abgespeichert. Dies geschieht, indem die in den Mentions genannten Follower ausgelesen werden.

6 Inbetriebnahme und erste Ergebnisse

In einem ersten Probebetrieb wurde die Beobachtungsphase auf 21 Tage festgelegt. Dabei wurden willkürlich prominente Repräsentanten der Genres Nachrichten (2), Sport (5), Unterhaltung (4), Politik (6), Musik (5), Firmen (6) und Leader (2) ausgewählt (Zahlen in Klammern = Anzahl der Konten). In diesen Tagen wurden insgesamt etwa 47.700 Beobachtungen gemacht, die zu jeweils einer zeilenbasierten Abspeicherung in der Datenbank führte. Die Daten mussten gereinigt werden, da es Tweets gab, die schon vor dem Beobachtungszeitraum starteten. Ebenso wurden Replys und Retweets entfernt.

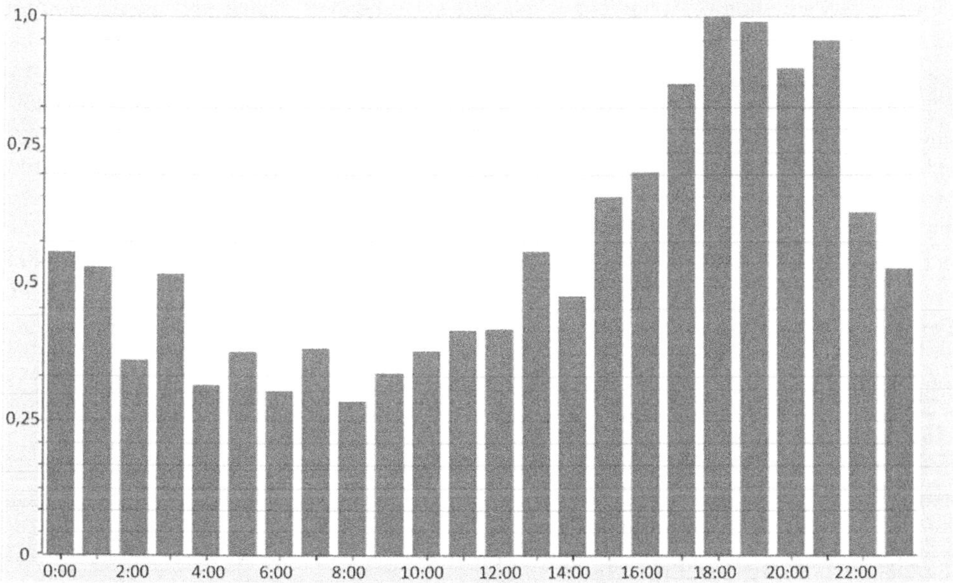

Abbildung 2: Auf Maximalwert 1,0 normierte Histogrammdarstellung der automatisiert beobachteten Tweets in Abhängigkeit der Uhrzeit, startend 0:00 bis endend 23:00. Deutlich ist der Anstieg in den späten Nachmittagsstunden zu erkennen. Die Auswahl der Accounts wurde so getroffen, dass globale Effekte der Zeitverschiebung nicht vermieden werden können, aber zumindest reduziert auftreten sollten.

Mit einfachen, wiederum in KNIME modellierten Nodes zur statistischen Auswertung, konnte unmittelbar die Lauffähigkeit der Messapparatur gezeigt werden. So konnte sofort über eine einfache Histogrammdarstellung dokumentiert werden, dass die meisten Tweets in den

Zeiten zwischen 17:00 und 21:00 abgesetzt werden und sich damit offensichtlich absolut in diesem Zeitfenster schneller verbreiten als bspw. in den Vormittags-, Mittags- und frühen Nachmittagsstunden. Inwiefern sich die relative, normierte Verbreitungsgeschwindigkeit ebenfalls unterschiedlich darstellt, ist nun im Rahmen eines Hypothesentests in einer Folgearbeit zu untersuchen.
Ebenso ergeben sich weitere, sehr interessante Ansatzpunkte für konkrete Analysen mit dieser Messapparatur. So zeigen sich sehr große Spannweiten in den Veränderungen der Follower-Zahl während einer Tweet-Laufzeit. Diese reichen von 1.000 Verlusten an Followern bis hin zu 283.000 neu hinzugewonnenen Followern bei im Mittel 18.000 Veränderungen. Dies zeigt sehr eindrucksvoll die Dynamik, und es stellt sich nun die Frage, ob es externe Faktoren gibt, die diese Dynamik fördern oder schwächen. Mit der entwickelten Messapparatur sind diese Experimente möglich und unmittelbar umsetzbar.
Final wurde noch überprüft, ob die Messung der Hashtagpopularität möglich ist. Auch hier konnten schon direkt nach der Inbetriebnahme hohe Spannweiten der Veränderung der Popularität dokumentiert werden: von einer Abnahme der Popularität um 2.000 Einheiten bis zu einer Zunahme im beinahe identischen Rahmen.

7 Fazit und nächste Schritte

Es wurde eine Messapparatur zur vollautomatisierten Erhebung von Bewegungsdaten für den Social-Media-Kanal Twitter entwickelt und implementiert. Damit können die Verbreitungsgeschwindigkeit, -Beschleunigung und andere Parameter erhoben werden, die zur Auswertung der Dynamik und des Verhaltens der Nutzer in diesen Medien von Relevanz sind. Das System wurde unter Verwendung der Open Source Umgebung KNIME umgesetzt und für gut 3 Wochen in den realen Betrieb überführt. Dabei zeigte sich die uneingeschränkte Funktionsfähigkeit. In einem nun folgenden Projekt sind weitere Daten zu generieren und mit Hilfe multivariater Statistik wie Regressionstests und Clusteranalysen auszuwerten. Wenngleich die jetzige Implementierung unmittelbar externe Randdaten erfassen und abspeichern kann, ist es von großem zusätzlichem Interesse, die semantische Interpretation der Textinhalte der Nachrichten ebenfalls in das Modell mit einfließen zu lassen. Die entwickelte Messapparatur sieht die Adaption eines semantischen Crawlers explizit vor.

Literaturverzeichnis

[Brook09] J.G. Brooksheear: „Computer Science: An Overview", 10. Aufl. Boston, Mass., Pearson/Addison Wesley, 2009.

[Freri18] St. Frerichs: „Das ist Twitter!" http://www.ard.de/home/ard/Tipps_von_ARD_de_Twitter_Profis____Das_ist_Twitter_/1790394/index.html?articleSectionIndex=0 , veröffentlicht am 09.03.2018, zugegriffen am 20.03.2019.

[kick16] kickfactory: „The Average Twitter User Now Has 707 Followers", https://kickfactory.com/blog/average-twitter-followers-updated-2016/ letzter Abruf 20.3.2019.

[Kind17] S. Kind, S. Weide: „Microtargeting: psychometrische Analyse mittels Big Data“, in: Büro für Technikfolgenabschätzungen beim Deutschen Bundestag, 2017. https://www.tab-beim-bundestag.de/de/pdf/publikationen/themenprofile/Themenkurzprofil-018.pdf letzter Abruf 20.3.2019.

[KNIME19] KNIME: www.knime.com letzter Aufruf 25.3.2019.

[Maje18]] M. Majewski: „#Erdogan-Diktatur: Hashtags als Elemente von Substantivkomposita in politischen Tweets“, Frankfurt am Main: Universitätsbibliothek Johann Christian Senckenberg, 2018.

[Mela19] Melanie: „Das Social Media-Glossar: 207 wichtige Definitionen“, verfügbar unter https://blog.hootsuite.com/de/das-social-media-glossar/#V, veröffentlicht 2019, zugegriffen am 20.03.2019.

[Paßm18] J. Paßmann: „Die soziale Logik des Likes“, Dissertation, Campus Verlag, 2018

[Pfaff 16] *F. Pfaffenberger: “Twitter als Basis wissenschaftlicher Studien“; Springer, Wiesbaden, 2016.*

[Schul19] Schulz von Thun: 2Das Kommunikationsquadrat“, verfügbar unter https://www.schulz-von-thun.de/die-modelle/das-kommunikationsquadrat, letzter Abruf 20.3.2019.

[TWITT19] Twitter: https://www.twitter.com letzter Abruf 22.3.2019.

[Voso18] Vosoughi, S., Roy, D., Aral, S.: “THE SPREAD OF TRUE AND FALSE NEWS ONLINE”, in: MIT Initiative on the Digital Economy Research brief, 2018.

Kontakt

Torben Böing
CGI Deutschland Ltd.
torben.boeingi@cgi.com

Prof. Dr. Martin Przewloka
Institut für Digitale Assistenzsysteme und Provadis School of Management and Technology
martin.przewloka@mnd.thm.de und martin.przewloka@institut-das.de

Prof. Dr. Martin Rupp
Provadis School of Management and Technology
martin.rupp@provadis-hochschule.de

Smart-Living-Services nur gegen Daten? Process-Mining als Möglichkeit zur Steigerung der Akzeptanz!

Timo Bertsch, Matthias Meinecke, Martin R. Wolf, Karina Schmunk

Zusammenfassung

Seit Jahren etablieren sich Technologien in unserem Alltag, die mit Hilfe von smarten Komponenten neue Services und Vernetzungsmöglichkeiten schaffen. Dieses Paper beschreibt die Ergebnisse einer Studie, die die Akzeptanz von IoT-gestützten, smarten Services im privaten Umfeld untersucht. Dabei wird eine zentrale Datenverarbeitung mit automatisierter Erstellung smarter Services der dezentralen Datenverarbeitung mit manueller Serviceerstellung in sieben Kategorien gegenübergestellt. Die Auswertung der Studie legt die Forschungsfrage nahe, ob das Nutzerverhalten im Kontext Smart Living nicht auch mit einem dezentralen Lösungsansatz, und somit unabhängig von großen Unternehmen, analysiert werden kann. Hierfür wird im zweiten Teil des Papers die Anwendbarkeit von Process-Mining im Bereich Smart Living untersucht und prototypisch getestet.

1 Smart Living wird in den nächsten Jahren eine übergeordnete Rolle spielen. Hierbei zeichnen sich zwei mögliche Lösungskonzepte ab.

Smart Living steht für die Nutzung digitaler Technik zur Vernetzung intelligenter Komponenten, Geräte und Funktionen in der privaten Umgebung. Das Ziel ist die Bereitstellung von Anwendungen und Diensten, die das Leben sicherer, ressourcenschonender und zugleich komfortabler sowie unterhaltsamer machen. Smart Living ist mehr als ein intelligent vernetztes Zuhause, für das Smart Home üblicherweise steht. Es stellt die damit möglichen Anwendungen und Dienste in den Vordergrund. Besonders für deutsche Unternehmen wird ein hoher Anteil am weltweiten Marktvolumen prognostiziert. So gehen Studien je nach Abgrenzung für das Jahr 2021 von einem weltweiten Marktvolumen von 19 bis 30 Milliarden Euro aus (s. [Bund17]). Hemmnisse für die Akzeptanz von Smart-Living-Systemen sind bisher Bedenken hinsichtlich des Datenschutzes und der Datensicherheit sowie des Mehrwerts (s. [Verb18]). Das Bundesministerium für Wirtschaft und Energie hält dennoch an einer positiven Marktprognose fest, da der Komfort von Smart Living Devices häufig die Bedenken überwiegen (s. [Bund17]). Um den Ansprüchen an den gestiegenen Komfort gerecht zu werden, können intelligente Systeme nicht nur auf die vom User genannten Wünsche reagieren, sondern dessen Bedürfnisse antizipieren. Dies geschieht mithilfe der Nutzerdaten, die von IoT-Geräten erzeugt und durch Artificial Intelligence oder Data-Analysis analysiert werden.

1.1 Die zentrale Datensammlung und -verarbeitung wird von IT-Giganten getrieben

Smart Living eröffnet eine Vielzahl interessanter Anwendungsmöglichkeiten. So ist eine intelligente Automatisierung der Lebensumgebung keine Vision mehr. Marktbeherrschende Unternehmen wie Alphabet, Amazon oder Microsoft vereinen die Fähigkeit, riesige Mengen an Nutzerdaten zu sammeln und sie mit selbstentwickelten Methoden zu analysieren. Damit liegt die Fähigkeit neue Services zu antizipieren und indirekt das Verhalten der Anwender zu beeinflussen in den Händen dieser Unternehmen. Ihr angedachtes Geschäftsmodell basiert auf der zentralisierten Sammlung und Auswertung von Daten. Sind hierbei Verhaltensmuster zu erkennen, werden dem Nutzer entsprechende Automatisierungen vorgeschlagen.

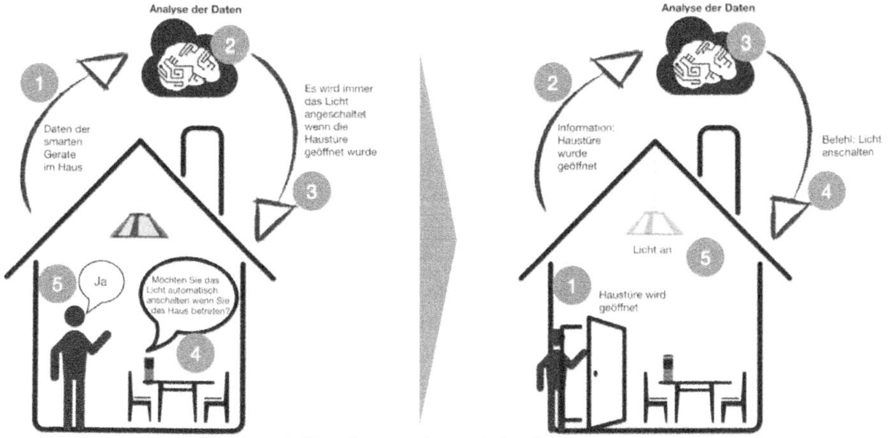

Abbildung 1: Visualisierung der zentralen Datenverarbeitung

Nach dem in Abbildung 1 dargestellten Prinzip könnte so unsere Lebensumgebung kontinuierlich, mit einer wachsenden Anzahl an Sensoren und Aktoren, automatisiert werden.

1.2 Die dezentrale, durch den Nutzer verwaltete, Datensammlung und -verarbeitung stellt ein Alternativmodell dar

Einen alternativen Ansatz stellt eine dezentrale, durch den Nutzer verwaltete, Sammlung und Verarbeitung der Daten dar (s. Abbildung 2).

Abbildung 2: Visualisierung der dezentralen Regelerstellung und Anwendung

Dabei kommunizieren die vernetzten Geräte im Gegensatz zu Lösung 1 nicht mit einem zentralen Server, welcher die Daten auswertet, sondern über ein internes Netzwerk mit einer dezentralen Verarbeitungseinheit. Diese wird mit, vom Nutzer erdachten, Regeln programmiert. Die so erzeugten Services erfordern ein aktives Handeln des Anwenders. Dazu sind sowohl die Bereitschaft zur ständigen Reflexion des eigenen Verhaltens und zur Konzeptionierung geeigneter Unterstützungslösungen notwendig also auch Kenntnisse der

Funktionalitäten der vernetzten Geräte. Die benötigte Eigeninitiative übersteigt hierbei die der Lösung 1 deutlich. Auch dieses Lösungsszenario wird bereits von industriellen Unternehmen wie der homee GmbH oder von Vereinen wie der openHAB Foundation e.V. angeboten.

2 Eine Akzeptanzanalyse soll die Präferenzen der Anwender aufdecken

Um die beiden bestehenden Lösungskonzepte miteinander zu vergleichen wurde eine empirische Studie durchgeführt. Dabei wurden über verschiedene Kanäle wie SurveyCircle, Xing, LinkedIn und Facebook 575 Teilnehmer für eine online durchgeführte Studie gewonnen. Jeder Teilnehmer beantwortete dabei jeweils 25 identische Aussagen zu den beiden, in 1.1 und 1.2 vorgestellten Nutzungskonzepten. Die Aussagen beziehen sich auf sechs Bewertungskategorien sowie die Verwendungsabsicht (s. Abbildung 3). Das Modell orientierten sich an einem von Lingling Gao und Xuesong Bai erarbeiteten Akzeptanzmodell für IoT-Anwendungen, welches 2014 auf Basis des Technology Acceptance Model erarbeitet wurde (s. [GaBa14]).

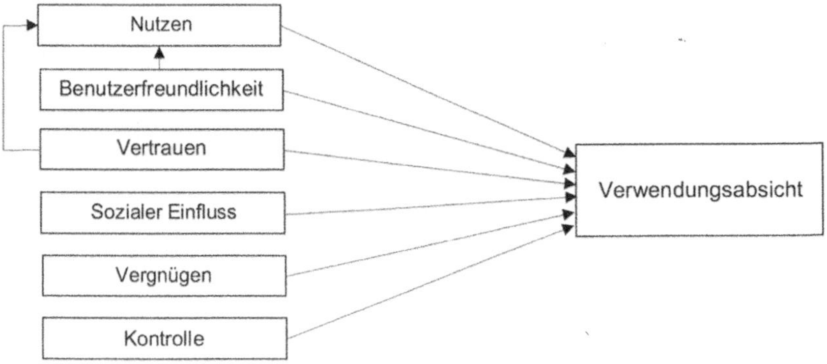

Abbildung 3: IoT-Akzeptanzmodell nach LingLing Gao und Xuesong Bai

Die Aussagen wurden von den Teilnehmern in fünf Abstufungen von „Gar nicht“ bis „Absolut“ bewertet. Abbildung 4 zeigt eine Beispielaussage mit den entsprechenden Antwortmöglichkeiten. Das hier gezeigte Beispiel bezieht sich auf die Kategorie „Nutzen“. Pro Kategorie wurden zwischen 3 und 4 Aussagen von den Teilnehmern bewertet.

Antwort	Gar nicht	Eher nein	Weiß nicht	Eher ja	Absolut
Das System würde mir meinen Alltag vereinfachen	23 (4 %)	97 (16,9 %)	109 (19,0 %)	280 (48,7 %)	66 (11,5 %)

Abbildung 4: Aussage mit zugehörigen der Testgruppe Antworten

Die Testgruppe bestand zu 95% aus Personen, die im Zeitraum der frühen 1980er bis zu den späten 1990er Jahren geboren wurden. Damit wurde der Personenkreis repräsentiert, der den oben beschriebenen Markt an Kaufkraft und -bereitschaft prägt. Dies spiegelt sich auch bei den IT-Kenntnissen wider, so gaben über 55% der Teilnehmer an, gute oder sehr gute IT-Kenntnisse zu besitzen. Lediglich 2,6% beschrieben Ihre IT-Kenntnisse als schlecht.

3 Die Akzeptanzanalyse zeigt klare Präferenzen sowie eine Forschungslücke auf

Die durchschnittliche Bewertung pro Aussage ergibt sich aus einem Bewertungssystem, bei dem jeder Antwortmöglichkeit ein Zahlenwert zugeordnet wird („Gar nicht“ = -2; „Eher nein“ = -1; „Weiß nicht“ = 0; „Eher ja“ = +1; „Absolut“ = +2). Daraus ergibt sich folgende Berechnung für den Durchschnittswert pro Aussage:

$$\text{(1)} \qquad \emptyset - \text{Wert Aussage} = \frac{\sum \text{"Gar nicht"} * (-2) + \sum \text{"}\textit{Eher nein}\text{"} * (-1) + \sum \text{"}\textit{Eher ja}\text{"} * 1 + \sum \text{"}\textit{Absolut}\text{"} * 2}{575}$$

Die Kategorienwertung ergibt sich aus dem Durchschnitt der zugeordneten Aussagen:

$$\text{(2)} \qquad \emptyset - \text{Wert Kategorie} = \frac{\emptyset\text{-Wert Aussage 1} + \emptyset\text{-Wert Aussage 2} + \emptyset\text{-Wert Aussage n}}{\text{n}}$$

Befindet sich der Durchschnittswert im positiven Zahlenbereich, so beantworteten die Teilnehmer die Aussage eher zustimmend. Liegt der Durchschnitt im negativen Bereich, so widersprachen die Teilnehmer der Aussage eher.

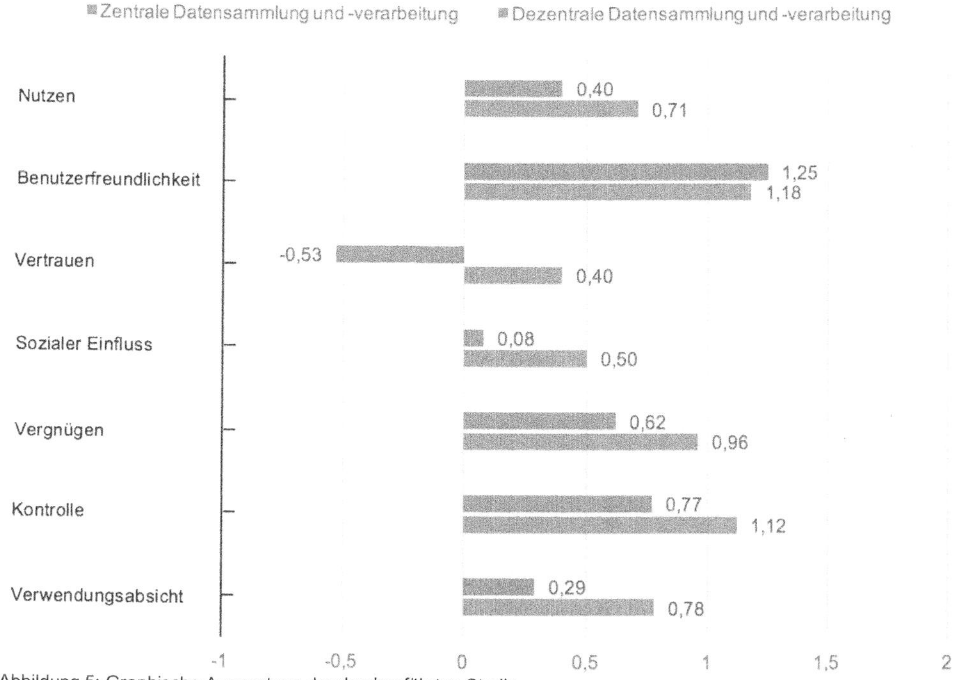

Abbildung 5: Graphische Auswertung der durchgeführten Studie

Die Kategorie *„Nutzen“* beschreibt wie nützlich der Anwender das System in seinem Alltag empfinden würde. Hierbei ist eine klare Präferenz für das dezentrale Lösungskonzept erkennbar, was durchaus überraschend ist, da die Funktionalitäten der beiden Lösungskonzepte nicht elementar voneinander abweichen. Einen Erklärungsansatz liefern hier Lingling Gao und Xuesong Bai. Sie beschreiben bereits in ihrem Modell (s. Abbildung 3), dass sich die Kategorie Vertrauen meist auch auf den empfundenen Nutzen auswirkt.

„Benutzerfreundlichkeit“ beschreibt die vom Anwender empfundene Nutzungsqualität bei der Interaktion mit einem System. Die Umfrageteilnehmer bewerteten das System der zentralen Datensammlung und -verarbeitung im Bereich der Benutzerfreundlichkeit besser als einen dezentralen Ansatz. Dies entspricht den Erwartungen, da die automatisierte Regelgenerierung einen deutlich geringeren Aufwand und somit eine höhere Nutzungsqualität für den Anwender aufweist.
Bei der Kategorie *„Vertrauen“* geht es um die Frage, als wie vertrauenswürdig die Nutzer das System selbst sowie die Anbieter empfinden. Die Ergebnisse zeigen, dass die Generation Y in Deutschland, aufgrund von Datenschutzbedenken, ein starkes Misstrauen gegenüber einem zentralisierten Speichern und Auswerten von Daten hat und dadurch ein Trend hin zur dezentralen Haltung von Daten besteht. Diese Skepsis der Anwender gegenüber Technologien die ihr Verhalten beobachten, speichern und auswerten ist bereits gut dokumentiert. So beschreibt Cook und Krishnan in dem Artikel „Mining the Home Environment“, dass viele Privatpersonen besorgt sind sogenannte „digital bread crumbs“ zu hinterlassen (s. [CoKr14])
Die Kategorie *„Sozialer Einfluss“* gibt Informationen darüber, ob aus Sicht des Anwenders sein soziales Umfeld die Verwendung des Systems als positiv und empfehlenswert empfinden würde. Auch hier lassen sich klare Vorteile für das dezentrale Lösungskonzept erkennen. Während aus Sicht der Anwender, das Umfeld dem zentralisierten Lösungskonzept eher neutral gegenübersteht, würde es eine dezentrale Lösung leicht positiv bewerten.
Bei der Kategorie *„Vergnügen“* geht es um die Frage, ob der Anwender Freude an der Verwendung des Systems hätte. Die Ergebnisse zeigen, dass die in dieser Studie befragte Zielgruppe eine aktive Mitgestaltung der Prozesse als durchaus vergnüglich empfindet. Ein durch eine “Blackbox” entstandener Automatisierungsvorschlag, der nur noch akzeptiert werden muss, schafft augenscheinlich nicht dasselbe Vergnügen.
Die Aussagen zur Kategorie *“Kontrolle”* thematisieren das Knowhow auf dem Gebiet der Informationstechnik und die Kontrollierbarkeit der beiden Lösungsvarianten. Hierbei spielen die unterschiedlichen Konfigurationen und Einstellungen der Systeme eine entscheidende Rolle. So zeigt die Umfrage, dass eine eigenständige Programmierung der Smart-Living-Umgebung als kontrollierbarer angesehen wird als eine zentralisierte Lösung.
Die *“Verwendungsabsicht”* beschreibt, ob der Umfrageteilnehmer gewillt wäre die Lösung, unabhängig von monetären Gesichtspunkten, zu verwenden. Der dezentrale Ansatz erreicht hierbei, den Einzelkategorien folgend, eine deutlich höhere Bewertung bei der “Verwendungsabsicht” als der zentralisierte Lösungsansatz. Dies ist natürlich lediglich eine Momentaufnahme und die Einstellung zu zentralisierten Systemen könnte sich ändern, wenn wichtige Fragen des internationalen Datenschutzes geklärt und erste Lösungen entstanden sind, die automatisiert mehrwertgenerierende Verknüpfungen zwischen smarten Geräten herstellen.
Fazit: Die Studie zeigt, dass der dezentrale Lösungsansatz eine größere Akzeptanz in der Testgruppe findet. Eine weitere Verbreitung hat jedoch aufgrund der technischen Komplexität Grenzen. Dennoch stellt sich die Frage, ob das Nutzerverhalten im Kontext Smart Living nicht auch auf Basis eines dezentralen Lösungsansatzes so analysiert werden kann, dass ergänzend zur proaktiven Erstellung auch automatisiert Regelvorschläge erstellt werden können. So würde eine zentralisierte Nutzung der Daten durch Konzerne überflüssig.

4 Process-Mining könnte eine technische Lösung darstellen, um automatisiert Services zu erstellen ohne eine zentrale Datensammlung und -auswertung

Smart Living beschreibt den Einsatz eines Netzwerks aus miteinander oder zumindest aber mit dem Nutzer interagierenden elektronischen Geräten. Diese Geräte erzeugen aus jeder Interaktion oder Sensoraufnahme Informationen und speichern diese. Hieraus entstehen sogenannte Log-Dateien (s. Tabelle 1).

Nr.	Zeitstempel	Ressource	Aktivität
1	27.06.18 06:36	ITEM_NO_324	receveived COMMAND OFF
2	28.06.18 07:00	ITEM_NO_324	received COMMAND BRIGHTNESS TO 0.5
3	28.06.18 07:01	ITEM_NO_212	perceived LEVEL UNDER THRESHHOLD VALUE
4	28.06.18 07:02	ITEM_NO_258	receveived COMMAND OFF

Tab. 1: Beispielhafte Zeilen einer Log-Datei

Entsteht beim Nutzen der smarten Geräte ein Muster, wird beispielsweise immer die smarte Lampe im Hausgang eingeschaltet nachdem über das Smart Lock die Haustüre entriegelt wurde, ist dieses Muster auch in den Log-Files vorhanden. Wenn ein solcher Prozess automatisiert werden soll, besteht die Herausforderung in der Erkennung von Mustern oder auch wiederkehrenden Prozessen in den Log-Dateien. Im Bereich des Geschäftsprozessmanagements wurde dieses Problem bereits gelöst. So entwickelte Will van der Aalst an der technischen Universität Eindhoven das sogenannte Process-Mining. Process-Mining extrahiert aus Event-Logs, die in EDV-Systemen (ERP, CES, MRP, SCMs) automatisiert gesammelt werden, Geschäftsprozesse (s. [PeNa18]). Die Idee ist, die dafür verwendeten Algorithmen für die Mustererkennung in Log-Dateien aus dem Smart-Living-Kontext zu nutzen und den Anwendern damit ein Angebot für neue Services zu machen, die sie heute nur von Unternehmen bekommen, die zuvor die Nutzerdaten gesammelt haben. Inwiefern bei einer solchen, zentralisierten Auswertung durch Unternehmen bereits ähnliche Algorithmen eingesetzt werden, kann nicht nachvollzogen werden.

5 Process-Mining ermöglicht es, Prozesse aus IT-Systemen zu rekonstruieren

Process-Mining bezeichnet eine Technologie, die es ermöglicht, Geschäftsprozesse auf Basis digitaler Spuren in IT-Systemen zu rekonstruieren und zu analysieren. Die in den Systemen gespeicherten einzelnen Schritte des Prozesses werden zusammengefügt und der Prozess in seiner Gesamtheit visualisiert. Process-Mining ermöglicht es das in Daten enthaltene, implizite und sonst verborgene Prozesswissen zu modellieren und somit greifbar und transportierbar zu machen (s. [Aa++11]).
Process-Mining ist als Reaktion auf den Bedarf in der Industrie nach Informationen über die Prozesse, die sich im Unternehmen tatsächlich abspielen, entstanden. Das Ziel von Process-Mining ist, die in Event Logs gespeicherten Daten auszuschöpfen und so Informatio-

nen über Prozessabläufe zu gewinnen. Der Einsatz von Process-Mining hat drei Schwerpunkte: discovery, conformance & enhancement (s. [Ly05]).

Discovery: Der Discovery Vorgang beschäftigt sich damit den real geschehenden Prozess anhand der von den verbundenen Geräten hinterlassenen Logs herauszukristallisieren und ein Prozess Modell aus der Historie der Geschehnisse zu erstellen.

Conformance Checking: Conformance Checking vergleicht den real existierenden Ablauf mit dem erwünschten Prozess, um festzustellen, ob das beobachtete Verhalten mit dem geplanten übereinstimmt.

Enhancement: Das Ziel ist die Optimierung eines Prozesses mithilfe der gewonnenen Informationen aus der Auswertung des Event Logs.

Zahlreiche Algorithmen sind über die Jahre entwickelt worden, die zum Ziel haben Prozesse aus Event Logs zu extrahieren. Process-Mining ist eng verwandt mit dem Forschungsfeld der Human Activity Recognition. Dabei wird erforscht, wie menschliche Aktivitäten auf mögliche Muster untersucht werden können. Besonders verbreitet ist der Einsatz des Hidden Markov Models (HMM) (s. [TSHA16]). Ein HMM ist ein probabilistisches Modell, das als eine Reihe von „hidden states“ bzw. Zuständen in einer Markov Kette definiert wird. Wenn HMM zur Modellierung menschlicher Aktivitäten eingesetzt wird, gehen wir davon aus, dass es möglich ist, Ereignisse sequentiell zu erfassen, sodass sich jedes Ereignis auf eine Aktivität bezieht. (s. [Aa++11]). Process-Mining unterscheidet sich von dieser und ähnlichen Methoden vor allem in seiner Ausgabequalität. Die visuelle Darstellung, meist in Form von Petri Netzen oder BPMN, wird von vielen Forschern als besser interpretierbar bewertet als die Modelle die auf Markov oder Bayes Netzen fußen (s. [TSHA16]). Die Qualität des Ausgabemodells hängt von vielen Faktoren ab, in der Literatur trifft man meist auf folgende vier Dimensionen (s. [Aa++11]).

- *Fitness:* Eine perfekte Fitness bedeutet, dass das Prozessmodell das Verhalten aus dem Event Log vollständig wiedergibt. Sie beschreibt den Grad zu dem Prozesse in der Realität auch vom Model abgedeckt werden.
- *Precision:* Ein Maß, das feststellt ob das Modell ein Verhalten erlaubt, das sich grundlegend von dem im Log aufgezeichneten Verhalten unterscheidet. Ein Modell mit geringer Präzision ist "unterformt".
- *Generalization:* Die Generalization gibt an, in wie weit das Verhalten aus dem Event Log im Prozessmodell verallgemeinert wurde. Ein Prozessmodell soll generalisieren dabei aber nicht das Verhalten, welches in dem Event Log vorhanden ist, einschränken.
- *Simplicity:* Die Komplexität des Prozessmodells sollte auf das Nötigste reduziert werden. Diese Kennzahl steht oftmals in Konflikt mit den oben genannten Dimensionen.

Da die genannten Dimensionen teils in einer Wechselbeziehung zueinander stehen, sind diese oftmals je nach Kontext gegeneinander abzuwägen. Meist soll das Modell ein möglichst detailgetreues Abbild des Verhaltens aus dem Event Log abbilden und somit auch die Mehrzahl der Varianten wiedergeben. In anderen Fällen soll ein möglichst einfaches und wenig komplexes Abbild aus dem Event Log erstellt werden, welches dann bewusst auf Varianten verzichtet. Die Ergebnisse der Mining-Algorithmen können somit, abhängig vom verwendeten Algorithmus und dem gewünschten Fokus, variieren.

6 Eine beispielhafte Anwendung zeigt, dass Process-Mining sich für die Erkennung von Mustern in menschlichen Aktivitäten prinzipiell eignet

Das Ziel der Untersuchung ist die Erkennung von Verhaltensmustern durch den Einsatz von Process-Mining. Hierzu werden zunächst verschiedene Process-Mining-Algorithmen miteinander verglichen, um festzustellen wie gut sich die unterschiedlichen Algorithmen zur Analyse menschlichen Verhaltens in der Testumgebung eignen. Bewertungskriterien sind die Fehleranfälligkeit, die Rate akkurat erkannter Muster, der Umgang mit parallel verlaufenden Prozessen sowie die notwendige Vorarbeit zur Aufbereitung der Daten für den jeweiligen Process-Mining-Algorithmus. Als Testumgebung dient ein Modell einer Smart-Living-Umgebung, das im Rahmen eines Forschungsprojekts entstanden ist und über OpenHab gesteuert wird.
Die Rohdaten, die zur Weiterverarbeitung für das Process-Mining genutzt werden, entstehen aus den Logs der IoT-Geräte aus der Testumgebung, die per MQTT kommunizieren. Sie unterscheiden sich zuerst noch recht stark von den Daten die von einem Process-Mining-Tool erwartet werden, was eine Aufbereitung der Daten notwendig macht. Das hierfür entwickelte Skript erzeugt zuerst eine Case Spalte und nimmt eine Angleichung der Rohdaten, wie beispielsweise des Timestamps (hier TT.MM.JJJJ hh:mm:ss) vor. Da die Algorithmen nicht mit Abschweifungen in der Formatierung umgehen können würden sie diese Zeilen sonst ignorieren oder kein Modell erzeugen. Anschließend muss die CSV-Datei in eine XES-Datei nach IEEE Standard 849-2016 umgewandelt werden. Hierfür wurde ein weiteres Skript entwickelt. Da der Schwerpunkt dieser Untersuchung auf dem Entdecken von Prozessen ("Discovery") liegt, fußen die untersuchten Process-Mining-Algorithmen auf der Definition des “General Process Discovery Problem”. Sei L ein Event Log wie er im XES Standard definiert ist. Ein Process-Discovery-Algorithmus ist eine Funktion γ, die einen Input L in einem Prozess Modell derart abbildet, dass sie das aufgenommene Verhalten repräsentiert. Eine gute Repräsentanz ist dann gefunden, wenn die vier Qualitäten des Ausgabemodells (Fitness, Precision, Generalization, Simplicity) ein für den Anwendungsfall akzeptables Gleichgewicht erreichen.
Man betrachte ein Log der Form:

(3) $$L = [(a, b, c, d)^3, (a, c, b, d)^2, (a, e, d)]$$

Da auf Aktivität ‚a‘ ‚b‘ folgt, aber auf ‚b‘ nie ‚a‘, besteht die kausale Beziehung (a→b) und man erwartet, dass ein Modell diese Beziehung reflektiert. Der alpha-Algorithmus α(L) angewendet auf den Event Log L ist folgendermaßen definiert:
Im ersten Schritt werden alle Aktivitäten des Logs in einer Menge zusammengefasst. Schritt 2 und 3 bildet die Mengen der ersten und letzten Elemente aller Sequenzen. Schritt 4 und 5 stellt den Kern des Alpha-Algorithmus dar. Die Position und die Verbindungen der Elemente müssen systematisch determiniert werden. Es sollen Knoten p(a,b) der Art entstehen, dass a die Menge der Übergangseingänge ist und b die Menge der Übergangsausgänge. Alle Elemente der Menge a sollen in einer kausalen Beziehung zu den Elementen der Menge b stehen. Die Elemente der entsprechenden Menge stehen dabei nicht in einer Beziehung zu Elementen der eigenen Menge. Zu unserem Beispiellog entsteht die Menge:

(4) $$X_L=\{(\{a\}, \{b\}), (\{a\}, \{c\}), (\{a\},\{e\}), (\{a\}, \{b, e\}),$$

({a},{c, e}), ({b}, {d}), ({c},{d}), ({e}, {d}),

({b, e}, {d}), ({c, e}, {d})}

Wenn ein Knoten für jedes Element der Menge entstünde, würde die Anforderung der Generalisierung verletzt werden. Aus diesem Grund wird eine Bedingung „Maximales Pair" (a,b) definiert und die Elementmenge gefiltert. Es entsteht:

(5) X_L={({a}, {b, e}), ({a}, {c, e}),

({b, e}, {d}), ({c, e}, {d})}

In Schritt 6 werden die Knoten iL und oL festgelegt, dabei handelt es sich um die Start- und Endknoten des zu konstruierenden Netzes. Sie werden als Source bzw. Sink bezeichnet. Schritt 7 des Algorithmus erzeugt die Kanten des Netzes entsprechend der Beziehung zwischen den Knoten. Abschließend wird in Schritt 8 das Netz aus den zuvor bestimmten Komponenten zusammengesetzt. Zu der Gruppe an fehlertoleranteren Minern, also solche die auch bei Noise in den Logs zuverlässige Modelle liefern, gehören der Heuristic und der Inductive Miner. Die Ergebnisse von Munstermann, die die Einsetzbarkeit von verschiedenen Process-Mining-Tools im Bereich der Human Activity Recognition untersucht haben ergab, dass sich diese beiden Miner besonders für die Untersuchung menschlicher Aktivitäten eignen (s. [Muns15]). Zur Untersuchung dieser Algorithmen wurden simulierte Daten herangezogen. Dies hat den Vorteil, dass das zu erwartende Modell bekannt ist und das Ergebnismodell mit dem zu erwarteten verglichen werden kann. Die Anzahl der korrekt erkannten parallelen Pfade, korrekt identifizierten regelmäßig auftretenden Muster und fehlinterpretierte Pfade dienen dann als Maß zur qualitativen Bewertung der Process-Mining-Algorithmen im hier vorgestellten Szenario. Die Ergebnisse eines ersten Vergleichs sind in Tabelle 2 dargestellt.

Miner	Events	Eingebaute Muster	Parallel verlaufende Muster	Erkannte Muster	Erkannte parallel verlaufende Muster
Heuristic	800	30	6	28	5
Inductive	800	30	6	27	3

Tab. 2: Testergebnisse der Untersuchung mit Heuristic und Inductive Miner

Die Ergebnisse zeigen, dass sich sowohl der Heuistic Miner als auch der Inductive Miner für den hier beschriebenen Anwendungsfall prinzipiell eignen. Von den eingebauten Mustern wurden vom Heuristic Miner 93% und vom Inductive Miner 90% erkannt. Hierbei scheint der Heuristic Miner speziell bei parallel verlaufenden Mustern zuverlässiger zu arbeiten.

7 Die angestrebte Forschungsfortführung soll die Anwendbarkeit des Lösungssystems unter Realbedingungen untersuchen

Der erste Teil dieses Papers hat gezeigt, dass die Testgruppe bei der Entwicklung von neuen Smart-Living-Konzepten einen dezentralen Lösungsansatz bevorzugt. Dieses Ergebnis wurde zum Anlass genommen einen ergänzenden Ansatz zu entwickeln, um automatisiert Verhaltensmuster zu erkennen, ohne Daten dezentral zu erheben. Hierfür wurde die Anwendbarkeit der Process-Mining-Technologie untersucht. Der erstellte Prototyp hat gezeigt, dass Daten aus Smart-Living-Anwendungen alle notwendigen Informationen enthalten, um mit einer dezentralen Lösung Muster zu erkennen. Um den hier vorgestellten Lösungsansatz noch zu optimieren, wären weitere Funktionen denkbar. Hierzu zählt beispielsweise eine dynamische Suche über alle Komponenten einer Regel. Auch eine graphische Repräsentation der Regeln zur besseren Nachvollziehbarkeit der entstandenen Muster und zur eigenen Analyse des Tagesablaufs, angelehnt an das Konzept des „Quantified Self“ wäre möglich (s. [Hugh18])

Da das in diesem Paper vorgestellte Lösungsmodell unter Laborbedingungen entstanden ist, wird angestrebt, in einer weiteren Veröffentlichung folgende Untersuchungsvorhaben zu thematisieren:

1. Extrahierbarkeit von Logs aus Smart Home und Smart-Living-Komponenten
2. Untersuchungen zur Akzeptanz des hier vorgestellten Lösungsmodells
3. Anwendung des Lösungsmodells unter Realbedingungen

Literaturverzeichnis

[Aa++11] Aalst, W. van der; Et. al.: Process Mining Manifesto. In: International Conference on Business Process Management (2011), S. 169-194

[Bund17] Bundesministerium für Wirtschaft und Energie: SmartLiving2Market. 2017, https://www.digitale-technologien.de/DT/Redaktion/DE/Downloads/smartliving.pdf?__blob=publicationFile&v=1, Abruf am 2019-03-25

[Gaba14] Gao, L. und Bai, X.: A unified perspective on the factors influencing consumer acceptance of internet of things technology. In: Asia Pacific Journal of Marketing and Logistics 26 Issue 2 (2014), S. 211-231

[Hugh18] Hughes, E.: Google: Smart Home Technology of the Future Will Anticipate User Wishes. 2018, https://www.iotworldtoday.com/2018/11/07/google-smart-home-technology-of-the-future-will-anticipate-user-wishes/, Abruf am 2019-03-25

[KoKr14] Cook, D. J. und Krishnan Narayanan: Mining the Home Environment. Paper, Washington State University, Washington, 2014

[Ly05] Ly, L. T.: Process Mining Bestehende Ansätze und weiterführende Aspekte. Diplomarbeit, Universität Ulm, Ulm, 2005

[Muns15] Munstermann, M: Technisch unterstützte Pflege von morgen: Innovative Aktivitätserkennung und Verhaltensermittlung durch ambiente Sensorik. Springer Vieweg, Wiesbaden, 2015

[PeNa18] Peters, R und Nauroth M.: Process-Mining: Geschäftsprozesse: smart, schnell und einfach. Springer Gabler, Wiesbaden, 2018

[TSHA16] Taxa, N.; Sidorova, N.; Haakama, R.; Aalst, W. van der: Log-based Evaluation of Label Splits for Process Models. In: Procedia Computer Science 96 (2016), S. 63-72

[Verb18] Verbraucherzentrale Bundesverband e.V.: ENERGIE UND WOHNEN. 2018, https://www.vzbv.de/sites/default/files/downloads/2018/12/18/18-12-19_smart_home_grafiken.pdf, Abruf am 2019-03-25

Kontakt

Timo Bertsch
FH Aachen
Eupenerstr. 70, 52066 Aachen
T +49 163 8041721, bertsch@fh-aachen.de

Prof. Dr.-Ing. Matthias Meinecke
FH Aachen
Eupenerstr. 70, 52066 Aachen
meinecke@fh-aachen.de

Prof. Dr.-Ing. Martin R. Wolf
FH Aachen
Eupenerstr. 70, 52066 Aachen
m.wolf@fh-aachen.de

Karina Schmunk
FH Aachen
Eupenerstr. 70, 52066 Aachen
karina.schmunk@alumni.fh-aachen.de

Wartungs- und Instandhaltungsprozesse mit Augmented Reality unterstützen – Ein Prototyp zur Technikevaluation und Lehrintegration

Jan Eickhoff, André Sardoux Klasen, Tobias Rieke

Zusammenfassung

Instandhaltungen und Wartungsdienstleistungen sind Tätigkeiten, die korrekt, effizient und sicher durchgeführt werden müssen, damit die betroffenen Maschinen im Anschluss fehlerfrei genutzt werden können. Reparatur-/Bedienungsanleitungen sowie ergänzende Schulungen sind erforderlich, damit gerade im B2B-Kontext Kunden und Partner diese Leistungen sicher erbringen können. Die Nutzung entsprechender Anleitungen ist fehleranfällig, Schulungsinhalte können zudem ohne praktischen Einsatz schnell in Vergessenheit geraten. Daher wird für den Kontext der Lehre und Transfer der Augmented Reality Technologie ein Prototyp entwickelt, der hierzu ein Lösungsszenario praktisch erlebbar gestaltet und sowohl auf Smartphones und Tablets aber auch auf einer AR-Brille (Microsoft Hololens) erprobt werden kann. Studierende und Unternehmen können so den Mehrwert abschätzen und auf eigene Bereiche übertragen.

1 Einleitung

1.1 Ausgangslage und Zielsetzung des Prototyps

Die Digitalisierung schreitet voran, gleichzeitig ist das Unternehmensumfeld nicht mehr stabil und weniger vorhersehbar, welches in den sogenannten VUCA-Aspekten zusammengefasst wird (vgl. [BeLe14]). Hierbei stellt sich die Frage, wie Unternehmen bei geringer Vorhersehbarkeit dennoch nachhaltig agieren können. In diesem Kontext werden neue Technologien betrachtet, die neue Impulse, Effizienzpotenziale und Umsatzsteigerungen versprechen können. Gleichzeitig besteht die Gefahr, technologisch abgehängt zu werden (vgl. [Veuv16]).

Kleine und mittelständige Unternehmen können vor diesem Hintergrund nicht immer neue Technologien aktiv beobachten und testen, um die Praxistauglichkeit und Einsatzpotenziale für das eigene Unternehmen abzuschätzen, da Kapazitäten und Erprobungsräume häufig nicht existieren. In der Hochschullehre besteht der Anspruch, den aktuelle Entwicklungsstand in Wissenschaft und Technik im Kompetenzerwerb zu berücksichtigen. Hierzu sind Technologien zu behandeln und praktisch zu erproben. Realitätsnahe Einsatzszenarien können jedoch aufgrund vielfältiger Fragestellungen/Szenarien häufig nicht bereitgestellt werden. Labore können hierbei unterstützen entsprechende Einsatzpotenziale zu simulieren. Die Studierenden erfassen damit das Prinzip mit dem Anspruch, dieses später auf reale Szenarien zu übertragen. Beispielhaft sei hier das learning.lab der HS München genannt, die verschiedene Technologien zu diesem Zweck zur Evaluation vorhalten (vgl. [BrGü18]). Dieser Ansatz steht für die Technologie Augmented Reality (AR) auch in diesem Beitrag im Vordergrund. Dabei wird AR hierbei als Werkzeug für den Einsatz im Unternehmen verstanden. Andere Ansätze, die hier auch ein Potenzial zur Unterstützung der Lehre sehen (vgl. z.B. [SoMü18]), stehen hier nicht im Fokus. Das hier betrachtete Szenario ist die Wartung/Instandhaltung von Maschinen/Anlagen. Ausgangspunkt für dieses Szenario ist das smart.lab der FH Münster (fhms.eu/smart.lab), welches u.a. die Technologie- und Konzeptevaluation für die digitale Transformation fokussiert.

1.2 Fachliches Szenario

Der Verkauf von Maschinen erfolgt seit längerem bereits nicht mehr nur produktfokussiert. Dienstleistungen nehmen einen wichtigen Teil im Geschäftsmodell der Unternehmen ein. Als produktbegleitende Dienstleistungen sind insbesondere im B2B-Sektor Wartungs- und Instandhaltungsmaßnahmen eine zentrale Geschäftsmodellkomponente. Kunden, die Wartungstätigkeiten und Instandhaltungsmaßnahmen von Maschinen selbst übernehmen wollen, müssen regelmäßig Schulungen durchlaufen, sodass die Qualität der Arbeit gewährleistet bleibt und der Hersteller damit auch von der Zuverlässigkeit der Maschine ausgehen kann. Gerade im Zeitalter der Globalisierung stellt dieses für kleine und mittelständige Unternehmen eine Herausforderung dar, entsprechende Unterlagen zur Wartung der Maschine als auch Schulungen international anzubieten. Es muss sichergestellt werden, dass diese Unterlagen zweifelsfrei zur richtigen Anwendung führen. Zudem ist der Hersteller bestrebt, dass nur Originalteile verbaut werden, sodass die Qualität und damit auch die Funktionsfähigkeit der Teile zugesichert werden kann.

1.3 Forschungsmethode und smart.lab als Ort der Prototypentwicklung

Die Erstellung des Prototyps ist ein Bestandteil der Forschung für Lehre und Transfer, die nach dem *Design-Science-Prinzip* arbeitet (vgl. [HMPR04]). Aus der Problemsituation einzelner Unternehmen, die übertragbar sind auf viele, werden Lösungsvorschläge entworfen, die in die Community (sowohl wissenschaftlich als auch in der Praxis) eingebracht werden, um diese zu evaluieren und neue Erkenntnisse zu gewinnen. Diese fließen in eine entsprechende Anpassung ein. Zusätzlich erfolgt die *Entwicklung agil*, sodass die Lösung stufenweise ermittelt wird, ausgehend von einem Minimum Viable Product, welches besonders ermöglicht, einen Mindestnutzen bereitzustellen und gleichzeitig fähig ist, die Gestalt zu testen und zu erproben und neue Anforderungen aufzunehmen.

Dieses Vorgehen wird im *smart.lab der FH Münster* verfolgt. Das smart.lab stellt Studierenden und Unternehmen hierzu ein kreatives und agiles Arbeitsumfeld mit dem Fokus zur Verfügung, den Ansprüchen der digitalen Transformation zu begegnen. Den Nutzern stehen drei integrierte Laboretagen zur Verfügung, das inno.lab (Innovation und Kreativität), lean.lab (Lean und Prozessmanagement) und dem digi.lab (Daten und Virtualität). In diesen Einzellaboren stehen fortschrittliches Equipment und neue Technologien zur Verfügung, um entsprechende Konzepte zu evaluieren und auf Unternehmen zu adaptieren.

Das in Kapitel 1.1 dargestellte Szenario ist im digi.lab integriert und in die Lehrveranstaltung Service Engineering eingebunden. Mit unterschiedlichen Prototypen lernen die Studierenden die Herausforderungen in der Gestaltung von Dienstleistungen kennen und den Nutzen abzuschätzen. Hierzu wurde der Prototyp zur Wartung einer Maschine entwickelt und bereits praktisch mit Studierenden und Praktikern erprobt:

- *(Kleine und mittelständische) Unternehmen* werden für den Einsatz von AR sensibilisiert und können erste niederschwellige Erfahrungen mit Unterstützung sammeln, gerade in Workshops und Weiterbildungsveranstaltungen.
- *Studierende der FH Münster* können in Lehrveranstaltungen/Praxisprojekten Erfahrung sammeln und ihre Digitalisierungskompetenzen ausbauen. Dabei dienen technische

Artefakte, wie der hier dargestellte Prototyp, zur Unterstützung, insbesondere in Bezug auf das Handling, die Potenzialabschätzung und Prozessintegration.

2 Augmented Reality und der Einsatz in Wartungs- und Instandhaltungsszenarien

Unter Augmented Reality (dt. „erweiterte Realität") versteht man die Ergänzung der Realität um künstliche, virtuelle Inhalte (s. [Brol13]). Die reale Welt wird dazu in der Regel mit einer Videokamera erfasst und in Echtzeit mit computergenerierten Inhalten überlagert (vgl. [BoWi13]). Diese „augmentierten" Bilder werden dem Anwender auf Displays (insbes. auf Smartphones) angezeigt oder über eine AR-Brille direkt in das Sichtfeld eingeblendet. Idealerweise erscheint es dem Betrachter so, als ob die virtuellen und realen Objekte gleichzeitig existierten. Die virtuellen Inhalte werden dabei meist kontextbezogen eingeblendet, d. h. sie werden nur dann angezeigt, wenn die Software über die Kamera identifizierte Muster, Bilder, Symbole, durch GPS-Informationen oder Nutzerinteraktion einen Befehl auslöst, entsprechende Inhalte darzustellen. Der Anwender erweitert somit seine reale Umgebung durch computergenerierte Zusatzinformationen (vgl. [Azum97]). Die Wahl des Endgerätes (z.B. Smart-Phone, AR-Brille) richtet sich häufig nach dem Einsatzszenario und der Verfügbarkeit beim Anwender. Während das Smart-Phone oder ein Tablet eine sehr hohe Verbreitung besitzen, sind spezielle AR-Brille noch selten vorhanden. Eine AR-Brille ist u.a. dann zu empfehlen, wenn beide Hände benötigt werden. Ein virtueller Ersatzteilshop kann hingegen besser durch ein Smart-Phone oder Tablet bedient werden.
Schritt-für-Schritt-Anleitungen: Für viele Arbeitsvorgänge werden heute noch umständliche Papieranleitungen oder digitale Anleitungen auf dem Computer benötigt. Neben dem zeitlichen Aspekt werden diese entweder teilweise nicht gelesen und bergen die Gefahr Aspekte zu überlesen. Zusätzlich besteht regelmäßig die Option, Videoanleitungen (z.B. über Youtube) zu konsultieren, in der die erforderlichen Maßnahmen vorgemacht werden und nachgeahmt werden können. Dies erfordert, gerade bei komplexen und umfangreichen Maßnahmen ein sehr aufmerksames Abgleichen des Videos mit der Realität. Fragen und Optionen, die sich erst im Rahmen der Maßnahme ergeben, können durch die singuläre chronologische Gestaltung eines Videos nicht berücksichtigt werden. Die AR-Technologie ermöglicht erforderliche Wartungsschritte direkt am zu bearbeitendem Objekt einzublenden und auf Optionen zu reagieren. Durch eine eindeutige Identifizierung der Maschine wird zudem vermieden, falsche Anleitungen oder unübersichtliche generische Anleitungen verwenden zu müssen. Mit AR werden virtuelle Arbeitsanweisungen direkt auf dem Produkt an der richtigen Stelle eingeblendet (vgl. [Brol13]). Eine solche Anleitung kann daher die Fehleranzahl verringern, die Einarbeitungszeit verkürzen und die Arbeitsgeschwindigkeit erhöhen.
Integrierter Shop: Das Ersatzteilgeschäft stellt für Hersteller einen kontinuierlichen und zusätzlichen Geschäftszweig dar. Sie sichern den eigenen Kunden damit nicht nur die Betriebsfähigkeit zu, sondern halten die Kundenbindung aufrecht und bewahren damit auch die Reputation. Durch die Globalisierung und das Internet ist es für andere Unternehmen einfach geworden, Nachahmerteile und Plagiate auf dem Markt zu bringen. Diese Teile sind teilweise in minderwertiger Qualität gefertigt, jedoch regelmäßig günstiger zu beziehen. Mit der Nutzung dieser Teile kann zunächst ein kurzfristiges Kostenziel erreicht werden, langfristig jedoch das Risiko von Folgedefekten und Instandsetzungsmaßnahmen erhöhen.

Diese können sich wiederum negativ auf die Reputation des Maschinenherstellers auswirken. Hersteller sind daher daran interessiert, dass Originalteile verbaut werden, insbesondere, wenn begleitende Dienstleistungen wie Garantien zugesichert werden.
Der Prototyp integriert genau diese beiden Aspekte in Form einer App, die entsprechende Bedienungsanleitungen, z. B. den Wechsel einer Zündkerze an einem Blockheizkraftwerk durch Einblendungen entsprechender Vorgänge auf dem Display des Endgeräts, die stationär an dem Ort eingeblendet werden, wo die nächste Nutzeraktion erforderlich ist. Der integrierte Shop bietet, nach Erkennung der Maschine die Bereitstellung der passenden Teile. Mit Anbindung zum Hersteller werden so nur passende und Originalteile zu den Konditionen des Herstellers bestellt. Für den Kunden erhöht dies die Effizienz der Teilbeschaffung und die Sicherheit der Passgenauigkeit der Teile.
Als Wartungsobjekt haben wir einen Farblaserdrucker aus folgenden Gründen gewählt.

- Die Schritte sind einfach und durchaus von praktischer Relevanz.
- Das Konzept ist einfach gehalten, sodass es gut nachvollzogen werden kann und in einem weiteren Szenario auch durch Studierenden/Praktiker selbst erstellt werden kann.
- Die Ersatzteilfrage ist gerade in Bezug auf die Identifikation des korrekten Toners von besonderer Relevanz.

Die Anwendung des Prototypens im Rahmen einer Vorlesung / eines Workshops ermöglicht die Erprobung der AR-Technologie zur Vereinfachung von Arbeitsvorgängen in Unternehmen. Inhaltlich fokussiert sich der Prototyp auf eine produktbegleitende Dienstleistung im Kontext hybrider Leistungsbündel. Der Prototyp wurde durch die Autoren entwickelt.
Dieses und ähnliche Szenarien wurden bereits mehreren Unternehmen vorgestellt, die den Mehrwert hier erkannt haben und die weitere Entwicklung begrüßen. Gerade im internationalen Kontext besteht hier ein großer Mehrwert, da selbst englische Sprachkenntnisse nicht bei allen Servicetechnikern im ausreichenden Maße vorliegen.

3 Grundidee und theoretische Herleitung des Konzeptes des Prototyps

3.1 Genutzte Software und Hardware

Für die Erstellung des Prototyps wurde auf die Unity Engine zurückgegriffen, die ursprünglich für den Spielebereich entwickelt wurde. Sie eignet sich mit bereits vorhandenen Toolkits hervorragend für die Entwicklung eigener AR Apps. Diese lassen sich relativ einfach auf Android- und Apple-Geräten installieren. Zudem ist die hier verwendete Vuforia Engine ein äußerst hilfreiches Plugin für die Erstellung von AR Apps (vgl. [UnitoJ]). Der Prototyp wurde unter Windows entwickelt und aktuell für Android und die Microsoft HoloLens erstellt. Das Vuforia Software Development Kit erlaubt jedoch eine quasi simultane Entwicklung sowohl für Android, iOS und auf Windows basierte Brillen, was es gerade für Multiplattform-Prototypen vorteilhaft macht (vgl. [VufooJ]).
Der Prototyp wurde vordergründig für die Microsoft HoloLens und das Huawei Mediapad 5 Pro entwickelt und auch mit diesen getestet. Dies Szenarien können auf beiden Geräten eigenständig durchgeführt werden. Prinzipiell sollte die Applikation jedoch auf allen Android Geräten ab Version 4.4 und iOS 11 funktionieren. Gegenstand des Wartungsszenarios ist ein Drucker der Marke Brother.

3.2 Beschreibung des Prototyps

Die Applikation startet mit einem Menü, in dem verschiedene exemplarische Funktionen angegeben sind. Die „Drucker App" startet die Kamera des genutzten Geräts, welches dann einen Marker sucht. Der Marker, der ein eindeutiges Muster enthalten muss, dient der Identifikation des Druckers und gleichzeitig als Ankerpunkt für die im Rahmen der Wartungsanleitung eingeblendeten Elemente. Als Marker können Logos, aber auch eigens erstellte Symbole und Muster dienen. Hier wurde eine Kombination von Muster und Druckersymbol verwendet, welche ermöglicht, einen ähnlichen Marker auch auf anderen Geräten zu verwenden und über eine eindeutige Struktur im Muster den Typ klar zu identifizieren. Diese wird in Unity hinterlegt.

Die einzublendenden Elemente werden dann in Relation zum Marker zum jeweiligen Typ positioniert. Die Szenarien werden ebenfalls in der Software hinterlegt. Drei intuitive Schritt-für-Schritt-Anleitungen wurden umgesetzt und leiten den Anwender durch die Arbeitsvorgänge Toneraustausch, Papiereinlage und Papierstaubehebung (vgl. Abbildung 1).

Abbildung 1: Augmented Reality gestützter Tonerwechsel im digi.lab der FH Münster

Der Prototyp bildet folgenden Prozess ab:

1. Starten der Applikation und wählen der gewünschten „Wartungsfunktion".
2. Scannen des Markers zur Identifikation des Geräts.
3. Anzeigen der Geräteinformation als Zusatzinformation sowie zur Kontrolle durch den Nutzer, dass das richtige Gerät erkannt worden ist.
4. Anzeigen und Auswahlmöglichkeit verschiedener dem zu wartenden Gerät entsprechender Funktionen (Toner nachbestellen) und Fehlermeldungen (Papierstau, Toner wechseln)
5. Schrittweises Ausführen der dargestellten Schritte in der vorher gewählten Funktion (z.B. Tonerwechsel oder Papierstau beheben).
6. Bestätigung der Bestellung bzw. Wartung und Ende.

3.3 Geplante Weiterentwicklung

Zwei Zusatzfunktionen des Prototyps befinden sich zurzeit noch in der Entwicklung, sie sind zwar bereits in der App integriert, arbeiten jedoch nur als Mockup, ohne echte Funktion.

- Geplant ist eine *integrierte Bestellfunktion* für verschiedene Verschleißteile. Auf diese Weise sollen Ersatzteile direkt über die App mit nur einem Klick über den zentralen Einkauf nachbestellt werden können.
- Ein nächster Schritt in der Weiterentwicklung des Prototyps ist die *Verwendung des 3D-Modells des Druckers als Trackingmarker*, d.h. die Form des Druckers selbst fungiert als Marker. Der aktuell aufgeklebte Bildmarker würde dann überflüssig und die Positionierung der 3D-Inhalte verbessert. In Unternehmen ist die Verwendung von 3D-Modellen als Trackingmarker äußerst interessant, da diese weniger anfällig für Verschmutzungen ist. Zudem liegen für viele Maschinen/Geräte bereits CAD-Modelle beim Hersteller vor.

Im Sinne der agilen Entwicklung soll dieser Prototyp als einfaches Beispiel weiter ausgebaut werden, der Einsatz aber durch die Übertragung (Transfer) auf Maschinen im Unternehmen angewandt werden und dort erprobt werden. Die damit gewonnen Erkenntnisse dienen zur technischen Optimierung der Software als auch der Unterstützung des betriebswirtschaftlichen Einführungsprozesse durch entsprechende Vorgehens- und Beschreibungsmodelle.
Da der Prototyp ein Demonstrator für die Lehre und Transfer darstellt, ist keine Vermarktung des eigentlichen Prototyps vorgesehen. Jedoch ist geplant, das Vorgehen zur Erstellung eines solchen Prototyps z.B. über das smart.lab und in Lehre und Weiterbildung bereitzustellen, sodass neben der Erfahrung der Nutzung solcher Anwendungen auch erste Erfahrungen auch in der Erstellung solcher Apps gemacht werden können. Der Technologie wird ein sehr hohes Potenzial und dem Vorgehen über ein forschendes Lernen ein hoher und differenzierter Erkenntnisgewinn im Kompetenzerwerb zugesprochen. Über diesen Ansatz sehen wir eine Unterstützung in der pragmatischen und reflektierten Technologieauswahl und -evaluation, welches die Verbreitung des Einsatzes nutzenbringender Technologie im B2B und B2C-Segment unterstützt.

4 Rahmenbedingungen der Präsentation

Für die Präsentation des Prototyps ist eine Fläche von ca. 10qm erforderlich. Hierzu wird ein (Steh-)Tisch benötigt, um den Drucker abzustellen, sowie die Hololens und das Tablet. Auf Stellwänden würden wir gerne ergänzende Informationen darstellen. Zudem benötigen wir einen Stromanschluss, um die Geräte zwischenzeitig aufzuladen.

Literaturverzeichnis

[Azum97] Azuma, R. T.: A Survey of Augmented Reality. In: Presence: Teleoperators and Virtual Environments 6 4 (1997), S. 355–385.

[BeLe14] Bennet, N. und Lemoine J.: What VUCA Really Means for You. In: Harvard Business Review, Vol. 92 Nr. 1/2 (2014), S. 27.

[BrGü18] Brehm, L. Günzel, H.: Learning Lab „Digital Technologies" – Concept, Streams and Experiences. In: 4th International Conference on Higher Education Advances (HEAd'18). Universitat Politècnica de València, València, (2018), S. 1271–1278.

[BoWi13] Bockholt, U.; Wientapper, F.; Wuest, H.; Fellner, D. (2013): Augmented-Reality- basierte Interaktion mit Smartphone-Systemen zur Unterstützung von Servicetechnikern, in: at – Automatisierungstechnik 61 (11) (2013).

[Brol13] Broll, W. (2013): Augmentierte Realität, in: Dörner, R.; Broll, W.; Grimm, P. Jung, B. (Hrsg.): Virtual und augmented reality (VR/AR), Springer Vieweg, Berlin, Heidelberg, 2013, S. 241-294.

[HMPR04] Hevner, A.R.; March, S.T.; Park, J.; Ram, S.: Design Science in Information Systems Research. In: MIS Quarterly, Vol. 28, Nr. 1, S. 75-105.

[SoMü18] Sommerauer, P.; Müller, O.: Augmented Reality in Informal Learning Environments: Investigating Short-term and Long-term Effects. In Proceedings of the 51st Hawaii International Conference on System Sciences (HICSS 2018), 10.24251/HICSS.2018.176.

[UnitoJ] Unity Technologies: Unity für Mobile-AR, oJ, https://unity3d.com/partners/vuforia, Abruf am 26.03.2019.

[Veuv16] Veuve, A.: Digital Transformation Model. (2016). Url: http://www.alainveuve.ch/digital-transformation-model, Abruf am 01.06.2019.

[VufooJ] Vuforia Engine: Vuforia Engine Supported Versions, oJ, https://library.vuforia.com/articles/Solution/Vuforia-Supported-Versions, Abruf am 26.03.2019.

Kontakt

Jan Eickhoff, M.Sc.
FH Münster, Institut für Prozessmanagement und Digitale Transformation
Bismarckstr. 11, 48565 Steinfurt
jan.eickhoff@fh-muenster.de

André Sardoux Klasen, M.Sc.
FH Münster, Institut für Prozessmanagement und Digitale Transformation
Bismarckstr. 11, 48565 Steinfurt
andre.sardoux-klasen@fh-muenster.de

Prof. Dr. Tobias Rieke
FH Münster, Institut für Prozessmanagement und Digitale Transformation
Bismarckstr. 11, 48565 Steinfurt
tobias.rieke@fh-muenster.de

Entwicklung und Evaluierung eines Regeleditors für die grafische Erstellung von „Smart Living Environment"-Services

Johannes A. König, Steffen Kaiser, Martin R. Wolf

Zusammenfassung

In diesem Paper wird die Entwicklung und Evaluation eines grafischen Regeleditors für das Erstellen von „Smart Living Environments"-Services vorgestellt. Dafür werden zunächst die Deduktion und Implementierung des grafischen Regeleditors erläutert. Anschließend wird eine Probandenstudie vorgestellt, in welcher der Mehrwert bezogen auf die Aspekte Zeit, Fehleranfälligkeit und Gebrauchstauglichkeit festgestellt wird.

1 Einleitung

Derzeit forschen eine Vielzahl von Herstellern und Forschungseinrichtungen im Bereich Smart Home und haben bereits eine ganze Bandbreite von funktionierenden Hard- und Softwaresystemen entwickelt. Bereits 2010 gab es 18 Forschungseinrichtungen und Institutionen, die sich mit dem Thema Smart Home beschäftigen [Stres10], und es gibt immer wieder Studien, die belegen, dass sich Smart-Home-Technologien zwar langsam aber stetig am Markt durchsetzen. Im Jahr 2014 wurden 3,3 Millionen Smart-Home- und Hausautomatisierungslösungen in Europa installiert und für 2019 werden bereits 29,7 Millionen Installationen erwartet [Delo14]. Dabei ist abzusehen, dass intelligente Unterstützungssysteme zukünftig das Zuhause des Menschen verlassen werden und den Menschen durch den Alltag begleiten. Eine solche Lebensumgebung wird dabei als „Smart Living Environment" (kurz SLE) bezeichnet.

An der FH Aachen wird zurzeit das Forschungsprojekt Smart Infrastructure for Living Environments (SMILE) durchgeführt. In dem Projekt wird die organisatorische und technische Umsetzung von SLEs untersucht. Dabei werden Erkenntnisse darüber gewonnen, wie Services in der Zukunft definiert und umgesetzt werden können, um ein SLE möglichst funktional zu gestalten. Im Kontext dieser Fragestellung wird auch untersucht, wie ein SLE so gestaltet werden kann, dass der Endanwender selbst dazu in der Lage ist, individuelle smarte Services zu erstellen.

Von „smart" kann im Kontext dieses Papers dann gesprochen werden, wenn unterschiedliche Aktoren und Sensoren so vernetzt werden, dass bestimmte Ereignisabfolgen gewünschte Aktionen automatisch auslösen [Smart17]. Auf den meisten Automatisierungsplattformen können Benutzer dazu Regeln definieren, die sich aus zwei Hauptbestandteilen zusammensetzen. Zum einen die Bedingungen, die erfüllt sein müssen, um eine Regel auszulösen und zum anderen Aktionen, die ausgeführt werden, wenn die Regel ausgelöst wurde. Dies wird auch als Trigger-Action-Programming bezeichnet [Nand16]. Da hierfür i.d.R. Kenntnisse über die spezifische Hardware, sowie Programmierkenntnisse erforderlich sind, ist die Gebrauchstauglichkeit der regelbasierten Serviceerstellung stark eingeschränkt. Dies hat zur Folge, dass Endanwender kaum dazu in der Lage sind, smarte Services so zu

generieren bzw. zu konfigurieren, dass diese den individuellen Bedürfnissen und Anforderungen entsprechen.
In diesem Paper wird ein Konzept vorgestellt und empirisch evaluiert, welches es Endanwendern ermöglicht, regelbasierte Services für SLEs ohne Softwareentwicklungskenntnisse zu erstellen.

2 Rahmenbedingungen des regelbasierten Smart-Service-Designs

Die Zielsetzung bei der Konzeptentwicklung besteht darin, den Endanwendern ein Hilfsmittel zur Verfügung zu stellen, mit welchem die regelbasierte Serviceerstellung ermöglicht wird. Da in einem solchen Tool Services definieret werden sollen, die digital erbracht werden, ist es naheliegend, das Tool ebenfalls in digitaler Form also als Softwareanwendung umzusetzen. Die Erstellung von regelbasierten Services durch Endanwender erfordert dabei eine Anwendung, die eine hinreichend gute Gebrauchstauglichkeit aufweist. Die Gebrauchstauglichkeit stellt ein Kernelement bei der Betrachtung und Bewertung der Mensch-Computer-Interaktion einer Anwendung dar [Leitn13]. In der ISO 9241-11 wird die Gebrauchstauglichkeit wie folgt definiert: „Das Ausmaß, in dem ein Produkt durch bestimmte Benutzer in einem bestimmten Nutzungskontext genutzt werden kann, um bestimmte Ziele effektiv, effizient und zufriedenstellend zu erreichen". Die Grundsätze der Dialoggestaltung stellen dabei die wichtigsten Gesichtspunkte der Gebrauchstauglichkeit dar und helfen diese zu verbessern [Din08]. Nachfolgend werden die Grundsätze der Dialogerstellung vorgestellt, welche bei der Entwicklung der Anwendung Beachtung finden sollen, um eine hohe Gebrauchstauglichkeit sicherzustellen. Darauffolgend wird diskutiert, welche Rahmenanforderungen und welchen Funktionsumfang die Anwendung erfüllen soll.

2.1 Grundsätze der Dialoggestaltung

Aufgabenangemessenheit: Ein interaktives System muss bei möglichst geringem Arbeitsaufwand den passenden Funktionsumfang zur Lösung einer definierten Aufgabe bereitstellen. Dabei soll der Anwender bei den einzelnen Schritten unterstützt und nicht durch unnötige Funktionen abgelenkt oder behindert werden [Din08].
Selbstbeschreibungsfähigkeit: Durch Orientierungspunkte, Rückmeldungen und Tooltips des Systems muss dem Benutzer jederzeit offensichtlich erkennbar sein, wo sich dieser aktuell befindet, welche Möglichkeiten zur Verfügung stehen und wie diese ausgeführt werden [Din08].
Erwartungskonformität: Der Aufbau eines interaktiven Systems soll in sich konsistent sein und den Erwartungen des Anwenders entsprechen. Dazu sollte eine Orientierung an Konzepten gängiger Systeme erfolgen. Zudem sollten Bezüge zum realen Leben hergestellt und sich an allgemein anerkannte Konventionen gehalten werden [Din08].
Lernförderlichkeit: Das System sollte den Benutzer bei der Einprägung der Programmabläufe unterstützen [Din08].
Steuerbarkeit: Der Ablauf eines Systems soll jederzeit in der Kontrolle des Anwenders sein. Aktionen sollten dabei immer rückgängig gemacht und die Geschwindigkeit des Ablaufs beeinflusst werden können [Din08].
Fehlertoleranz: Der Anwender sollte trotz fehlerhafter Eingabe sein Ziel mit minimalem Korrekturaufwand erfüllen können. Fehler sollten dabei vom System erkannt, wenn möglich

vermieden und behoben werden oder den Anwender durch verständliche Fehlermeldung bei der selbständigen Behebung unterstützen [Din08].
Individualisierbarkeit: Ein interaktives System sollte dem Benutzer die Möglichkeit bieten, das System an persönliches Nutzungsverhalten, individuelle Vorlieben oder Einschränkungen anzupassen [Din08].

2.2 Rahmenanforderungen

Etwa 75% der heutigen SmartHome-Bewohner verwenden Apps auf dem Smartphone beziehungsweise Tablet, um ihre SmartHome-Anwendungen zu steuern [Splen17]. Entsprechend ist es naheliegend, dass auch die zu entwickelnde Anwendung für die regelbasierte Serviceerstellung auf einem mobilen Endgerät betrieben werden kann. Dies soll den Nutzern ein etabliertes Nutzungsgefühl bei der Interkation mit der zu entwickelnden Anwendung bieten. Zudem erleichtert ein Touchscreen aufgrund seiner interaktiven Eigenschaften die intuitive Gestaltung der Anwendung.
Dabei kommt einer Touchscreen-Anwendung zugute, dass auch Menschen, welche im Umgang mit Computern nicht geübt sind, die Bedienung über einen Touchscreen einfacher fällt [Behr13]. Letztendlich bietet sich somit eine Auslegung der Anwendung für ein Tablet oder ein Smartphone an. Da ein Tablet aufgrund des größeren Bildschirms mehr Platz für längere und komplexere Regeln und damit auch für entsprechende Services bietet, wird die Software für Tablets entwickelt.
Die weltweiten Marktanteile für Tablets zeigen auf, dass Android mit 62% das verbreitetste mobile Betriebssystem ist [Stra18]. Daher wird die Anwendung für Android-Tablets ausgelegt. Da es sich entsprechend um eine Tablet-Anwendung handelt, erfüllt eine grafische Oberfläche die Erwartungshaltung der Nutzer. Insofern ergibt sich als Anwendungsbezeichnung „grafischer Regeleditor für die regelbasierte SLE-Serviceerstellung“ oder handlicher „grafischer-Regeleditor“ (kurz gR).

2.3 Funktionsumfang

Nachfolgend wird zunächst definiert, welche Anwendungsfälle der gR bezogen auf das Regelerstellen und Regelbearbeiten aufweisen sollte. In der Abbildung 1 sind die entsprechenden Anwendungsfälle in Form eines Anwendungsfalldiagramms dargestellt. Der Beschreibung der Fälle kann entnommen werden, dass ein Service i.d.R. mehr als nur eine Regel umfasst. Dies hat den Hintergrund, dass es für die übersichtliche regelbasierte SLE-Serviceerstellung notwendig sein kann, dass ein Service aus mehr als nur einer Regel besteht, um die Regelkomplexität in einem beherrschbaren Rahmen zu halten. Entsprechend muss eine Zuordnung zwischen Regeln und Service hergestellt werden können. Unabhängig davon wird in der Abbildung eine SLE-Plattform referenziert. Damit ist eine Plattform gemeint, die ein SLE softwareseitig betreiben kann.
SLE-Plattform Anmeldedaten eintragen *(A1)*: Damit die im gR modellierten Regeln an die Plattform gesendet werden können, müssen die entsprechenden Zugangsdaten in der Anwendung eingetragen werden können.
Neue Regel erstellen *(A2)*: Der Anwender muss in der Lage sein, neue Regeln erstellen zu können. Dazu wird eine eindeutige Bezeichnung benötigt, die einem Service zugeordnet werden muss. Außerdem soll die neue Regel angezeigt und bearbeitet werden können.
Vorhandene Regeln wählen *(A3)*: Um eine zuvor erstellte Regel anzeigen und bearbeiten zu können, muss diese vom Anwender ausgewählt werden.

Regel anzeigen *(A4)*: Der gR muss dem Anwender Regeln auf einer grafischen Benutzer-oberoberfläche anzeigen können. Die Bedingungen und Aktionen sollten dabei entsprechend ersichtlich sein.

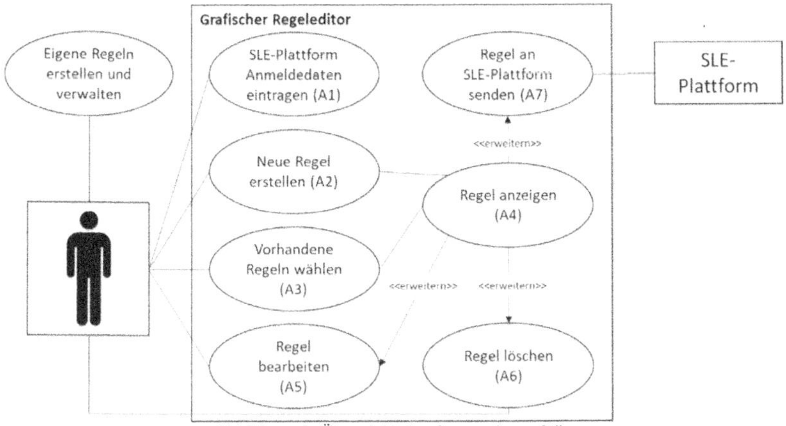

Abbildung 1: Übersicht der Anwendungsfälle

Regel bearbeiten *(A5)*: Der gR muss dem Anwender die Möglichkeit bieten, Regeln selbständig anpassen zu können.
Regel löschen *(A6)*: In der Anwendung angelegte Regeln müssen dort auch wieder löschbar sein.
Regel an SLE-Plattform senden *(A7)*: Die grafisch modellierten Regeln müssen von der Anwendung in Quellcode übersetzt und an die SLE-Plattform gesendet werden können.

3 Iterative Entwicklung des grafischen Regeleditors

Die Entwicklung des gR erfolgte anhand der im letzten Abschnitt beschriebenen Grundsätze der Dialoggestaltung sowie anhand der diskutierten Rahmenanforderungen und anhand des diskutierten Funktionsumfangs. Dabei erfolgte die Entwicklung iterativ, wobei jeder Entwicklungsschritt bewertet und verbessert wurde. Nachfolgend werden die Prototypen, die in der Ersten und Letzten Iteration genutzt wurden, behandelt, um den Entwicklungsprozess zu verdeutlichen. Grundsätzlich lief die Iteration dabei wie folgt ab: Im ersten Schritt einer Iteration wurden Anforderungen an den Prototyp umgesetzt, anschließend wurde die Umsetzungen getestet, um abschließend daraus neue Anforderungen zu definieren. Dabei wurde das Ziel verfolgt, durch jede Iteration die Gebrauchstauglichkeit der Anwendung zu verbessern. Neben den im letzten Abschnitt diskutierten Anforderungen, wurden Android-spezifische Interaktions- und Gestaltungsrichtlinien einbezogen, um eine hohe Erwartungskonformität der Benutzeroberoberfläche zu erreichen. Der Material.io Design Styleguide von Google gibt entsprechende Interaktions- und Gestaltungsrichtlinien vor, mit denen Android-Nutzer bereits vertraut sind und die entsprechend erwartet werden. Den Material-Design-Richtlinien folgend, werden bei der Konzeption der Anwendung u.a. die folgenden Prinzipien beachtet [Goog18]:

- Durch konsequente Farbgebung gleicher Objekte in der gesamten Anwendung wird ein hoher Wiedererkennungswert und damit eine einheitliche Nutzererfahrung geschaffen.

- Flächen werden verwendet, um verschiedene Elemente mit demselben Kontext zu gruppieren oder dem Benutzer bestimmte Funktionen anzubieten.
- Mit Schattierungen können Elemente in den Vordergrund rücken, um dadurch die Aufmerksamkeit des Anwenders auf sich zu ziehen.
- Für eine optimale Lesbarkeit und für ein einheitliches Aussehen ist die Größe und Anordnung von Objekten in 8dp-Schritten auszurichten.
- Beschriftungen von Schaltflächen sollten in Großbuchstaben geschrieben sein, um diese deutlich von anderen Inhalten abzuheben.

Im Folgenden werden die Schritte der ersten und letzten Iterationen des Prototyping-Prozesses beschrieben. Für Verweise auf Elemente in den entsprechenden Abbildungen werden dazu die Abkürzungen „B“ für Schaltflächen, „D“ für Dialoge, „P“ für Seiten und „O“ für Objekte verwendet.

3.1 Iterative Entwicklung der grafischen Regeleditors

In der Abbildung 2 ist die „Regel bearbeiten“-Seite des Prototyps dargestellt, mit dem die erste Iteration gestartet wurde. Dieser erste Prototyp deckt die bisher beschriebenen Rahmenbedingungen ab und bildet damit das initiale Grundkonzept. Die dargestellte „Regel bearbeiten“-Seite wird durch vier nicht dargestellte Seiten ergänzt, welche die Funktionen „Menü“, „neue Regel oder Service erstellen“, „Regel zu Service zuordnen“, „Eingabe der IP der SLE-Plattform“ und „Regel zum Bearbeiten auswählen“ bereitstellt.

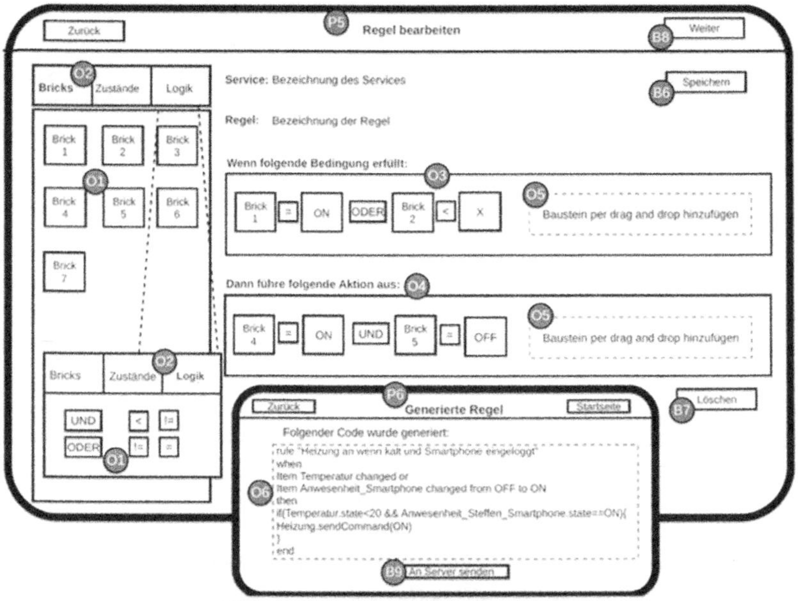

Abbildung 2: Prototyp vor der ersten Iteration

Im Nachfolgenden ist die Abbildung detailliert beschrieben.

Regel bearbeiten *(P5)*: Das initiale Konzept, mit dem die Regeln grafisch modelliert werden können, wurde durch etablierte Regeleditoren wie bspw. Js Blockly beeinflusst. Im linken Bereich der Anwendung stehen dem Benutzer verschiedene Bausteine zur Verfügung, welche im rechten Bereich der Regel hinzugefügt werden können. Die Bausteine (O1) werden dabei in „Bricks“ (IoT-Geräte), „Zustände“ und „Logik“ gruppiert und können über den entsprechenden Reiter (O2) angezeigt werden. Die Regel wird in Form von zwei Rahmen dargestellt, welche Bedingungen (O3) und Aktionen (O4) einer Regel darstellen. D.h. jede Regel besteht aus einer „Bedingung“, die im Erfüllungsfall eine „Aktion“ auslöst. Die Bedingungen stellen Aussagen im Sinne der Aussagenlogik dar. Zudem ist oberhalb der Regelelemente zu erkennen, dass jede Regel genau einem Service zugeordnet ist. Ein Service kann natürlich aus mehreren Regeln bestehen. In den jeweils hervorgehobenen Flächen (O5), können die Bausteine per drag and drop hinzugefügt werden. Dabei muss eine logisch korrekte Reihenfolge der Bausteine eingehalten werden. Mithilfe der Schaltfläche „Speichern“ (B6) kann die Regel gespeichert oder durch „Löschen“ (B7) gelöscht werden. Über die Schaltfläche „Weiter“ (B8) wird der Anwender zur nächsten Seite (P6) geleitet.

Generierte Regel *(P6)*: Hier wird dem Anwender der Regelquellcode angezeigt (O6), welcher aus der grafischen Modellierung generiert wird. Über die Schaltfläche „An Server senden“ (B9) wird die Regel an die SLE-Plattform gesendet.

Insgesamt wurden vier Iterationen durchgeführt, um das in Abbildung 2 dargestellte Grundkonzept weiterzuentwickeln. Dabei wurden Anforderungen erarbeitet, die das Grundkonzept optimieren. Die nachfolgende Aufstellung ist eine Auswahl der so ermittelten ergänzenden Rahmenbedingungen.

- Gruppierung der Bausteine weniger komplex gestalten
- Reihenfolge vorgeben, in welcher Bausteine den Bedingungen und abhängigen Aktionen hinzugefügt werden müssen
- Die Darstellung der einzelnen Bedingungen und resultierenden Aktionen komprimieren
- Den Nutzer beim Hinzufügen einer neuen Bedingung oder Aktion durch die Vermeidung von Fehleingaben unterstützen, bspw. indem in Abhängigkeit des Bricks mögliche Zustände vorgegeben werden.
- Oder-Verknüpfung innerhalb einer Bedingung umgehen, indem mehrere Bedingungen für eine Aktion angelegt und „Oder“ verknüpft werden können (disjunktive Normalform)
- Den Quellcode der Regel direkt an die SLE-Plattform übertragen, ohne den Quellcode vorher anzuzeigen
- Bricks gruppiert darstellen

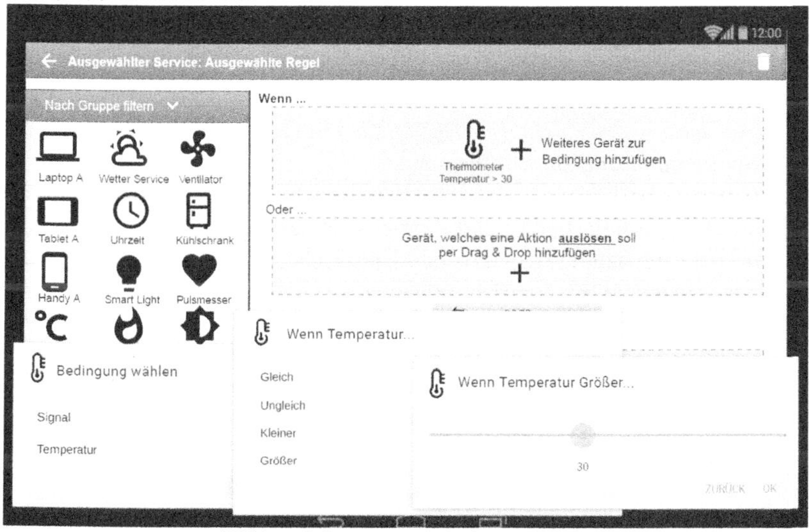

Abbildung 3: Prototyp nach der letzten Iteration

Abbildung 3 zeigt den weiterentwickelten Prototyp nach der letzten Iteration. Es ist zu erkennen, dass die Anforderungen, die basierend auf den ersten und den weiteren Prototypen erarbeitet wurden, umgesetzt sind. Hinweis: Der „Aktion"-Rahmen der Regelerstellung ist in der Abbildung durch die grafische Unterstützung zur Eingabe der logischen Operation „ThermometerTemperatur>30" verdeckt.

3.2 Implementierung des grafischen Regeleditors

Basierend auf der finalen Version des Prototyps wurde dieser implementiert. Um die Implementierung erproben zu können, wurde zudem ein smartes Modellhaus angefertigt, welches durch die Softwareplattform openHAB 2 (kurz OH2) betrieben wird. Die Software Plattform bildet damit im Modell die Funktion der bereits erwähnten SLE-Plattform ab. Das Modellhaus verfügt über verschiedenartige Bricks, die eine Erprobung des gR ermöglichen. Die Abbildung 4 zeigt einen Screenshot des grafischen Regeleditors.

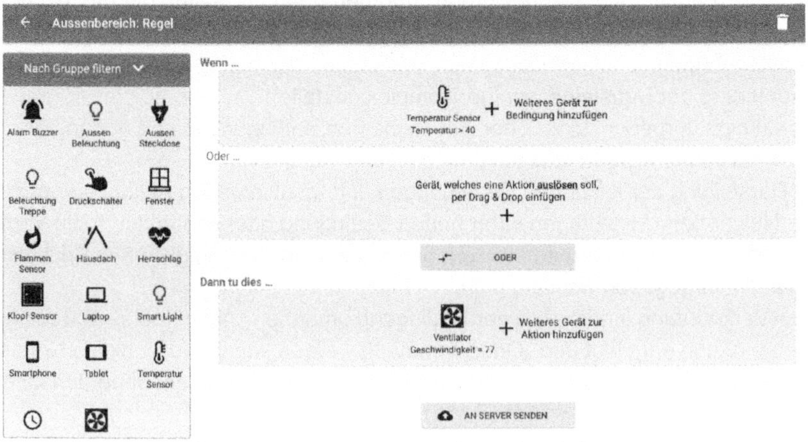

Abbildung 4: Screenshot des grafischen Regeleditors

4 Evaluation

4.1 Versuchsaufbau und Durchführung

Für die Evaluation des gR wurde ein Vergleich mit der Anwendung Js Blockly durchgeführt, da diese den Stand der Forschung bei der grafischen Erstellung von Regeln widerspiegelt. Dazu wurden zwei Probandengruppen (A und B) gebildet, wobei jeder Proband sechs identische Services steigender Komplexität umsetzen musste, die aus Szenarien abzuleiten waren. Ergänzend wurde ein siebtes Szenario formuliert, in welchem der erste Service wieder gelöscht werden sollte. Die Services wurden anschließend auf das Modellhaus übertragen, von den Probanden getestet und ggf. korrigiert. Dabei wurde angenommen, dass die Aspekte Bearbeitungszeit, Anzahl der fehlerfrei umgesetzten Services sowie Gebrauchstauglichkeit von der genutzten Anwendung abhängen. Die Probandengruppe A nutzte ausschließlich den gR, die Probandengruppe B nutzte ausschließlich Js Blockly.

Nachfolgend werden die (Alternativ)-Hypothesen dargestellt, die mithilfe des beschriebenen Versuchsaufbaus untersucht wurden:

$H1_1$: Es wird erwartet, dass die Bearbeitungszeit der Szenarien bei Verwendung des grafischen Regeleditors kürzer ist, als bei Js Blockly.

$H2_1$: Es wird erwartet, dass die Summe der richtig umgesetzten Szenarien bei Verwendung des grafischen Regeleditors größer ist, als bei Js Blockly.

$H3_1$: Es wird erwartet, dass die Gebrauchstauglichkeit bei Verwendung des grafischen Regeleditors höher bewertet wird, als bei Js Blockly.

Die beiden Testgruppen umfassten jeweils sechs erwachsene Probanden, die bis zu 38 Jahre alt und technikaffin waren. Die Technikaffinität wurde durch den etablierten TA-EG Fragebogen bestimmt [siehe dazu Karr09] und die Gebrauchstauglichkeit durch Verwendung einer angepassten Version des „Isometrics (short)"-Fragebogens, der alle Grundsätze der Dialoggestaltung abdeckt. Zudem wurden während der Studiendurchführung die Bearbeitungszeit und die Anzahl der fehlerfreien Szenarien je Probanden gemessen.

4.2 Versuchsergebnisse

Die Technikaffinität wurde auf einer Skala von 1 (gar nicht technikaffin) bis 5 (stark technikaffin) gemessen, wobei alle Probanden technikaffin (3,4 bis 5,0) waren. Dies entsprach den Anforderungen des Studiendesigns.

Zudem wurde explorativ untersucht, ob Programmierkenntnisse eine Auswirkung auf die Bearbeitungszeit besitzen. Entsprechend wurden beiden Gruppen drei Probanden mit und drei Probanden ohne Programmierkenntnisse zugeordnet. Der Korrelationskoeffizient nach Pearson wurde berechnet und wies keine signifikante Korrelation auf (r= -0,01).

Für die Untersuchung der Hypothese 1 wurde die durchschnittliche Bearbeitungszeit bestimmt. Insgesamt benötigte die Gruppe A (gR) im Mittel (arithmetisches Mittel) 17,5 Minuten zur Bearbeitung der sechs Szenarien. Die Gruppe B (Js Blockly) benötigte hingegen 34 Minuten. D.h., die Gruppe B benötigte im Mittel 16,5 Minuten länger als die Gruppe A. Da das Vorzeichen der Differenz in den Hypothesen bekannt ist, wurde die statistische Signifikanz der Differenz mit einem einseitigen t-Test überprüft, wobei ein p=,0004 festgestellt wurde. Damit kann $H1_0$ mit einem Niveau von α=,05 zugunsten von $H1_1$ verworfen werden. In der Abbildung 5 sind ergänzend die Bearbeitungszeiten der ersten sechs Szenarien je Gruppe aufgeschlüsselt.

Das Vorgehen bei der Überprüfung der Hypothesen H2 und H3 verlief äquivalent. In der Gruppe A wurden durchschnittlich 6,2 von 7 Szenarien fehlerfrei bearbeitet. In der Gruppe B wurden nur 4,7 von 7 Szenarien durch die Probanden fehlerfrei umgesetzt. Die mittlere Differenz von 1,5 Fehlern wurde ebenfalls durch einen t-Test überprüft, was p=,056 ergab. Damit liegt der Wert leicht über dem üblicherweise angenommenen Signifikanzniveau von α=,05. Ausgehend von einem α=,06 kann die Hypothese $H2_0$ dennoch zugunsten von $H1_1$ verworfen werden.

Die Gebrauchstauglichkeit wurde in den Kategorien „Aufgabenangemessenheit", „Selbstbeschreibungsfähigkeit", „Erwartungskonformität", „Fehlerrobustheit" und „Erlernbarkeit" auf einer Skala von 1 bis 5 bestimmt. Die in Kategorien gruppierte Gebrauchstauglichkeit ist in der Abbildung 6 dargestellt. Im Mittel bewertete die Gruppe A die Gebrauchstauglichkeit mit 4,17 und die Gruppe B bewertete die Gebrauchstauglichkeit mit 3,18. Eine Korrelation nach Pearson wurde berechnet, wobei mit r=-0,67 ein starker Zusammenhang zwischen der verwendeten Anwendung und der Gebrauchstauglichkeit festgestellt wurde. Die Signifikanz der Abweichung der Gebrauchstauglichkeit wurde ebenfalls mit einem t-Test überprüft. Diese fällt mit einem p=,009 signifikant aus. Damit kann die $H3_0$ mit einem Niveau von α=,05 zugunsten von $H3_1$ verworfen werden.

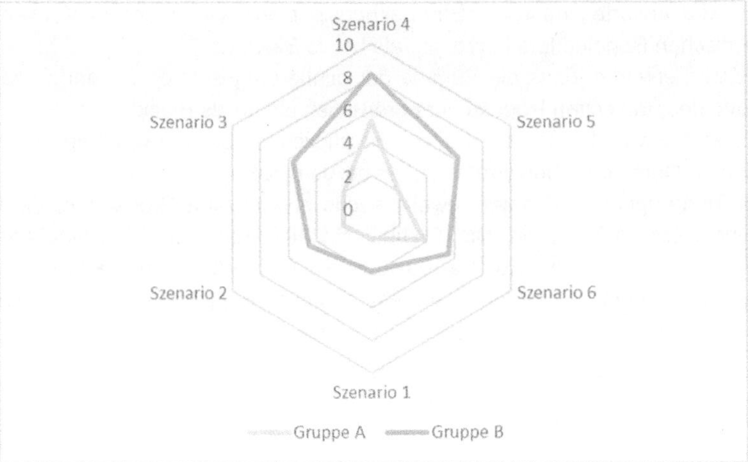

Abbildung 5: Mittlere Bearbeitungszeit der Szenarien 1 bis 6 in Minuten nach Gruppen

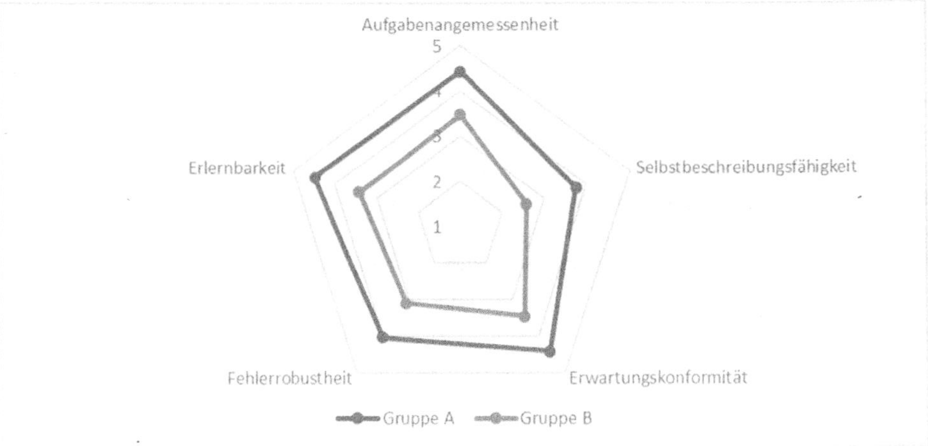

Abbildung 6: Mittlere Gebrauchstauglichkeit nach Kategorien und Gruppen

5 Fazit

Die individuelle Konfiguration von SLE-Services stellt eine Problematik dar, die zukünftig weiter an Bedeutung zunehmen wird. Heute ist für die Implementierung von smarten Services (z.B. in einem Smart Home) i.d.R. Expertenwissen erforderlich, da diese quellcodeähnlich implementiert werden. Verfügbare vermeintlich endanwendergeeignete grafische Lösungen sind noch nicht zielführend gestaltet, da das Serviceerstellen komplex und fehleranfällig ist. In diesem Paper wurde die deduktive Entwicklung einer endanwendergeeigneten Lösung beschrieben, welche das Erstellen von SLE-Services ermöglicht. Die resultierende Tablet-Anwendung wurde in einer empirischen Probandenstudie evaluiert, wobei gezeigt werden konnte, dass die Anwendung unter Beachtung der Aspekte Zeit, Fehleranfälligkeit und Gebrauchstauglichkeit statistisch signifikant besser abschneidet, als andere grafische Lösungen.

Literaturverzeichnis

[Behr13] L. Behrmann; B. Hollstein; J. Pfeffer: Touchscreen-gesteuerte Instrumente zur Erhebung egozentrierter Netzwerke. In: Visuelle Netzwerkforschung: Qualitative, quantitative und partizipative Zugänge. Hrsg. von M. Schönhuth, M. Gamper, M. Kronenwett, M. Stark, 2013.

[Delo14] Deloitte: Smart-Home - Prognose zur Anzahl der vernetzten Haushalte in Deutschland bis 2020. Hrsg. von Deloitte, Bitkom, Statista, 2014.

[Din08] DIN, Deutsches Institut für Normung e.V.: Ergonomie der Mensch-System-Interaktion Teil 110: Grundsätze der Dialoggestaltung (ISO 9241-110:2006). Normenausschuss Informationstechnik und Anwendungen (NIA) im DIN, 2008.

[Goog18] Google LLC: Apps mit Material Design ansprechend gestalten, 2018.

[Karr09] K. Karrer; C. Glaser; C. Clemens; C. Bruder: Technikaffinität erfassen - der Fragebogen TA-EG. 2009.

[Leitn13] G. Leitner M. Hitz A. J. Fercher J. N. A. Brown: Aspekte der Human Computer Interaction im Smart Home. In: HMD - Praxis der Wirtschaftsinformation 294. Hrsg. von S. Reich, 2013.

[Nand16] C. Nandi und M. D. Ernst: Automatic Trigger Generation for Rule-based Smart Homes. University of Washington, 2016.

[Smart17] SmartHome Initiative Deutschland e.V.: Smart Living Kompendium (2. Auflage), 2017.

[Splen17] SPLENDID RESEARCH: Smart Home - Steuerung von Anwendungen in Deutschland 2017. Hrsg. von SPLENDID RESEARCH, Statista, 2017.

[Stra18] Strategy Analytics: Marktanteile der führenden Betriebssysteme am Absatz von Tablets weltweit vom 2. Quartal 2010 bis zum 1. Quartal 2018. Hrsg. von Strategy Analytics, Statista, 2018.

[Stres10] H. Strese; U. Seidel; T. Knape; A. Botthof: Smart Home in Deutschland. Institut für Innovation und Technik, 1. Mai 2010.

Kontakt

Johannes A. König, M. Eng., Prof. Dr.-Ing. Martin R. Wolf
FH Aachen
Eupener Str. 70, 52066 Aachen
T +49 241 600952204, koenig@fh-aachen.de
m.wolf@fh-aachen.de

Steffen Kaiser
AGILITA AG
Althardstrasse 80, CH-8105 Regensdorf
T: +41794422361, steffen.kaiser@agilita.ch

Ein Ansatz zur Messung von Cloud-Kooperationsfähigkeit im IT-Mittelstand

Andreas Johannsen, Felix Friedrich Eifert, Matthias Dobkowicz, Melanie Duhn

Zusammenfassung

Wie viele andere Branchen stehen auch die KMU der IT-Branche (IT-KMU) vor den beiden Herausforderungen Globalisierung und Digitalisierung. Der vorliegende Beitrag thematisiert dabei Implikationen für IT-Mittelständler und beschreibt ein bundesweites Projekt, welches die Vernetzung der Produkte und Services des IT-Mittelstands unterstützt, damit diese sich gegen die globalen IT-Anbieter angemessen behaupten können. Der Beitrag stellt zunächst in Form eines Reifegradmodells vor, welche Kompetenzen zu Cloud-basierter Kooperationsfähigkeit gerechnet werden können, und zeigt dann, wie ein Erhebungs- und Bewertungswerkzeug konzipiert, gestaltet und realisiert wurde, welches die „Cloud-Kooperationsfähigkeit" von IT-KMU misst. Der Beitrag schließt mit einem Ausblick auf die mithilfe des Werkzeugs erwarteten empirischen Befunde und geplanter Weiterentwicklungen des Werkzeugs und Ansatzes.

1 Einleitung und Motivation

Deutsche KMU der IT-Branche haben überwiegend einen Nischen- und Branchenfokus, der zunehmend zum Nachteil im globalen Wettbewerb werden kann [Kien16]. Hiermit zusammenhängend, sind technische Insellösungen und proprietäre Datenformate meist ein Hemmnis für die weitere Digitalisierung, was auch Auswirkungen auf die Digitalisierung der deutschen Gesamtwirtschaft hat [IWi16]. Wie viele andere Branchen stehen auch die KMU der IT-Branche vor den beiden Herausforderungen Globalisierung und Digitalisierung. Konkrete Herausforderungen sind (vgl. [Kien16] und [BiFi18]):

- Ein vollkommen neuer Wettbewerb mit starken internationalen Akteuren (Microsoft, Amazon, Google und ähnliche) aufgrund der weltweiten Verfügbarkeit aller Dienstleistungen und Produkte.
- Neue Anforderungen bei der Gestaltung von Standardisierung und Schnittstellen durch die Vereinfachung des Zugangs zu neuen Technologien.
- Die Transformation von proprietären Lösungen hin zu Cloud-Services im Rahmen der Digitalisierung.
- Verbreitung von Cloud-Computing sowie der Innovationsgeschwindigkeit von Software.
- Verlagerung der Geschäftsmodelle von lizenzbasierter Software zu datengetriebenen Services.

Durch diese Entwicklungen gibt es eine starke Nachfrage nach Standardisierung und Interoperabilität bei den Anwendern von mittelständischen IT-Lösungen. Die eingangs erwähnten Speziallösungen mit dem Fokus auf einzelne Branchen oder noch speziellere Anwendungsfälle erfüllen diese Anforderungen oft noch nicht.

Diese Herausforderung sollte mit Kooperationen und langfristigen Produkt- und Service-Entwicklungen – über den Horizont des gefüllten Auftragsbuchs hinaus – forciert werden.

Aber neben den für momentane Anforderungen nur schwach ausgestatteten Entwicklungsabteilungen sind noch weniger Ressourcen für strategische Entwicklungen vorhanden (vgl. [Bitm17], [Aum10], S.8ff)
Der aktuelle digitale Durchdringungsgrad bei deutschen KMU der IT-Branche selbst ist im Vergleich zu Großunternehmen [Kien16], [IWi16] oder Industrieunternehmen ([Acat16]) zum Teil noch sehr gering. Starke Entwicklungen sind seit den letzten vier Jahren auch bei anwendenden KMU zu verzeichnen (vgl. Bischoff et al., 2015). Die KMU der IT-Branche selbst sehen den Bedarf der Vernetzung untereinander (vgl. z.B. das IT-Mittelstandsbarometer [Bitm16], oder [Kien16], sowie das EFI-Gutachten [EFI16]).

2 Vernetzungsfähigkeit im IT-Mittelstand

Eine Lösung für die aufgeführten Probleme liegt in der stärkeren Vernetzung der IT-Mittelständler untereinander. Die notwendige Hilfestellung zur Vernetzung der KMU der IT-Branche beabsichtigt das Mittelstand 4.0 Kompetenzzentrum IT-Wirtschaft (vgl. [KIW19]) zu geben. Unterstützung bei der Ressourcenbündelung versetzt die IT-Mittelständler besser in die Lage, nicht nur ihre bestehenden Lösungen miteinander zu vernetzen, sondern gemeinsam auch vollständig neue digitale Produkte zu entwickeln. Wir definieren Cloud-basierte Kooperationsfähigkeit als die Summe aller Kompetenzen von Unternehmen oder Organisationen, Wertschöpfung in Form von gemeinsamen Produkten oder Services unter Nutzung und Gestaltung digitaler Plattformen zu organisieren.
Für die Kooperationen des IT-Mittelstands wird mit dem „Cloud-Cooperation-Readiness-Tool (CCR-Tool)“ ein erstes Angebot in Form einer toolbasierten Bestandsaufnahme und Ist-Auswertung der Kooperationskompetenzen von IT-Mittelständlern zur Verfügung gestellt, mit dem kleine und mittlere Unternehmen sowie Startups in der IT-Wirtschaft ihre Kooperationsfähigkeit und Handlungsbedarfe feststellen können. Für die Unternehmen lassen sich mithilfe des CCR-Tools zentrale Herausforderungen bei der Entwicklung, Vermarktung und Nutzung von gemeinsamen IT-Produkten und -Services abschätzen. Hierbei werden Sie zudem auf kritische Aspekte des Datenschutzes, der Compliance und der IT-Sicherheit sensibilisiert. Das Tool dient neben dem empirischen Forschungsziel der digitalen Reifegradermittlung im IT-Mittelstand als praxisnahes Werkzeug zur Ermittlung der Handlungsbedarfe für die angestrebten Kooperationsformen.

3 Forschungs- und Tooldesign

Vor allem kleinere IT-KMU sind sich nicht immer bewusst, in welchen Bereichen und Kategorien und in welchem Maße heute Kooperationskompetenzen erforderlich sind. Beispielsweise spielen neben technischen Kompetenzen insbesondere auch Projektmanagementkompetenzen der Beteiligten eine große Rolle (vgl. [Joha17], [Joha17a]). Das CCR-Tool soll helfen, eine erste Bewertung durchzuführen, ob die IT-KMUs über die nötige Kompetenz verfügen, um moderne IT-Produkte und Cloud-Dienste aus Unternehmenssicht rechtskonform, sicher und effektiv mit Partnern entwickeln, anbieten und nutzen zu können.

Die Bedarfe und Anforderungen, die IT-KMUs in Bezug auf Vernetzungsfähigkeit und allgemein der Steigerung ihrer Wettbewerbsfähigkeit in ihren heutigen Märkten benötigen, sollen über eine toolgestützte Befragung als Selbst-Evaluation im Zeitraum Sommer 2019 erhoben werden. Die Selbst-Evaluation orientiert sich an den im nächsten Abschnitt konzipierten Bewertungskategorien.

Der Mehrwert der toolgestützten Befragung liegt dabei für die befragten Unternehmen in der quantitativ-automatisierten Auswertung direkt im Anschluss an die Befragung, als auch in einer optionalen, qualitativen und persönlichen individuellen Auswertung im Nachgang zur Datenerhebung. Bei Vorliegen einer repräsentativen Menge an Erhebungsdaten ist geplant, die erreichten Werte bei der Angabe der Fähigkeiten einer Unternehmung in Beziehung zu allen anderen bisher befragten Unternehmen in dieser Kategorie anonymisiert mit anzugeben.

3.1 Zielgruppen für die CCR-Datenerhebung

Die Zielgruppen für die Erhebung mithilfe des CCR-Tools sind prinzipiell alle Personen, die in IT-KMU zur Cloud-basierten Vernetzungsfähigkeit beitragen beziehungsweise diese verantworten, insbesondere die folgenden Rollen: Geschäftsführer, IT-Leiter, Produktentwicklungsleiter, Datenschutzbeauftragte, Betriebsräte, Produkt- und Kundenmanager, Beratungsleiter. Die Erhebungszielgruppen richten sich somit sowohl an das Management von IT-KMU, als auch an die Kunden-, Produkt- und Technologie-Fachexperten.

3.2 Konzept der Cloud-Kooperationsfähigkeit

Seit einigen Jahren liegen zahlreiche praxisorientierte als auch wissenschaftliche Vorschläge zur Messung des digitalen Reifegrads von Unternehmen vor (vgl. [WeMc12]). Diese wurden seit dem Erscheinen des Bestsellers von Westerman/Bonnet/McAfee [WeBM14] zunehmend international entwickelt. Der aus einer Serie von internationalen Studien entwickelte Ansatz von [WeBM14] bewertet Unternehmen in zwei Dimensionen (kurz zusammengefasst als „Digitale Intensität“ und „Transformationsintensität“) und ordnet ihnen einen von vier digitalen Reifegradstufen zu [WeMc12]. Ein aus der internationalen Beratungspraxis abgeleiteter Ansatz ist der aus [PwC15], der 10 Kategorien zur digitalen Transformationsfähigkeit von Unternehmen misst.

Im deutschsprachigen Raum ist das “Digital Maturity Model” des IWI-HSG-Instituts der Universität St. Gallen bekannt, welches neun Dimensionen enthält, die wiederum mithilfe verschiedener Indikatoren operationalisiert werden [Back17] (1: Customer Experience, 2: Produktinnovation, 3: Strategie, 4: Organisation, 5: Prozessdigitalisierung, 6: Zusammenarbeit, 7: Informationstechnologie, 8: Kultur & Expertise, 9: Transformationsmanagement).

Eine nicht unbeträchtliche Zahl an Reifegradmodellen nutzt Inhalte oder Methoden der Vorläufer aus Software Engineering und Projektmanagement, wie z.B. derjenigen des CMMI-Modells (vgl. [Joha17], S. 281ff). Die vorstehend genannten Ansätze zum digitalen Reifegrad sagen meist wenig zu Kompetenzen in Bezug auf Kooperationsfähigkeit in der Cloud aus. Daneben sind sie oft wenig konkret und daher kaum geeignet für IT-Kleinunternehmen und den IT-Mittelstand, dessen operative und primäre Prozesse meist auf modernen Cloud-Technologien aufbauen. Zum speziellen Bereich der „Cloud-Readiness“, also der Bewertung von Kompetenzen in der technischen und strategischen Nutzung des Cloud-Computings, gibt es vergleichsweise wenig Vorschläge (u.a. [LoTh11]).

Als Ergebnis des dargestellten Literaturreviews haben wir acht relevante Kategorien zur Messung der Cloud-Kooperationsfähigkeit abgeleitet. Diese haben wir dann anhand von konkreten Kompetenz- und Handlungsbereichen (siehe „Statements" unten) operationalisiert. Der hier vorliegende Ansatz zur Messung der Cloud-basierten Kooperationsfähigkeit vereint somit sowohl technische Kompetenzen zur Anwendung von Cloud-Technologien als auch organisatorische und strategische Kompetenzen eines IT-Unternehmens, den Unternehmenserfolg durch Kooperationsfähigkeiten zu sichern und auszubauen. Wir definieren Cloud-basierte Kooperationsfähigkeit auf Basis dieser acht Kategorien, die im Folgenden vorgestellt werden.

1. Prozesskompetenz

Neben Prozessdigitalisierung und -automation stehen heute bei der digitalen Prozesskompetenz in der IT-Wirtschaft kundenzentrierte Dienste und IT-Betriebsmodelle sowohl für Unternehmens-interne Kunden der IT-Abteilung als auch für Kunden und Partner der Unternehmen im Vordergrund. Auch datengetriebene Agilität [Sop2016] verstehen wir als Bestandteil digitaler Prozesskompetenz. Datengetriebene Agilität zeichnet sich durch eine hohe Kompetenz bei der Nutzung digitaler Daten sowie der Anwendung agiler Vorgehensmodelle wie z.B. SCRUM, oder Kanban (vgl. [Joha17]) zur Flexibilisierung und Effizienzsteigerung von Unternehmensprozessen (z.B. time to market) aus.

2. Technische Vernetzungskompetenz

Der technischen Vernetzung kommt bei der Verknüpfung und Integration mit Plattformen und Geschäftspartnern eine herausragende Stellung zu. Eine hohe Kompetenz zeichnet sich dadurch aus, dass ein Unternehmen über eine große Expertise in Vernetzungsstandards (wie z.B. IPv6, vgl. [IPv19]), Infrastrukturen (SOA, Cloud-Architekturen), Programmierschnittstellen und Web-Schnittstellen (wie z.B. WebAPI's/OpenAPIs, vgl. [Schm17]) verfügt.

3. Geschäftsmodellkompetenz

In dieser Kategorie wird abgefragt, ob Erfahrungen sowie Referenzen im gemeinsamen Produktvertrieb mit Partnern bestehen, und ob eigene digitale Plattformen entwickelt oder betrieben werden, mithilfe derer Vertriebskanäle und Marktsegmente erschlossen werden (vgl. den Ansatz in [Mi4.016]).

4. Datenschutz und Compliance

Managementkompetenzen zum Schutz von personenbezogenen Daten allgemein, insbesondere von Daten der Mitarbeiter, Partner, Kunden und Lieferanten wird in dieser Kategorie ein hoher Stellenwert beigemessen [KuJo19]. Eine hohe Kompetenz zeichnet sich insbesondere dadurch aus, dass die aktuelle Datenschutzgrundverordnung (DSGVO) vollumfänglich umgesetzt ist.

5. IT-Sicherheitskompetenz

IT-Sicherheit ist eine Grundvoraussetzung, um digitale Geschäftsprozesse adäquat abzusichern. Auch kleine und mittelständische IT-Unternehmen weisen zum Teil erhebliche Defizite auf, was das IT-Schutzniveau betrifft [Wik17]. Dieses gilt es angemessen zu etablieren, was in dieser Kategorie erhoben wird.

6. Digitale Kooperationskompetenz

Eine hohe Kompetenz in dieser Kategorie zeichnet sich dadurch aus, dass Unternehmen bereits Erfahrungen und Referenzen in Kooperationen und Kooperationsprojekten gesammelt haben, die Mitarbeiter über entsprechendes Know-how und Autonomie verfügen, und bei den Kooperationen klar definierte Kommunikationskanäle sowie Medien (Collaboration Software) selbstverständlich einsetzen.

7. Digitale Unternehmensstrategie

Die Potenziale der digitalen Transformation werden wie eingangs beschrieben zwar in zahlreichen Studien für den Mittelstand (vgl. z.B. [MiDi16]), und für die IT-Wirtschaft belegt (vgl. [Kien16]), doch der Veränderungsprozess in kleinen und mittleren IT-Unternehmen ist in Deutschland noch zögerlich. In dieser Kategorie wird daher erhoben, ob eine in die Unternehmensstrategie integrierte digitale Roadmap im IT-KMU vorhanden und bekannt ist, und ob diese konsequent und rollierend mit der Digitalerfahrung des Unternehmens abgeglichen wird.

8. Cloud-Kompetenz

In dieser Kategorie wird erhoben, ob das IT-KMU bereits Cloud-Dienste nutzt, oder allein als auch mit Partnern selber anbietet. Technische Cloud-Kompetenz zeichnet sich dadurch aus, dass durch die Auslagerung von Infrastrukturen (IaaS), Ressourcen (PaaS), Daten oder Anwendungen (SaaS) für die Kosten- und/oder Wettbewerbssituation des IT-KMU ein Mehrwert erzielt wird.

Tabelle 1 fasst die acht Kategorien unseres Ansatzes der Cloud-basierten Kooperationsfähigkeit von IT-KMU nochmals zusammen.

Kompetenzkategorien		**Beispiele für Kompetenzen**
1.	Prozesskompetenz	• Grad der Prozessdigitalisierung und -automation • Grad der datengetriebenen Prozessagilität
2.	Technische Vernetzungskompetenz	• Nutzung digitaler Vernetzungsstandards • Einsatz moderner API-Frameworks und Services
3.	Geschäftsmodellkompetenz	• Erfahrungen im Produktvertrieb mit Partnern • Erfahrungen im Vertrieb neuer Produkte und Services.
4.	Datenschutz und Compliance	• Kompetenzen in Datenschutz und Compliance • Grad der DSGVO-Compliance
5.	IT-Sicherheitskompetenz	• Management sieht IT-Sicherheit als Basis für Geschäftserfolg • Etabliertes Informationssicherheits-Managementsystem
6.	Digitale Kooperationskompetenz	• Erfahrungen mit Kooperationen • Erfahrung mit zeitlich begrenzten, projektartigen Verbünden.
7.	Digitale Unternehmensstrategie	• Management führt digitale Transformation mittels Roadmap • Controlling für Transformationsprozess ist etabliert
8.	Cloud-Kompetenz	• Cloud-Dienste werden systematisch genutzt u. aufgebaut • Cloud-Dienste werden systematisch angeboten

Tab. 1: Kategorien der Cloud-basierten Kooperationsfähigkeit

3.3 *Vorgehen zur toolbasierten Reifegradermittlung*

Die Zielgruppe der IT-KMU soll zur Ermittlung des Cloud-Kooperations-Reifegrades einen geführten Prozess durchlaufen, der auf einem standardisierten Onlineerhebungsinstrument innerhalb des „Cloud-Cooperation-Readiness-Tools" (CCR-Tools) basiert und in sechs Schritten erfolgt:

1. Es werden zunächst acht Oberstatements bewertet („Quick Check").
2. Die bewertende Person erhält direkt eine Kurzauswertung als pdf-Dokument.
3. Für die Detailbewertung ist eine Registrierung und Stammdateneingabe erforderlich.
4. Es werden nun Detailstatements bewertet.
5. Optional können weitere Mitarbeiter des IT-KMU zur Bewertung eingeladen werden.
6. Es erfolgt eine individuelle Auswertung durch die Fachexperten des Mittelstand-4.0-Kompetenzzentrums IT-Wirtschaft.

Zu den acht Kategorien und deren Handlungs- und Kompetenzbereichen wurden Aussagen generiert, die sog. „Statements". Zu jeder Kategorie gibt es ein „Oberstatement", und zur konkreten Operationalisierung mehrere (30, 60, oder 90) Detailstatements. Zu allen Statements werden Likert-skalierte Antworten erhoben, die jeweils zustimmend oder ablehnend beantwortet werden können, in den folgenden Abstufungen. Die Befragten werden gebeten, ihre persönliche Einschätzung der jeweiligen Wichtigkeit (sehr wichtig, wichtig, neutral, weniger wichtig, unwichtig) und Fähigkeit (sehr gut, gut, befriedigend, ausreichend, mangelhaft) zu den einzeln aufgeführten Aussagen vorzunehmen. Darüber hinaus besteht die Möglichkeit, in einem Freitextfeld eigene Anmerkungen zu ergänzen.

Für die Bewertung der Statements stehen den befragten Personen vier unterschiedliche Sets an Statements zur Verfügung. Der kleinste Umfang beinhaltet acht sogenannte Oberstatements („Quick Check"), diese lassen sich ohne Registrierung der Befragten beantworten. Als Ergebnis wird eine erste Kurzauswertung mit entsprechender Handlungsempfehlung generiert. Die sogenannten Detailstatements haben einen variablen Umfang (30, 60 oder 90). Mit steigendem Umfang lassen sich innerhalb der späteren Auswertung Handlungsempfehlungen präzisieren und konkretisieren.

Als Güteprüfung des hier beschriebenen Messinstruments fand ein Pretest der inhaltlichen Aussagen mit Geschäftsführern dreier IT-KMU statt, der zur Anpassung einiger Statements führte.

Die Erhebung erfolgt, indem die Bewertungsbögen über das Web (SSL Verschlüsselung) von den beteiligten Personen des IT-KMU ausgefüllt werden. Für eine genaue Bewertung der Ausgangssituation ist es erforderlich, zugeordnete Statements entsprechend der Funktion der befragten Person im Unternehmen zu bewerten.

Nach erfolgreicher Registrierung ist es darüber hinaus möglich, einer Auswahl von Mitarbeitern des Unternehmens den Zugang zur Bewertung zu ermöglichen. Weiterhin soll in einem Ranking eine Einordnung des derzeitigen Grades der Cloud-basierten Kooperationskompetenz im Vergleich zur eigenen Branche erfolgen.

Die Ergebnisse der individuellen Auswertung der Detailstatements je IT-KMU werden den Geschäftsführern jeweils zugesandt. Zusätzlich hierzu kann einen Termin für einen Auswertungsworkshop vereinbart werden. Die Bewertung und Ergebnisauswertung der Antworten erfolgt grundsätzlich durch Vergleich und Interpretation der Likert-skaliert angegebenen Wichtigkeit eines Kompetenzbereichs und der vom Bewerter angegebenen Fähigkeit in dem Kompetenzbereich. Im Ergebnis werden Ist-Situation und daraus resultierende Handlungsbedarfe für die Unternehmen herausgestellt.

4 Ergebnisse: Realisierung des CCR-Tools

Das Cloud-Cooperation-Readiness-Tool basiert auf dem Content Management System (CMS) Wordpress [WPS19] und dem Datenbankmanagementsystem (DBMS) MySQL [MYS19]. Auf Grundlage dieser Komponenten entstand ein Web-Umfragetool, welches in der Skriptsprache PHP umgesetzt wurde und folgende Funktionen realisiert:

- Erfassung von Stammdaten einzelner Firmen und Personen
- Dynamische Anzeige von Statements und deren mögliche Antworten
- Anonyme oder personengebundene Sicherung der ausgewählten Antworten
- Auswertung der ausgewählten Antworten in Form einer PDF Datei

4.1 Datenhaltung und Übertragung der Daten zur Datenbank

Die Kategorien und Statements werden zur besseren Übersichtlichkeit in Excel erfasst. Die Aufteilung der Informationen erfolgt wie in Abbildung 1 dargestellt in verschiedene Spalten, so dass ein späterer Export der gesamten Daten aus Excel als Format „Tab Separated Values“ (TSV) durchgeführt werden kann.

A	B	C	D	E	F	G	H	I
kat_id	statement	sort	f_gruppe_1	f_gruppe_2	f_gruppe_3	f_gruppe_4	info_fenster	auswertung
	// Prozesskompetenz							
K1-0	**Unser Unternehmen lebt ...**	0	1	1	1	1	Prozesskompetenz: ...	%code:1-1-p#Sie haben ...
K1-1	Unser Unternehmen baut auf Basis...	1	0	1	1	1		
K1-2	Unser Unternehmen nutzt erfolgreich agile ...	2	0	1	1	1		

Abbildung 1: Darstellung der Kategorien und Statements in Excel

Um die Daten von Excel zur Datenbank zeitsparend und ohne Übertragungsfehler zu überführen, wurde ein Perl [PER19] Skript erstellt. Das Skript liest die TSV Datei ein, bereitet die Daten als SQL Statements auf und überträgt die SQL Anweisungen mit Hilfe der Perl DBI Schnittstelle (DataBase Interface) zur Datenbank.

4.2 Datenbankmodell

Das in Abbildung 2 dargestellte relationale Datenbankmodell zeigt auf, wie die Daten (Kategorien, Statements, Antworten und Auswertungen) in verschiedenen Tabellen abgespeichert werden und untereinander verknüpft sind.

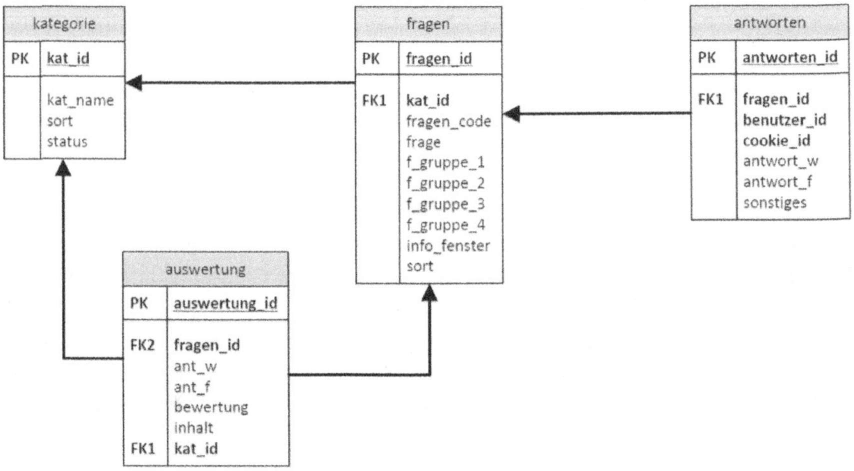

Abbildung 2: Datenbankmodell CCR-Tool (Auszug)

4.3 *Darstellung der Kategorien und Statements im CMS*

Für die Entwicklung der dynamischen Webanwendung kommt die Skriptsprache PHP [PHP19] zum Einsatz. Alle Datenbankzugriffe werden über diese Skriptsprache realisiert und die Ergebnisse der Datenbankanfragen werden serverseitig HTML konform zusammengebaut und über den Webserver an den Browser geschickt. Zur Anzeige von Hilfetexten und Umsetzung von aufklappbaren Inhalten im Browser wird zusätzlich die freie JavaScript Bibliothek jQuery [JQUY] verwendet. Die Menge der angezeigten Statements ist wählbar (8 Oberstatements, 32, 64 oder 100 Detailstatements). Für die Anzeige der Detailstatements ist eine Registrierung im Vorfeld erforderlich. Um die Kategorien und Statements platzsparend abzubilden, kommen aufklappbare Inhalte zum Einsatz. In Abbildung 3 werden ein Oberstatement (Darstellung dunkelblau) und einige Detailstatements zu dieser Kategorie angezeigt. Alle Statements enthalten Hilfetexte, welche über die Tooltip-Funktion (Darstellung orange) verfügbar sind. Die möglichen Antworten zu Wichtigkeit und Fähigkeit werden als Auswahllisten dargestellt.

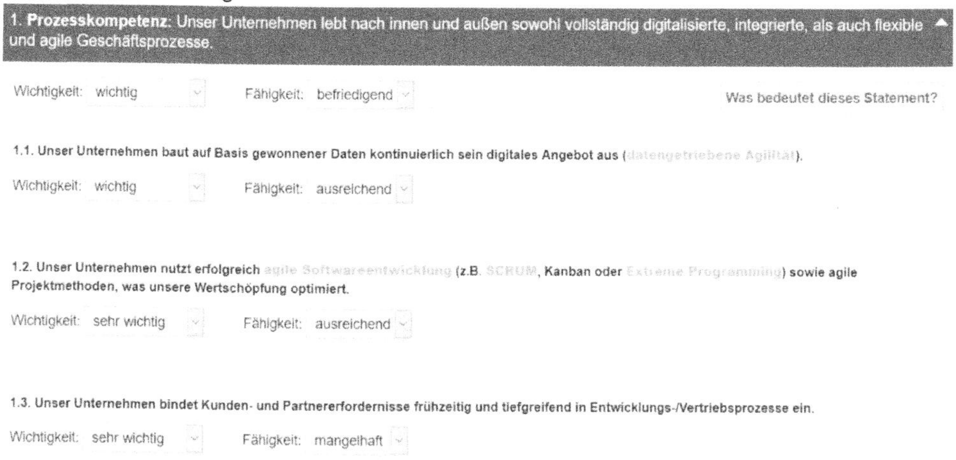

Abbildung 3: Darstellung der Ober- und Detailstatements

4.4 *Auswertungen zur Cloud-basierten Kooperationsfähigkeit*

Nach Beantwortung der Oberstatements erfolgt eine automatisierte PDF-Kurzauswertung. Diese beinhaltet zwei Seiten. Auf der ersten Seite werden die aggregierten Ergebnisse der erfolgten Bewertung der Wichtigkeit und Fähigkeit zu den acht Kategorien wieder gegeben. Auf der zweiten Seite werden die eingegebenen Daten auf Basis einer ersten, festgelegten Grobeinstufung automatisiert bewertet, mit dem Ziel, erste, allgemeine Schlussfolgerungen und Handlungsbedarfe zu geben.

Innerhalb der Detailauswertung werden demgegenüber aus den erfolgten Bewertungen einer oder mehrerer Mitarbeiter des IT-KMU jeweils noch manuell Balkendiagramme und Spinnennetzdiagramme generiert, die in einem Abschlussbericht integriert werden. Die Detailauswertung erfolgt im optionalen Ergebnisworkshop in Form eines persönlichen Gesprächs zwischen Unternehmer und Experten des Mittelstand-4.0-Kompetenzzentrums IT-Wirtschaft. Die aggregierte Darstellung der Antworten erfolgt nach den acht Kategorien, der Tool-Zugang und somit auch die Darstellungen und weitere Details finden sich unter [KIW19].

5 Diskussion

Auf Basis der anonymen Auswertung der bisher erhobenen Bewertungen von Geschäftsführern dreier IT-KMU im Rahmen eines Pretests im Januar 2019 als auch der ersten ca. 12 Bewertungen von IT-KMU seit Inbetriebnahme des Tools am 15.2.2019 lässt sich zusammenfassen, dass das Cloud-Cooperation-Readiness-Tool zur Sensibilisierung und Qualifizierung der Handlungsbedarfe der Zielgruppe beiträgt. Die erhobenen Daten werden anonymisiert wie geplant für eine Auswertung des digitalen Kooperationsreifegrads der Zielgruppe genutzt werden.

Die Ergebnisauswertung der Antworten erfolgt grundsätzlich durch Interpretation und Vergleich der angegebenen Wichtigkeit/ Bedeutung eines Kompetenzbereichs und der angegebenen Fähigkeit in dem Kompetenzbereich. Dies bringt eine Restriktion der Identifikation der IST-Situation und der Handlungsbedarfe mit sich, die besonders im Falle der automatisierten Auswertung der Oberstatements nicht das gesamte Bild des IT-KMU und seiner Teilbranche abdecken kann. Insofern ersetzt der Ansatz der Reifegradmessung der Cloud-basierten Kooperationsfähigkeit des IT-Mittelstands keine weitergehenden Analysen und Bewertungen im Einzelfall.

Dennoch ergibt sich vor allem bei der strukturierten Darstellung der Detailbewertungen nach den acht Kategorien ein von den bisher teilnehmenden Unternehmen in der überwiegenden Mehrzahl im Ergebnisworkshop bestätigtes Bild der Stärken, Schwächen und Handlungsbedarfe der betroffenen IT-KMU. Insofern kann der hier vorgestellte praxisorientierte und pragmatische Ansatz der Reifegradermittlung durch Selbstbewertung von Akteuren aus der Zielgruppe als bestätigt werden. Erfolgreich und interessant erscheint zum einen die Trennung zwischen kurzer, automatisierter quantitativer Auswertung der Oberstatements (Zielgruppe „Geschäftsführer/Vorstände“) und der quantitativ und qualitativ ausgelegten, manuellen Auswertung der Detailstatements. Hier ergeben sich interessante Unterschiede bei den Bewertungen der einzelnen Zielgruppen (Geschäftsführer, IT-Leiter, Produktentwicklungsleiter, Datenschutzbeauftragte, Betriebsräte, Produkt- und Kundenmanager, Beratungsleiter), die individuell auszuwerten und zu interpretieren sind.

6 Ausblick

Der Ansatz zur Messung der Cloud-basierten Kooperationsfähigkeit von IT-KMU sowie das CCR-Tool selbst sollen in den kommenden Projektphasen eine Reihe von Erweiterungen und Validierungen erfahren.

Zunächst sollen die Detailbewertungen von einzelnen Personen auf Ebene eines an der Bewertung teilnehmenden IT-KMU ebenfalls zumindest teilautomatisiert ausgewertet werden. Hiermit wären deutlich höhere Fallzahlen der Bewertung und somit ein höherer Anteil am IT-Mittelstand empirisch untersuchbar, bei gleichzeitig verringertem Aufwand der Auswertungen. Geplant ist auch, KI-Funktionalitäten zum selbständigen Lernen möglicher Defizite der teilnehmenden IT-KMU zu integrieren.

Es ist weiterhin geplant, auf Basis höherer Fallzahlen Hypothesen aufzustellen, und gegen den anonymen Datenbestand zu testen, um weitere Rückschlüsse für Forschungsbedarf und Transferbedarf im IT-Mittelstand zu generieren.

Zum Dritten werden die mittels des CCR-Tools erhobenen Daten helfen, die Handlungsbedarfe und die im Rahmen einer Langzeitstudie zu begleitenden Digitalisierungsmaßnahmen derjenigen IT-KMU zu begleiten und auszuwerten, die an der Bewertung teilgenommen haben.

Literaturverzeichnis

[Acat15] acatech – Deutsche Akademie der Technikwissenschaften e.V. (2016). Jahresbericht 2015.

[Aum10] Aumasson et al. (2010). The economic and social impact of software and software based services in Europe Final Report.

[Back17] Back, A.; Berghaus, S.; Kalternrieder, B.: Digital Maturity & Transformation Report 2017, Institut für Wirtschaftsinformatik, Universität St. Gallen, März 2017.

[Beck16] Becker, W.; Ulrich, P.; Botzkowski, T.; Eurich, S.: Controlling von Digitalisierungsprozessen – Veränderungstendenzen und empirische Erfahrungswerte aus dem Mittelstand, in: Obermaier, R. (Hrsg.), Industrie 4.0 als unternehmerische Gestaltungsaufgabe: Betriebswirtschaftliche, technische und rechtliche Herausforderungen, Wiesbaden, S. 97-118, 2016.

[BiFi18] Bingler, D.; Finkler, M.; Naujoks, F.; Sontow, K.; Tröger, K.: Digitale Plattformen und ERP, Positionspapier des bitkom, April 2018, https://www.bitkom.org, Abruf am 2018-08-27.

[Bisc15] Bischoff et al. (2015). Erschließen der Potenziale der Anwendung von "Industrie 4.0" im Mittelstand. Berlin.

[Bitm16] BITMi. (2016). IT-Mittelstandsbarometer. Von https://www.bitmi.de/it-mittelstandsbarometer-zeigt-wege-digitalisierung/, Abruf am 2018-08-24.

[Bitm17] BITMi. (2017). BITMi-Positionspapier Digitaler Mittelstand 2020. Von https://www.bitmi.de/mediathek/, Abruf am 2019-02-20.

[EFI16] EFI. (2016). Gutachten zu Forschung, Innovation und technologischer Leistungsfähigkeit Deutschlands. Berlin: Expertenkommission Forschung und Innovation.

[IPv19] Deutscher IPv6-Rat am Hasso-Plattner Institut in Potsdam, https://hpi.de/ipv6council/index.html , Abruf am 2019-02-15.

[IWi16] Institut der deutschen Wirtschaft Köln Medien GmbH. (2016). Digitalisierung und Mittelstand – Eine Metastudie. Köln.

[Joha17] Johannsen et al. (2017). Basiswissen für Software-Projektmanager im sequenziellen und agilen Umfeld. dpunkt Verlag.

[Joha17a] Johannsen et al. (2017a). Überblick zu Prozess- und Vorgehensmodellen. iX - Magazin für Professionelle Informationstechnik, 77-81.

[JQUY] Freie Javascript – Bibliothek: jQuery ,https://jquery.com/, Abruf am 2019-03-28.

[Kien16] Kienbaum Management Consultants GmbH. (2016). Vernetzung von mittelständischen IT-Anbieterunternehmen in flexiblen Wertschöpfungspartnerschaften über ein IT-Mittelstandszentrum. Berlin.

[KIW19] Mittelstand 4.0 Kompetenzzentrum IT-Wirtschaft, https://itwirtschaft.de, Abruf am 2019-03-15.

[KuJo19] Kunkel, C.; Johannsen, A.; Kunkel, O. (2019). Digitalisierung first - Beschäftigtendatenschutz second? Wissenschaft trifft Praxis. 11, 56-65.

[LoTh11] Loebbecke, C.; Thomas, B.; Ullrich, T.: Assessing Cloud Readiness: Introducing the Magic Matrices Method Used by Continental AG, in: M. Nüttgens et al. (Eds.): Governance and Sustainability in IS, IFIP AICT 366, pp. 270–281, 2011.

[MiDi16] Digitalisierung von Geschäftsprozessen-Umsetzungsstand und aktuelle Bedarfe im Mittelstand Ergebnisse der Bedarfsanalyse der Mittelstand 4.0-Agentur Prozesse. Prof. Dr.-Ing. Egon Müller. Chemnitz.

[MYS19] Datenbankmanagementsystem: MySQL ,https://www.mysql.com/de/, Abruf am 2019-03-28.

[PER19] Plattformunabhängige und interpretierte Programmiersprache: Perl, https://www.perl.org , Abruf am 2019-03-28.

[PHP19] Serverseitige Skriptsprache: PHP ,https://www.php.net , Abruf am 2019-03-28.

[PwC15] 2015 Global Digital IQ® Survey, PriceWaterhouseCoopers, https://www.pwc.com/gx/en/advisory-services/digital-iq-survey-2015/campaign-site/digital-iq-survey-2015.pdf, September 2015, Abruf am 2019-02-12.

[Schm17] Schmietendorf, A. (Hrsg.): ESAPI 2017 – 1. Workshop Evaluation of Service-APIs, in: Berliner Schriften zu modernen Integrationsarchitekturen, Aachen, November 2017.

[Sop2016) DATENGETRIEBENE AGILITÄT", Sopra Steria Consulting, November 2016, https://www.soprasteria.de/docs/librariesprovider33/Studien/studie-datengetriebene-agilitaet.pdf?sfvrsn=0, Abruf am 2019-03-29.

[StatB16] Stat. Bundesamt. (2016). Strukturerhebung im Dienstleistungsbereich Information und Kommunikation. Wiesbaden.

[WeMc12] Westerman, G. and McAfee, A. (2012). The Digital Advantage: How Digital Leaders Outperform Their Peers in Every Industry. Research Brief by the MIT Center for Digital Business.

[Wik17] Aktuelle Lage der IT-Sicherheit in KMU, WIK Wissenschaftliches Institut für Infrastruktur und Kommunikationsdienste GmbH, Dezember 2017, Annette Hillebrand et. al., https://www.wik.org/fileadmin/Sonstige_Dateien/IT-Sicherheit_in_KMU/WIK-Studie_Aktuelle_Lage_der_IT-Sicherheit_in_KMU_Langfassung__2_.pdf, Abruf am 2019-03-29.

[WeBM14] Westerman, G.; Bonnet, D.; McAfee ,A.: Leading Digital – Turning Technology into Business Transformation, HBR Press, Boston, Mass., 2014.

[WPS19] Content Management System: Wordpress, https://de.wordpress.com , Abruf am 2019-03-28.

Kontakt

Prof. Dr. rer. oec. Andreas Johannsen
Technische Hochschule Brandenburg
Magdeburger Straße 50,14770 Brandenburg an der Havel
T +49 3381 355 - 256, andreas.johannsen@th-brandenburg.de

Felix Friedrich Eifert, M. Sc.
Technische Hochschule Brandenburg
Magdeburger Straße 50, 14770 Brandenburg an der Havel
T +49 3381 355 - 857, felix.eifert@th-brandenburg.de

Matthias Dobkowicz
Technische Hochschule Brandenburg
Magdeburger Straße 50, 14770 Brandenburg an der Havel
T + 49 3381 355-864, matthias.dobkowicz@th-brandenburg.de

Melanie Duhn
Technische Hochschule Brandenburg
Magdeburger Straße 50, 14770 Brandenburg an der Havel
T +49 3381 355-871, melanie.duhn@th-brandenburg.de

Autoren

Prof. Dr. Thomas Barton
Hochschule Worms, Fachbereich Informatik
Erenburgerstraße 19, 67549 Worms
M +49 170 8596690, barton@hs-worms.de

Willi Becker
AlbrechtConsult GmbH
Theaterstr. 24, 52062 Aachen
Willi.Becker@AlbrechtConsult.com

Timo Bertsch
FH Aachen
Eupenerstr. 70, 52066 Aachen
T +49 163 8041721, bertsch@fh-aachen.de

Martina Blust
Institut für Projektmanagement und
Informationsmodellierung (IPIM)
Hochschule Landshut
Am Lurzenhof 1, 84036 Landshut
Martina.Blust@haw-landshut.de

Torben Böing
CGI Deutschland Ltd.
torben.boeingi@cgi.com

Prof. Dr. Saskia Brand-Gruwel
Open University of the Netherland
Valkenburgerweg 177, 6419 AT Heerlen
Saskia.Brand-Gruwel@ou.nl

Marcel Cikus, B. Sc.
Technische Hochschule Brandenburg
Magdeburger Straße 50, 14770 Brandenburg
T +49 3381 355-297
marcel.cikus@th-brandenburg.de

Matthias Dobkowicz
Technische Hochschule Brandenburg
Magdeburger Straße 50, 14770 Brandenburg
T + 49 3381 355-864
matthias.dobkowicz@th-brandenburg.de

Julian Dörndorfer
Institut für Projektmanagement und
Informationsmodellierung (IPIM)
Hochschule Landshut
Am Lurzenhof 1, 84036 Landshut
julian.doerndorfer@haw-landshut.de

Prof. Dr. Christian Drumm
FH Aachen
Eupener Str. 70, 52066 Aachen
drumm@fh-aachen.de

Melanie Duhn
Technische Hochschule Brandenburg
Magdeburger Straße 50, 14770 Brandenburg
T +49 3381 355-871
melanie.duhn@th-brandenburg.de

Benjamin Duppe
Pikon International Consulting Group
Kurt-Schumacher-Str. 28-30
66130 Saarbrücken
T +49 681 37962-54
benjamin.duppe@pikon.com

Prof. Dr. Sandy Eggert
Hochschule für Wirtschaft und Recht Berlin
Badensche Straße 52, 10825 Berlin
Sandy.Eggert@hwr-berlin.de

Jan Eickhoff, M.Sc.
FH Münster, Institut für Prozessmanagement
und Digitale Transformation
Bismarckstr. 11, 48565 Steinfurt
jan.eickhoff@fh-muenster.de

Felix Friedrich Eifert, M. Sc.
Technische Hochschule Brandenburg
Magdeburger Straße 50, 14770 Brandenburg
T +49 3381 355 - 857
felix.eifert@th-brandenburg.de

Selina Emhardt
Open University of the Netherlands
Valkenburgerweg 177, 6419 AT Heerlen
T +49 481 222-222, Selina.emhardt@ou.nl

Prof. Dr. Claus-Peter H. Ernst
Frankfurt University of Applied Sciences /
SRH Hochschule Heidelberg
Nibelungenplatz 1, 60318 Frankfurt /
Ludwig-Guttmann-Straße 6, 69123 Heidelberg
cernst@fb3.fra-uas.de /
claus-peter.ernst@srh.de

Prof. Dr. Stephan Euler
TH Mittelhessen
Wilhelm-Leuschner-Str. 13, 61169 Friedberg
T +49 6031 604-450
Stephan.Euler@mnd.thm.de

Prof. Dr. Dorothee Feldmüller
Hochschule Bochum
Campus Velbert/Heiligenhaus
Kettwiger Straße 20, 42579 Heiligenhaus
dorothee.feldmueller@hs-bochum.de

Daniel Hilpoltsteiner
Institut für Projektmanagement und
Informationsmodellierung (IPIM)
Hochschule Landshut
Am Lurzenhof 1, 84036 Landshut
T +49 (0)871 506 759
daniel.hilpoltsteiner@haw-landshut.de

Prof. Dr. Stephan Jacobs
Institut für Digitalisierung
FH Aachen
Eupener Str. 77, 52066 Aachen
jacobs@fh-aachen.de

Dr. Halszka Jarodzka
Open University of the Netherlands
Valkenburgerweg 177, 6419 AT Heerlen
halszka.jarodzka@ou.nl

Fidaim Jashari
Universitätsklinikum Gießen Marburg
fidaimjashari@hotmail.com

Prof. Dr. rer. oec. Andreas Johannsen
Technische Hochschule Brandenburg
Magdeburger Straße 50,14770 Brandenburg
T +49 3381 355 - 256
andreas.johannsen@th-brandenburg.de

Steffen Kaiser
Steffen Kaiser
AGILITA AG
Althardstrasse 80, CH-8105 Regensdorf
T: +41794422361, steffen.kaiser@agilita.ch

Julian Kleeff
FH Aachen/ifp Software GmbH
Eupener Str. 77/Kalverbenden 31
52066 Aachen
julian-jan-nicklas.kleeff@alumni.fh-aachen.de
julian@oee.cloud

Klemens Köhler
FH Aachen
Eupener Straße 70, 52066 Aachen
k.koehler@fh-aachen.de

Johannes A. König, M. Eng.
FH Aachen
Eupener Str. 70, 52066 Aachen
T +49 241 600952204, koenig@fh-aachen.de

Tobias Köster, M.Eng, M.Sc.
Hochschule München
Fakultät für Wirtschaftsingenieurwesen
Lothstraße 64, 80335 München
T +49 151 26290961, koestertobias@web.de

Prof. Dr. Birte Malzahn
Hochschule für Technik und Wirtschaft Berlin
Treskowallee 8, 10318 Berlin
T +49 30 5019-2452
birte.malzahn@htw-berlin.de

Prof. Dr.-Ing. Matthias Meinecke
FH Aachen
Eupenerstr. 70, 52066 Aachen
meinecke@fh-aachen.de

Prof. Dr. Vera G. Meister
Technische Hochschule Brandenburg
Magdeburger Str. 50, 14770 Brandenburg
T +49 3381 355-297
vera.meister@th-brandenburg.de

Florian Moll
FH Aachen
Eupener Straße 70, 52066 Aachen
florian.moll@alumni.fh-aachen.de

Prof. Dr. Frank Morelli
HS Pforzheim
Tiefenbronnerstr. 65, 75175 Pforzheim
T +49 7231 28-6697
frank.morelli@hs-pforzheim.de

Prof. Dr. Christof Mosler
Hochschule für Technik Stuttgart
Schellingstr. 24, 70174 Stuttgart
christof.mosler@hft-stuttgart.de

Selina Nocera
CGI Deutschland Ltd.
selina.nocerai@cgi.com

Fahri Özünlü
Dörrhorststraße 6, 67059 Ludwigshafen
M +49 162 2545347
fahri.oezuenlue@outlook.com

Prof. Dr. Martin Przewloka
Technische Hochschule Mittelhessen/
Institut für Digitale Assistenzsysteme
Wilhelm-Leuschner-Str. 13, 61169 Friedberg
martin.przewloka@mnd.thm.de /
martin.przewloka@institut-das.de

Prof. Dr. Jörg Puchan
Hochschule München
Fakultät für Wirtschaftsingenieurwesen
Lothstraße 64, 80335 München
T +49 89 1265 3937
puchan@hm.edu

Prof. Dr. Daniel Retkowitz
Hochschule Niederrhein
Webschulstraße 41-43
41065 Mönchengladbach
daniel.retkowitz@hs-niederrhein.de

Prof. Dr. Tobias Rieke
FH Münster, Institut für Prozessmanagement
und Digitale Transformation
Bismarckstr. 11, 48565 Steinfurt
tobias.rieke@fh-muenster.de

Prof. Dr. Martin Rupp
Provadis School of Management and
Technology
martin.rupp@provadis-hochschule.de

André Sardoux Klasen, M.Sc.
FH Münster, Institut für Prozessmanagement
und Digitale Transformation
Bismarckstr. 11, 48565 Steinfurt
andre.sardoux-klasen@fh-muenster.de

Prof. Dr. Gabriele Saueressig
Hochschule für angewandte Wissenschaften
Würzburg-Schweinfurt
Fakultät Informatik und Wirtschaftsinformatik
Sanderheinrichsleitenweg 20, 97074 Würzburg
T +49 931 3511-8307
gabriele.saueressig@fhws.de

Karina Schmunk
FH Aachen
Eupenerstr. 70, 52066 Aachen
karina.schmunk@alumni.fh-aachen.de

Jakob Schneller
HS Pforzheim
Tiefenbronnerstr. 65, 75175 Pforzheim
T +49 176 60892863
schnelle@hs-pforzheim.de

Andreas E. Schütz
Hochschule für angewandte Wissenschaften
Würzburg-Schweinfurt
Fakultät Informatik und Wirtschaftsinformatik
Sanderheinrichsleitenweg 20, 97074 Würzburg
T +49 931 3511-8183
andreas.schuetz@fhws.de

Prof. Dr. Christian Seel
Hochschule Landshut
Institut für Projektmanagement und
Informationsmodellierung (IPIM)
Am Lurzenhof 1, 84036 Landshut
T +49 (0)871 506 759
christian.seel@haw-landshut.de

Thomas Steigerwald, M.Sc.
Capgemini Invent
Mainzer Landstraße 180
60327 Frankfurt am Main
+49 151 11374362
thomas.a.steigerwald@capgemini.com

Prof. Dr. Holger Timinger
Hochschule Landshut
Institut für Projektmanagement und
Informationsmodellierung (IPIM)
Am Lurzenhof 1, 84036 Landshut
holger.timinger@haw-landshut.de

Mark Tuchscher
Niederrheinische Wirtschafts-Überwachung
(NWÜ) GmbH & Co. KG
Breite Str. 68, 41460 Neuss
m.tuchscher@nwue-security.de

Prof. Dr. Tamara van Gog
Utrecht University
Heidelberglaan 1, 3584 CS Utrecht
t.vangog@uu.nl

Prof. Dr. Kristin Weber
Hochschule für angewandte Wissenschaften
Würzburg-Schweinfurt
Fakultät Informatik und Wirtschaftsinformatik
Sanderheinrichsleitenweg 20, 97074 Würzburg
T +49 931 3511-8947, kristin.weber@fhws.de

Prof. Dr.-Ing. Martin R. Wolf
FH Aachen
Eupenerstr. 70, 52066 Aachen
m.wolf@fh-aachen.de

Made in the USA
Middletown, DE
05 November 2026

36562489R00144